LUDWIG ERHARD · WOHLSTAND FÜR ALLE

LUDWIG ERHARD

WOHLSTAND FÜR ALLE

BEARBEITET VON

WOLFRAM LANGER

ECON

Entwurf des Titelblattes: Werner Rebhuhn

Wir verpflichten uns zu Nachhaltigkeit
- Klimaneutrales Produkt
- Papiere aus nachhaltiger Waldwirtschaft
- ullstein.de/nachhaltigkeit

Die Originalausgabe erschien im Februar 1957 im Econ-Verlag.
Textgrundlage dieser Ausgabe ist die 8. Auflage von 1964,
die letzte von Ludwig Erhard autorisierte Fassung.

Ludwig-Erhard-Stiftung e. V.
Johanniterstraße 8
53113 Bonn
Telefon: 02 28 / 5 39 88 – 0
Telefax: 02 28 / 5 39 88 – 49
info@ludwig-erhard-stiftung.de
www.ludwig-erhard.de

FSC www.fsc.org MIX Papier | Fördert gute Waldnutzung FSC® C014496

ISBN 978-3-430-21039-3
4. Auflage 2024
Econ ist ein Verlag
der Ullstein Buchverlage GmbH

Gesetzt aus der New Century Schoolbook
Satz: Büro Beck, Kempten
Druck und Bindearbeiten: GGP Media GmbH, Pößneck
Printed in Germany

INHALTSVERZEICHNIS

„Das Jahr 1957 wird für das deutsche Schicksal großes Gewicht haben. Dieses Buch, dem ich den Titel ‚Wohlstand für Alle‘ gab, soll Rechenschaft ablegen über unsere Arbeit in den letzten Jahren und Wege weisen für eine glückliche Zukunft. In diesem Sinne hoffe ich, daß es ein gutes Rüstzeug ist in den Auseinandersetzungen unserer Zeit.“

WOHLSTAND FÜR ALLE – WAS DIESES VERSPRECHEN HEUTE BEDEUTET

Ein Vorwort
von Lars P. Feld, Vorsitzender des Sachverständigenrates zur Begutachtung der gesamtwirtschaftlichen Entwicklung

Einleitung

Der Titel dieses Buches ist heute noch Provokation, zumindest lädt er zu Missverständnissen ein. Provokation ist er für diejenigen, die mit Ludwig Erhard die Realpolitik seit der Währungsreform des Jahres 1948 verbinden, ihn als Protagonisten christdemokratischer, quasi regierungsamtlicher Wirtschaftspolitik sehen und dem programmatischen *Wohlstand für Alle* die wirtschaftlichen und gesellschaftlichen Verbesserungspotenziale der heutigen Zeit entgegenhalten – frei nach der Devise, der Wohlstand für alle sei eine Schimäre. Missverstehen würde man Erhard, wenn man ihn als Vertreter einer Sozialpolitik wahrnähme, der stärker umverteilen wolle, sodass die wirtschaftlich Schwächeren einen größeren Wohlstand erreichen können. Missverstehen würde man ihn außerdem, wenn man ihn als plumpen Ökonomisten einordnete, als jemanden, für den Wirtschaftswachstum das wichtigste aller Ziele sei.

Als *Wohlstand für Alle* im Jahr 1957 erschien, war die Erhard'sche Wirtschaftspolitik keine Provokation mehr. Erhard wurde vielmehr als Vater des deutschen Wirtschaftswunders und Begründer des deutschen Wirtschaftsmodells, der Sozialen Marktwirtschaft, gefeiert. Er hatte als Direktor der Verwaltung für Wirtschaft des Vereinigten Wirtschaftsgebietes noch vor der Gründung der Bundesrepublik Deutschland im Jahr 1948 die Währungsreform mit der Einführung der D-Mark umgesetzt. Angesichts der Rolle, welche die amerikanische Besatzungsmacht bei der Einführung der neuen Währung spielte, rückt die eigentliche Leistung Erhards in den Mittelpunkt, nämlich die Verabschiedung des „Gesetzes über Leitsätze für die Bewirtschaftung und Preispolitik nach der Geldreform", des sogenannten Leitsätzegesetzes, mit dem die öffentliche Warenbewirtschaftung weitgehend beseitigt wurde. Dadurch konnten sich Marktpreise für eine Vielzahl von Produkten frei bilden. Von heute auf morgen konnten die Deutschen, die sich zuvor einer Mangelwirtschaft gegenübersahen, volle Schaufenster mit Waren bewundern. Die Preisfreigabe ohne Währungsreform hätte vermutlich nur Inflation zur Folge gehabt. Die Währungsreform ohne marktwirtschaftliche Preisbildung hätte die Mangelwirtschaft nicht beendet. Das Zusammentreffen beider Maßnahmen war entscheidend (Giersch et al. 1992).

Dabei setzte Erhard diese Reform gegen Widerstände aus den Reihen seiner Berater, nicht zuletzt aber gegen die amerikanische Besatzungsmacht durch. Regelmäßig wird eine Anekdote kolportiert, die Erhard dem Vernehmen nach selbst zum Besten gab (Sigler 2016). Als er sich wegen der weitgehenden Aufhebung der Warenbewirtschaftung gegen den Vorwurf des amerikanischen Militärgouverneurs Lucius D. Clay rechtfertigen musste, die Besatzungsvorschriften eigenmächtig abgeändert zu haben, soll Erhard geantwortet haben: „Herr General, ich habe die Vorschriften nicht abgeändert, ich habe sie abgeschafft." Allerdings warnten Erhard nicht alle seine Berater vor der Preisfreigabe durch das Leitsätzegesetz. Dessen Referentenentwurf stammte von Leonhard Miksch, einem Schüler Walter Euckens (Berndt und Goldschmidt 2000, Feld und Köhler 2015). Liest man Mikschs Tagebuch (Goldschmidt 2015), so werden die Auseinandersetzungen in der Verwaltung für Wirtschaft plastisch, und es wird deutlich, wie Erhard sich im Rückgriff auf die marktwirtschaftlichen Überzeugungen der Freiburger Schule durchsetzen konnte. Zudem waren die Reformen anfangs kein Selbstläufer. Erhard sah sich einem Generalstreik gegenüber, den er überstand, ohne in der Hauptsache zurückweichen zu müssen. Bis ins Jahr 1957 war diese Episode verblasst.

Der entscheidende Beitrag der Erhard'schen Reform und zugleich wesentlicher Teil seiner weiteren Wirtschaftspolitik war der damit eingeleitete Übergang zu einer Wettbewerbswirtschaft. Erhard erschien dieser Übergang, ganz im Sinne der Freiburger Schule, als das Soziale an der Marktwirtschaft, als grundlegendes Element des sozialen Ausgleichs. Weil die Wettbewerbswirtschaft private Machtkonzentration zu verhindern vermag, schafft sie die Voraussetzungen für eine bessere Chancenverteilung in der Gesellschaft (Feld 2020). Anlässlich des 70. Geburtstags Friedrich A. von Hayeks soll Erhard in diesem Sinne gesagt haben, Hayek solle ihn nicht missverstehen. Als Wettbewerbswirtschaft brauche die Soziale Marktwirtschaft den Zusatz „sozial" nicht, schließlich sei sie bereits an sich sozial. Erhards Einsatz für ein neues Wettbewerbsrecht, das Gesetz gegen Wettbewerbsbeschränkungen (GWB), das erst im Jahr 1957 – wiederum gegen massive Widerstände, dieses Mal der deutschen Industrie – verabschiedet wurde, darf daher nicht geringgeschätzt werden.

In der wirtschaftshistorischen Literatur wird darüber diskutiert, wie sehr die Erhard'sche Wirtschaftspolitik als Zäsur, als Bruch mit der Zeit des Nationalsozialismus verstanden werden kann (Ritschl 2005, Spoerer 2019). Es gab vielfältige Kontinuitäten in der Wirtschaftspolitik zu den Jahren zuvor, aber der Übergang zur Wettbewerbswirtschaft stellte einen eigentlichen Paradigmenwechsel dar (Spoerer 2019). Diese Diskussion ist nicht zu Ende – genauso wenig wie die Debatte um die Person Erhard (Herrmann 2019, Issing und Koerfer 2019). Mein Beitrag in diesem Vorwort dreht sich nicht um diese historischen oder gar um dogmengeschichtliche Fragen anhand einer Exegese des ursprünglichen Textes. Letzteres mögen die geneigten Leser dieser neuen Ausgabe selbst unternehmen. Mir geht es um eine Einordnung der Erhard'schen Anliegen in diesem Buch, indem Schlaglichter auf ausgesuchte Entwicklungen gerichtet werden und aus der heutigen Sicht deutlich wird, wie sich Ludwig Erhards wirtschaftspolitische Vorstellungen verstehen lassen. Diese Interpretation beansprucht keine Exklusivität, gleichwohl stellt sie aus meiner Sicht eine plausible Interpretation dar.

Die Wirtschaftsentwicklung

Ludwig Erhard war Marktwirtschaftler und Ordnungspolitiker. Aber er war genauso ein Kind seiner Zeit, das die Hyperinflation nach dem Ersten Weltkrieg, die Weltwirtschaftskrise mit ihrer hohen Arbeitslosigkeit und den Zweiten Weltkrieg mit seinen desaströsen Auswirkungen miterlebt hatte. Es kann daher nicht verwundern, dass Preisniveaustabilität, außenwirtschaftliches Gleichgewicht und ein hoher Beschäftigungsstand für Erhard als Voraussetzung für stetiges Wirtschaftswachstum wichtig waren. Diese vier Größen – bezüglich des Wirtschaftswachstums erweitert um das Attribut „angemessen" – wurden ab dem Jahr 1967 als sogenanntes magisches Viereck dem Sachverständigenrat zur Begutachtung der gesamtwirtschaftlichen Entwicklung als Prüfauftrag ins Gesetz geschrieben. In seinem *Wohlstand für Alle* greift Erhard in unterschiedlichen Kontexten auf Statistiken zurück, welche die wirtschaftliche Entwicklung in makroökonomischen Dimensionen seit der Währungsreform illustrieren. Man hat gelegentlich den Eindruck, dass es ihm in diesem Buch somit auch um eine Rechtfertigung seiner Entscheidungen geht.

Abbildung 1 stellt die Entwicklung des Bruttoinlandsprodukts (BIP) im Zeitraum von 1870 bis 2016 dar. Die wesentlichen historischen Zäsuren des 20. Jahrhunderts sind dabei genauso markiert wie zwei Rezessionen zu Beginn und zum Ende der Zeitperiode, nämlich der Gründerkrach und die Finanzkrise (oder Große Rezession). Die massiven Auswirkungen der beiden Weltkriege, der Hyperinflation und der Weltwirtschaftskrise auf das BIP sind nicht zu übersehen. Sie überschatten alle anderen Ereignisse; selbst die bis zum Jahr 2020 als schwerste Krise der Nachkriegszeit angesehene Große Rezession erscheint nur als kleine Unterbrechung eines stetigen Anstiegs der Wirtschaftskraft.

Versteht man das programmatische *Wohlstand für Alle* als Steigerung des gesamtwirtschaftlichen Einkommens, so zeigt sich die Wettbewerbswirtschaft der Bundesrepublik Deutschland als durchaus erfolgreich. Trotz aller Schwankungen weist der Trend ungebrochen nach oben. Die Erhard'schen Weichenstellungen für die Wettbewerbswirtschaft scheinen richtig getroffen. Voraussetzung für diese Entwicklung ist der Erhalt des Friedens; dazu gehören aber außerdem die richtigen wirtschaftspolitischen Entscheidungen, die dafür gesorgt haben, dass weder Hyperinflation noch Massenarbeitslosigkeit wie zu Zeiten der Weltwirtschaftskrise aufgetreten sind. Dafür hat Erhard keine Meriten erworben, sind es doch die nach ihm kommenden Wirtschaftspolitiker, die ihren Teil dazu beigetragen haben.

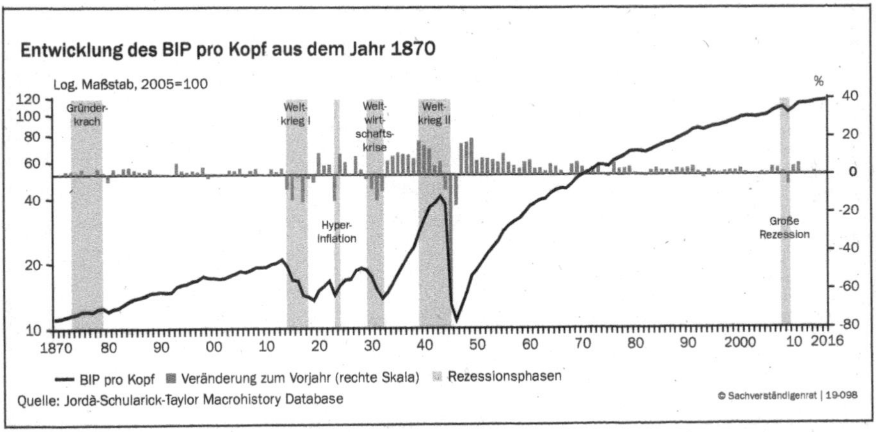

Abbildung 1: Die Entwicklung des Bruttoinlandsprodukts von 1870 bis 2016

Erhard irrt jedoch in seiner gleich zu Beginn des Buches geäußerten Hoffnung, der Konjunkturzyklus möge überwunden werden. Abbildung 2 zeigt die Entwicklung des BIP mit den vom Sachverständigenrat vorgenommenen Datierungen der Rezessionsphasen. Dies ist bis zum aktuellen Rand gezogen, schließt also die Corona-Krise mit ein, ohne dass diese schon offiziell als Rezession datiert wäre, obwohl sie natürlich eine Rezessionsphase darstellt. Man erkennt die mehr oder weniger starken Schwankungen im Zeitablauf, zugleich aber die unregelmäßige Wiederkehr von wirtschaftlichen Schwächephasen. Die Ursachen für diese Schwankungen sind vielfältig, ob es sich um die beiden Ölpreisschocks der 1970er- und 1980er-Jahre, die Wiedervereinigung, die Finanzkrise oder die Corona-Krise handelt.

Die Wirtschaftspolitik ist unterschiedlich erfolgreich mit diesen Krisen umgegangen. In Abkehr von Erhard'schen Vorstellungen setzte Karl Schiller in Reaktion auf die Rezession von 1966/67 auf keynesianische Rezepte, insbesondere mit expansiver Fiskalpolitik. Diese keynesianische Rezeptur erwies sich in den 1970er- und 1980er-Jahren als Antwort auf die beiden Ölpreisschocks als falscher Ansatz. Beides

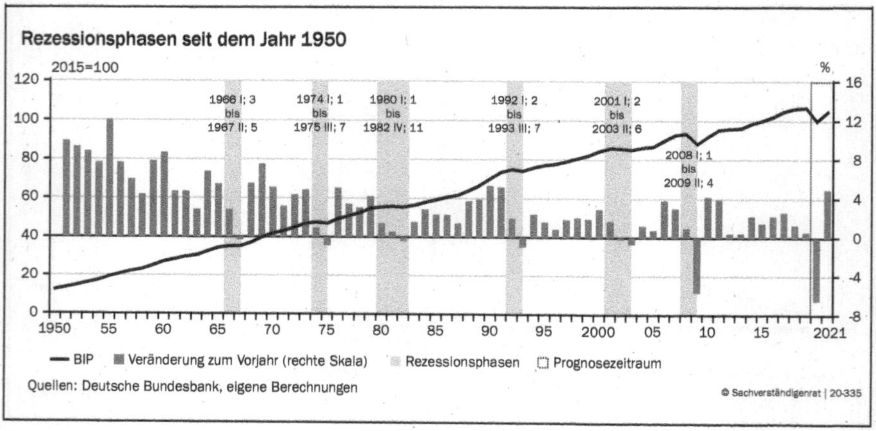

Abbildung 2: Rezessionsphasen von 1950 bis 2021

waren Produktivitätsschocks, die sich zwar auf das gesamtwirtschaftliche Angebot und auf die gesamtwirtschaftliche Nachfrage auswirkten, sich aber nicht durch reine Nachfragepolitik bekämpfen ließen. Vielmehr verschärfte eine falsche Lohnpolitik die damaligen Probleme noch. Hingegen war die Nachfragestimulierung nach der Finanzkrise zielgerichteter. Die Corona-Krise ist erneut ein schwerer Produktivitätsschock (SVR 2020). Jenseits der unmittelbaren Liquiditätshilfen sowie der weiteren expansiven Geld- und Fiskalpolitik am aktuellen Rand wird die richtige Antwort darauf in produktivitätssteigernden Maßnahmen liegen müssen.

Arbeitslosigkeit und Beschäftigung

Die unzureichende Antwort der Wirtschaftspolitik auf die Krisen der 1970er-, 1980er- und 1990er-Jahre spiegelt sich vor allem in der Entwicklung am Arbeitsmarkt (Abbildung 3) wider. Während die Erhard'schen Jahre der Wirtschaftspolitik durch einen Rückgang der Arbeitslosenquote und einen Anstieg der Beschäftigung gekennzeichnet waren, Schiller mit seiner keynesianischen Wirtschaftspolitik der aus Sicht

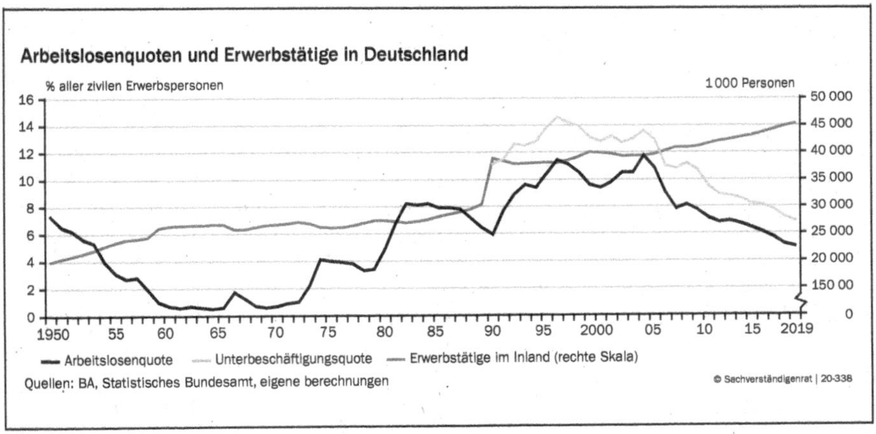

Abbildung 3: Arbeitslosigkeit und Erwerbstätige von 1950 bis 2019

der darauffolgenden Jahre geringen Arbeitslosigkeit noch mit Erfolg begegnete, stieg die Arbeitslosenquote danach im Zeitablauf an. Es entstand das Phänomen der Sockelarbeitslosigkeit: Im Boom kehrte die Arbeitslosenquote nicht wieder auf das niedrigere Niveau vor der Rezession zurück.

Erst durch die Lohnzurückhaltung der Gewerkschaften und die Reformen der Regierung Gerhard Schröder, insbesondere ihre Arbeitsmarktreformen, gelang es, den steigenden Trend der Arbeitslosigkeit zu durchbrechen. Damit wurde ein hoher Beschäftigungsstand bei mäßiger Arbeitslosigkeit, in manchen Regionen Deutschlands sogar Vollbeschäftigung, bis zum Jahr 2019 erreicht. Dies kann man als Rückgriff auf Erhard'sche Vorstellungen begreifen. Es waren aber vor allem die schon von Otto Graf Lambsdorff geforderten Arbeitsmarktreformen, zu denen sich die Regierung Helmut Kohl nicht durchringen konnte, die erst von Schröder umgesetzt wurden (Feld 2013).

Diese Entwicklung wirft ein anderes Schlaglicht auf den Wohlstand für alle. Bei Arbeitslosigkeit sorgt selbst die Einkommenssicherung über den Sozialstaat nicht dafür, dass die Bürger ein Wohlstandsgefühl haben. Einerseits sorgt Arbeitslosigkeit bei den Betroffenen jenseits des Einkommensverlustes für einen kräftigen Rückgang der Lebenszufriedenheit, sie fühlen sich abgehängt und gesellschaftlich ausgeschlossen, jedenfalls nicht wohl. Andererseits sorgt hohe Arbeitslosigkeit selbst bei den nicht unmittelbar Betroffenen für eine Wohlfahrtseinschränkung. Die Sorge vor Arbeitslosigkeit ist dann weiter verbreitet, selbst in Milieus, die keine hohe Wahrscheinlichkeit haben, arbeitslos zu werden. Nun war die Entwicklung der Arbeitslosigkeit in Deutschland seit der Gründung der Bundesrepublik zwar weit entfernt von den Niveaus der Weltwirtschaftskrise. Aber gleichwohl blieb sie ein Makel der Wirtschaftspolitik seit den 1970er-Jahren.

Die Lage am Arbeitsmarkt ist verbunden mit sozialpolitischen Fragen. Erhards *Wohlstand für Alle* legt schon im Titel das Missverständnis an, dass es ihm um eine Teilhabe an der Wohlstandsentwicklung ginge, selbst wenn diese Teilhabe durch staatliche Umverteilung der Einkommen erreicht werden müsste. Wie bereits betont, stehen Verteilungsfragen nicht im Mittelpunkt der Erhard'schen Wirtschaftspolitik. Dies wird beispielsweise im Abschnitt ‚Die Hamburger Erklärung' des 6. Kapitels des *Wohlstands für Alle* deutlich, aber ebenso an vielen anderen Stellen.

Die Frage, inwiefern eine Steigerung des Bruttoinlandsprodukts in der Einkommensverteilung durchsickert, sodass alle Einkommensschichten etwas davon haben, ist komplex und kann hier nur angedeutet werden. Die Entwicklung in Deutschland ist vor allem von der Arbeitsmarktentwicklung geprägt. Dies illustriert Abbildung 4, in der Gini-Koeffizienten der Einkommensverteilung zusammen mit der Arbeitslosenquote abgebildet sind. Der Gini-Koeffizient misst die

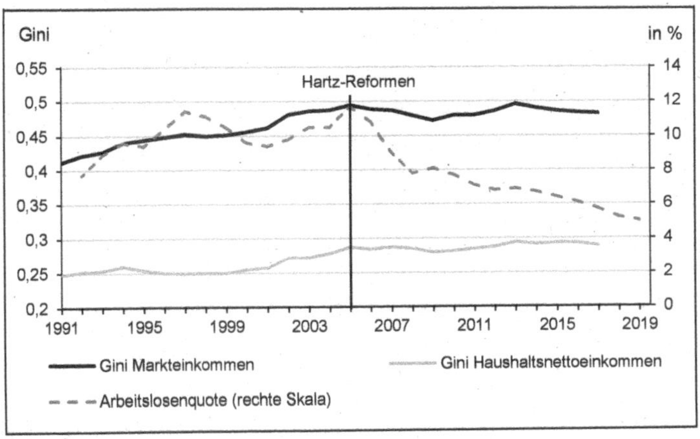

Abbildung 4: Gini-Koeffizienten für Markt- und Haushaltsnettoeinkommen sowie Arbeitslosenquote im Zeitverlauf, Quelle: Feld et al. (2020)

Einkommensungleichheit durch ein zwischen 0 und 1 variierendes Maß, bei dem eine 0 perfekte Gleichverteilung und eine 1 perfekte Ungleichverteilung anzeigt. Je höher der Koeffizient, desto ungleicher ist also die Einkommensverteilung.

Die Einkommensverteilung in Deutschland wird erst seit den 1980er-Jahren konsistent mithilfe des Sozio-ökonomischen Panels (SOEP) gemessen. In Abbildung 4 werden die Verteilung der Markteinkommen, also vor Einsatz des Steuer-Transfer-Systems des Staates, und der Haushaltsnettoeinkommen, also nach Umverteilung durch den Staat, abgebildet. Die Differenz zwischen beiden Indikatoren zeigt das Ausmaß der effektiven Umverteilung an. Diese Differenz ist nennenswert, wie unschwer zu erkennen ist. Im Zeitablauf lässt sich seit der Wiedervereinigung ein Anstieg der Einkommensungleichheit bis etwa ins Jahr 2005 feststellen. Dieser Anstieg setzt den seit den 1980er-Jahren in Westdeutschland bestehenden Trend fort. Seit dem Jahr 2005, also seit den Reformen der Regierung Schröder, lässt sich kein signifikanter Anstieg mehr beobachten, obwohl soziologische Faktoren, wie etwa die Zunahme der Ein-Personen-Haushalte, die für sich genommen die Einkommensungleichheit erhöhen, danach weiterhin ungleichheitsverstärkend gewirkt haben. Der weitere Anstieg der Gini-Koeffizienten im Aggregat wurde vor allem durch den Rückgang der Arbeitslosigkeit verhindert. Sozial ist, was Arbeit schafft.

Solide öffentliche Finanzen

Interessanterweise ergibt sich diese Entwicklung der Einkommensverteilung ohne besondere Veränderungen der finanzpolitischen Kennziffern. Abbildung 5 stellt die Entwicklung der Einnahme- und der Steuerquote sowie die Staatsquote von 1950 bis 2019 dar. Die kräftige Reduktion der Steuerquote zu Beginn des Beobachtungszeitraums ist einer Änderung in den statistischen Abgrenzungen geschuldet, nachdem die Einnahmequote exakter gemessen und differenziert wurde. Die Einnahme- und die Staatsquote steigen bis in die zweite Hälfte der 1970er-Jahre an. Die Einnahmequote zeigt in der Zeit danach bis heute aber im Wesentlichen eine Seitwärtsbewegung. Die Staatseinnahmen in Prozent des BIP verändern sich somit wenig. Die Staatsquote, also die Staatsausgaben (inkl. der Transfers) in Prozent des BIP, geht bis zum Vorabend der Wiedervereinigung zurück, steigt bedingt durch diese wieder an, sogar schlagartig mit Überführung der mit der Wiedervereinigung eingerichteten Fonds in den Staatshaushalt Mitte der 1990er-Jahre, und geht danach wieder trendmäßig bis zum aktuellen Rand zurück.

Die Steuerquote, also die Steuereinnahmen in Prozent des BIP, verändert sich im Zeitablauf aber nur wenig. Seit dem Jahr 1960 sinkt sie trendmäßig bis Mitte der 2000er-Jahre. Seit dem Jahr 2010 steigt sie wieder an. Beide Trends sind jedoch moderat. Diese Entwicklung kaschiert die vielfältigen steuerpolitischen Veränderungen, etwa bei den Steuersätzen, in der Steuerstruktur von direkten zu den indirekten

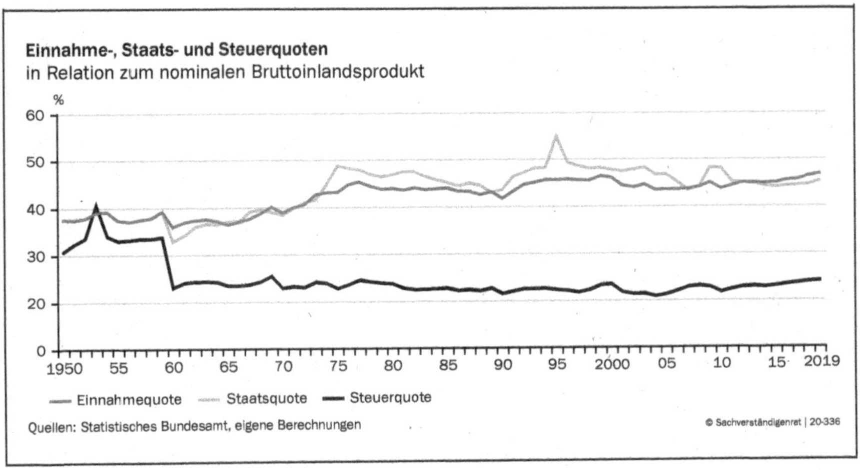

Abbildung 5: Einnahme-, Steuer- und Staatsquoten von 1950 bis 2019

Steuern usw. Allerdings kann die Steuerquote als effektive Steuerbelastung der Steuerzahler ex post interpretiert werden, und so gesehen ist sie erstaunlich stabil. Außerdem geht diese Entwicklung mit nur geringen Veränderungen in der effektiven Umverteilung, gemessen in der Differenz der Verteilung der Markteinkommen und der Haushaltsnettoeinkommen in Abbildung 4, einher. Dies vermittelt den Eindruck, dass das Steuer-Transfer-System in Deutschland im Zeitablauf zielgenauer ausgestaltet worden ist.

Die Differenz zwischen Einnahme- und Staatsquote in Abbildung 5 lässt die Finanzierungssalden der öffentlichen Haushalte aufscheinen. Liegt die Staatsquote über der Einnahmequote, so resultiert für den öffentlichen Gesamthaushalt ein Defizit in Prozent des BIP. Abbildung 6 verdeutlicht diese Entwicklung der Staatsverschuldung in Prozent des BIP von 1950 bis 2019 und zeigt einen trendmäßigen Anstieg der Staatsschuldenquote ab den 1970er-Jahren bis ins Jahr 2010. Erst nach Verabschiedung der Schuldenbremse konnte dieser Trend durchbrochen werden. Zu Zeiten Ludwig Erhards herrschte eine solide Finanzpolitik vor. Es hat relativ

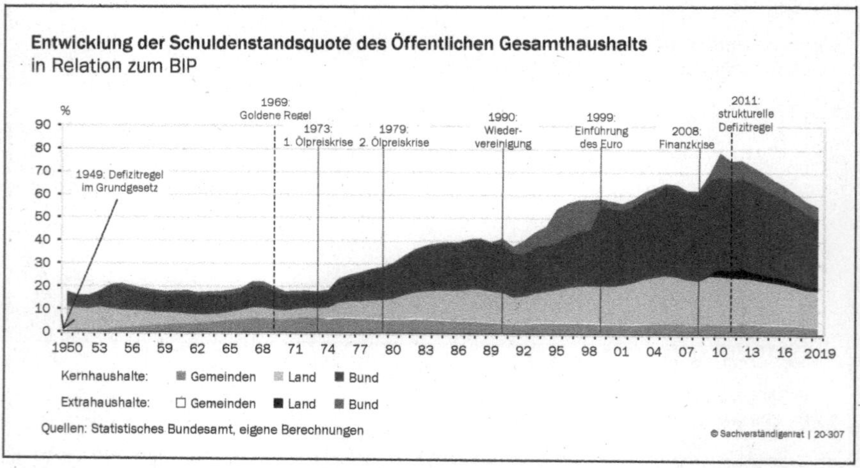

Abbildung 6: Schuldenstandsquoten (in % des BIP) Deutschlands, 1950 – 2019

lange gedauert, bis Deutschland wieder zu dieser soliden Finanzpolitik zurückgekehrt ist.

Fazit

Wohlstand für Alle – das mag manche provozieren, manche zu Missverständnissen anregen. Wohl verstanden, nämlich im Sinne der in diesem Band von Erhard dargelegten Interpretation, bietet dieses Konzept wichtige Anhaltspunkte für die Wirtschaftspolitik. Der Wohlstand muss zunächst erarbeitet werden, bevor man über seine Verteilung nachdenken kann. Die Wirtschaftspolitik muss daher auf Produktivitätssteigerungen als Voraussetzung für das Wirtschaftswachstum und auf eine geringe Arbeitslosigkeit – allerdings bei Preisniveaustabilität – abzielen. Die Finanzpolitik sollte einerseits durch eine moderate Staatsverschuldung Voraussetzungen schaffen, um in Krisenzeiten expansiv sein zu können. Die Steuer- und Sozialpolitik muss andererseits die von ihr gesetzten Anreize im Blick haben, sodass Verteilungsziele möglichst effektiv erreicht werden, ohne die damit verbundenen Fehlanreize dominant werden zu lassen. Die hier gezeigten Illustrationen können dazu anregen, in verschiedener Hinsicht über die Erhard'schen Ansätze hinauszugehen. Sie lassen aber ebenso erkennen, dass die Erhard'schen Vorstellungen einer Wettbewerbswirtschaft nichts an ihrer Aktualität eingebüßt haben.

VORWORT ZUR 8. AUFLAGE

Gewiß mag es als ein Wagnis empfunden werden, ein 1957 erschienenes aktuelles wirtschaftspolitisches Buch im Jahre 1964 neu aufzulegen. Vor die Frage gestellt, ob dies zweckmäßig sei, erinnern sich Autor und Verlag der Worte, die im August 1960 anläßlich der damaligen Neuauflage vorangestellt wurden: „Der aufmerksame Leser wird erkennen, wie sehr trotz der Geschäftigkeit und Hast des modernen Lebens, trotz der großen Verschiebungen in den ökonomischen Quantitäten die wirtschaftspolitische Problematik über Jahre hinweg die gleiche bleibt, auch wenn hier und da die handelnden Personen gewechselt, die Institutionen sich gewandelt haben mögen. Das Ringen um die wirtschaftspolitisch richtige Erkenntnis gehört über Jahre und Jahrzehnte hinaus zum festen Bestand einer freiheitlichen Gesellschaftsordnung. Insofern kommt diesem Buch heute, wie an dem Tag des ersten Erscheinens, die gleiche Bedeutung zu." Dies allein rechtfertigt ein weiteres Mal das kühne Unterfangen der Neuauflage, das durch den Verkauf der letzten noch vorhandenen Exemplare notwendig geworden ist.

Am 4.2.1957 wurde die erste Ausgabe von *Wohlstand für Alle* der Öffentlichkeit übergeben. Inzwischen sind sieben Auflagen der deutschen Ausgabe verkauft. Das Interesse war dabei nicht nur im deutschen Sprachraum außerordentlich groß; auch im Ausland bestand allgemein der Wunsch, die Gedankengänge des Schöpfers der „Sozialen Marktwirtschaft" kennenzulernen. Davon zeugen 14 fremdsprachige Ausgaben sowie eine noch größere Zahl von Übersetzungen umfangreicher Auszüge.

Eine genaue Durchsicht des Textes zeigte, daß an der Grundkonzeption und Gedankenführung nichts geändert zu werden brauchte. Manche der wirtschaftspolitischen Anregungen und Forderungen, die 1957 verfochten werden mußten, sind inzwischen befriedigt und erfüllt. Andere Probleme harren noch der Lösung, ohne daß auf diese Fragen abschließende Antworten erteilt werden konnten. Im einzelnen kommt einer vor sieben Jahren berechtigen Feststellung jetzt primär historische Bedeutung zu, während andererseits neue Aufgaben zur geistigen Durchdringung heranreifen. Für die Neuauflage wurden die in der früheren Ausgabe verwendeten Zahlen auf den neuesten Stand fortgeführt, soweit dies sinnvoll erschien. Um neben dieser Aktualisierung des Datenwerks einen Einblick in die neuesten Überlegungen des Verfassers zu geben, wurde das Schlußkapitel neu geformt. Es enthält dabei auch als bedeutsames politisches Dokument seine Regierungserklärung vom 18. Oktober 1963. Damit hat der Verfasser nunmehr als Bundeskanzler seine Vorstellungen von den Aufgaben der Gegenwart und der nahen Zukunft präzisiert, wobei hier nicht nur – nicht einmal vornehmlich – der Wirtschaftspolitiker spricht. Die Regierungserklärung ist gerade wegen der Einbettung der sozialen Marktwirtschaft in eine umfassende Betrachtungsweise bemerkenswert. Sie verdient deshalb, gerade in diesem Buch niedergelegt zu werden – lautet doch einer ihrer Kernsätze: „Als Bundeskanzler verbürge ich mich, die Politik der sozialen Marktwirtschaft konsequent fortzusetzen."

Im Februar 1964

1. Kapitel

DER ROTE FADEN

Geraume Zeit, bevor ich das Wirtschaftsressort in der ersten westdeutschen Bundesregierung übernahm, legte ich auf dem CDU-Parteitag der britischen Zone Ende August 1948 in Recklinghausen dar, daß ich es für abwegig halte und mich deshalb auch *weigere, die hergebrachten Vorstellungen der früheren Einkommensgliederung neu aufleben* zu lassen. So wollte ich jeden Zweifel beseitigt wissen, daß ich die Verwirklichung einer Wirtschaftsverfassung anstrebe, die immer weitere und *breitere Schichten* unseres Volkes *zu Wohlstand zu führen vermag.* Am Ausgangspunkt stand der Wunsch, über eine breitgeschichtete Massenkaufkraft die *alte* konservative *soziale Struktur endgültig zu überwinden.*

Diese überkommene Hierarchie war auf der einen Seite durch eine dünne Oberschicht, welche sich jeden Konsum leisten konnte, wie andererseits durch eine quantitativ sehr breite Unterschicht mit unzureichender Kaufkraft gekennzeichnet. Die Neugestaltung unserer Wirtschaftsordnung mußte also die Voraussetzung dafür schaffen, daß dieser einer fortschrittlichen Entwicklung entgegenstehende Zustand und damit zugleich auch *endlich das Ressentiment zwischen „arm" und „reich" überwunden* werden konnten. Ich habe keinerlei Anlaß, weder die materielle noch die sittliche Grundlage meiner Bemühungen mittlerweile zu verleugnen. Sie *bestimmt* heute wie damals *mein Denken und Handeln.*

Das erfolgversprechendste Mittel zur Erreichung und Sicherung jeden Wohlstandes ist der Wettbewerb. Er allein führt dazu, den wirtschaftlichen Fortschritt allen Menschen, im besonderen in ihrer Funktion als Verbraucher, zugute kommen zu lassen, und alle Vorteile, die nicht unmittelbar aus höherer Leistung resultieren, zur Auflösung zu bringen.

Auf dem Wege über den Wettbewerb wird – im besten Sinne des Wortes – *eine Sozialisierung des Fortschritts und des Gewinns bewirkt* und dazu noch das persönliche Leistungsstreben wachgehalten. Immanenter Bestandteil der Überzeugung, auf solche Art den Wohlstand am besten mehren zu können, ist das Verlangen, allen arbeitenden Menschen nach Maßgabe der fortschreitenden Produktivität auch einen ständig wachsenden Lohn zukommen zu lassen. Um dieses Ziel zu erreichen, müssen wichtige Voraussetzungen erfüllt werden.

Wir dürfen über dem sich ausweitenden Konsum *die Mehrung der Produktivität der Wirtschaft nicht vergessen.* Dabei lag am Anfang dieser Wirtschaftspolitik das Schwergewicht auf der Expansion der Wirtschaft, um zunächst einmal das Güterangebot überhaupt zu steigern und auch auf diesem Wege dem Wettbewerb laufend Auftrieb zu geben. Vor allem galt es, der wachsenden Zahl von Arbeitsuchenden auch Beschäftigungsmöglichkeiten zu eröffnen.

Konjunkturzyklus überwunden

Diese zwingenden Notwendigkeiten verlangen aber auch danach, das alte und bisher für unumstößlich gehaltene *Gesetz vom konjunkturzyklischen Ablauf des wirtschaftlichen Geschehens zu überwinden.* Man glaubte bekanntlich, daß sich die Wirtschaft in rhythmischen Wellen fortentwickle. Sieben Jahre sollten dabei etwa den Zeitabschnitt darstellen, in dem sich Aufschwung, Hochkonjunktur, Niedergang und Krise vollenden, bis sich aus ihr wieder die heilenden Kräfte zum positiven Ansatz für den nächsten Zyklus entzünden. In den nun fast neun Jahren aber, in denen ich die Verantwortung für die deutsche Wirtschaftspolitik trage, ist es immerhin gelungen, diesen *starren*

Rhythmus zu sprengen und über einen kontinuierlichen Aufstieg der Wirtschaft die Koppelung von voller Beschäftigung und Mengenkonjunktur zu erreichen.

In Anbetracht dieser Entwicklung sind wohl auch mein Streben und meine Hoffnung verständlich, daß es der Wirtschaftspolitik und der Wirtschaftstheorie gelingen möge, zur Bewältigung dieses Problems systematische Lösungen zu finden. Alle dahin zielenden Bemühungen werden allerdings nur von Erfolg gekrönt sein können, wenn und solange der Wettbewerb nicht durch künstliche oder rechtliche Manipulationen behindert oder gar ausgeschaltet wird.

Die Gefahr einer Beeinträchtigung des Wettbewerbs droht sozusagen ständig und von den verschiedensten Seiten her. Es ist darum eine der wichtigsten Aufgaben des auf einer freiheitlichen Gesellschaftsordnung beruhenden Staates, die Erhaltung des freien Wettbewerbs sicherzustellen. Es bedeutet wirklich keine Übertreibung, wenn ich behaupte, daß ein auf Verbot gegründetes Kartellgesetz als das unentbehrliche *„wirtschaftliche Grundgesetz"* zu gelten hat. Versagt der Staat auf diesem Felde, dann ist es auch bald um die „Soziale Marktwirtschaft" geschehen. Dieses hier verkündete Prinzip zwingt dazu, keinem Staatsbürger die Macht einzuräumen, die individuelle Freiheit unterdrücken oder sie namens einer falsch verstandenen Freiheit einschränken zu dürfen. *„Wohlstand für alle" und „Wohlstand durch Wettbewerb" gehören untrennbar zusammen*; das erste Postulat kennzeichnet das Ziel, das zweite den Weg, der zu diesem Ziel führt.

Diese wenigen Andeutungen zeigen bereits den fundamentalen Unterschied zwischen der Sozialen Marktwirtschaft und der liberalistischen Wirtschaft alter Prägung. Unternehmer, die unter Hinweis auf neuzeitliche wirtschaftliche Entwicklungstendenzen Kartelle fordern zu können glauben, stellen sich mit jenen Sozialdemokraten auf eine geistige Ebene, die aus der Automation auf die Notwendigkeit einer staatlichen Planwirtschaft schließen.

Diese Überlegung macht wohl auch deutlich, wie ungleich nützlicher es mir erscheint, die *Wohlstandsmehrung durch die Expansion zu vollziehen,* als Wohlstand aus einem unfruchtbaren Streit über eine andere Verteilung des Sozialproduktes erhoffen zu wollen.

Damit soll keineswegs behauptet werden, daß die jetzige Verteilung des Sozialprodukts etwa die einzig richtige und auf ewig gültige sei. Ein Zahlenbeispiel mag jedoch kurz erläutern, was hier gemeint ist: Zwischen 1950 und 1962 gelang es, das Bruttosozialprodukt (zur Ausklammerung aller Preisveränderungen in Preisen von 1954 ausgedrückt) um über 167 Mrd. DM auf 280,3 Mrd. DM zu erhöhen.

Bruttosozialprodukt
(in Preisen von 1954 ausgedrückt)

in Mrd. DM

1950	1952	1954	1956	1958	1960[1]	1962
112,9	136,5	157,9	189,3	206,8	254,9	280,3

[1] ab 1960 einschl. Saarland und Berlin (West)
Quelle: Statistisches Bundesamt

Dieser Hinweis auf den unbestreitbaren Erfolg dieser Politik lehrt, wie ungleich sinnvoller es ist, alle einer Volkswirtschaft zur Verfügung stehenden *Energien auf die Mehrung des Ertrages der Volkswirtschaft* zu richten, als sich *in Kämpfen um die Distribution des Ertrages zu zermürben* und sich dadurch von dem allein fruchtbaren Weg der Steigerung des Sozialproduktes abdrängen zu lassen. Es ist sehr viel leichter, jedem einzelnen aus einem immer größer werdenden Kuchen ein größeres Stück zu gewähren, als einen Gewinn aus einer Auseinandersetzung um die Verteilung eines kleinen Kuchens ziehen zu wollen, weil auf solche Weise jeder Vorteil mit einem Nachteil bezahlt werden muß.

Man mag mich manches Mal gescholten haben, weil mir für diese sterile Denkweise jedes Verständnis fehlte. Der Erfolg hat mir recht gegeben. Die deutsche Wirtschaftspolitik hat dahin geführt, daß der Ertrag, den alle aus der Wirtschaft ziehen, ohne jede Unterbrechung von Jahr zu Jahr angestiegen ist. Der private Verbrauch z. B. erhöhte sich von 1950 bis 1962 – wohlgemerkt wieder in Preisen von 1954 ausgedrückt – von 69 auf 175 Mrd. DM. Diese beachtliche Steigerung steht im internationalen Vergleich mit an erster Stelle. Nach Ermittlungen des Statistischen Bundesamtes stieg der Index des privaten Verbrauchs – preisbereinigt (1950 = 100) – in Westdeutschland im Jahre 1961 auf 236; in diesem Zeitraum erhöhte sich die Indexzahl in Großbritannien auf 127, in Schweden auf 137, in Frankreich auf 162 und in den USA auf 139. Auch wenn man die Vorkriegszeit als Basis wählt, übersteigt die westdeutsche Entwicklung diejenige des Durchschnitts aller OEEC-Länder bei weitem. *Selbst die revolutionärste Umgestaltung* unserer Gesellschaftsordnung hätte es *niemals vermocht, den privaten Verbrauch* dieser oder jener Gruppe *auch nur um Bruchteile der tatsächlich erreichten Steigerung zu erhöhen*; denn gerade ein solcher Versuch hätte zu einer Lähmung und Stagnation der Volkswirtschaft geführt.

Diese Skepsis gegenüber allen Streitigkeiten über die „gerechte“ Verteilung des Sozialprodukts erwächst auch aus der Überzeugung, daß so begründete Lohnkämpfe in enger geistiger Nachbarschaft zu vielfältigen Bemühungen auch anderer Interessenten, ja ganzer Volksteile stehen, sich *auf Kosten anderer Vorteile verschaffen zu wollen*. Dabei wird in leichtfertiger Weise verkannt, daß jedes geforderte Mehr immer eine größere Leistung voraussetzt. Ein derartiges geradezu kindisch zu nennendes Verhalten *gefährdet* in illusionistischer Verblendung zuletzt sogar *die Grundlagen unseres Fortschritts*. Auch hier ist vor allem die Bejahung des Wettbewerbs geeignet, dem Egoismus einen Riegel vorzuschieben. So wie es in einer gesunden Wettbewerbswirtschaft dem einzelnen nicht erlaubt ist, Sondervorteile für sich zu beanspruchen, so ist diese Art der Bereicherung auch ganzen Gruppen zu versagen.

Mein ständiges Drängen, alle Anstrengungen auf eine Expansion ohne Gefährdung der gesunden Grundlage unserer Wirtschaft und Währung zu richten, gründet sich gerade auf die Überzeugung, daß es mir auf solche Weise möglich sein kann, all denen, die ohne eigenes Verschulden wegen Alter, Krankheit oder als Opfer zweier Weltkriege nicht mehr unmittelbar am Produktionsprozeß teilhaben können, *einen angemessenen, würdigen Lebensstandard* zu garantieren.

Das Anwachsen der Sozialleistungen in den letzten Jahren erweist die Richtigkeit dieser These. Die Steigerung der öffentlichen Sozialleistungen in der Bundesrepublik von 9,8 Mrd. DM im Jahre 1949 auf über 47 Mrd. DM im Jahre 1962 war, wie auch die Rentenreform, *nur über den wirtschaftlichen Fortschritt zu bewerkstelligen*. Nur die Expansion hat es ermöglicht, auch die Armen mehr und mehr an der Wohlstandssteigerung teilhaben zu lassen. Wenn, wie gesagt, die Bundesregierung jetzt sogar eine weitere und wesentliche Erhöhung der Sozialleistungen gewähren kann, dann ist sie dazu nur deshalb in der Lage, weil die Wirtschaftspolitik auch für die Zukunft eine Steigerung unseres Sozialproduktes erwarten läßt.

Der Schlüssel zur Steuersenkung

Diese Bejahung einer Expansionspolitik wird auch noch unter anderen Gesichtspunkten zu einem zwingenden Gebot. Der realpolitische Betrachter wird akzeptieren müssen, daß der moderne Staat heute Riesenaufgaben zu bewältigen hat. Wenn sicher auch alles getan werden sollte, um *eine Einschränkung artfremder Staatsfunktionen zu erreichen* – mit dem konsequenten Abbau von Bewirtschaftungs- und Preisvorschriften habe ich meinen Beitrag hierzu geleistet –, so wird man sich doch damit abfinden müssen, daß in der Mitte des 20. Jahrhunderts eine wesentliche Entlastung des Staates nicht sehr wahrscheinlich ist. Andererseits aber wird man das sehr berechtigte Anliegen aller Staatsbürger wie auch der Wirtschaft anerkennen wollen, dennoch *zu einer Senkung der steuerlichen Belastung zu gelangen.*

Dieses Ziel kann aber auch nur erreicht werden, wenn wir die Staatsausgaben wenigstens auf der gegenwärtigen, ja keineswegs unbeträchtlichen Höhe zu halten vermögen. Wenn nur dieses gelingt, dann wird in Zukunft die steuerliche Entlastung des Staatsbürgers und der Wirtschaft bei einer weiteren Steigerung des Sozialproduktes gleichwohl als Befreiung spürbar werden. Es eröffnen sich hoffnungsvolle Aspekte! Man bedenke doch nur, wie wesentlich geringer die steuerliche Belastung in zehn Jahren sein kann, wenn wir dann ein ganz wesentlich größeres Sozialprodukt gegenüber 87 Mrd. DM im Jahre 1950 und 224 Mrd. DM im Jahre 1959 erreicht haben werden (Nettosozialprodukt).

Dieser Ausblick mag durch nüchterne Tatsachen der jüngsten Vergangenheit belegt werden. Niemand wird behaupten mögen, daß die steuerliche Individualbelastung seit 1949 relativ gestiegen ist. Trotzdem erhöhten sich die Einnahmen der öffentlichen Hand (Bund, Länder und Gemeinden) von 23,7 Mrd. DM im Jahre 1949 auf 69,6 Mrd. DM im Rechnungsjahr 1958/59. Diese Steigerung beruht ausschließlich auf der rasanten Erhöhung unseres Sozialproduktes.

Wenn der *von mir geforderte Ausgabenstop durchgesetzt* und die Entwicklung des Sozialproduktes in ähnlicher Weise fortschreiten würde, dann ist leicht einzusehen und auszurechnen, *welche Senkung der steuerlichen Belastung vorgenommen werden könnte.* Nur auf diese Weise auch ist eine echte und wirklichkeitsnahe Lösung des uns alle bedrückenden Steuerproblems denkbar.

Mit dieser allgemeinen Wohlstandssteigerung leistet die Wirtschaftspolitik einen gewiß wertvollen *Beitrag zu der Demokratisierung Westdeutschlands.* Der deutsche Wähler hat anläßlich der Bundestagswahlen diese sehr betonte Absage an den Klassenkampf in überzeugender Weise honoriert.

Wenn sich somit als *roter* Faden durch jahrelange Bemühungen *der Wunsch nach einer Steigerung des allgemeinen Wohlstands* und als einzig möglicher Weg zu diesem Ziel der konsequente Ausbau der Wettbewerbswirtschaft zieht, dann schließt diese Wirtschaftspolitik auch *eine Erweiterung* des Katalogs *der traditionellen menschlichen Grundfreiheiten* ein.

Die wirtschaftlichen Grundrechte

Hierbei ist zuvorderst an die Freiheit jedes Staatsbürgers gedacht, das zu konsumieren, sein Leben so zu gestalten, wie dies im Rahmen der finanziellen Verfügbarkeiten den persönlichen Wünschen und Vorstellungen des einzelnen entspricht. Dieses demokratische Grundrecht der Konsumfreiheit muß seine logische Ergänzung *in der Freiheit des Unternehmers finden,* das zu produzieren oder zu vertreiben, was er aus den Gegebenheiten des Marktes, d.h. aus den Äußerungen der Bedürfnisse aller Individuen, als notwendig und erfolgversprechend erachtet. Konsumfreiheit und die Freiheit der wirtschaftlichen Betätigung müssen in dem Bewußtsein jedes Staatsbürgers *als unantastbare Grundrechte* empfunden werden. Gegen sie zu verstoßen sollte als ein Attentat auf unsere Gesellschaftsordnung geahndet werden. Demokratie und freie Wirtschaft gehören logisch ebenso zusammen wie Diktatur und Staatswirtschaft.

Die Verwirklichung des Gedankens der Wohlstandsmehrung zwingt zum Verzicht auf jede unredliche Politik, die dem nur optischen Scheinerfolg den Vorzug vor dem echten Fortschritt gibt. Wem dieses Anliegen ernst ist, muß bereit sein, sich jedweden Angriffen auf die Stabilität unserer Währung energisch zu widersetzen. Die *soziale Marktwirtschaft ist ohne eine konsequente Politik der Preisstabilität nicht denkbar.* Nur diese Politik gewährleistet auch, daß sich nicht einzelne Bevölkerungskreise zu Lasten anderer bereichern.

Solche Versuche haben gerade in jüngster Vergangenheit vielfache Ausprägungen erfahren. Hier seien z.B. die Vereinbarungen der Sozialpartner erwähnt, deren Effekt bereits dahin geführt hat, daß Lohnerhöhungen den Produktivitätsfortschritt übersprungen haben und damit gegen den Grundsatz der Preisstabilität verstoßen. Der gleiche Vorwurf trifft die Unternehmer, wenn sie aus solchem Anlaß oder aus Eigennutz in höhere Preise glauben ausweichen zu können. Die Schuld würde sogar zum Fluch werden, wenn da jemand eine bewußt inflationäre Entwicklung fördern wollte, um auf solche Weise zu leichterer Rückzahlung aufgenommener Kredit befähigt zu werden. Es liegt mir fern, einen solchen Verdacht zu äußern, um so mehr, als wohl niemand daran zweifeln kann, daß bereits ein solcher Versuch zur politischen Katastrophe führen müßte.

Die Gewerkschaften sollten sich deshalb auch fragen, ob sie mit ihrer aktiven Lohnpolitik nicht die Geschäfte verantwortungsloser Spekulanten besorgen, wenn diese zu Preissteigerungen führen muß. Die *Reaktion des deutschen Volkes* selbst auf die geringen Preiserhöhungen zeigt sich in einem deutlichen Rückgang der Sparrate von beispielsweise einem Einzahlungsüberschuß von 188 Mill. DM im Juli 1955 zu einem Auszahlungsüberschuß von 109 Mill. DM im Juli 1956. Diese bedenkliche Entwicklung konnte erst durch energische Maßnahmen der Bundesregierung gewendet werden.

Es sind aber nicht nur ökonomische, sondern auch soziologische und politische Gefahren, die uns von einer solchen

Fehlentwicklung her bedrohen müßten. Solche Gedanken konsequent zu Ende gedacht, sollten uns veranlassen, *die Währungsstabilität in die Reihe der menschlichen Grundrechte* aufzunehmen, auf deren Wahrung durch den Staat jeder Staatsbürger Anspruch hat.

Kostspielige Pyrrhussiege

Diese Prinzipien sind indessen nur dann zu verwirklichen, wenn die öffentliche Meinung entschlossen ist, ihnen den Vorrang vor allen egoistischen Sonderinteressen einzuräumen. Es bedarf keiner weiteren Beweise, um zu erkennen, wie sehr *die Demokratie durch das Ausspielen und Durchsetzen von Machtpositionen gefährdet ist.* Man braucht noch nicht einmal Pessimist zu sein, um zu der Feststellung gelangen zu müssen, daß viele Demokratien sich insoweit *in einer ernsten Krise* befinden. Das Problem der Einordnung der organisierten Gruppeninteressen in das Gesamtgefüge von Volk und Staat ist jedenfalls noch lange nicht befriedigend gelöst. Diese also noch nicht bewältigte Aufgabe verleitete in jüngster Zeit in wachsender Zahl immer mehr Gruppen dazu, der Volkswirtschaft im ganzen mehr abzuverlangen, als diese zu leisten und zu geben vermag. Alle so erzielten Erfolge erweisen sich schon heute *dem Wissenden als Pyrrhussiege.* Jeder einzelne Staatsbürger bezahlt sie in Form leicht ansteigender Preise täglich und stündlich buchstäblich in Mark und Pfennig.

Es ist kein Trost, sondern mehr eine Schande, daß diese fragwürdigen Erfolge zum größten Teil auf Kosten jener Bevölkerungsschichten erzielt werden, die aus soziologischen Gründen nicht in der Lage sind, ihren Standpunkt in ähnlich massiver Weise durchzusetzen. Die jüngsten Preissteigerungen sind nahezu ausschließlich darauf zurückzuführen, daß man allenthalben wider besseres Wissen handelte und alle Mahnungen und Beschwörungen, Maß zu halten, mißachtet wurden.

Es ist hohe Zeit, sich im Hinblick auf eine gesicherte Zukunft unseres jungen demokratischen Staates wieder *auf den Pfad der Tugend zurückzubegeben.* In dieser Forderung verschmelzen Wirtschafts- und Gesellschaftspolitik zu einer Einheit. In der Mitte des 20. Jahrhunderts ist *das Gedeihen der Wirtschaft auf das engste mit dem Schicksal des Staates verwoben*, wie umgekehrt die Anerkennung jeder Regierung und des Staates von dem Erfolg oder Mißerfolg der Wirtschaftspolitik unmittelbar berührt wird. Diese Interdependenz von Politik und Wirtschaft verbietet es, in „Kästchen" zu denken. So wie sich der Wirtschaftspolitiker dem Leben des demokratischen Staates verpflichtet fühlen muß, hat umgekehrt auch der Politiker die überragende Bedeutung des wirtschaftlichen Seins der Völker anzuerkennen und dementsprechend zu handeln.

Die in der Bundesrepublik praktizierte soziale Marktwirtschaft hat Anspruch darauf, von den Politikern als mitbestimmender und mitgestaltender Faktor bei dem Aufbau unseres demokratischen Staates anerkannt zu werden; diese Wirtschaftspolitik hat in kürzester Frist eine geschichtlich einmalige Wiederaufbauarbeit zu vollbringen vermocht. Es ist ihr nicht nur gelungen, einer um ein Viertel vermehrten Bevölkerung *Arbeit und Brot zu geben*, sondern diese Menschen auch *über das Wohlstandsniveau der besten Vorkriegsjahre hinauszuführen.* Die soziale Marktwirtschaft ist den harten, aber redlichen Weg des Wiederaufbaues gegangen – aber gerade damit hat sie *das Vertrauen der Welt zurückgewonnen.*

2. Kapitel

DIE GEBURT DER MARKTWIRTSCHAFT

Was stand am Anfang, als ich am 2. März 1948 im Wirtschaftsrat des Vereinigten Wirtschaftsgebietes in Frankfurt zum Direktor der Verwaltung für Wirtschaft gewählt wurde? Diese Epoche vor der Währungsreform habe ich später einmal – am 31. Mai 1954 in Antwerpen – charakterisiert:

„Das war die Zeit, in der die meisten Menschen es nicht glauben wollten, daß dieses Experiment der *Währungs- und Wirtschaftsreform* gelingen könnte. Es war die Zeit, in welcher man in Deutschland errechnete, daß auf jeden Deutschen nur alle fünf Jahre ein Teller komme, alle zwölf Jahre ein Paar Schuhe, nur *alle fünfzig Jahre ein Anzug*, daß nur jeder fünfte Säugling in eigenen Windeln liegen könnte und jeder dritte Deutsche die Chance hätte, in seinem eigenen Sarge beerdigt zu werden. Das schien auch tatsächlich die einzige Chance gewesen zu sein, die uns noch winkte. Es zeugte von dem grenzenlosen Illusionismus und der Verblendung planwirtschaftlichen Denkens, wenn man von Rohstoffbilanzen oder anderen statistischen Grundlagen her glaubte, das Schicksal eines Volkes für lange Zeit vorausbestimmen zu können. *Diese Mechanisten und Dirigisten* hatten nicht die geringste Vorstellung von der sich entzündenden dynamischen Kraft, sobald sich ein Volk nur wieder des Wertes und der Würde der Freiheit bewußt werden darf."

Es würde die Laune des Lesers verderben, wollte man heute ein minutiöses Bild jener Tage der Währungsreform zu rekonstruieren versuchen. Nur einige Angaben seien deshalb zur Verdeutlichung der Ausgangslage skizziert:

Der erste Industrieplan, der auf Grund der Potsdamer Beschlüsse vom 2. August 1945 erarbeitet wurde, wollte die deutsche Industriekapazität auf einem Niveau von 50 bis 55% des Standes von 1938 oder auf ca. 65% desjenigen von

1936 binden, wobei eine Wertung dieses Planes noch in Rechnung zu stellen hätte, daß die Bevölkerungszahl infolge des Flüchtlingsstromes zwischenzeitlich erheblich angestiegen war. Diese Absicht scheiterte zunächst allein an der Unmöglichkeit, die wirtschaftliche Einheit Deutschlands herzustellen.

Im zweiten Industrieplan, den die Britisch-Amerikanische Militärregierung für ihre Zonen am 29. August 1947 verkündete, wurde der sogenannten Bizone im Grundsatz wohl die volle Kapazität des Jahres 1936 zugestanden, aber er war doch auch wieder mit mancherlei Einschränkungen im einzelnen belastet. Inzwischen waren aber die noch verfügbaren Kapazitäten auf etwa 60% von 1936 abgesunken.

Preisgestoppte Inflation lähmt die Wirtschaft

Die gesamte Industrieproduktion des Vereinigten Wirtschaftsgebietes betrug denn auch im Jahre 1947 nur noch 39% des Ausstoßes von 1936. Dieses düstere Bild zeigte sich auch in allen Teilbereichen. Man bedenke z. B. nur, daß seinerzeit die Textilproduktion knapp ein Siebentel der gegenwärtigen Erzeugung ausmachte.

Industrieproduktion im Vereinigten Wirtschaftsgebiet
1936 = 100

	1946	1947
Gesamte Industrie	33	39
Kohle	51	65
Eisen und Stahl	21	25
NE-Metalle	18	24
Chemie	43	43
Steine und Erden	31	33
Fahrzeugbau	17	19
Elektrotechnik	36	65
Feinmechanik und Optik	30	30
Textilien	20	28
Leder und Schuhe	26	27
Kautschukwaren	34	40
Zellstoff und Papier	20	21

Quelle: „Wirtschaftsverwaltung“, herausgegeben von der Verwaltung für Wirtschaft des Vereinigten Wirtschaftsgebietes, Juni 1948

Der Versuch, in jenen Nachkriegsjahren die Inflation – die Folge einer sehr bedenklichen Aufrüstungsfinanzierung von 1933 bis 1939 und vor allem der Kosten der Kriegführung in Höhe von ca. 560 Mrd. RM – durch Preisstopp und Bewirtschaftung aufhalten zu wollen, war immer offensichtlicher zum Scheitern verurteilt. Wir erlebten das *Phänomen der „preisgestoppten Inflation“*. Die überreichliche Geldfülle machte jede administrative Wirtschaftslenkung unmöglich. Die Umsätze spielten sich nicht mehr – oder doch nur noch zu einem geringen Teil – über den regulären Groß- und Einzelhandel ab. Die *Waren* blieben in immer größerem Umfange *in der Lagerhortung stecken*, soweit sie nicht im Wege der Kompensation die Voraussetzung für die Fortführung einer schmalen Produktion boten. Wir waren in Zustände eines primitiven Naturalaustausches zurückgesunken. Der allgemeine Produktionsindex (ohne Bauhauptgewerbe) bewegte sich im ersten Halbjahr 1948 um rund 50% von 1936. Anfang 1948 stellte denn auch Professor Dr. Wilhelm Röpke fest: Deutschland ist in einem Maße vernichtet und in *ein derartiges Chaos verwandelt*, daß *niemand* es *sich vorstellen kann*, der es nicht mit eigenen Augen gesehen hat.

Dieser Niederbruch löste naturgemäß einen *heftigen Streit um die Methoden zur Überwindung* dieses Chaos aus. Hier gab es alles andere als die berühmte Einigkeit, die stark macht. Es tobte vielmehr in Westdeutschland der Kampf zwischen Planwirtschaft und Marktwirtschaft, – ein Streit, der im übrigen nicht nur auf deutscher Seite, sondern auch auf seiten der Alliierten die Geister bewegte. Das Kapitel V „Marktwirtschaft überwindet Planwirtschaft“ vermittelt einen Eindruck von diesen Auseinandersetzungen. Die deutschen Planwirtschaftler neigten in dieser Situation zu einer engen Zusammenarbeit mit den Besatzungsbehörden der britischen Zone, die den Weisungen und Vorstellungen der seinerzeitigen Labour-Regierung zu entsprechen hatten, um so mehr diese gerade in der Blütezeit *ihrer plan-*

wirtschaftlichen Experimente stand. Die liberalen Kräfte Westdeutschlands fühlten sich hingegen stärker zu den „Amerikanern" hingezogen. Es ist daher durchaus kein Zufall, daß *Victor Agartz* in Minden das Zentralamt für Wirtschaft leitete, während ich in der im Oktober 1945 gebildeten bayerischen Regierung auf besonderen Wunsch der amerikanischen Besatzungsbehörde das *Wirtschaftsministerium* übernahm.

Die große Chance

Mitte 1948 winkte dann *die große deutsche Chance:* Sie lag darin begründet, *die Währungsreform* mit einer ebenso *entschiedenen Wirtschaftsreform zu verkoppeln*, um der durch das unsinnige Überfordern der Menschen völlig wirklichkeitsfremden administrativen Wirtschaftslenkung – von der Produktion bis hin zum letzten Verbraucher – *das verdiente unrühmliche Ende* zu bereiten. Heute ist es nur noch wenigen bewußt, welches Maß an Mut und Verantwortungsfreudigkeit dazu gehörte, diesen Schritt zu vollziehen. Die Franzosen Jacques Rueff und André Piettre haben einige Zeit später über diese Einheit von Wirtschafts- und Währungsreform geurteilt:

„Der Schwarze Markt verschwand urplötzlich. Die Auslagen waren zum Bersten voll von Waren, die Fabrikschornsteine rauchten, und auf den Straßen wimmelte es von Lastkraftwagen. Wo es auch sei, überall statt der Totenstille der Ruinen das Gerassel der Baustellen. Aber war schon der Umfang dieses Wiederaufstiegs erstaunlich, so noch mehr seine Plötzlichkeit. Er setzte auf allen Gebieten des Wirtschaftslebens auf den Glockenschlag mit dem Tage der Währungsreform ein. Nur Augenzeugen können einen Begriff von der buchstäblich augenblicklichen Wirkung geben, die die Währungsreform auf die Wiederauffüllung der Läger und die Reichhaltigkeit der Auslagen gehabt hat. Von einem Tag auf den anderen füllten sich die Läden mit Waren, fingen die Fabriken wieder an zu arbeiten. Noch am Abend vorher liefen die Deutschen ziellos in den Städten umher, um kärgliche zusätzliche Nahrungsmittel aufzutreiben. Am Tage darauf dachten sie nur noch daran, sie zu produzieren. Am Vorabend malte sich die Hoffnungslosigkeit auf ihren Gesichtern, am Tage darauf blickte eine ganze Nation hoffnungsfreudig in die Zukunft."

(„Wirtschaft ohne Wunder", 1953, Eugen-Rentsch-Verlag, Erlenbach/Zürich.)

Tatsächlich wurde *die Marktwirtschaft* in Deutschland – ein fast einzigartiger historischer Vorgang – durch einige wenige Gesetze und durch kompromißlose Entschlossenheit eingeführt. *Der Wille, etwas gänzlich Neues zu schaffen*, fand seinen Niederschlag in dem „Gesetzes- und Verordnungsblatt des Wirtschaftsrates des Vereinigten Wirtschaftsgebietes" vom 7. Juli 1948, wo auf schlechtem, heute bereits vergilbtem Vorwährungsreformpapier das „Gesetz über Leitsätze für die Bewirtschaftung und Preispolitik nach der Geldreform" vom 24. Juni 1948 verkündet wurde. Mit diesem Gesetz wurde dem Direktor der Verwaltung für Wirtschaft das Recht eingeräumt, mittel- oder unmittelbar und in einem Zuge Hunderte von Bewirtschaftungs- und Preisvorschriften *in den Papierkorb* zu befördern. Ich wurde beauftragt, im Rahmen der angefügten Leitsätze „die erforderlichen Maßnahmen auf dem Gebiete der Bewirtschaftung zu treffen" und „die Waren und Leistungen im einzelnen zu bestimmen, die von den Preisvorschriften freigestellt werden sollen" – dies bedeutete für mich, *so schnell als möglich so viele Bewirtschaftungs- und Preisvorschriften als möglich zu beseitigen.*

Bereits einen Tag später wurde die „Anordnung über Preisbildung und Preisüberwachung nach der Währungsreform" erlassen, mit der Dutzende von Preisvorschriften außer Kraft traten. Wir gingen hierbei den einzig möglichen Weg: Es wurde darauf verzichtet, all das aufzuführen, was ungültig wurde, und nur das namentlich und ausdrücklich genannt, was noch Geltung behalten sollte. Damit war ein gewaltiger Schritt in Richtung auf das Ziel der Beseitigung einer unmittelbaren Einflußnahme der Bürokratie auf die

Wirtschaft getan. Auf dem CDU-Parteitag der britischen Zone in Recklinghausen am 28. August 1948 erläuterte ich diese Maßnahmen:

„Es ist gar nicht so, als ob wir bei vernünftigem Handeln die freie Entscheidung gehabt hätten. Was wir in dieser Situation *tun mußten*, war, *die Fesseln zu lösen*. Wir mußten dazu bereit sein, um in unserem Volk endlich wieder moralische Grundsätze zur Anwendung zu bringen und den Beginn einer Läuterung unserer Gesellschaftswirtschaft einzuleiten.

Mit der wirtschaftspolitischen Wendung von der *Zwangswirtschaft hin zur Marktwirtschaft* haben wir mehr getan, als nur im engeren Sinne wirtschaftliche Maßnahmen getroffen. Wir haben vielmehr unser gesellschaft-wirtschaftliches und soziales Leben auf eine neue Grundlage und vor einen neuen Anfang gestellt. Wir mußten *abschwören der Intoleranz*, die über die geistige Unfreiheit zur Tyrannei und zum Totalitarismus führt. Wir mußten hin zu einer Ordnung, die durch freiwillige Einordnung, durch Verantwortungsbewußtsein in einer sinnvoll organischen Weise zum Ganzen strebt."

Was sich im Hintergrund dieses Übergangs zur Marktwirtschaft abspielte, ist der breiten *Öffentlichkeit nie voll bewußt geworden*. Nur ein Beispiel: Strenge Vorschriften der amerikanischen und englischen Kontrollinstanzen verlangten *vor* jeder Änderung von Preisvorschriften deren ausdrückliche Genehmigung. Woran die Alliierten allerdings nicht gedacht hatten, war, daß jemand überhaupt auf die Idee kommen könnte, diese Preisvorschriften nicht zu ändern, sondern sie einfach aufzuheben. So viel *Kühnheit von einem Deutschen* so kurze Zeit nach dem Kriegsende anzunehmen, paßte *nicht in die Denkkategorie* einer Verwaltung, kurz nach einem überwältigenden Sieg.

Zugute kam mir, daß sich *General Clay*, die wohl stärkste Persönlichkeit der Hohen Kommission, hinter mich stellte und *meine Anordnungen deckte*. Die Preisbildung deutscher Konsumgüter und wichtigster Nahrungsmittel war damit der alliierten Preisaufsicht entzogen. Dieser erste Erfolg bedeutete zwar nicht, daß die Alliierten in den kommenden Monaten und Jahren nicht immer wieder versucht hätten, den deutschen Wiederaufbau nach ihren Vorstellungen zu beeinflussen. Gerade in der Folgezeit löste eine Auseinandersetzung die andere ab. Es ging hier um die Demontagen, den Steuerabbau, die Gewerbefreiheit, die Preisbindung der zweiten Hand, die Errichtung der Fachstellen, die Neuordnung unserer Außenhandelspolitik u. s. f.

Diese kritischen Hinweise können und sollen allerdings nicht *das Gefühl der Dankbarkeit* schmälern, das die Bundesregierung und das ganze deutsche Volk den USA und seinen Bürgern für die *Marshallplan-Hilfe schulden.* Diese großzügige, ja *großherzige Hilfe* überstieg im Rahmen des Marshallplans und der Anschlußprogramme zwischen April 1948 und Ende 1954 den Betrag von 1,5 Mrd. Dollar. Hinzu kamen dann noch die schon vor Beginn des Marshallplanes angelaufenen beträchtlichen Lieferungen aus GARIOA-Mitteln, die in den Jahren 1946 bis 1950 noch einmal 1,62 Mrd. Dollar ausmachten.

Generalstreik gegen die Marktwirtschaft

Das zweite Halbjahr 1948 insbesondere wurde eines der *dramatischsten in der deutschen Wirtschaftsgeschichte.* Hier kämpfte die Idee der Marktbefreiung gegen die beharrenden Kräfte der Zwangswirtschaft. Manche Entwicklungen und Verhältnisse waren auch nicht dazu angetan, vorbehaltlos und unentwegt der Richtigkeit des Vorstoßes in die Freiheit zu vertrauen. Der Preisindex stieg in jenen ersten Monaten nach der Reform allenthalben erheblich an. Es half da auch nicht viel, immer wieder darauf hinzuweisen, daß es am 18. Juni 1948 zwar amtlich fixierte, relativ niedrige Preise, aber zu *diesen Preisen keine Waren* gab, und daß jeder nun in DM gewährte Preis nur einen Bruchteil des RM-Schwarzmarktpreises der Monate vor der Währungsreform ausmachte.

Es kam entscheidend darauf an, sich durch diese Turbulenz nicht beirren zu lassen; auch dann nicht, als die

Gewerkschaften für den 12. November 1948 zum *Generalstreik* aufriefen, um auf diese drastische Weise *der Marktwirtschaft ein Ende zu bereiten*. Im Wirtschaftsrat stand das Barometer auf Sturm. Ja, in nahezu allen Schreibtischschubladen der Verwaltung für Wirtschaft, deren Chef doch eben jener energische Kämpfer gegen Bewirtschaftungs- und Preisvorschriften war, lagen insgeheim Neufassungen der eben erst aufgehobenen Verordnungen griffbereit. Das Amt selbst war allenthalben an der Richtigkeit der Thesen seines Chefs *irre geworden*.

Ich erklärte damals – Ende August 1948 – :

„Ich bleibe dabei, und die Entwicklung wird mir recht geben, daß, wenn jetzt das Pendel der Preise unter dem einseitigen Druck kostenerhöhender Faktoren und unter dem psychologischen Druck dieses Kopfgeldrausches die Grenzen des Zulässigen und Moralischen allenthalben überschritten hat, wir doch bald in die Phase eintreten, in der über den *Wettbewerb die Preise* wieder *auf das richtige Maß zurückgeführt werden*, und zwar auf das Maß, das ein optimales Verhältnis zwischen Löhnen und Preisen, zwischen Nominaleinkommen und Preisniveau sicherstellt.“ [1]

Diese Aussage, die damals ganz und gar nicht in die Landschaft zu passen schien, trug mir den Ruf eines unverbesserlichen Optimisten ein. Als mir einige Monate später die Tatsachen recht gaben – wurde ich zum *modernen Wirtschaftspropheten* „befördert“.

Bestätigte die Entwicklung diese Prognose?

Nach der Reform sah sich die Wirtschaft zunächst einer unendlich scheinenden Verbrauchsbereitschaft der Konsumenten, d. h. einem *schier grenzenlosen Nachholbedarf*, gegenüber. Nicht minder stark war der Ersatz- und Nachholbedarf in allen Zweigen der Wirtschaft selbst. Im Bausektor z.B. hatte sich infolge der Kriegszerstörungen und der Notwendigkeit, acht Millionen Flüchtlinge unterzubringen, ein kaum zu bewältigender Bedarf angestaut. Wenn auch in den ersten Tagen nach der Reform Angebot und Nachfrage weitgehend ausgeglichen schienen, so änderte sich doch dieses Bild sehr bald. Die so viel diskutierte und *moralisch verwerfliche Warenhortung gehörte in kurzem der Vergangenheit* an. Das Geld hatte in gleicher Weise für den Unternehmer wie für den Konsumenten seine alte Bedeutung zurückerhalten. Insoweit erwies es sich auch als durchaus richtig, daß die Geldausstattung der Unternehmungen bewußt niedrig gehalten worden war. Dadurch war die Wirtschaft genötigt, die laufende *Produktion* schnell *anzubieten* und vorhandene *Läger aufzulösen.*

Der Kampf um die guten Nerven

Damals gingen die Wellen der Empörung über die nun allen sichtbar werdende, aber allen Einsichtigen längst bekannte Hortung sehr hoch. Es gehörte einiger *Mut* dazu, das auszusprechen, was *volkswirtschaftlich vernünftig* war:

„Sie wissen, daß mir vorgeworfen wird, ich wäre der *Schutzheilige der Horter*. Mich fechten derartige Verleumdungen nicht an. Sosehr ich die Hortung als individuelle Maßnahme verabscheue, sosehr fühle ich mich doch verpflichtet, darauf hinzuweisen, daß eine radikale Entleerung unserer volkswirtschaftlichen Läger notwendig dahin geführt haben würde, daß die aus der Währungsreform *freigewordene Kaufkraft* hätte ins *Leere stoßen müssen*. Dann aber wäre die Währungsreform entweder vom ersten Tag an zum Scheitern verurteilt gewesen, oder man hätte noch einmal mit Mitteln der staatlichen Bewirtschaftung und Preisbildung das *Volk unter der Knute* und der Fron der Bürokratie halten müssen. Man mag doch bedenken, daß diese Hortung als solche, d. h. als volkswirtschaftliches Phänomen betrachtet, eben doch ein unvermeidbares Phänomen der ganzen Währungsreform war; sie gehörte gewissermaßen zum Kalkül der Reform. Es ist unehrlich, sich zu entrüsten, wenn man ganz genau weiß, daß, hätte uns dieses Polster nicht zur Verfügung gestanden, die Währungsreform vielleicht sogar Schiffbruch erlitten hätte."

Die *Schwierigkeiten* gingen auf klar erkennbare *Ursachen* zurück. Die laufenden Einkommen wie auch die Gelder aus der Kopfquote und der Umstellung der RM-Sparguthaben –

Das Gesicht der D-Mark
(Entnommen mit freundlicher Genehmigung des „Hamburger Abendblatt“. Zeichnung: Rolf Brinkmann)

die letzten beiden in Höhe von 3,5 Mrd. DM – strömten unverzüglich und ausschließlich in den Verbrauch. *Leonhard Miksch,* mein 1950 allzu früh verstorbener enger Mitarbeiter, machte im Oktober 1948 darauf aufmerksam, daß die Entwicklung seit der Währungsreform durch eine starke Ausweitung der Geldmenge – unbeeinflußbar durch deutsche Stellen – gekennzeichnet ist. Er schrieb:

„Es ist Zeit, die Augen der Öffentlichkeit auf diese Tatsache zu lenken, die mit der Erwartung einer radikalen, durch außerordentlich große Opfer der Sparer erkauften Sanierung im Widerspruch steht. Während in den ersten Monaten nach der Stabilisierung von 1923 der gesamte Geldumlauf von 1488 Millionen am 30. November auf 2824 Millionen am 31. März 1924, d.h. also um rund 90%, gestiegen ist, hat er sich 1948 in dreieinhalb Monaten von 2174 Millionen am 30. Juni auf 5560 Millionen am 15. Oktober erhöht, was einer Steigerung von 156% entspricht". [2]

Der Zahlungsmittelumlauf war bis zum 31. Dezember 1948 sogar auf 6,641 Mrd. DM (einschließlich Berlin) angewachsen. Es bedeutete die natürliche Konsequenz dieser Geldverflüssigung, daß die Nachfrage rascher als das Angebot steigen mußte, um so mehr dieses infolge der Knappheit an Importstoffen zunächst ziemlich unelastisch war. Hinzu kam, daß der bestehende Zwang zum Lagerabbau mit zunehmender Liquidität tendenziell geringer wurde. Selbst die Tatsache, daß die Befreiung der Wirtschaft hinreichte, die *Produktion von Mitte 1948* bis zum *Jahresende im Durchschnitt um 50% zu erhöhen* – gewiß ein erstaunlicher Erfolg der Marktwirtschaft –, vermochte es doch nicht zu verhindern, daß die Preise in jenen Herbstmonaten stärker anstiegen. Viele waren daher geneigt, die erst jüngst zurückgewonnenen *Freiheiten wieder über Bord* zu werfen. Auf derartige Versuchungen ließ sich nur erwidern:

„Entweder wir verlieren die Nerven und geben der *gehässigen, demagogischen Kritik* nach, dann sinken wir in den Zustand der Sklaverei zurück. Dann verliert der deutsche Mensch die Freiheit aufs neue, die wir ihm jetzt glücklich zurückgegeben haben; dann kommen wir wieder zurück in die Planwirtschaft, die stufenweise, aber sicher zur Zwangswirtschaft, zur Behördenwirtschaft bis zum Totalitarismus führt." [1]

Die Preisentwicklung war in der Tat erregend. Zum Jahresende waren alle Preise gegenüber dem Juni 1948 kräftig angestiegen.

1948	Gesamtindex der Erzeugerpreise industrieller Produkte (1949 = 100)	Lebenshaltungskosten (1938 = 100) Ernährung	Bekleidung	Hausrat	Heizung und Beleuchtung
Juni	91	142	201	189	105
September	101	147	244	202	115
Dezember	104	168	271	211	119

Quelle: Statistisches Bundesamt

Aber wie so oft im wirtschaftlichen Leben hatte das Unpopuläre und hier auch sozial Unerfreuliche *seine ökonomisch gute Seite*. Zwar mögen diese Preisberichtigungen zum Teil weit über das notwendige Maß einer Anpassung an ein verändertes Kostengefüge hinausgegangen sein, woraus naturgemäß beträchtliche Unternehmergewinne erwuchsen. Diese selbst lösten Ärgernis aus und führten zu einer *unerfreulichen sozialen Optik*. Solche Gewinne wurden jedoch nur zu einem Bruchteil für den privaten Konsum der Unternehmer verwandt; sie ersetzten vielmehr das seinerzeit noch nicht mobilisierbare neue Sparkapital, und das alte war durch die Geldreform weitestgehend vernichtet. Man mag diese Art der Kapitalbildung kritisieren, aber seinerzeit bildete sie die *Grundlage für den Wiederaufbau* der verlorengegangenen bzw. vernichteten Kapazitäten.

Falsche Weichenstellung für die Steuerpolitik

Die Zwangsläufigkeit dieser Entwicklung hat immerhin dazu geführt, daß in dieser *ersten Phase* nach der Reform zunehmend mehr produziert werden konnte und das steigende Einkommen güterwirtschaftliche Befriedigung fand. Die Notwendigkeit des *Investieren-Müssens*, das solcherart über den Preis durchgesetzt wurde, fand auch in der Steuergesetzgebung ihren Niederschlag. Das Militärregierungs-Gesetz Nr. 64 vom 20. Juni 1948 sah relativ großzügige Abschreibungsmöglichkeiten und eine Reihe sonstiger Vergünstigungen an Stelle effektiver Steuersenkungen vor.

Dieser Weg der Steuergesetzgebung wurde auch dann fortgesetzt, als diese in die deutsche Zuständigkeit zurückgegeben wurde. Ständig wurden neue Anreize für Investitionen geschaffen, wie auch die Mehrarbeit dadurch belohnt wurde, daß Überstundenverdienste steuerfrei blieben. Diese Impulse bedeuteten eine willkommene Ergänzung der endlich wiedergewonnenen Freude an der Arbeit, für deren Lohn man sich nun wieder etwas kaufen, sein Leben frei gestalten konnte.

Ein Blick auf die Statistik der *Wochenarbeitszeit* der Industriearbeiter offenbart die Auswirkungen des hier vollzogenen Wandels. Die wiedergewonnene Arbeitsfreude führte sehr bald zu einer Verlängerung der Arbeitszeit, welche erst in jüngster Vergangenheit sinkende Tendenz zeigt. Die seit 1950 um 100% gestiegene Produktivität in der Industrie gestattet jetzt die sozial sicherlich erwünschte Verkürzung der Arbeitszeit, wenngleich dieser Vorgang sich auch in ruhigen Bahnen bewegen muß, um nicht von dieser Seite her die volkswirtschaftliche Gesamtleistung und die Stabilität der Währung zu gefährden, eine Feststellung, die gerade für die jüngste Vergangenheit gilt.

Wochenarbeitszeit in der Industrie

Jahr	männliche Industrie-arbeiter	alle Industrie-arbeiter	männliche Industrie-arbeiter	alle Industrie-arbeiter
	bezahlte Wochenstunden		geleistete Wochenarbeitsstunden	
1950	49,0	48,0	.	.
1952	48,5	47,5	.	.
1954	49,5	48,6	.	.
1956	49,0	48,0	.	.
1958	46,4	45,7	42,2	41,5
1960	46,3	45,6	42,7	42,0
1962	45,6	44,9	41,4	40,8

Quelle: Statistisches Bundesamt

Trotz dieser der Wirtschaftspolitik zunächst durchaus adäquaten Ergänzung des Wiederaufbaus durch die Steuergesetze war hier doch eine Richtung der Steuerpolitik eingeschlagen worden, die im weiteren Verlauf häufig auch in einen Gegensatz zur Wirtschaftspolitik geriet, d. h. mit anderen Worten, die Steuer wurde zu einem Instrument vielfacher staatlicher Begünstigungen und auch unerwünschter Einflußnahmen.

Die Preise sinken

Der zunächst belächelte Optimismus erwies sich indessen als ein berechtigter Realismus: Im ersten Halbjahr 1950 lag das Niveau der Einzelhandelspreise um 10,6% unter demjenigen des 1. Halbjahres 1949. Westdeutschland war damit aus der Reihe der Staaten ausgeschert, die sich mit einer Politik fortdauernd steigender Preise abgefunden zu haben schienen. Ein internationaler Vergleich der weiteren Entwicklung der Lebenshaltungskosten zeigt, daß diese „harte“ Politik auch in den folgenden Jahren trotz Korea-Krise und anhaltender Expansion fortgesetzt werden konnte:

Entwicklung der Verbraucherpreise
(1950 = 100)

	BRD	Frankreich	Italien	Niederlande	Schweden	Großbritannien	Schweiz	USA
1952	110	130	121	111	124	119	108	111
1962	128	186	151	144	167	160	123	127

Quelle: Statistisches Bundesamt

Es war offensichtlich eine Weichenstellung der Wirtschaftspolitik vollzogen worden, die auch heute noch deutlich spürbar ist und die neben überwiegend positiven Konsequenzen auch nicht ohne Einfluß auf die zwischenzeitlich eingetretenen hohen Zahlungsbilanzüberschüsse gewesen ist. Wie aber war diese vielen so sensationell erscheinende Wende zustande gekommen, die in ihren Anfängen und in der Grundausrichtung auf die zum Jahreswechsel 1948/49 eingeschlagene Politik zurückzuführen ist?

Als ein wesentliches Element der Stabilisierung darf die Lohnpolitik verzeichnet werden, die zunächst – bei noch beträchtlicher Arbeitslosigkeit – den Preissteigerungen nicht folgte. Auch war noch der Lohnstopp in Kraft, sowenig dieser mit einer Marktwirtschaft vereinbar war. Darum war es nur konsequent, daß am 3. November 1948 das Gesetz zur Aufhebung des Lohnstopps erlassen wurde. Dadurch erst erhielten die Gewerkschaften ihre Beweglichkeit zurück; ein Vorgang übrigens, der ohne den konsequenten Abbau der Zwangswirtschaft ebenfalls nicht denkbar gewesen wäre.

Für die relative Mäßigung der gewerkschaftlichen Lohnpolitik mag sicher auch das Mißlingen des Versuchs maßgebend gewesen sein, mit Hilfe des Generalstreiks vom 12. November 1948 die neue Wirtschaftspolitik beiseite zu fegen. An diesem Tage wurde der Gewerkschaftsleitung durch die öffentliche Meinung zu verstehen gegeben, daß sie sich mit ihrer unversöhnlichen Bekämpfung der Marktwirtschaft auf falscher Fährte befand.

Der arbeitende Mensch hatte in jenem turbulenten Geschehen bereits begriffen, wie sehr die damals einsetzende Entwicklung trotz mancher unerfreulichen Erscheinung letztlich doch seinem Vorteil diente.

Der „Schwarze Peter" geht um

Allerdings befanden sich die Gewerkschaften mit ihrer sehr heftigen Kritik damals nicht in isolierter Position. Ein Blick in die Zeitungen jener Tage beweist dies. *Der Pessimismus drohte sich vielmehr zu überschlagen.* Einige wenige Überschriften: „Die Preise laufen davon" – „Erhard am Ende seines Lateins" – „Chaotisches Bild der Preise" – „Wirtschaftsfachleute für Rückkehr zur Bewirtschaftung" u. ä. m.

Was vielleicht noch schlimmer erschien, war, daß man sich auch innerhalb der Wirtschaft gegenseitig zu beschimpfen begann. Jeder war bereit, seinem Partner die Schuld zuzuschieben – die Industrie dem Handel, der Handel der Industrie, die Städter den Bauern und umgekehrt. Hier gab es nur eine Richtschnur: Unbedingt standhaft bleiben! Es ist wert, diese einmalige geschichtliche Situation festzuhalten, denn nach aller Erfahrung kann füglich behauptet werden, daß *keine Regierung und kein Parlament* später die guten Nerven aufgebracht hätte, das System der *freien Marktwirtschaft* einzuführen und beizubehalten.

Produktionsentwicklung der Industrie

— 1950 = 100 —

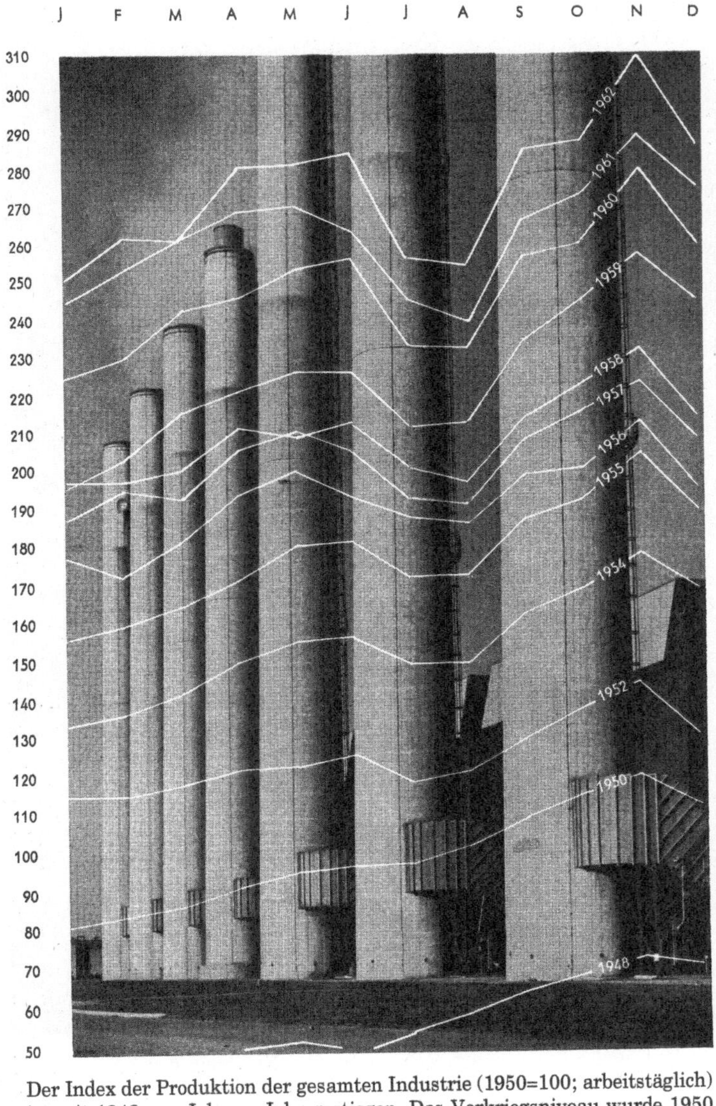

Der Index der Produktion der gesamten Industrie (1950=100; arbeitstäglich) ist seit 1948 von Jahr zu Jahr gestiegen. Das Vorkriegsniveau wurde 1950 wieder erreicht. (Foto: laenderpress)

Preisindex für die Lebenshaltung und Wochenverdienste

— 1950 = 100 —

Die oben dargestellte Entwicklung verdeutlicht eine Erhöhung der Bruttowochenverdienste aller Industriearbeiter von 100 im Jahre 1950 auf 239 im Jahre 1962. Nur ein ganz geringer Teil dieser großen Lohnsteigerungen wurde durch Preiserhöhungen aufgezehrt. (Foto: Angenendt, Dortmund)

Die Bruttostundenverdienste aller Arbeiter hatten sich indessen von 0,99 DM im Juni 1948 auf 1,13 DM im Dezember 1948 erhöht; eine gewiß beachtliche Steigerung, die sich jedoch im Rahmen der Produktivitätserhöhung bewegte. Wohl in keinen anderen Relationen drückt sich die wohltuende Wirkung der Reformen sinnfälliger aus als in den Produktionsleistungen pro Arbeiterstunde. Sie stiegen von 62,8% (Basis 1936) im Juni 1948 auf 72,8% im Dezember 1948 und 80,6% im Juni 1949, d.h. also um rund 30% innerhalb eines Jahres seit Beginn der Währungsreform.

Einen Überblick über die Entwicklung der Bruttowochenverdienste und der Lebenshaltungspreise vermittelt die vorstehende graphische Darstellung.

Währungs- und Wirtschaftsreform steigert Produktivität
Produktionsergebnis je Arbeitsstunde in der Industrie[1)]

1950 = 100	*jährliche Zuwachsrate*
1950 = 100	+ 10,7
1951 = 108	+ 8,2
1952 = 112	+ 3,8
1953 = 119	+ 6,1
1954 = 126	+ 5,7
1955 = 134	+ 6,2
1956 = 139	+ 4,0
1957 = 150	+ 7,5
1958 = 158	+ 5,4
1959 = 171	+ 8,4
1960 = 184	+ 7,9
1961 = 194	+ 4,9
1962 = 208	+ 7,3

[1)] ohne Energieversorgungsbetriebe und ohne Bauhauptgewerbe
Quelle: Statistisches Bundesamt

Im Spätherbst 1948 verstand sich die Bank deutscher Länder (BdL) zum ersten Mal zur Anwendung *der traditionellen Notenbankmaßnahmen.* Sie erhöhte in einem Zuge die Mindestreserven von 10 auf 15%, beschränkte die Rediskontfähigkeit auf diejenigen Fälle, in denen das Bankakzept der Finanzierung des Außenhandels oder von Rohstoffkäufen diente oder auch im Zuge der behördlich angeordneten Ernährungspolitik unerläßlich war. Die Kreditinstitute wurden im Zuge dieser Maßnahmen vom 1. Dezember 1948 aufgefordert, ihr Kreditvolumen möglichst auf den Stand von Ende Oktober 1948 zurückzuführen.

Neben diesen Maßnahmen der BdL begannen aber auch noch andere Faktoren restriktiv zu wirken: Die hoheitliche Geldschöpfung hörte mit der Ausschüttung der zweiten Kopfquote Ende September 1948 auf. Die Umstellung der RM-Guthaben war zum Jahresende beendet. Ein neues Phänomen, welches uns bis in die Gegenwart beschäftigt, tauchte – seinerzeit helfend – am Horizont auf: Die öffentlichen Haushalte verzeichneten im letzten Quartal 1948 erstmals Überschüsse, aus denen antiinflationistische Wirkungen resultierten.

Aus dem freiheitlichen Geist, der in dem Abbau der Zwangswirtschaft seinen sichtbarsten Ausdruck fand, erwuchs auch das Streben, den Haushalt durch einen *systematischen Ausgabenabbau* zu ordnen. Am 28. Juni 1948 erging die Verordnung zur Sicherung der Währung und der öffentlichen Finanzen. Durch sie wurde ein Einstellungsstopp für die Verwaltungen erlassen, Höherstufungen wurden untersagt, Dienstreisen auf ein Mindestmaß beschränkt. Diese Verordnung spiegelte gewiß guten Willen wider, wenn dieser allerdings auch nur in der damals *sehr umfangreichen Wirtschaftsverwaltung in die Tat* umgesetzt wurde. Als ich in die Verwaltung für Wirtschaft in Höchst einzog, waren dort zweieinhalbtausend Menschen (VfW und Fachstellen) tätig. Bis 1949 gelang eine Reduzierung auf 1647 Bedienstete.

Preisspiegel und Jedermann-Programm

Die Versuche der Verwaltung für Wirtschaft in Richtung einer Preisstabilisierung fanden ihren Niederschlag in der periodischen Veröffentlichung eines Preisspiegels, der, in

Gemeinschaft mit der Industrie, dem Handel und den Gewerkschaften erarbeitet, anzeigen sollte, welcher Preis für einzelne Artikel bei ordnungsgemäßer Kalkulation als angemessen gelten kann. Der erste Preisspiegel vom 11. September 1948 nennt u. a. für Herren-Straßenhalbschuhe einen Preis von 24,50 bis 30,00 DM. In dieser Zeit lief auch das Jedermann-Programm an, in dessen Rahmen z. B. im August 1948 700 000 Paar Schuhe zu besonders scharf kalkulierten Preisen produziert wurden.

Schließlich sei das „Gesetz gegen Preistreiberei" erwähnt, welches am 7. Oktober 1948 erlassen wurde und bis in die Gegenwart Anlaß zu eifrigen parlamentarischen Auseinandersetzungen bietet. Es entspricht aber kaum der historischen Wahrheit – nein, es widerspricht ihr geradezu –, wenn man dieses Gesetz in der Reihe der echten Kausalitäten für den in der Folgezeit eingetretenen Preisumschwung aufführt.

Der mit der Erreichung des wirtschaftlichen Gleichgewichts herbeigeführten *glücklichen Wende* kamen zudem die seit Ende 1948 am Weltmarkt eingetretenen rückläufigen Preistendenzen zugute. Von Bedeutung war ferner, daß sich dank der Hilfe des Marshallplanes auch die *Rohstoffversorgung verbesserte*. Mit der Jahreswende 1948/49 setzte denn auch eine verstärkte Ausstattung der Betriebe mit Rohstoffen und Maschinen ein. Während z. B. im ersten Halbjahr 1948 die kommerziellen und nichtkommerziellen Importe einen Wert von nur knapp 1,2 Mrd. DM erreichten, stiegen sie im gleichen Zeitraum 1949 auf immerhin 3 Mrd. DM an. Diese Faktoren trugen erheblich dazu bei, das Gelingen des begonnenen Werkes zu fördern. So war denn die *erste Phase* des deutschen Wiederaufbaues neben der vorstehend beleuchteten *Preisturbulenz* gleichzeitig durch eine *erhebliche Reallohnsteigerung* und einen *gewaltigen Produktionsanstieg* gekennzeichnet.

Rascher Produktionsanstieg nach der Währungsreform

(1936 = 100)	2. Vierteljahr 1948	4. Vierteljahr 1948
Gesamte Industrie (ohne Bauhauptgewerbe)	52,1	75,4
Produktionsgüterindustrie . . .	46,4	68,3
Investitionsgüterindustrie . . .	46,6	75,7
Verbrauchsgüterindustrie. . . .	43,4	66,6
Nahrungs- und Genußmittelindustrie	55,0	78,8

Quelle: Statistisches Bundesamt

Diese Preiskorrektur im Sinne der Herbeiführung eines Gleichgewichts auf einem veränderten nominellen Niveau erwies sich als notwendig, ja bedeutete eine Zwangsläufigkeit. Immer spürbarer begann sich nunmehr aber umgekehrt *die Schere zwischen Preisen und Konsumentenkaufkraft zugunsten der Verbraucher zu schließen.* In wenigen Wochen wandelte sich das Bild grundlegend. Es wurde nicht mehr jeder Preis bezahlt, es mehrten sich Auftragsannullierungen wegen Geldmangels. Man las Schlagzeilen wie „Warnsignale im Verbrauchsgütersektor“ u. ä. m., wobei es charakteristisch war, daß sich jetzt der Pessimismus nach der anderen Seite zu überschlagen drohte.

Die zweite Phase

Während wohl viele in der ersten Phase nach der Währungsreform glaubten, daß die Preiserhöhungen anhalten könnten, befürchtete man anschließend mit gleicher *Leidenschaftlichkeit den Preiszusammenbruch,* der es der Wirtschaft nicht mehr gestatten würde, ihre Kosten zu decken. Dieses Absinken der Preise bis zum Ausbruch der Korea-Krise machte jedenfalls dem Konsumenten den *eklatanten Vorteil der Marktwirtschaft* gegenüber allen Formen staatlicher Wirtschaftsbeeinflussung deutlich. Ja, dieses Bewußtsein wäre wohl noch viel stärker gewesen, wenn der

„Mann auf der Straße" in der Lage gewesen wäre, einen internationalen Preisvergleich anzustellen. In dieser Zeit, als in Westdeutschland die Preise sanken, waren anderwärts wesentliche Erhöhungen zu verzeichnen:

Preisindex für die Lebenshaltung
(1950 = 100)

	1949	*1950*
Bundesrepublik	107	100
Frankreich	90	100
Australien	91	100
Niederlande	92	100
Großbritannien	97	100
Kanada	97	100
USA	99	100
Italien	101	100
Schweden	101	100

Quelle: Statistisches Bundesamt

Bis Mitte 1950 waren – und das charakterisiert diese Periode der *Beruhigung des Preisklimas* – die meisten repräsentativen Indices wieder auf das Ausgangsniveau von Mitte 1948 abgesunken. Der Lebenshaltungskostenindex der vierköpfigen Arbeiterfamilie im Vereinigten Wirtschaftsgebiet (1936 = 100) war von 166 im 4. Vierteljahr 1948 über 160 im Jahresdurchschnitt 1949 auf 149 im Juli 1950 gefallen. Die Demonstration der sinkenden Preise war um so eindringlicher, als im gleichen Zeitraum die Löhne anstiegen.

Diese Bewegung setzte zwar schon im 2. Halbjahr 1948 ein, aber gerade das Jahr 1949 kann in ausgesprochen starkem Maße als ein solches intensiver Reallohnerhöhung gelten. Im Gegensatz aber zu nachfolgenden Perioden stärkerer Lohnsteigerungen verband sich 1949 die Erhöhung der Nominallöhne mit Preissenkungen und führte auf solche Weise zu besonders kräftigen Reallohnverbesserungen. Darin gerade lag das besondere Charakteristikum *dieser zweiten Phase* nach der Reform von Mitte 1948.

Die Bruttostundenverdienste der männlichen Industriearbeiter wuchsen von 1,22 DM im Dezember 1948 auf 1,33 DM im Dezember des folgenden Jahres an. Im Juni 1950 betragen sie dann 1,36 DM. In der gleichen Zeit sank der Lebenshaltungskostenindex (1938 = 100) von 168 im Januar 1949 auf 151 im Juni 1950. Die Reallöhne der Industriearbeiter (d. h. die Relation zwischen Bruttowochenverdiensten und dem Lebenshaltungskostenindex) stiegen mithin im Jahre 1949 um 20,5%.

Dieser gegenläufige Trend von Löhnen und Preisen verwirklichte sichtbar den Tatbestand der sozialen Marktwirtschaft. In jenen Monaten führte ich diese Entwicklung der Öffentlichkeit immer wieder vor Augen, um hier am konkreten Leben die inneren Gesetze der Marktwirtschaft zu verdeutlichen, die ihren optimalen bzw. idealen Ausdruck in *steigenden Einkommen bei sinkenden Preisen* findet. Aber auch diese Phase vollzog sich nicht völlig spannungsfrei. Die Faktoren, die diese Entwicklung bestimmten, waren kurz skizziert: Angleichung des Preisniveaus an die verfügbare Konsumentenkaufkraft bei steigender Güterproduktion, gleichzeitig aber Dämpfung der Konjunktur durch Kassenüberschüsse der öffentlichen Hand, dazu retardierende Wirkungen von der in den USA sich ausbreitenden Rezession, aber auch Anpassungsnotwendigkeiten infolge der seit Herbst 1948 eingeleiteten Liberalisierung und der Steigerung der Importe.

Diese allerdings bewußt ausgelösten Kräfte führten *zum ersten Mal seit anderthalb Jahrzehnten* zu einem wieder spürbaren Druck der internationalen Konkurrenz auf den deutschen Binnenmarkt. Die Industrie wird in dieser bedeutsamen Entwicklungsphase nach der Reform erstmalig gezwungen, ihre in der Abschnürung vom Ausland entwickelten Produktionsprogramme, die noch allzu sehr die Spuren der Autarkie-Ideologie trugen, zu überprüfen und ihr Augenmerk auch wieder auf die Absatzmöglichkeiten zu richten.

Inthronisierung des Kunden

Der Druck sinkender Preise ließ *ein Phänomen entstehen*, das die deutschen Verbraucher *nur noch aus ferner Erinnerung kannten*. Der Kunde wurde wieder König; es prägte sich ein *„Käufermarkt“* aus. Wie unbeholfen waren doch die ersten Gehversuche der Verbraucher in diesem Neuland, welches die deutsche Wirtschaftspolitik plötzlich erschloß. In der verständlichen Erwartung, morgen oder übermorgen vielleicht noch billiger kaufen zu können, wurde der Konsument zurückhaltend; er lernte wieder sorgfältiger abzuwägen. Diese Erkenntnis des Verbrauchers war für unsere weitere Entwicklung unbedingt notwendig, denn wie hätte *ohne diese harte Schule* die so festgewurzelte, der Marktwirtschaft völlig entfremdete Gesinnung des Verkäufermarktes aus den Köpfen gebannt werden können.

Dieser neu entstandene Käufermarkt führte naturgemäß zu Konsequenzen. Soweit die Investitionsbereitschaft nur auf Kapazitätsausweitungen abzielte, war eine deutliche Zurückhaltung zu verspüren. Das unternehmerische Denken erfuhr eine Wandlung dahingehend, daß nicht mehr ausschließlich produktionswirtschaftliche Überlegungen bestimmend waren, sondern zunehmend marktwirtschaftliche Aspekte in den Vordergrund drängten. Die *Rationalisierungsinvestition erhielt den Vorrang*. Manche Vorstellungen, die im Zeichen des Verkäufermarktes als gesicherte Erkenntnis galten, erwiesen sich als falsch und unhaltbar.

Die Statistik der Produktivitätsentwicklung spiegelt diese Phase deutlich wider. Von Dezember 1948 bis Juni 1950 stieg die Leistung je Beschäftigtenstunde im Bundesgebiet von 70,3 auf 89,0 (1936 = 100) an. Eine gründlichere Durchrationalisierung fand vor allem in jenen Bereichen statt, in denen der Konkurrenzdruck besonders spürbar wurde. Vergleicht man beispielsweise die Produktivitätsergebnisse des 1. und 2. Halbjahres 1949, so ergeben sich in diesem kurzen Zeitraum für die Textilindustrie Steigerungen von 82,2 auf 95,7, für die Schuhindustrie von 69,0 auf 75,8, den Fahrzeugbau von 49,1 auf 65,7, während charakteristischerweise der Kohlebergbau, der seinerzeit ja noch in jeglicher Hinsicht *außerhalb des marktwirtschaftlichen Bereichs stand*, nur eine Produktivitätsverbesserung von 61,3 auf 62,5 aufweist. Es bedarf keines Hinweises, daß erst diese großen Rationalisierungserfolge die gekennzeichneten Lohnerhöhungen ohne Gefährdung der Preisstabilität möglich machten.

Das Erbe der trügerischen Vollbeschäftigung

Angesichts dieser Notwendigkeiten konnte es nicht ausbleiben, daß sich die *Arbeitslosigkeit* zu einem *sehr ernsten Problem* entwickelte. Diese gewiß unerfreuliche Folgewirkung bot denn auch allenthalben Anlaß, die neue Wirtschaftspolitik in Grund und Boden zu verdammen.

Eine solche Reaktion war aber zugleich typisch für den *Mangel an Geduld*, den viele Menschen gegenüber notwendigerweise langfristigen Entwicklungen bezeugen. Immer wieder betonte ich, daß mit bloßer Beschäftigung dem deutschen Arbeiter und dem deutschen Volke in seiner Gesamtheit nicht gedient wäre, sondern daß es um seiner Existenzsicherung willen darauf ankäme, *sichere*, d.h. rationelle *Arbeitsplätze zu schaffen.*

Die damalige Arbeitslosigkeit wuchs aus der trügerischen Vollbeschäftigung der Tage vor der Währungsreform bis Ende 1948 auf 760000. Während des ganzen Jahres 1949 dauerte der Anstieg der Arbeitslosigkeit selbst während der Sommermonate an. Monat um Monat erhöhte sich die Zahl der Arbeitslosen von 962000 im Januar auf 1,56 Millionen zum Jahresende. Eine für den verantwortlichen Wirtschaftspolitiker wahrlich harte Zeit! Wieder einmal wurde der *Zusammenbruch meiner Wirtschaftspolitik* vorausgesagt.

Der Zugang an Arbeitslosen wäre dabei bei weitem nicht so groß gewesen, wenn nicht ständig neue Arbeitswillige – nicht zuletzt aus dem Zustrom an Flüchtlingen – nach Beschäftigung verlangt hätten. Angesichts der Schärfe der Kritik wurde geflissentlich übersehen, wie selbstsicher die gleichen Leute, die sich jetzt – nicht zuletzt aus parteipolitischen Gründen – über die Arbeitslosenziffern ereiferten, vor der Währungsreform für die nachfolgende Zeit ein Arbeitslosenheer von 4 bis 5 Millionen Menschen vorausgesagt hatten. Wie fast ausschließlich die Arbeitslosigkeit aus dem Neuzugang von Arbeitsuchenden resultierte, weist am besten die Statistik der Beschäftigten aus, die von Jahresende 1948 bis Jahresende 1949 nur einen Rückgang von 150000 verzeichnet, während die Arbeitslosenspitze im Saisontief dieses Winters, d. h. im Februar 1950, um 1,2 Millionen höher lag als Ende 1948. Dieser gewaltige Zustrom sprach für den *Wissenden* bestimmt *mehr für als gegen dieses freiheitliche Wirtschaftsystem*; er bewies nämlich, wie vielen Menschen in Westdeutschland *die Arbeit wieder als lohnend*, allerdings auch als notwendig erschien.

In diese gleiche Zeit fällt eine weitere folgenschwere Tat, die der Bedeutung der Reformen von Mitte 1948 kaum nachsteht: *der Übergang zu einer fundamental anderen Außenhandelspolitik*, welche die deutsche Wirtschaft bewußt dem internationalen Wettbewerb aussetzte. Der Vollständigkeit halber muß in diesem Zusammenhang auch an die Abwertung der DM erinnert werden, die mit Wirkung vom 19. September 1949 mit 20% und einer Neufestsetzung der Dollarparität von bisher 3,33 DM auf 4,20 DM vollzogen wurde. Diese Abwertung fand ihren Niederschlag in der Außenhandelsentwicklung.

Außenhandel und DM-Abwertung

Monatsdurchschnitt		Ausfuhr Mill. DM	Ausfuhr Mill. $	Einfuhr Mill. DM	Einfuhr Mill. $
1949	1.– 3. Vj.	326,4	93,2	579,8	177,9
1949	4. Vj.	399,3	94,6	875,8	211,7
1950	1. Vj.	502,3	118,8	832,3	197,9
	2. Vj.	596,3	140,6	737,8	175,5
	3. Vj.	727,3	171,3	939,7	223,3
	4. Vj.	963,5	229,4	1 280,5	304,4

Quelle: Marshallplan-Bericht der Bundesregierung 1949/51

Es verdient schließlich als besonders bedeutsam verzeichnet zu werden, daß die Bundesrepublik im Zuge der durch das englische Vorgehen eingeleiteten Abwertung fast aller europäischen Währungen den Mut aufbrachte, ihrerseits *unter den Sätzen Großbritanniens und Frankreichs* zu bleiben und damit *eine Wettbewerbseinbuße in Kauf* zu nehmen.

Wie grundlegend hatte sich denn auch die Situation in den ersten 15 Monaten seit dem Tätigwerden der ersten Bundesregierung gewandelt! Zwischen Oktober 1949 und Dezember 1950 gelang *eine Verdreifachung des Exports.* Die Liberalisierung des Außenhandels hatte erwartungsgemäß allerdings auch zu einem so kräftigen Emporschnellen der Importe geführt, daß sich unsere *Zahlungsbilanz trotz der Erhöhung der Ausfuhr passiv* gestaltete. Die Importe dienten dabei nicht nur einem steigendem Konsum, sie waren auch als Rohstoffe für später exportfähige Veredelungsprodukte unerläßlich. Dieser Prozeß erforderte Zeit – und gute Nerven. So waren zu den Nöten der Arbeitslosigkeit die Sorgen um die Passivierung unserer Außenhandelsbilanz hinzugekommen, die im rein kommerziellen Außenhandel 1949 mit einem Passivsaldo von 158 Mill. Dollar und 1950 mit 243 Mill. Dollar, im gesamten Außenhandel 1949 mit einem *Passivum* von 1,114 Mrd. Dollar und 1950 mit einem Minus von 0,723 Mrd. Dollar abschloß.

Kreditausweitung als Allheilmittel?

In dieser Situation *durfte der Wirtschaftsminister nicht länger tatenlos zusehen.* Seine Diagnose der Lage lautete: Die Binnenwirtschaft ist gehemmt, die vorhandenen Produktivkräfte sind nicht optimal ausgenutzt. Zwar stieg der Index der Industrieproduktion von 75,2 im Dezember 1948 (1936 = 100) auf 96,1 im Dezember 1949. In Anbetracht der Arbeitslosigkeit konnte man meinen, daß die innerwirtschaftliche Lage eine möglichst großzügige Kreditpolitik, sekundiert von anderen expansiven Maßnahmen, sinnvoll erscheinen ließe. In der Tat wurde damals allenthalben meine *angeblich deflationistische Politik* kritisiert und eine Kreditausweitung gefordert, wobei sich nur zu deutlich herausschälte, daß diese Kritiker den *Wunsch nach Geldwertstabilität* immer mehr *in den Hintergrund* zu stellen bereit waren.

So bildete sich bald ein einheitlicher Chor heftiger Kritik von der Opposition bis hin zu den Alliierten, die in dem heftigen *„Memoranden-Krieg"* der Vollbeschäftigung ebenfalls den Vorzug vor der Stabilerhaltung unserer Währung geben wollten. Dieser Streit hatte sich an dem Mitte Dezember 1949 übergebenen Memorandum der Bundesregierung, welches die Grundlage für die weiteren Marshallplanungen skizzieren sollte, entzündet. Er beherrschte die folgenden Wochen.

Die Jünger der *englischen Vollbeschäftigungsthese* nationalwirtschaftlicher Prägung, die Anhänger des „billigen Geldes" und der „Austerity" schlossen überraschenderweise ein *Bündnis mit amerikanischen Beamten* der Hohen Kommission, die, durch die hohen Importüberschüsse alarmiert, mit Besorgnis an das näherrückende Ende der Marshallplan-Hilfe dachten. So setzten fast alle Kräfte zum *Generalangriff auf die deutsche Marktwirtschaft* an, vergessend, daß wir nur über Leistungssteigerung und freien Wettbewerb bei gleichzeitiger Sicherung eines stabilen Geldwertes unsere Position im Weltmarkt genug festigen konnten, um überhaupt die Grundlagen für die Versorgung der wesentlich gewachsenen Bevölkerungszahl Westdeutschlands zu gewinnen.

Gegen eine derartig erzwungene *künstliche Expansion* wandte ich mich *mit großem Nachdruck*. Dabei mußte ich in Kauf nehmen, der Inaktivität gescholten zu werden, was um so grotesker war, als ich bisher immer nur Tadel wegen zu großer Vitalität einstecken mußte. Für mich gab es jedoch keinen Zweifel darüber, wie sehr eine leichtfertige Expansionspolitik nicht nur die gewonnene Stabilität der Währung, sondern auch den Ausgleich unserer Zahlungsbilanz auf lange Sicht hätte gefährden müssen. Wir wären damit bereits *am Beginn jenes Weges*, der uns zu dem Ziel einer ehrlichen Partnerschaft im Welthandel führen sollte, *unehrlich geworden*. In Ansehung der lebensentscheidenden Bedeutung unseres Außenhandels durfte sich solches Unheil auf keinen Fall ereignen.

Wie sehr diese Hinwendung zum Export in dieser Zeit vor dem Korea-Konflikt bewußt gewollt war, kann durch meine Reden jener Zeit belegt werden. Auf der Jahresversammlung des Verbandes deutscher Schiffswerften erklärte ich – um eines von vielen Beispielen zu nennen – am 20. September 1950:

„Die Außenhandelspolitik, die wir seit etwa einem Dreivierteljahr trotz vieler Kritik und trotz mancher Bedenken verfolgen, ist geleitet von der Überzeugung, daß wir unsere volkswirtschaftliche Aufgabe – anders ausgedrückt die Beschäftigung und Versorgung von 12 Millionen Menschen mehr als vor dem Kriege – nicht erfüllen können, sondern in der Beengung ersticken müßten, wenn wir uns nicht auf solche Weise Luft schaffen ...

Wir dürfen vor allem einen Scheinerfolg nicht dadurch erringen wollen, daß wir durch eine fortschreitende Verwässerung unseres mittlerweile wieder stabil gewordenen Geldes in eine neue, tendenziell inflationistische Entwicklung einmünden und damit noch einmal auf unsichtbare Weise dem Sparer sein ehrlich verdientes Geld aus der Tasche ziehen. Das wäre wahrlich die fluchwürdigste Methode, die wir uns denken können."

So war denn auch entgegen allen billigen Ratschlägen die Aktivität der westdeutschen Wirtschaftspolitik sorgfältig dosiert, um einerseits zwar die *Schäden einer Massenarbeitslosigkeit zurückzudämmen*, andererseits jedoch die Fortschritte, im besonderen die Sicherung des inneren Wertes unserer Währung und die damit ermöglichte Rückkehr Deutschlands auf den Weltmarkt, nicht zu gefährden. In jenen turbulenten Tagen galt es, standhaft zu bleiben, nicht all das zu tun, was *von echten und falschen Freunden emp-*

fohlen wurde. Ja, ich sah mich damals sogar genötigt, manche „Kriegslist“ anzuwenden, um dem überstarken politischen Druck nach Anwendung gefährlicher und weit über das Ziel hinausschießender Maßnahmen zu begegnen.

Medizin gegen Rezession

So bemühte ich mich, von dem schmalen Pfad zwischen Deflation und Inflation nicht abzuweichen. Der Katalog der seinerzeit von Wirtschaftsministerium und Notenbank effektiv gewährten Hilfen zeigt, daß die moderne Marktwirtschaft durchaus in der Lage ist, Ansätzen *einer Rezession wirkungsvoll zu begegnen*, ohne die Währungsstabilität zu gefährden.

So waren denn die damals ergriffenen konjunkturpolitischen Maßnahmen sorgfältig abgewogen. Ende März 1949 *löste* die *BdL die harte Kreditschraube* mit der seinerzeitigen Festlegung der Kredite auf den Stand von Ende Oktober 1948. Ab 1. Juni 1949 wurden die Mindestreservesätze von 15 auf 12% bzw. von 10 auf 9% ermäßigt. Am 27. Mai 1949 und am 14. Juli 1949 folgte die Senkung des Diskontsatzes um je ½%, d.h. von 5 auf 4%. Im Spätsommer 1949 wurde den Geldinstituten eine außergewöhnliche Refinanzierungshilfe für langfristige Produktions- und Investitionskredite in Höhe von 300 Mill. DM gewährt. Am 1. September wurde dann noch einmal eine Senkung der Mindestreservehaltung sowie der Sätze für Termin- und Sichteinlagen vorgenommen.

Der Druck der Massenarbeitslosigkeit erzwang dann im Winter eine weitere Verstärkung der expansiven Wirtschaftspolitik. Es wurden Finanzierungshilfen zugunsten eines Arbeitsbeschaffungsprogramms sowie Unterstützung für den Wohnungsbau zugesagt. Im ganzen wurden im Rahmen dieser Sonderaktionen immerhin 3,4 Mrd. DM zur Verfügung gestellt. Die *kurzfristigen* Kredite, die Ende 1948 4,7 Mrd. DM erreicht hatten, stiegen 1949 um weitere 5,1 Mrd. DM an und erhöhten sich dann im 1. Halbjahr

1950 nochmals um 2,3 Mrd. DM. Das *mittel- und langfristige* Kreditvolumen der Geldinstitute einschließlich der Kreditanstalt für Wiederaufbau erreichte Ende 1949 den Betrag von 2,6 Mrd. DM; es erhöhte sich im 1. Halbjahr 1950 um weitere 2 Mrd. DM.

Im April 1950 beschließt die Bundesregierung Steuersenkungen und Steuerrückerstattungen, um auch auf diesem Wege den Verbrauch zu beleben und die Wirtschaft zu entlasten. Wie widerspruchsvoll zu den alliierten Forderungen des Memoranden-Krieges, in welchen die deutsche Inaktivität getadelt wurde, war es doch, daß gleichwohl diesem *Steuerreformwerk* von seiten der *Alliierten die Genehmigung zunächst versagt blieb.* In diesem Zusammenhang mag daran erinnert werden, wie viel Energien damals auf Auseinandersetzungen mit den Alliierten verwendet werden mußten, gleich ob der Kampf um die Stahlquote, um die vernünftige Gestaltung der Demontage und der Entflechtung, um die Verwendung der sogenannten Gegenwertmittel, um die zweckmäßigsten Methoden zur Überwindung der Dollarlücke oder sogar auch um den weiteren Abbau der Bewirtschaftung ging. Es bedarf kaum noch der Erwähnung, daß mir diese Phase des Käufermarktes sehr gelegen war, um *irreal gewordene Reste von Bewirtschaftungen und Preisvorschriften über Bord zu werfen.*

In dieser Situation erklärte ich am 27. Dezember 1949 in einem Jahresrückblick im Bayerischen Rundfunk:

„Das nun versinkende Jahr 1949 stand im Zeichen einer sich konsolidierenden, aber zugleich noch kräftig erholenden und sich ausweitenden Wirtschaft. Wenn ich mich gerade im vergangenen Jahr dafür verbürgte, daß es uns damit auch gelingen werde, das soziale Problem erfolgreich anzupacken, so wird niemand leugnen wollen, daß teilweise durch Erhöhung des Nominaleinkommens, vor allem aber auch durch ein bei sinkenden Preisen qualitativ sich stetig verbesserndes Warenangebot die Realkaufkraft, d. h. der Lebensstandard des deutschen Volkes, eine fortlaufende Verbesserung erfahren hat."

Es hätte des Korea-Konflikts nicht bedurft ...

Es würde nicht den historischen Tatsachen entsprechen, wollte man die *Auflösung der Schwierigkeiten*, die hier in vorsichtiger Abwägung überwunden wurden, ausschließlich dem Korea-Boom zuschreiben. Die Unnachgiebigkeit gegenüber allen Forderungen, die Politik eines stabilen Geldes aufzugeben, zeigte schon zuvor ihre guten Früchte. Der Produktionsindex kletterte von 90,9 im Januar 1950 auf 107,6 im Juni des gleichen Jahres, wobei diese fast 20%ige Steigerung erheblich höher lag als in den entsprechenden Vorjahresmonaten.

Der ständig anhaltende Preisdruck im Inland und der sich damit ausweitende Käufermarkt ließen den Export in doppelter Weise interessant werden. Die Ausfuhr stieg dementsprechend von 485,5 Mill. DM im Dezember 1949 auf 651,9 Mill. DM im Juni 1950 an. In diesen sechs Monaten verminderte sich der Einfuhrüberschuß von 532,7 Mill. DM im Januar 1950 auf nur 138,6 Mill. DM im Juni des gleichen Jahres. Die Arbeitslosigkeit nahm in diesem Halbjahr um 360000 Personen ab; die Zahl der Beschäftigten stieg noch stärker an.

Heute, da uns alle statistischen Daten zur Verfügung stehen, wissen wir: *Es hätte nicht des Korea-Konflikts bedurft, um den deutschen Wirtschaftsanstieg fortzusetzen* bzw. sein Tempo zu steigern. *Das Gegenteil ist richtig*; der Korea-Boom bereitete der deutschen Wirtschaftspolitik *weit mehr Schwierigkeiten, als er heilsame Impulse* auslöste.

Man vergegenwärtige sich doch nur, welch *für die Konsumenten günstige Phase* unterbrochen wurde: Der Lebenshaltungskosten-Index erfuhr bis September 1950, da sich die Korea-Hausse auszuwirken begann, eine beträchtliche Senkung von 168 (1938 = 100) im Januar 1949 auf 148, während gleichzeitig die Arbeitsverdienste den steigenden Trend beibehielten. Als die Welt mit dem Ausbruch des Korea-Konflikts seit 1939 den größten Schrecken erlebte, hatte die deutsche Wirtschaftspolitik gerade die Voraussetzungen für eine weitere Expansion geschaffen. Eine gesunde, *natürliche Fortentwicklung* wurde damit *auf das empfindlichste gestört.*

3. Kapitel

KOREA-KRISE UND IHRE ÜBERWINDUNG

Die Unruhe und Unsicherheit, die der Korea-Krieg mit sich brachte, führten zu einer beträchtlichen Nachfragesteigerung. Eine etwaige Hoffnung, daß der Konsument ruhig reagieren werde, erwies sich als trügerisch. Dagegen durfte als positives Moment verzeichnet werden, daß seit der Währungsreform relativ viel investiert worden war, wenn auch mangels eines ausreichenden Kapitalmarktes ein größerer Teil dieser Investitionen über den Preis bezahlt wurde. Die moralische Wertung und die nüchterne volkswirtschaftliche Beurteilung dieser Praxis mag dabei wohl auseinanderklaffen. Man bedenke aber, daß in den ersten fünf Monaten des Korea-Konflikts die Nachfrageerhöhungen zu einem mengenmäßigen Anstieg der Produktion von dem Indexstand von 107,6 im Juni auf 133,3 im November 1950 führte. Gleichzeitig aber erhöhte sich der Preisindex der Industriegrundstoffe (1938 = 100) von 218 auf 265, derjenige der industriellen Erzeugerpreise von 178 auf 195. Trotz dieser *stürmischen Aufwärtstendenzen* war der Preisanstieg bei uns dank *einer erstaunlichen Elastizität der Produktion* sogar schwächer als im westlichen Ausland.

Es konnte leider nicht ausbleiben, daß auch der Konsument diese Erhöhung zu spüren bekam. Der Lebenshaltungskostenindex kletterte von seinem Tiefpunkt im September 1950, d. h. also von 148, beharrlich auf 151 am Jahresende und sogar 170 zu Ende 1951 (1938 = 100, Verbrauchsschema von 1949). Die Preiserhöhungen auf dem Weltmarkt wie auch die Nervosität der Konsumenten und Käufer aller Wirtschaftsstufen finden in diesen Indexwerten sichtbaren Ausdruck.

Nur wenige waren geneigt, darauf zu vertrauen, daß *die Konsumfreiheit*, die für mich eine der *wesentlichsten menschlichen Grundfreiheiten bedeutet, diese Krise überleben würde*. Rückschauend stellte ich hierzu am 6. Februar 1952 in Zürich fest:

„Es war wohl selbstverständlich, daß ein Ereignis wie Korea bei einem so inflationserfahrenen Volk wie dem deutschen besonders empfindliche Auswirkungen gezeitigt hat. Das heißt mit anderen Worten, daß *alle etwas aus den Fugen geraten waren*. Die einen wollten Rohstoffe unter allen Umständen und um jeden Preis, was in einem so rohstoffarmen Land wie Deutschland voll verständlich ist. Auf der anderen Seite aber hatten wir mit einer Verbraucherschaft zu rechnen, die, durch tragische Erfahrungen gewitzigt, besorgt war, ob morgen wohl überhaupt noch eine Bedarfsdeckung möglich wäre, oder ob wir nicht wieder in ein System der Bewirtschaftung oder Rationierung zurückfallen müßten. So war der deutsche Verbraucher bereit, lieber heute schlechte Ware um teures Geld zu kaufen, als morgen vielleicht überhaupt nichts mehr zu erhalten. Und das alles in einer Situation, die währungs- und devisenpolitisch durchaus beengt war."

In Bonn ging es hoch her

In der Tat: *In Deutschland ging es damals hoch her*. Die Situation ähnelte in vieler Hinsicht derjenigen von Ende 1948. *Die Feinde* der Marktwirtschaft schlossen *Bündnisse mit den ewig Zaudernden ab*. Ja, selbst ökonomisch Gebildete sahen die Rückkehr zur Bewirtschaftung als unausweichlich an. Daß die Opposition, die SPD, damals alles nur Denkbare veranstaltete, um diese ihr unerwünschte Wirtschaftspolitik zu beseitigen, war gewiß nicht verwunderlich. Höchst bedenklich und für die gesunde Weiterentwicklung äußerst gefährlich war es jedoch, daß die marktwirtschaftliche Politik selbst innerhalb der eigenen Regierung und Koalition nur noch geteilte Unterstützung fand, ja sogar mit versteckter und offener Feindschaft zu kämpfen hatte.

Das Jahr 1951 bot *im Regierungs- und Koalitionslager* das Bild *einer niederdrückenden Uneinigkeit und einer daraus erwachsenden Unfähigkeit*, die notwendigen Handlungen zu vollziehen. Nur der Kraft, die der sozialen Marktwirtschaft innewohnt, war es zu danken, daß dieses freiheitliche Wirtschaftssystem *über die Drangsale dieser Zeit* hinüber *gerettet wurde*. Es würde den Rahmen dieser Darstellung sprengen, dem Leser alle Details der damaligen Auseinandersetzungen ins Gedächtnis zurückzurufen. Gleichwohl sollte aber nicht vergessen bleiben, wie sehr durch diese Auseinandersetzungen viele Aktivitäten gelähmt, mancherlei Schwierigkeiten unnötig vergrößert und deren Abmilderung verzögert wurden.

Mit wieviel Vorstellungen mußte sich damals der Wirtschaftsminister auseinandersetzen? Welche Pläne wurden da alle diskutiert: Wünsche des Finanzministeriums, die englische Purchase-Tax zu kopieren; Vorschläge, einen besonderen Devisenkommissar einzusetzen, um von dieser Seite her die Befugnisse des Wirtschaftsministers zu beschneiden. Man plante ein eigenes Wirtschaftskabinett unter der ständigen Geschäftsführung von Dr. Ernst, und zum Jahresende 1951 gingen die Ideen sogar dahin, ein Überministerium zu schaffen, in welchem der Bundeswirtschaftsminister zur Unfruchtbarkeit verurteilt gewesen wäre.

Aus dieser Verirrung und Verwirrung heraus wurde es immer schwieriger, richtige Gedanken durchzusetzen. So scheiterte auch mein Plan, zur Aufbrechung der Engpässe im Grundstoffbereich *die längst überfälligen Preisentzerrungen vorzunehmen*. Ein weiterer Gedanke, den Grundstoffindustrien zunächst in Gestalt des „Aufbau-Sparens" Investitionsmittel zuzuführen, um dann nach mancherlei Wandel zum Investitionshilfe-Gesetz zu kommen, beanspruchte Monate um Monate; dieses Gesetz wurde endlich am 31. Dezember 1951 im Bundestag verabschiedet. Zu allen Schwierigkeiten kamen Angriffe und Eingriffe amerikanischer Stellen, die die Marshallplan-Hilfe kürzten, sich einer angemessenen Initialzündung für Deutschland bei der

Gründung der EZU widersetzten und die dringend benötigten Freigaben aus dem Gegenwert-Fonds verzögerten. Ja, es wurden in dieser Zeit ungewöhnliche Erklärungen abgegeben (der Leiter der deutschen ECA-Mission nannte das deutsche Steuersystem das „unsozialste der Welt"), und hinzu trat *das ständige Drängen der USA, Bewirtschaftungsvorschriften einzuführen*, um dadurch zum Erwerb bedeutsamer Bezugsstoffe berechtigt zu werden.

Kämpfe mit der internationalen Ruhrbehörde um die wichtigste Mangelware „Kohle" waren an der Tagesordnung. Heftigste Auseinandersetzungen mit dem DGB mußten durchgestanden werden, dessen Bundesausschuß nach monatelangem Tauziehen beschließt, *die Mitarbeit in allen wirtschaftspolitischen Gremien einzustellen.*

Diese Liste könnte fast beliebig fortgesetzt werden; ihre einzelnen Daten füllen die Zeit bis Anfang 1952 aus – bis zu jenem Zeitpunkt also, da die Notwendigkeit und Möglichkeit, die Marktwirtschaft fortzusetzen, auch dem Unwissendsten offenbar wurde. Dieser Wechsel manifestierte sich insbesondere in zwei Daten. Ende 1951 steht Deutschland nicht nur nicht mehr in der Gefahr, die Kreditlinie der EZU zu überschreiten, nein, Westdeutschland wird gegenüber der EZU erstmalig Gläubigerland. Gleichzeitig beruhigte sich das Preisklima.

Diese stürmischen Wochen fanden in allen meinen Reden ihren Niederschlag. [10]

„Weil ich in Deutschland die Regeln der ökonomischen Vernunft und des gesunden Menschenverstandes achtete, darum lautete die an mich ergangene Forderung dahin: Jetzt Preisstopp oder abtreten! Nun, ich bin weder abgetreten, noch habe ich einen Preisstopp verfügt. Daß meine sozialistischen Widersacher die Verhältnisse unter parteipolitischen Aspekten gesehen haben, kann ich ihnen gar nicht verübeln. Schlimmer war, daß auch gute Freunde irre geworden sind und meinten, daß mit meiner Wirtschaftspolitik Deutschland die Felle davonschwimmen würden. Ich setzte dagegen, daß man nur etwas Ruhe bewahren müßte, und das hat sich denn auch ehrlich gelohnt."

Produktionssteigerung führt zu Engpässen

Die *Produktionszahlen spiegeln* diese *hektische Entwicklung wider*: Der Gesamtindex (1936 = 100) stieg von Juni 1950 = 107,6 innerhalb eines Jahres auf 130,9 und gar auf 147,8 zum jahreszeitlichen Höhepunkt im November 1951. Von diesem Korea-Boom profitierten besonders nachhaltig die Investitionsgüterbereiche, deren Index sich in dem eben genannten Zeitraum von 108,4 auf 164,1 steigerte. Der Verbrauchsgütersektor hatte im 1. Halbjahr 1950 unter der allgemeinen Käuferzurückhaltung zu leiden; ja, es herrschte dort eine echte Stagnation vor. Der diese Produktion charakterisierende Index schnellte dann jedoch ab Juni 1950 bis November 1951 von 101,9 auf 148,4 steil aufwärts.

Es war nur folgerichtig, daß *diese stürmische Entwicklung Engpässe entstehen ließ*, welche die allgemeine Nervosität noch zu vermehren geeignet waren, die sich aber auch materiell unmittelbar hemmend auswirkten. Diese sogenannten *Flaschenhälse* wurden besonders dort *spürbar, wo einer raschen Kapazitätsausweitung natürliche oder strukturelle Grenzen gesetzt waren.*

Zwar konnte nach dem Zusammenbruch ab 1945 als Ergebnis vielfacher Anstrengung die westdeutsche Steinkohlenförderung nicht unbeträchtlich erhöht werden; während der gesamte Industrieindex am Tage der Währungsreform 51% von 1936 erreicht hatte, lag die Kohlenförderung eben wegen jener Begünstigungen bereits bei 76,4%. Aber schon im Juni 1950 war der *Kohlenbergbau* erheblich hinter der allgemeinen Produktionsentwicklung zurückgeblieben. Wenn es auch bis zum Jahresende 1950 doch noch gelang, eine weitere 15%ige Steigerung zu erzielen, so hatte sich doch der Abstand angesichts jener so unterschiedlichen Entwicklung immer weiter vergrößert. Ähnliches galt auch für den Eisen- und Stahlsektor.

Handelte es sich hierbei aber wirklich um Fehler der Marktwirtschaft? Bestand aus diesem Grund ein Anlaß, unser freiheitliches Wirtschaftssystem aufzugeben? Ich bemühte mich, auf diese Frage im „Handelsblatt“ vom 31. Dezember 1951 eine klare Antwort zu geben:

„Der Marktwirtschaft werden bei der Aufzählung vorhandener Mißstände gerade jene Sünden angelastet, die auf das Konto der plan- und zwangswirtschaftlichen Reste kommen, die die Marktwirtschaft bisher noch mitzuschleppen gezwungen war. Man ereifert sich über die Engpässe in den Grundstoffindustrien, verschweigt aber geflissentlich, daß in diesen Bereichen die Bürokratie geradezu Triumphe feierte und dort die Funktion des Marktes, insbesondere die freie Preisbildung, völlig ausgeschaltet war.“

Natürlich gestatteten es diese Engpässe nicht, die Hände in den Schoß zu legen. Es wurde schon erwähnt, daß eine gründliche und organische Preisbereinigung an vielfältigen Widerständen scheiterte. Vor allem muß aber der vielen Hindernisse bei der Formung des Investitionshilfe-Gesetzes vom 7. Januar 1952 gedacht werden, welches nach monatelangen Auseinandersetzungen am 13. Dezember 1951 im Bundestag verabschiedet wurde. (Dieses Gesetz bot am 12. Juli des gleichen Jahres Anlaß zu einer heftigen Auseinandersetzung im Bundestag, als der Bundeskanzler die Weigerung des Parlaments, das Gesetz noch vor den Sommerferien zu verabschieden, mit der Drohung quittierte, die Ferien unterbrechen zu lassen.) Dieses Investitionshilfe-Gesetz ist in der Folge zwar viel geschmäht worden; es stellte aber immerhin einen bemerkenswerten Versuch dar, der *aufgetauchten Schwierigkeiten* im Wege *der Selbsthilfe der Wirtschaft Herr* zu werden, und wird *wirtschaftsgeschichtlich einmal eine gerechtere Würdigung erfahren*. In Durchführung des Gesetzes erhielt der bedrängte Grundstoffbereich nicht nur eine Milliarde DM Kreditmittel, von denen

297 Mill. DM	der Eisen- und Stahlindustrie
228 Mill. DM	dem Kohlenbergbau
242 Mill. DM	der Elektrizitätswirtschaft
106 Mill. DM	der Gaswirtschaft
77 Mill. DM	der Wasserwirtschaft
50 Mill. DM	der Bundesbahn

zugute kamen. Diese Hilfe gestattete, Investitionsvorhaben in Höhe von insgesamt 4,745 Mrd. DM durchzuführen. Zu den Krediten aus dem IHG kamen 2,227 Mrd. DM eigene Mittel der betreffenden Werke und 1,518 Mrd. DM sonstige Kredithilfen hinzu.

Die Handelsbilanz wieder passiv

Die steigenden Preistendenzen an den Weltmärkten wie der *unausweichliche Zwang, der wachsenden Nachfrage zu genügen*, führten zu *beträchtlichen Einfuhrsteigerungen*, um so mehr als am 1. September 1950 die Liberalisierung gegenüber den OEEC-Ländern auf 60% erweitert worden war. Die kommerzielle Handelsbilanz verschlechterte sich dabei zusehends; sie gestaltete sich in der zweiten Jahreshälfte 1950 mit 535 Mill. DM passiv. Die Zahlungsbilanz wies ein noch ungünstigeres Bild aus. So war also bereits 4 Monate nach dem Start der EZU die Kreditquote Deutschlands in Höhe von 320 Mill. Dollar erschöpft.

Diese Importsteigerung lag dabei völlig *im Sinne der Verteidigung der Marktwirtschaft*, da es in dieser Situation darauf ankam, das Warenangebot so kräftig als möglich auszudehnen. Es ist daher die Formulierung erlaubt: *Der Kampf gegen die Planwirtschaftler in Deutschland*, d.h. also gegen diejenigen, die die Freiheit der Wirtschaft wieder über Bord werfen wollten, *war* gleichzeitig *zu einem Kampf mit der EZU geworden* mit dem Ziel, das deutsche *Außenhandelsdefizit* im Vertrauen auf eine nachfolgende *organische* Heilung *zunächst hinzunehmen*.

In der Reihe der Maßnahmen, die mein Ministerium in dieser Zeit ergriff oder unterstützte, müssen in erster Linie die Mittel der Zurückführung der Importe auf das politisch mögliche Maß genannt werden. Die Lizenzpositionen wurden reguliert; vor allem aber wurde ein Bardepot in Höhe von 50% des DM-Gegenwertes der für die Einfuhr beantragten Devisen verfügt. Für die Erteilung von Einfuhrlizenzen ging die Zuständigkeit auf die Landeszentralbanken an Stelle der bisher tätigen privaten Außenhandelsbanken über. Am 21. Februar 1951 mußte sogar vorübergehend *zur Aufhebung der Liberalisierung der EZU-Einfuhren* geschritten werden, nachdem die Zuspitzung des Korea-Konflikts zum Jahresbeginn 1951 neue große Nachfragewellen ausgelöst hatte. Daneben wurden monetäre Maßnahmen ergriffen wie die Heraufsetzung der Mindestreserven am 1. Oktober 1950 um durchschnittlich 50%. Gleichzeitig wurde die Rediskontierung von Bankakzepten auf bestimmte Institute beschränkt (31. Oktober 1950); der Diskont- und Lombardsatz wurde von 4 auf 6% bzw. von 5 auf 7% (am 17. Oktober 1950) erhöht – übrigens auch damals *im Gegensatz zu der Ansicht der rein politischen Gewalten.* Am 1. November 1950 erging des weiteren die Aufforderung an die Landeszentralbanken, ihre den Geschäftsbanken gewährten Wechseldiskontkredite um 10% abzubauen.

Gleichwohl blieb die Devisenlage zunächst weiter kritisch. Auch die Zubilligung eines Sonderkredites der EZU in Höhe von 120 Mill. Dollar konnte das *Übel der unausgeglichenen Zahlungsbilanz noch nicht sofort heilen.* Nach Suspendierung der Liberalisierung gelang es zwar, die Gefahr akuter Bilanzschwierigkeiten abzuwenden – allerdings um den Preis einer scharfen administrativen Importeinschränkung. Die BdL behielt jedoch in diesen kritischen Monaten in voller Übereinstimmung mit dem Bundeswirtschaftsminister *ihren restriktiven Kurs bei.* Anfang 1951 wurden die Kreditrichtsätze sogar noch verschärft; im Januar 1951 erging an alle Geschäftsbanken die Aufforderung, ab sofort jegliche Ausdehnung des kurzfristigen Kreditvolumens zu vermeiden, und am 28. Februar 1951 folgte die Anweisung zur Rückführung des kurzfristigen Kreditvolumens um ungefähr 1 Mrd. DM.

Andere Maßnahmen liefen diesen Anstrengungen parallel. Im BWM wurde ein besonderer Rohstoffausschuß gebildet.

„Was tun, spricht Erhard: Die freie Marktwirtschaft muß leben oder . . . vorher werde ich sterben müssen." Aus seiner Rede vom 8. Februar 1951.

(Entnommen mit freundlicher Genehmigung der „Hannoverschen Presse". Zeichnung: Peter Leger)

Generaldirektor Otto A. Friedrich übernahm die Aufgabe eines Rohstoffberaters der Bundesregierung und später auch noch die Leitung der Bundesstelle für den Warenverkehr. Anfang 1951 wurde das sogenannte Wirtschaftssicherungsgesetz erlassen, welches der Regierung die Möglichkeit des Eingriffs in die Produktion und den weiteren Warenablauf in die Hand gab. *Die Eingriffe*, die auf Grund dieses Gesetzes erfolgten, *bewegten sich* allerdings *in sehr bescheidenen Grenzen*; sie beschränkten sich im wesentlichen auf statistische Erfassungen in den Grundstoffbereichen, wie z. B. in der Metallwirtschaft, der Schrottversorgung und im Bausektor. Diese Maßnahmen waren vornehmlich unter dem Druck und Drängen der Amerikaner zustande gekommen, die Rohstoffzuteilungen nur unter der Voraussetzung entsprechender staatlicher Vollmachten gewähren wollten. Allerdings muß ich gestehen, daß ich diese Vorschriften persönlich niemals sonderlich ernst genommen habe, und vor allem habe ich ihren volkswirtschaftlichen Wert nicht besonders hoch eingeschätzt.

Rüstung auch ohne Inflation?

Der Korea-Krieg ließ – und das ist ein wichtiges Datum – *erstmals die Idee einer deutschen Wiederbewaffnung auftauchen.* Es ist aufschlußreich, sich die ersten Reaktionen in das Gedächtnis zurückzurufen. Mein wichtigstes Anliegen war vom ersten Augenblick an, vor der Versuchung eines inflationistischen Weges zu warnen. Ich trat damit sofort der weitverbreiteten Meinung entgegen, daß alles, was mit Rüstung zu tun hätte, zwangsläufig Inflation bedeutete. Am 15. September 1950 äußerte ich:

„Möglicherweise wird sich dadurch die Notwendigkeit gewisser Lenkungsmaßnahmen ergeben, die aber das System der Marktwirtschaft in keiner Weise stören oder gar gefährden mußten. Die große Gefahr, die hier auftritt und die ich fast mit Sicherheit erwarte, kommt von anderer Seite. Wenn der Staat für die Teilnahme Westdeutschlands an der Verteidigung Europas erhebliche Aufwendungen zu tätigen hat, dann werden manche Leute und auch gewisse Parteien der Meinung sein, diese Mittel könnten nicht aus dem Haushalt gedeckt werden, sondern man müßte in irgendeiner Form den Notenbankkredit mobilisieren. Man wird zwar nicht genau die Form der ‚Mefowechsel' oder der ewigen Prolongierung von Schatzwechseln nachahmen, aber im Grunde genommen bedeutet jede Manipulation dieser Art das Gleiche, nämlich das Ingangsetzen einer Inflation."

Auf dem Höhepunkt der Korea-Hausse bot mir der CDU-Parteitag in Goslar am 22. Oktober 1950 willkommene Gelegenheit, die Problematik dieser Tage unmißverständlich anzusprechen. Das war zu jener Zeit, als sich die *internationale Öffentlichkeit mit dem Ruin Westdeutschlands abzufinden anschickte.* So erklärte der damals amtierende Präsident der OEEC, der niederländische Außenminister Dr. Stricker: Europa sehe sich dem *„Bankrott Westdeutschlands"* gegenüber. Die Bundesregierung habe den ihr von der EZU gewährten Kredit von 320 Mill. Dollar durch „rücksichtslose Importe innerhalb von vier Monaten aufgebraucht". Wesdeutschlands Zukunft sei daher sehr zweifelhaft; eine Inflation wie nach dem Ersten Weltkrieg stehe seiner Meinung nach unmittelbar bevor.

Hier schien sich die innerdeutsche Opposition mit der internationalen Kritik zu verschmelzen – die einen auf meinen Sturz hoffend, die anderen den Bankrott voraussehend. Dazu meine vor der CDU unterbreitete Ansicht:

„Wirtschaft und wirtschaftlicher Fortschritt kennen kein absolutes Maß, und es ist deshalb auch völlig abwegig, wenn jüngst von sozialistischer Seite gefordert wird, es müsse jeder Preissteigerung durch entsprechende Lohnerhöhung begegnet werden. Wir sind allerdings der Meinung, daß bei zunehmender Produktivität *Preissenkungen* sehr wohl mit *Lohnerhöhungen* parallel gehen können und es sogar müssen, um den *Tatbestand der Sozialen Marktwirtschaft* zu erfüllen. Die Marktwirtschaft zu verteidigen ist nicht um des Dogmas, sondern um des deutschen Volkes willen höchstes Gebot, und aus solcher Überzeugung heraus hat auch die Bundesregierung ein großzügiges Einfuhrsicherungsprogramm durchgeführt, das im Vorausgriff auf die Devisenverfügung der nächsten drei bis vier Monate uns die Ernährungsgüter und die Rohstoffe an die Hand gibt, deren wir zur Sicherung der deutschen Ernährung wie auch zur Aufrechterhaltung unserer Beschäftigung und Produktion bedürfen. Die Bundesregierung war sich dabei wohl bewußt, daß sie bei einem solchen Programm *alle verfügbaren Mittel zum Einsatz bringen muß*, aber nur eine *kühne Politik verheißt* in solcher Lage *Erfolg*."

Beruhigung – aber keine Krise

Solche Sätze auszusprechen zu einem Zeitpunkt, als alle Preise von Tag zu Tag stiegen, als die Außenhandelsbilanz sich immer ungünstiger gestaltete, war nur aus dem Bewußtsein der Richtigkeit der Marktwirtschaft möglich. Zwar dauerte es dann noch Monate, bis sich der Umschwung abzeichnete, aber diese Wandlung in Richtung einer Heilung vollzog sich dann auch um so gründlicher und nachhaltiger.

Während im Monatsdurchschnitt des Jahres 1950 ein Außenhandelspassivsaldo von rund 250 Mill. DM zu verzeichnen war und auch im 1. Vierteljahr 1951 noch keine erwähnenswerte Besserung eintrat, schlug die Entwicklung im 2. Quartal um und führte in diesem Quartal zu einem Aktivsaldo von fast 350 Mill. DM. Das bedeutete *die Wende, die die Phase eines ständigen Außenhandelsüberschusses einleitete.*

So war das Jahr 1950 das wohl spannungsreichste in der jungen Geschichte der Marktwirtschaft. In den folgenden Monaten des Jahres 1951 wurde die erfolgreiche Überwindung der Schwierigkeiten immer deutlicher. Der kundige Volkswirt wußte, daß wir „über den Berg" waren. Trotzdem erreichten die eingangs gekennzeichneten Kämpfe um die Marktwirtschaft und um die Position des Bundeswirtschaftsministers zum guten Teil erst 1951 ihren Höhepunkt. Seinerzeit konnte man in Bonn hören, man käme in Bezug auf *die Wirtschaftspolitik* und *ihren Leiter an operativen Eingriffen nicht vorbei* – hier müsse geschnitten werden!

Dieses Jahr aber brachte das Ab- und Ausklingen des Korea-Booms, damit auch gleichzeitig eine erste Antwort auf die bedeutsame Frage, ob das Wechselspiel des *Auf und Ab im Konjunkturverlauf unausweichlich* sei oder ob wohl die Marktwirtschaft moderner Prägung in der Lage sein könne, *diesen Zyklus zu überwinden.*

Angebot und Nachfrage kamen in vielen Bereichen wieder zu besserem Ausgleich, ohne daß der ökonomische Fortschritt erlahmte. Der seit Herbst 1950 überall zu verzeichnende Preisanstieg ebbte in der zweiten Jahreshälfte 1951 sichtbar ab. Zunächst zeichnete sich dieser Rückgang bei den Rohstoffen, später – um die Jahreswende 1951/52 – aber auch bei den Lebenshaltungskosten ab. Der Lebenshaltungsindex für Bekleidung ging beispielsweise ab Mai 1951 von 212 auf 205 bis zum Jahresende zurück (1938 = 100).

Dieser Wandel prägte sich schließlich auch im Produktionssektor aus. Die Verbrauchsgüterindustrie hatte in der zweiten Jahreshälfte 1950 einen Anstieg ihrer Produktion um rund 40% bewältigen müssen. Der jahreszeitlich übliche Abfall im Dezember erwies sich gleichzeitig als die Wende. Der Index (1936 = 100) sank von seinem Gipfelpunkt im November 1950 mit 141,0 auf 112,6 im Juli 1951 ab. Damit lag die Erzeugung noch immer um 15% über der vergleichbaren Vorjahreshöhe. Von *einer Krise konnte mithin keine Rede sein*; es sei denn, man wollte die hysterischen Übersteigerungen der Korea-Hausse als normal ansehen.

Zu einer Unruhe war um so weniger Anlaß, als schon Ende 1951 wieder eine kräftige Belebung den Produktionsindex auf fast 150 ansteigen ließ, womit sogar der bis dahin erzielte Höchststand noch übertroffen wurde. Dem folgten dann wieder Monate eines leichten Abklingens der Konjunktur bis Mitte 1952. Die Zahlenreihen im ganzen aber bestätigen, daß der Korea-Boom im Verbrauchsgüterbereich – ganz im Gegensatz zu der landläufigen Meinung jener Tage – bereits zur Jahreswende 1950/51 sein Ende gefunden hatte.

In dieser Zeit nahm auch ein *bemerkenswerter neuer Trend* unserer wirtschaftlichen Entwicklung seinen Ausgang. Bis Ende 1950 vollzog sich die Belebung der Investitions- und Verbrauchsgütererzeugung in einer fast frappant anmutenden Parallelität. Für die Folgezeit ergaben sich nach dieser Richtung erhebliche Verschiebungen. Die Investitionsbereitschaft blieb erhalten; der Index stieg innerhalb dieses Sektors von 141,3 im November 1950 auf 164,1 im November des folgenden Jahres und blieb dann auch noch 1952 nahezu ununterbrochen aufwärts gerichtet. Das Ergebnis dieser Entwicklung war, daß damals die Produktion um 30 Punkte über dem Ausstoß der Verbrauchsgüterindustrie lag.

Diese unterschiedliche Entwicklung prägte – von einer kurzfristigen Unterbrechung Ende 1953 abgesehen – auch das Bild der nächsten Jahre. Wie wenig trotz mancherlei Befürchtungen von einer Krise gesprochen werden konnte, zeigen am besten die allgemeinen Produktionszahlen. Der

Indexstand der gesamten Industrieproduktion bewegte sich in dieser Zeit wie folgt:

Index der gesamten Industrieproduktion
(1936 = 100)

1950	1. Halbjahr	99,7	1951	2. Halbjahr	134,3
1950	2. Halbjahr	121,7	1952	1. Halbjahr	133,4
1951	1. Halbjahr	127,7	1952	2. Halbjahr	145,3

Während, wie erwähnt, im Verbrauchsgütersektor die Korea-Hausse bereits Ende 1950 ausklang, wirkte im *Investitionsgüterbereich* der vorhandene Auftragsüberhang noch länger nach. Dieser solcherart *verlängerte Korea-Boom* führte dann auch dazu, daß die Engpässe in Kohle und Stahl fortbestanden. Es verdient als ein historisches Datum verzeichnet zu werden, daß in Konsequenz dieser veränderten strukturellen Verhältnisse seit dieser Zeit der Import von USA-Kohle zu einem Problem wurde, aber auch immer größere Bedeutung erlangte.

Der deutsche Engpaß in der Kohleversorgung trat durch die traditionellen Ausfuhrverpflichtungen Westdeutschlands, aber auch durch die während des Korea-Konflikts besonders hartnäckige Haltung der internationalen Ruhrbehörde immer deutlicher in Erscheinung. Die Kohleimporte (Stein-, Braun- und Pechkohle, Koks, Briketts) stiegen demgemäß von 5,3 Mill. t 1950 auf 10,4 Mill. t im folgenden Jahr, was zur Folge hatte, daß im gleichen Zeitraum *der Ausfuhrüberschuß von 20,1 Mill. t auf 14,4 Mill. t abnahm.* Die Entwicklung geht aus folgender Übersicht hervor:

Außenhandel mit Kohle (Mill. t)

	1949	1950	1951	1954	1955	1957	1958	1959[1]	1960	1962
Ausfuhr . . .	22,4	25,4	24,8	28,2	25,8	25,3	22,7	27,5	30,4	30,3
Einfuhr . . .	5,4	5,3	10,4	9,5	17,4	23,1	17,4	8,7	8,6	9,5
Ausfuhrüberschuß . .	17,0	20,1	14,4	18,7	8,4	2,2	5,3	18,8	21,8	20,8

[1] ab 1959 einschl. Saarland

Quelle: Statistik der Kohlewirtschaft e. V.

Wenn in jenen Jahren Importsteigerung und Ausfuhrminderung sehr erwünscht waren, weil Kohle die Mangelware schlechthin war, so hat sich inzwischen das Bild grundlegend gewandelt.

Die lebhafte Wirtschaftstätigkeit jener Zeit fand in der Entwicklung der Beschäftigten- bzw. Arbeitslosenzahl Niederschlag und auch repräsentativen Ausdruck. Im Jahresdurchschnitt stieg die Beschäftigtenzahl von 13,83 Mill. 1950 auf 14,56 Mill. 1951 und 15,0 im Jahre 1952. Diese Zunahme um 1,2 Millionen in kurzer Frist spiegelt viel zutreffender den Wirtschaftsaufschwung wider, als es die Statistik über die Arbeitslosigkeit vermag, deren Volumen ständig durch Neuzugänge gespeist wurde, die – von den Sorgen des Augenblicks abgesehen – eine ungewöhnliche Bereicherung der westdeutschen Produktionsmöglichkeiten darstellten. Gerade in den späteren Jahren der Hochkonjunktur erwies sich, wie sehr mein Wunsch nach stetiger Expansion ohne diese willkommene Hilfe nicht in dem tatsächlich erreichten Ausmaß hätte verwirklicht werden können. Innerhalb der genannten drei Jahre fiel die Zahl der Arbeitslosen von 1,58 Mill. im Jahre 1950 auf 1,38 Mill. im Jahresdurchschnitt von 1952 ab.

Rückkehr zur Liberalisierung

Trotz der *erkennbaren Abkühlung des Konjunkturklimas* wurden zunächst noch die restriktiven Geld- und Kreditmaßnahmen aufrechterhalten. Zu einer *Umschaltung* in Richtung einer *expansiven Wirtschaftspolitik* bestand um so *weniger Anlaß*, als der Preistrend im ganzen noch keine sehr fühlbaren Abschwächungen erkennen ließ. Die gleichwohl zu verzeichnenden Preisrückgänge auf Teilgebieten reichten jedenfalls nicht hin, die Steigerungen der Haussezeit zu neutralisieren. Einige der seinerzeit verfügten wirtschaftspolitischen Maßnahmen seien hier genannt:

1. In der Finanzpolitik wurden Ende Juni 1951 die Steuerbremsen durch Erhöhung der Körperschafts- und Um-

satzsteuer wie auch durch die Beseitigung wichtiger Vergünstigungen in der Einkommensteuer angezogen. Allein aus der Änderung des EStG erwuchs der Wirtschaft eine Mehrbelastung in Höhe von rund 1 Mrd. DM.

2. In der Geldpolitik erfolgte zunächst nur eine mäßige Abschwächung der Kreditplafond-Bestimmungen. Erst im Oktober 1951 wurden die entscheidenden Lockerungen verfügt. Die 50%ige Bardepotpflicht bei der Einfuhr, die Ende Dezember 1950 auf 25% reduziert wurde, verlor in der praktischen Anwendung immer mehr an Bedeutung und wurde zum Jahresende 1951 schließlich völlig aufgehoben.
3. Von entschieden größter Bedeutung war, daß ab Januar 1952 die Liberalisierung der Einfuhren aus den OEEC-Ländern schrittweise wieder in Kraft gesetzt wurde. Die erste Freiliste von Anfang Januar 1952 umfaßte 57% der Einfuhren aus dem OEEC-Raum (gemessen an den Einfuhrwerten im Referenzjahr 1949); sie wurde ab 1. April 1952, also sehr schnell, auf 77% der Importe erweitert.
4. Die Mindestreservesätze der Banken wurden erstmalig wieder am 29. Mai 1952 um 1% gesenkt und darauffolgend noch weiter herabgesetzt. Die BdL verfeinerte in dieser Zeit ihr kreditpolitisches Instrumentarium immer mehr. So wurden z. B. Rediskontquoten für einzelne Banken eingeführt, die Kreditrichtlinien weiter ausgestaltet, um ab Herbst 1951 Offenmarkt-Operationen einleiten zu können.

Im Zuge dieses *komplexen und sehr dynamischen Geschehens* vollzog sich parallel mit der Produktions- und Umsatzentwicklung auch eine kräftige Erhöhung der Löhne und Gehälter. Das Jahr 1951 ist – ähnlich wie 1949 – durch eine starke Steigerung der Nominallöhne gekennzeichnet.

Die Brutto-Stundenverdienste der Industriearbeiter stiegen in diesem Jahr um 14,8%, die Brutto-Wochenverdienste um 13,3%. Im Gegensatz zu 1949 aber wurde 1951 ein Teil der Lohnerhöhung durch Preissteigerungen kompensiert, so daß sich der Reallohn 1951 effektiv nur um 5,4% erhöhte, während der Zuwachs 1949 20,5% ausmachte. Diese beiden Zahlen zeigen eindringlich, wie richtig die immer wieder vertretene These ist, daß eine *Lohnerhöhung über den Produktivitätsfortschritt hinaus sinnlos und schädlich ist* und daß folglich gerade der *Masse der Verbraucher* an *der Erhaltung der Preisstabilität gelegen sein muß.*

Der ideale Dreiklang

Mit der Jahreswende 1951/52 versank die Korea-Hausse endgültig. Die dritte Entwicklungsphase der sozialen Marktwirtschaft war zu Ende – *die Phase der Bewährung und Bewahrung dieses wirtschaftspolitischen Systems.* Der Ablauf der Ereignisse hat uns aber auch die noch neuralgischen Stellen unserer Wirtschaft erkennen lassen. Der nun folgende Abschnitt umfaßt die Jahre 1952, 1953 bis in das Jahr 1954 hinein und wird dann für die Folgezeit von einer ausgeprägten Hochkonjunktur abgelöst.

Wodurch war nun *diese vierte Phase charakterisiert?* Es gelang hier *der Dreiklang*, der *jedem Marktwirtschaftler moderner Prägung Idealbild* sein sollte: Bei wachsender Produktion und Produktivität und in diesen Relationen gleichwohl ansteigenden Nominallöhnen kommt die Wohlstandsmehrung dank stabiler oder sogar sinkender Preise *allen* zugute. Man darf sogar füglich annehmen, daß die soziale Harmonie dieses *glücklichen Dreiklangs* weitgehend das für die Partei des Bundeswirtschaftsministers überwältigende Wahlergebnis vom 6. September 1953 bestimmte. In dieser Situation erklärte ich:

„Unsere Wirtschaftspolitik dient dem *Verbraucher*; er allein ist *Maßstab und Richter allen wirtschaftlichen Tuns.* Diese Politik der sozialen Marktwirtschaft hat vor der ganzen Welt den Beweis erbracht, daß ihre Grundsätze des freien Leistungswettbewerbs, der freien Konsumwahl wie überhaupt der freien Entfaltung der Persönlichkeit bessere ökonomische und soziale Erfolge gewährleisten, als jede Art einer behördlichen Lenkungs- oder Zwangswirtschaft es vermag." [8]

Die industrielle Produktion der beiden Jahre 1952 und 1953 ist – von den üblichen saisonalen Schwankungen abgesehen – *durch einen stetigen Anstieg gekennzeichnet.* Ausgehend von dem winterlichen Tiefstand im Februar 1952 mit 128,6% (Basis 1936) wurde im November ein Höchststand mit 160,8 registriert. Das darauffolgende Saisontief im Januar 1953 mit 134,0 konnte der Dynamik keinen Abbruch tun; die Novemberproduktion 1953 stand auf 175,6. Das Jahr 1954 ist dann durch einen besonders rasanten Aufstieg charakterisiert, so daß im November dieses Jahres nahezu *eine Verdoppelung der Produktion von 1936 und damit gleichzeitig vom Frühjahr 1950 erreicht* worden war.

Dieser gewaltige Aufschwung ist gewiß Beweis für die innere Kraft der deutschen Wirtschaft, aber auch der in Deutschland verwirklichten dynamischen Wirtschaftspolitik und der *unermüdlichen Arbeitskraft aller deutschen Volksschichten.* Diese Feststellung ist um so berechtigter, als ja die Ausdehnung des Produktionsvolumens mit der Verdoppelung der Vorkriegsleistung noch kein Ende gefunden hat. Trotz aller Problematik internationaler Produktionsvergleiche kann nicht bestritten werden, daß die Fortschrittsrate der deutschen Wirtschaft diejenigen nahezu aller anderen Länder übertrifft. Diese Feststellung trifft auch dann zu, wenn als Ausgang des Vergleichs nicht die erste Nachkriegszeit, in der die deutsche Wirtschaft völlig am Boden lag, sondern etwa das Jahr 1950 gewählt wird.

Hinter dieser Gesamtentwicklung verbirgt sich eine für diese zwei Jahre charakteristische *Schwerpunktverlagerung der volkswirtschaftlichen Energien zugunsten* der *Verbrauchsgüter*industrie – eine Verschiebung, die das Recht gab, 1953 als ein *„Jahr des Verbrauchers"* zu kennzeichnen.

Internationaler Vergleich der Industrieproduktion [1)]

	BRD	Frankreich	Großbritannien	USA	Kanada
1950	100	100	100	100	100
1952	126	110	101	112	110
1954	155	122	115	115	116
1956	192	144	121	133	146
1958	210	163	121	126	144
1960	249	188	137	145	145
1962	276	208	139	159	--

[1)] ohne Baugewerbe

Quelle: OECD und Statistisches Bundesamt

Es wurde vorstehend gezeigt, welch unterschiedliche Entwicklungen die Investitions- und die Verbrauchsgüterindustrie in den rückliegenden Jahren genommen hatten. Das Absinken der Konsumgüterindustrie auf 111,5 im Juli 1952 (Investitionsgüter 155,6) beunruhigte Verbraucher wie Wirtschaftspolitiker in gleichem Maße. Aber der Tiefpunkt deutete auch den Wandel an: Nicht als Ergebnis von Zufällen, sondern als *Auswirkung bewußt gesetzter Impulse*. Ein kräftiger Anstieg im Konsumgütersektor ließ dann auch den Index der Verbrauchsgüterproduktion auf 164,5 im November 1952 und 180,4 im November 1953 anwachsen. Damit war erstmalig wieder in etwa das Produktionsniveau der Investitionsgüterwirtschaft erreicht worden.

Steigerung der Masseneinkommen

Diese *Produktionssteigerung* war weitgehend ausgelöst durch eine *Verbesserung der Masseneinkommen*. Gehalts- und Lohnerhöhungen für Beamte und Angestellte waren begleitet von Lohn- und Rentenerhöhungen, von Lastenausgleichszahlungen. Im weiteren Verlauf wirkten sich auch die Erwartungen und Wirkungen der kleinen Steuerreform vom 24. Juni 1953 aus, die eine durchschnittliche Senkung des Tarifs um 15% brachte.

Der Markt erweist sich bei sinkenden Preisen als besonders aufnahmefähig. Der Durchbruch zur *Mengenkonjunktur* ist in dieser Zeit seit über zwei Jahrzehnten erstmalig gelungen. Die Verbrauchsbereitschaft der Konsumenten war nicht nur durch zunehmende Käufe von traditionellen Konsumgütern, sondern vornehmlich auch durch eine steigende Nachfrage nach langlebigen Wirtschaftsgütern gekennzeichnet. *Das Verlangen nach höherem Lebensstandard*, der sich u. a. auch in einer wachsenden Reisefreudigkeit ausdrückte, *fand* mehr und mehr *eine reale, ja realistische Grundlage.*

Wie also sah *die Bilanz dieser Nach-Korea-Zeit* für die westdeutsche Bevölkerung aus?

Zwischen Ende 1951 und Mitte 1954 fanden nahezu zwei Millionen Menschen mehr eine gesicherte Beschäftigung. Gleichzeitig sank die Zahl der Arbeitslosen vom Saisontief 1951 (Oktober) mit 1,214 Millionen auf 820 900 im Saisontief von 1954 ab. Die Brutto-Wochenverdienste aller Industriearbeiter stiegen von 68,52 DM im Jahresdurchschnitt 1951 auf 74,00 DM im folgenden Jahr und 80,99 DM im Jahre 1954 an.

Während in Konsequenz des Korea-Konflikts der Preisindex der Lebenshaltung 1951 gegenüber dem Vorjahr eine Steigerungsrate von 7,7% aufwies, setzte sich darauffolgend eine erfreuliche Beruhigung durch. 1952 erhöhte sich der Index zwar noch um 1,8%, während sich 1953 die Lebenshaltungskosten gegenüber dem Vorjahr wieder um 1,8% verringerten. Hinter diesen Durchschnittswerten verbergen sich allerdings im einzelnen lebhafte und sehr differenzierte Entwicklungen. So fiel beispielsweise der Index der Bekleidungskosten von 111 (1938 = 100) im Jahresdurchschnitt 1951 auf 98 im Jahre 1953 und 97 im folgenden Jahr 1954.

Die schon erwähnte gedämpfte Investitionsneigung war Ergebnis der Tatsache, daß der *Wille zur Kapazitätsausweitung hinter dem Wunsch nach Rationalisierung* zurückgetreten war. Die Unternehmerinitiative schien offenbar auch durch die labile politische Situation, die Ungewißheit über die Montanunion und das Schicksal der Europäischen Verteidigungsgemeinschaft gehemmt zu sein. Der Investitionsgüterindustrie kam allerdings die Investitionshilfe sehr zustatten, wie auch die Selbstfinanzierungsmöglichkeiten der Grundstoffindustrien durch vorausgegangene Preiserhöhungen verbessert worden waren. Die Steinkohlenpreise stiegen in den Jahren 1950 bis 1953 von 32,92 DM auf 52,08 DM je t (ab Zeche), die Stabstahlgrundpreise (Thomasgüte Oberhausen) von 227,35 DM auf 400,62 DM je t.

In diesen Preiserhöhungen spiegelte sich die Notwendigkeit wider, die vorgenannten Grundstoffindustrien aus der Fessel der staatlichen Zwangsbewirtschaftung zu befreien und ihnen einen marktgerechten Preis einzuräumen.

Auch die Bautätigkeit leistete 1952/53 einen sehr beträchtlichen Beitrag zu dem allgemeinen wirtschaftlichen Wachstum. Hier wirkte sich insbesondere die erste Novelle zum Wohnungsbaugesetz mit ihren erleichterten Finanzierungsmöglichkeiten aus. Die Zahl der fertiggestellten Wohnungen stieg im Zeitraum 1952/53 von 443000 auf 518000 Einheiten. Mitte 1953 waren bemerkenswerterweise *10% der unselbständig Beschäftigten* unmittelbar *im Baugewerbe* tätig.

Der Bausektor erfüllt in diesen Jahren in wachsendem Umfang die Aufgabe, den Millionen von Flüchtlingen und Ausgebombten wieder angemessenen Wohnraum zu gewähren. Die Zahl der fertiggestellten Wohnungen stieg von 215000 im Jahre 1949 auf 410000 1951. Der Neuzugang an Wohnungen beträgt seit 1953 jährlich mehr als eine halbe Million. Im Jahre 1962 wurden rund 572000 Wohnungen erstellt. Zum Vergleich sei gesagt, daß 1929 197000 Wohnungen gebaut wurden.

Dieses Bild einer *blühenden, aufstrebenden Wirtschaft* fand auch in den Außenhandelszahlen sichtbaren Niederschlag. Während die Import/Export-Bilanz 1949 und 1950 noch mit je rund 3 Mrd. DM „heillos“ passiv zu sein schien, 1951 der Passivsaldo auf 149 Mill. DM zusammengeschmolzen war, gelang 1952 der Übergang zur „Aktivität“ mit einem Überschuß von 705,9 Mill. DM in der Warenhandelsbilanz.

Damit war die Phase der langfristigen Aktivierung eingeleitet, die sogar Anlaß für manch sorgenvolle Diskussion mit umgekehrten Vorzeichen bot. 1953 erreichte der Überschuß bereits 2,5 Mrd. DM. Dabei war diese Aktivierung alles andere als das Ergebnis einer Zurückdämmung der Importe. Die Einfuhren erhöhten sich sogar sehr beträchtlich von 11,4 Mrd. DM im Jahre 1950 über 14,7 Mrd. DM (1951) auf 16,2 Mrd. DM im Jahre 1952. Lediglich 1953 stagnierte das Importniveau auf dieser Höhe. 1954 stiegen die Importe auf 19,3 und 1955 auf 24,5 Mrd. DM an und betrugen 1962 49,5 Mrd. DM.

Aus dieser Situation erwuchs ein *immer ernster werdendes Problem*, das die Wirtschaftspolitiker beschäftigen mußte: die *liquidisierende Wirkung dieser Überschüsse*. Daß die hier so sichtbare Problematik zwischenzeitlich kaum in ihrer ganzen Tragweite gewürdigt wurde, ist wohl vornehmlich der neutralisierenden Wirkung der Geldstillegung durch die Kassenüberschüsse der öffentlichen Hand zuzuschreiben, die hinsichtlich Umfang und Dauer dieser Art von Hortung in der Vergangenheit kaum Vorbilder aufzuweisen hat.

Der Irrtum des Planwirtschaftlers

Der Marshallplan, der in seinem vierten Jahre noch eine Hilfe von 106 Mill. Dollar erbrachte, lief am 30. Juni 1952 aus. Er wurde abgelöst durch die MSA-Wirtschaftshilfe, die uns für die folgenden beiden Jahre (d.h. bis 30. Juni 1954) noch einen Zuschuß von 98,6 Mill. Dollar gewährte. Eingangs wurde schon auf die große Skepsis verwiesen, die ich gegenüber allen Vorausberechnungen und gegenüber dem Glauben, den Wirtschaftsumlauf in Plänen festlegen zu können, immer wieder gehegt habe.

Der Abschluß der Marshallplan-Hilfe läßt einen Blick auf die Ausgangsplanung, die in dem sogenannten Long-Term-Plan (LTP) Niederschlag gefunden hatte, angebracht erscheinen. In diesem LTP, der Anfang 1949 überall in der wirtschaftspolitischen Diskussion eine sehr große Rolle spielte, waren die Grundlagen der wirtschafts- und finanzpolitischen Überlegungen und Entwicklungen bis 1952 verankert worden. Die hier in mühevoller Zusammenarbeit zwischen deutschen und amerikanischen Stellen fixierten Ziele wurden damals von den planwirtschaftlich denkenden deutschen Experten durchweg als zu weit gesteckt angesehen. Wie sehr *die Wirklichkeit diesen Pessimismus Lügen gestraft hat*, mag an einigen Beispielen illustriert werden:

1. Für 1952/53 setzte der LTP eine Industrieproduktion in Höhe von 100% von 1936 an. Tatsächlich erreicht wurden 145,5%.
2. Der Lebensstandard wurde für 1952/53 mit 20% unter demjenigen von 1936 angesetzt. Tatsächlich betrug der private Verbrauch je Kopf der Bevölkerung 1936 = 768 DM und 1952/53 = 827 DM (jeweils in Preisen von 1936 ausgedrückt).
3. Der LTP nahm für das Ende der Marshallplan-Hilfe eine deutsche Exportleistung von 2,818 Mrd. Dollar an. In Wirklichkeit betrug der Export 1952 = 4,04 und 1953 = 4,42 Mrd. Dollar.
4. Sehr typisch für die Bedingtheit derartiger Planungen ist das folgende:
   Es wurde gesagt, daß die Erhöhung der Kohlenförderung mit *allen Mitteln* angestrebt werden müsse, da die Steigerung der deutschen Gesamtproduktion aufs engste mit der Kohlenverfügbarkeit zusammenhänge. Aus dieser Sicht heraus wurde für 1952/53 eine Tagesförderung von 425000 t als absolut *unerläßlich* erachtet. Trotz ganz wesentlicher Überschreitung der LTP-

Planung in allen Wirtschaftsbereichen wurde diese Tagesförderung des Kohlenbergbaus mit 408 000 t nicht unwesentlich unterschritten.

Die ausgeglichene wirtschaftliche Situation erlaubte für die Folgezeit einen weiteren Abbau der während der Korea-Krise durchgeführten Restriktionen. Nachdem am 29. Mai 1952 *der hohe Diskontsatz* von 6% mit einer Senkung um 1% *aufgegeben worden war*, folgten anschließend noch vier weitere Reduzierungen, bis schließlich am 20. Mai 1954 das *für die deutschen wirtschaftlichen Verhältnisse sehr niedrige Niveau von 3% erreicht wurde.*

Die Entwicklung des Diskont- und Lombardsatzes (in %)

Gültig ab		Diskontsatz	Lombardsatz
1948	1. Juli	5	6
1949	27. Mai	4½	5½
	14. Juli	4	5
1950	27. Oktober	6	7
1952	29. Mai	5	6
	21. August	4½	5½
1953	8. Januar	4	5
	11. Juni	3½	4½
1954	20. Mai	3	4
1955	4. August	3½	4½
1956	8. März	4½	5½
	19. Mai	5½	6½
	6. September	5	6
1957	11. Januar	4 ½	5½
	19. September	4	5
1958	17. Januar	3 ½	4½
	27. Juni	3	4
1959	10. Januar	2¾	3¾
	4. September	3	4
	23. Oktober	4	5
1960	3. Juni	5	6
	11. November	4	5
1961	20. Januar	3½	4½
	5. Mai	3	4

Der „Durchbruch nach vorne“

In jenen Jahren kam es nur darauf an, die Vorzüge der „Mengenkonjunktur“ zu verdeutlichen, den *„Vorstoß nach vorne“* zu propagieren. Als Beispiel sei eine Äußerung anläßlich der Eröffnung der Technischen Messe in Hannover Ende April 1953 angeführt:

„Ich komme gar nicht auf das *Geschwätz* zu sprechen, *daß der Nachholbedarf gedeckt* und *eine Konsumsättigung eingetreten sei*. Das ist geradezu eine Blasphemie. Aber etwas anderes ist deutlich zu spüren. Ich habe das gerade im letzten Vierteljahr allenthalben sehr bewußt erfahren müssen, wenn ich verkündete, daß wir aus der Primitivität des allzu materialistischen Konsums und der herkömmlichen Bedarfsbefriedigung herausstreben und dafür sorgen sollten, daß in den deutschen Haushalten und vornehmlich auch in den Arbeiterhaushalten Güter des langlebigen Gebrauchs, wie etwa Kühlschränke, Waschmaschinen, Staubsauger u.a.m., Anwendung finden können.

Daraufhin hat man mir vorgerechnet, wieviel ein Sozialrentner verdient, und daß die Leute gar nicht in der Lage seien, an einen solchen Konsum überhaupt zu denken. Selbstverständlich kann nicht gerade der Sozialrentner damit anfangen, einen gehobenen Konsum zu tätigen. In Amerika waren es gewiß auch nicht die Allerärmsten, die zuerst Autos gefahren haben; es waren andere Schichten. Wir erleben es aber doch immer wieder, daß *der Luxus von heute, morgen schon zum breitgeschichteten Bedarf* wird und *übermorgen allgemeines Verbrauchsgut ist*.

Wenn wir allerdings nicht den Mut haben, das soziale Ressentiment allerorts zurückzudrängen, wenn wir es nicht ertragen können, daß bei neu aufkommendem Bedarf im Zuge der Entfaltung der Technik die einen vielleicht sogar ohne eigenes Verdienst früher Konsumenten werden können als andere, dann müssen wir eben alle in der künstlich konservierten Armut verharren . . .

Wenn wir nicht anfangen mit dem Streben, die Lebensmöglichkeit unseres Volkes fortdauernd zu verbessern, dann untergraben wir auch den Boden des technischen Fortschritts, dann scheiden wir aber auch aus dem Kreise der zivilisierten Völker aus. Wir können an einer weiteren glücklichen und gedeihlichen Entwicklung der Welt nur teilhaben, wenn wir den Mut zum Konsum aufbringen.“

War das nun Theorie oder nüchterner Ausblick in die Zukunft? Einige statistische Daten mögen hierzu Zeugnis ablegen:

Erzeugung von elektr. Kühlschränken (bis 250 l Inhalt)

	Stückzahl	Produktionswert in Mill. DM.
1950	120 000	58,1
1951	210 000	107,9
1952	281 000	149,0
1953	476 000	216,6
1954	609 000	283,9
1955	779 800	304,9
1956	910 100	358,6
1957	937 700	479,7
1958	1 573 400	709,4
1959	1 975 000	727,2
1960	2 434 800	837,1

Quelle: Zentralverband der Elektrotechnischen Industrie

Auf der 2. Internationalen Fahrrad- und Motorrad-Ausstellung in Frankfurt/M. am 17. Oktober 1953 nahm ich die Gelegenheit wahr, um mich mit dem damals häufig vernommenen Argument auseinanderzusetzen, die Überfüllung auf den *Straßen durch eine Restriktionspolitik gegenüber der Motorisierung zu bekämpfen*:

„. . . Ich bin der Meinung, daß es *den Staat gar nichts angeht, wie der einzelne Staatsbürger sein Geld verbrauchen will* – daß er also in diesem Sinne nicht Morallehrer zu sein hat. Es soll vielmehr jeder einzelne nach seiner Fasson selig werden . . . Ferner bin ich der Ansicht, daß auch *das Verkehrsproblem nur über die Expansion* gelöst werden kann; mit der weiteren Motorisierung muß eben auch das Notwendige in bezug auf den Straßenbau und die Erschließung neuer Verkehrswege getan werden."

Als ich dies aussprach, war die Produktionszahl der Krafträder, Motorroller und Mopeds von 143800 im Jahre 1949 auf 290800 im Jahre 1951 und 524400 im Jahre 1953 angewachsen. Die Expansion, die wir für diesen Wirtschaftsbereich erwarteten, konnte mit noch größerem Recht von der Erzeugung der Personenkraftwagen angenommen werden. Es zeichnete sich bereits der Durchbruch der privaten Interessenten, d.h. der Angestellten und Arbeiter, als Käufer von Personenkraftwagen ab. Die Produktion stieg hier in noch viel markanterer Weise, und zwar von 104055 im Jahre 1949 auf über 1945000 im Jahre 1962.

Pessimisten am Werk

Als um die Jahreswende 1953/54 sich allgemein das Gefühl breitzumachen drohte, die guten Jahre des Aufschwungs gingen nun zu Ende, als allenthalben sogar festgestellt und befürchtet wurde, die Expansionskraft und -fähigkeit der deutschen Wirtschaft beginne nachzulassen – wobei diese Urteile durch kluge Analysen belegt wurden –, sah ich mich genötigt zu widersprechen.

„Die deutsche Wirtschaft konnte im Vergleich zu den übrigen europäischen Volkswirtschaften hinsichtlich der erzielten Fortschrittsrate an der Spitze bleiben. Diese Dynamik darf nicht erlahmen, und es gilt daher, die Antriebskräfte der Konjunktur, d. h. sowohl den Investitions- und Rationalisierungswillen als auch die Verbrauchsfreudigkeit, neu zu beleben.

Es gibt keinen logisch zwingenden Grund, der zu einer Erschlaffung der Auftriebskräfte führen müßte; denn der durchschnittliche Lebensstandard unseres Volkes bewegt sich trotz der erzielten Fortschritte noch auf einem Niveau, das alle Hinweise auf den zwischenzeitlich gedeckten Nachholbedarf und eine sogen. Konsumsättigung Lügen straft.

Es kommt also alles darauf an, die Produktion im Gange zu halten und weiter zu steigern, denn mit der Güterproduktion – und nur mit dieser – wird auch das Volkseinkommen bzw. die Kaufkraft produziert, die den Absatz sicherstellt . . .“ [17]

Und an anderer Stelle dieses Ausblicks auf das Jahr 1954:

„Wenn – wie gesagt – die objektiv richtige Entsprechung zwischen Sparkapital, volkswirtschaftlichen Investitionsnotwendigkeiten und Konsum aus einer Reihe von Gründen nicht vorausgesetzt werden kann, dann halte ich es in unserer derzeitigen deutschen Situation für vorteilhafter, die Verbrauchskonjunktur aufrechtzuerhalten und Spannungen in der Kapitalversorgung auftreten zu lassen, als umgekehrt über einen Konsumrückgang die Sparkapitalbildung auf eine befriedigende Höhe zu bringen, aber dann mit Absatzsorgen kämpfen zu müssen." [17]

4. Kapitel

DIE MEISTERUNG DER HOCHKONJUNKTUR

Für den Vorausschauenden zeichnete sich bereits im Laufe des Jahres 1954 der Übergang zum nächsten, dem fünften Abschnitt in der jungen Geschichte der Marktwirtschaft, ab; d. h. der Übergang zu der Phase der Hochkonjunktur. Die damit gestellte neue Aufgabe war wiederum nicht einfach zu lösen. Es galt dabei vor allem, der Gefahr einer inflationistischen Überhitzung der Hochkonjunktur wirksam zu begegnen.

Die Bewältigung dieser Aufgabe erwies sich sogar als *so schwierig*, daß *viele darob geneigt waren*, einseitig nur diese Problematik zu sehen und dabei *zu vergessen, welche gewaltigen Fortschritte* auf allen Gebieten des wirtschaftlichen und sozialen Lebens bis dahin *erreicht wurden*. Seit Mitte 1956 ist es zunehmend gelungen, der drohenden Entartung Herr zu werden. Mit der Dämpfung des wirtschaftlichen Anstiegs darf der Übergang zu einem ruhigen und stetigen Fortschritt als gesichert angesehen werden.

Der zweite Teil der Aufgabe, der die Meisterung einer leichten Kosteninflation zum Ziele hat, wird anschließend noch beleuchtet werden. Es gilt für die Gegenwart noch mit manchen autonomen Einkommensschöpfungen, die in dieser fünften Periode eingeleitet wurden, aber erst 1957 voll zur Auswirkung gelangen, möglichst spannungsfrei fertig zu werden, d. h. diese ohne Gefährdung der Preisstabilität aufzusaugen.

Der 1954 vollzogene Übergang zur Hochkonjunktur wird aus den Indexzahlen der industriellen Produktion dieser Phase deutlich erkennbar:

Produktion in der Hochkonjunktur (1950 = 100; arbeitstäglich)

	1953 1. Halbjahr	1953 2. Halbjahr	1954 1. Halbjahr	1954 2. Halbjahr	1955 1. Halbjahr	1955 2. Halbjahr	1956 1. Halbjahr	1956 2. Halbjahr
Gesamte Industrie	131,3	145,7	146,2	163,4	169,5	186,6	186,7	197,5
Investitionsgüter	148,5	158,1	171,5	190,6	214,6	231,3	242,9	242,4
Grundstoff- und Produktionsgüter	127,9	136,5	142,7	159,1	168,5	180,7	182,6	191,4
Verbrauchsgüter .	125,4	142,4	139,0	152,8	153,6	170,9	168,9	182,5

Quelle: Statistisches Bundesamt

Die Graphik vor Seite 33 zeigt die Produktionsentwicklung der gesamten Industrie seit der Währungsreform, Tabelle 1 im Anhang diejenige der wichtigsten Wirtschaftsbereiche.

Die Zahlenfolgen zeigen, wie sehr die Jahre 1954 und 1955 als die *Blütezeit der Investitionen* zu charakterisieren sind. Die Entwicklung vollzog sich in den Bereichen der Investitions- und der Verbrauchsgüter während dieser Periode sehr unterschiedlich. Niemand aber wird sich des Eindrucks einer besonders lebhaften Expansionstätigkeit entziehen können.

Dieser spezifische Wirtschaftsaufschwung war zunächst durchaus erfreulich, zumal seinerzeit noch ungenutzte Reserven an menschlicher Arbeitskraft vorhanden waren (2. Quartal 1954: 1,15 Mill. Arbeitslose). Ich habe, um den Zusammenhang zwischen expansiver Wirtschaftspolitik und Hebung des sozialen Lebensstandards wissend, diese Expansion bejaht:

„Daß der wirtschaftliche Erfolg zugleich auch die Grundlage und die Ursache jedes sozialen Fortschritts ist und allein ein hohes Maß an sozialer Sicherheit zu bieten vermag, kann nicht bestritten werden, denn wo nichts ist, hat der Kaiser, da haben auch die Gewerkschaften das Recht verloren. Man kann eben nur ein Sozialprodukt verteilen, wenn vorher ein Sozialprodukt erzeugt worden ist.“ [34]

Den unterschiedlichen Rhythmus zwischen der Verbrauchs- und Investitionsgüterkonjunktur habe ich gerade in dieser ersten Phase der Hochkonjunktur verständlich zu machen versucht.

„Denn angesichts des aufkommenden Arbeitskräftemangels, der den Klugen schon seit einigen Jahren sichtbar wird, war naturgemäß bereits in den letzten beiden Jahren der Drang zur Produktivitätssteigerung und zur Rationalisierung außerordentlich lebendig. Aber der Verbrauch darf auf die Dauer nicht nachhinken. Es ist vielmehr die Aufgabe einer guten Wirtschaftspolitik, dafür zu sorgen, daß mindestens die einzelnen Sektoren der Wirtschaft wechselseitig in der Gunst der Konjunktur stehen. Diese kann für beide Sektoren nicht völlig parallellaufen; es wird immer der eine oder andere Bereich mit der bekannten Nasenlänge Vorsprung vor dem anderen rangieren.“ [47]

Von der Lebhaftigkeit des Wachstums der Produktion vermittelt die Zahlenreihe der jährlichen Zuwachsraten, d. h. der Steigerung gegenüber dem entsprechenden Zeitraum des Vorjahres, einen trefflichen Eindruck.

Wachstumsraten der industriellen Produktion[1]

Veränderung gegenüber dem gleichen Vorjahrsmonat in %

	1954	1956	1958	1959
Januar	+ 11,0	+ 13,2	+ 5,5	– 0,8
Februar	+ 10,2	+ 8,1	+ 1,7	+ 2,6
März	+ 8,4	+ 10,1	+ 3,7	+ 7,8
April	+ 9,7	+ 12,4	+ 2,3	+ 4,8
Mai	+ 13,8	+ 11,0	– 0,5	+ 8,6
Juni	+ 12,1	+ 6,0	+ 3,2	+ 6,6
Juli	+ 9,3	+ 8,6	+ 4,2	+ 5,2
August	+ 11,1	+ 7,4	+ 2,9	+ 8,2
September	+ 11,7	+ 6,2	+ 2,7	+ 9,9
Oktober	+ 12,0	+ 4,5	+ 5,0	+ 8,6
November	+ 12,5	+ 4,6	+ 3,9	+ 10,9
Dezember	+ 13,3	+ 3,2	+ 2,9	+ 14,4

[1] arbeitstäglich
Quelle: Statistisches Bundesamt

Mitte 1954 war kaum noch ein Zweifel möglich, daß wir einer langen Periode der Hochkonjunktur entgegengingen.

Diese Erwartung gründete sich vor allem auf die Auftragsentwicklung. Der Auftragseingang für die gesamte Industrie überstieg im ersten Halbjahr 1954 denjenigen des ersten Halbjahres von 1953 um 23,6%, im Grundstoffbereich sogar um 33,3%, in der Investitionsgüterindustrie um 27,8%, wohingegen im Verbrauchsgüterbereich nur ein Zuwachs von 6,6% zu verzeichnen war.

Im 2. Halbjahr 1954 näherten wir uns *der Vollbeschäftigung*, die Politikern wie Wirtschaftstheoretikern seit der Krise der 30er Jahre *als das erstrebenswerteste Ziel vorschwebte*. 1954 wurde während der fünf Monate von Juni bis November die Millionengrenze der Arbeitslosenziffer erstmals unterschritten; ein Jahr später, am 30. September 1955, ist die statistisch ausgewiesene, aber nicht mehr Wirtschaftsprobleme aufwerfende Zahl der Arbeitslosen bei fast 18 Mill. Beschäftigten sogar unter 500000 abgesunken. In vielen Wirtschafts- und Regionalbereichen war damit der Zustand der „Voll"beschäftigung erreicht.

Diese Feststellung wird durch die Daten des Jahres 1956 noch erhärtet; denn im September war die Arbeitslosenziffer auf 411100 abgesunken, gleichzeitig die Zahl der Beschäftigten auf 18,1 Mill. angestiegen. Binnen Jahresfrist hatten mithin rund 800000 Menschen neuen Erwerb ge-

Beschäftigung und Arbeitslosigkeit

	Beschäftigte Arbeitnehmer	Arbeitslose	zusammen	Arbeitslosen-quote in %
		in 1000		
30. 9. 48 . . .	13 463	784	14 247	5,5
30. 9. 50 . . .	14 296	1 272	15 568	8,2
30. 9. 52 . . .	15 456	1 051	16 507	6,4
30. 9. 54 . . .	16 831	823	17 654	4,7
30. 9. 56 . . .	18 609	411	19 020	2,2
30. 9. 58 . . .	19 365	328	19 693	1,7
30. 9. 60 . . .	20 377	112	20 489	0,5
30. 9. 62 . . .	21 299	83	21 382	0,2

Quelle: Bundesanstalt für Arbeitsvermittlung und Arbeitslosenversicherung

Außenhandel

— Mrd. DM —

Obige Graphik zeigt die imponierende Entwicklung des Außenhandels, wobei sich in der Warenhandelsbilanz der Passivsaldo des Jahres 1950 in Höhe von 3 Milliarden DM 1962 in einen Aktivsaldo von 3,5 Milliarden DM verwandelt hat.

(Foto: Angenendt, Dortmund)

Sparentwicklung

— Mrd. DM —

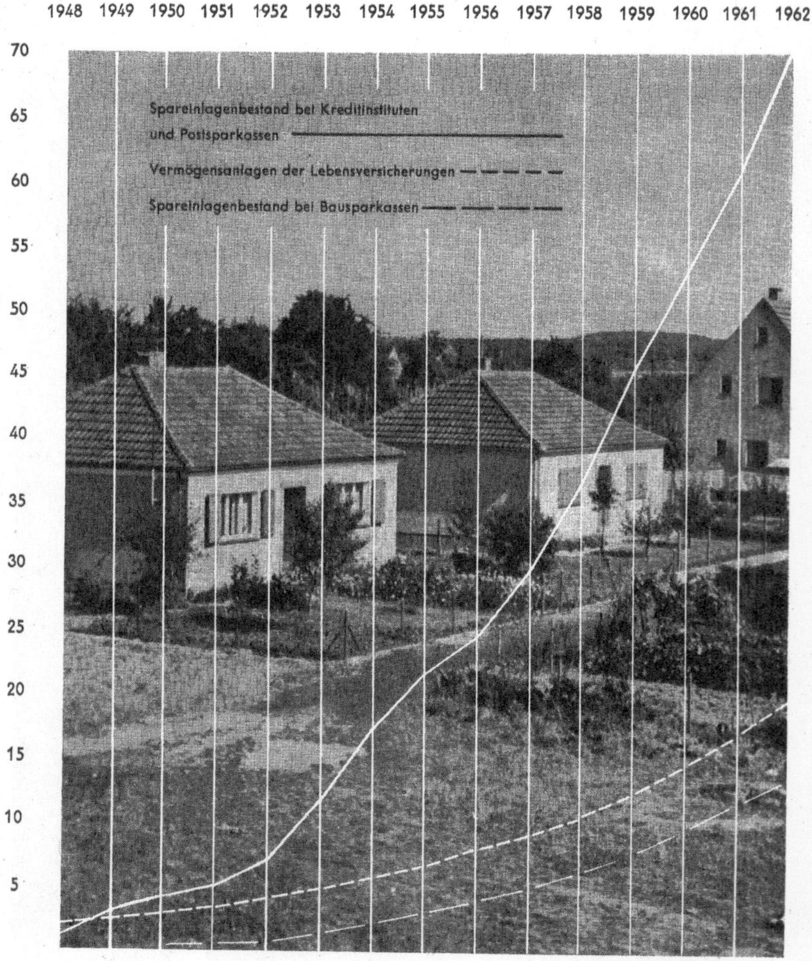

Trotz aller psychologischen Hemmnisse nach zwei Geldentwertungen wurde bis Ende 1962 ein Spareinlagenbestand von insgesamt 100 Milliarden DM erreicht, wobei der Sparzuwachs der letzten Jahre bemerkenswert hoch ist.

(Foto: Stachelscheid, Düsseldorf)

funden, wobei sich nur noch ein Zehntel von ihnen aus dem erfreulich gering gewordenen Reservoir der Arbeitslosen rekrutierte. Man sollte meinen, daß dieser Erfolg auch im Lager der Gegner meiner Wirtschaftspolitik Anerkennung finden müßte. Der vorstehende Überblick über die Verhältnisse seit 1948 veranschaulicht das vorher Gesagte.

Diese Entwicklung des Arbeitsmarktes ist dadurch gekennzeichnet, daß viel mehr Menschen Beschäftigung gefunden haben, als nach der Statistik Arbeitslose überhaupt vorhanden waren. In den letzten zehn Jahren sank die Arbeitslosenziffer um 1,1 Mill., während die Zahl der Beschäftigten gleichzeitig um über 6 Mill. anstieg. Im Herbst 1962 betrug die Arbeitslosenziffer 0,2% des Beschäftigungspotentials. Die Beschäftigtenzahl von 1948 hat sich inzwischen um 57% erhöht.

Kopfjäger am Werk

Die *in Deutschland ungewohnte Problematik*, die aus dieser sogenannten Vollbeschäftigung erwuchs, ließ – wie erwähnt – das Bewußtsein für das Erreichte oft ungebührlich in den Hintergrund treten. Ich hielt es deshalb für angezeigt, am 5. September 1955 festzustellen:

„Wer so im Lande herumhört, könnte manchmal fast der Meinung sein, als sei *mit der Vollbeschäftigung*, dem hohen Stand der Produktion *und mit dem sich ausweitenden Verbrauch* ein Unheil über uns gekommen, und es müßten jetzt demzufolge Anstrengungen unternommen werden, um die volkswirtschaftliche Leistung wieder herabzudrücken. *Der gesunde Menschenverstand wehrt sich* gegen eine solche Betrachtung. Es will ihm nicht eingehen, daß das, was jedem einzelnen zum Vorteil gereicht, gesamtvolkswirtschaftlich gesehen schädlich und gefährlich sein soll.“ [51]

Die Unbeholfenheit gegenüber dieser neuen Erscheinung führte allmählich dazu, das Unsinnige den Beteiligten deutlich werden zu lassen. Zunächst glaubten einzelne, mit Methoden der *Abwerbung* sich der Konsequenzen der veränderten Lage am Arbeitsmarkt entziehen zu können.

Diese unerfreuliche Praxis drohte jede gesunde Lohnpolitik aus den Angeln zu heben. Hier war ein offenes Wort vonnöten:

„Mir wurde von den Gewerkschaften gesagt: Schauen Sie sich einmal an, was sich da auf dem Arbeitsmarkt vollzieht, und sagen Sie dann selbst, ob wir von der Gewerkschaft überhaupt noch eine verantwortungsbewußte Lohnpolitik treiben können, wenn die Werber von der Industrie durch die Lande gehen und die Arbeitskräfte von einem zum anderen Betrieb wegholen. – Ich spreche ganz bestimmt nicht gegen die freie Berufswahl und gegen die Freiheit des Arbeiters in bezug auf die Wahl des Arbeitsplatzes; aber was da geschieht, kann ich wirklich nicht anders charakterisieren, als daß da Kopfjäger am Werke sind, die Menschenhandel treiben.

Diese Erscheinungen sind nicht nur wirtschaftlich zu verurteilen; sie gehören auch moralisch und gesellschaftlich geächtet. Es gibt kein Argument, das die Anwendung solcher Mittel rechtfertigen könnte.“ [55]

Der Arbeitermangel erweist sich immer mehr als das ernsteste Problem, vor das sich die Wirtschaft gestellt sieht:

„Die beste Lösung, die zugleich auch einen volkswirtschaftlich und sozial günstigen Effekt auslöst, ist in der Zunahme der Steigerung der Produktivität unserer Volkswirtschaft zu suchen. Wir sind folglich gehalten, alle Möglichkeiten der Rationalisierung auszunutzen. Wir müssen alle Mittel der Produktivitätssteigerung anwenden, um das, was uns an Quantität fehlt, durch Qualität, d. h. durch eine höhere Effizienz der menschlichen Leistung, auszugleichen.“ [32]

Sosehr ich als Wirtschaftsminister Sorge tragen mußte, daß von der rasanten Aufwärtsentwicklung im Investitionsgüterbereich keine Störungen ausgehen, so war ich doch immer wieder bemüht, darauf hinzuweisen, wie notwendig und heilsam der Drang zur Leistungsverbesserung ist, wie wichtig es war, durch Rationalisierung zu Leistungsverbesserungen zu kommen und die Effizienz der menschlichen Arbeit zu erhöhen. Ich betonte zu wiederholten Malen, es sei unbestreitbar, daß im Zeichen der Vollbeschäftigung die unternehmerische Investition von heute der Gewinn des Arbeiters von morgen ist.

Soweit ich mich in diesen Monaten dennoch skeptisch gegenüber dem Boom im Investitionssektor aussprechen zu müssen glaubte, geschah dies, weil sich dort die Anzeichen einer Verkennung bzw. Mißachtung der volkswirtschaftlichen Möglichkeiten mehrten. Darum erklärte ich am 12. Oktober 1955:

„Die derzeitige Investitionsquote von 27% des Bruttosozialprodukts beweist deutlich genug, daß unsere Wirtschaft rechtzeitig das auf sie zulaufende Problem des Arbeitskräftemangels erkannt hat; sie muß jetzt aber auch einzusehen bereit sein, daß eine weitere Steigerung der Investitionen, die die Leistungsfähigkeit der einschlägigen Industriezweige überfordert und deshalb auch dort zur Konjunkturüberhitzung führen müßte, kein brauchbares Mittel der Konjunkturpolitik sein kann. Sowohl in bezug auf den Verbrauch als auch hinsichtlich der Investitionen gilt also das Gebot des Haushaltens." [59]

In der Tat hatte die Investitionstätigkeit ein beachtliches Ausmaß angenommen, welches sich nicht nur in den Produktionszahlen, sondern auch im Anteil der Investitionen am Sozialprodukt ablesen läßt:

Verwendungsarten in % des Sozialproduktes

	1950	1958	1960[1]	1962
	in jeweiligen Preisen			
Privater Verbrauch	64,7	59,5	57,3	57,3
Staatsverbrauch	14,3	13,2	13,6	14,9
Investitionen	22,2	23,4	26,7	26,8
Außenbeitrag	−1,3	3,9	2,4	1,0
Bruttosozialprodukt	100	100	100	100

[1] ab 1960 einschl. Saarland und Berlin (West)
Quelle: Statistisches Bundesamt

Im Jahr 1962 ergab sich (in Preisen von 1954) beim privaten Verbrauch eine Steigerung von 5,7%, bei den Bruttoanlageinvestitionen von 5,4% und beim staatlichen Verbrauch von 11,1%. Das gesamte Bruttosozialprodukt erhöhte sich 1962 um 4,4% – alle diese Angaben sind wiederum unter Eliminierung von Preisänderungen errechnet.

Sofern man aus der Gesamtsumme der Investitionen die Anlageinvestitionen herausgreift, zeigt sich in den letzten Jahren folgende Entwicklung:

in Mrd. DM

	1950	1954	1958	1960[1]	1962
in jeweiligen Preisen	18,2	32,8	50,4	70,6	89,8
in Preisen von 1954	21,8	32,8	45,2	60,0	69,2

[1] ab 1960 einschl. Saarland und Berlin (West)
Quelle: Statistisches Bundesamt

Erhöhung der Löhne und Gehälter

Das sich in diesen Daten ausdrückende Bild einer ausgesprochenen Hochkonjunktur findet seinen Niederschlag in der Einkommensentwicklung aller am Wirtschaftsprozeß Beteiligten. Die Bruttostundenverdienste der Industriearbeiter, die gegenüber dem Vorjahr 1953 um 4,5% und 1954 um 2,8% gestiegen waren, erhöhten sich 1955 erheblich, und zwar um 6,8%. Diese Entwicklung hat sich in den folgenden Jahren in verstärktem Maße fortgesetzt (1958 + 9,8%; 1957 + 8,8%; 1958 + 6,9%). Erst 1959 (+ 5,3%) war die Lohnbewegung wieder etwas ruhiger, um dann von einem neuen kräftigen Anstieg abgelöst zu werden (1960 + 9,3%; 1961 + 10,4%; 1962 + 11,5%).

Die starke Dynamik dieser Bewegung im Lohnsektor führte dazu, daß nach der Statistik der Deutschen Bundesbank die Nettolöhne und -gehälter von 55,8 Mrd. DM (1954) auf 122,6 Mrd. DM (1962) angewachsen waren. Die stärkste Steigerung war von 1954 auf 1955 mit + 7,6 Mrd. DM (+ 13,6%) zu verzeichnen. Im Jahre 1958 betrug die Steigerung + 6,8%. Sie erhöhte sich im vergangenen Jahr (1962) auf + 10,0%. In Parallele hierzu erhöhten sich die

Pensionen (nach Steuerabzug), die Renten- und Unterstützungszahlungen von 18,0 Mrd. DM im Jahre 1954 auf 40,7 Mrd. DM im Jahre 1962. Das Masseneinkommen insgesamt bezifferte sich damit auf 163,3 Mrd. DM (1962) gegenüber 73,8 Mrd. DM im Jahre 1954. Diese Entwicklung beleuchtet wohl über jeden Zweifel deutlich das Ausmaß der sozialen Verbesserungen. Im Jahre 1956 hatte das Masseneinkommen bereits den doppelten Wert von 1950 erreicht, um seitdem erneut um etwa 30% anzusteigen.

Entwicklung des Masseneinkommens[1]

Zeit	Bruttolöhne und -gehälter insgesamt	Bruttolöhne und -gehälter je Beschäftigten	Abzüge	Nettolöhne und -gehälter (1–3)	Pensionen, Renten und Unterstützungen	Masseneinkommen (4 + 5)
	1	2	3	4	5	6
	Mrd. DM			Mrd. DM		
1950	39,8	2 911	5,1	34,7	11,7	46,4
1952	53,9	3 652	8,0	45,9	15,5	61,3
1954	65,0	4 068	9,1	55,8	18,0	73,7
1956	82,9	4 740	12,1	70,7	22,6	93,4
1958	96,8	5 304	14,5	82,2	31,2	113,4
1960	118,7	6 084	19,0	99,7	34,3	133,9
1962	148,0	7 285	25,4	122,6	40,7	163,3
	Veränderung in % gegenüber dem Vorjahr					
1950	+ 12,6	+ 10,2	+ 17,0	+ 11,8	+ 8,7	+11,1
1952	+ 10,7	+ 8,7	+ 14,5	+ 10,0	+ 9,1	+ 9,7

[1] ohne Berlin (West) ab 1960 einschl. Saarland

Quelle: Deutsche Bundesbank

Diese günstige Entwicklung, wie auch die Absicht der Bundesregierung, die Sozialeinkommen weiter zu erhöhen, kann verständlicherweise nur in einer blühenden Wirtschaft fortgeführt werden.

Die allgemeine Mehrung des Wohlstands findet sichtbaren Ausdruck, sofern man das Bruttosozialprodukt je Einwohner errechnet und zwecks *Ausklammerung aller Preiserhöhungen* in Preisen von 1954 ausdrückt.

Bruttosozialprodukt je Einwohner in Preisen von 1954

	1950	1954	1956	1958	1960[1]	1962
in DM	2 407	3 242	3 801	4 050	4 598	4 923
1950 = 100	100	135	158	168	191	205

[1] ab 1960 einschl. Saarland und Berlin (West)
Quelle: Statistisches Bundesamt

Schnelle Reaktion des Sparers

Unter den wirtschaftlichen Faktoren, die die Hochkonjunktur gestalten, die aber auch wieder rückwirkend von der jeweiligen Konjunkturlage selbst beeinflußt werden, muß die *Sparrate* besonders erwähnt werden. Der Beginn der Hochkonjunktur fällt zusammen mit einer sehr intensiven Spartätigkeit. Es ist daher berechtigt, 1954 nicht nur als ein Jahr der Investitionen, sondern auch als ein *Jahr des Sparens* zu bezeichnen. Diese Identität, die *auch noch für das folgende Jahr 1955* vorherrschte, wurde erst 1956 gesprengt. Der Spareinlagenbestand war von Anfang 1954 bis zum Beginn des Jahres 1955 von 11,55 Mrd. DM auf 17,23 Mrd. DM angestiegen und bis zum gleichen Zeitpunkt von 1956 noch einmal um reichlich 4 Mrd. DM auf 21,37 Mrd. DM angewachsen. Auch die Einlagen bei den Bausparkassen weisen – naturgemäß auf niedrigerem Niveau – eine gleich günstige Entwicklung auf.

Diese hohe Sparbereitschaft wirkte in jener Zeit als ein starker Stabilisierungsfaktor, während das nachfolgende Erlahmen der Spartätigkeit immerhin Anlaß zu Besorgnis bot. Der schon erwähnte Spareinlagenbestand von 21,37 Mrd. DM im Januar 1956 wuchs bis zum Jahresende nur auf 24,28 Mrd. DM an; – das bedeutet eine vergleichsweise etwas geringere Zuwachsrate. Erfreulicherweise hat sich in den letzten Jahren eine deutliche Wendung zum Besseren abgezeichnet. Ende 1962 konnte – bei einem Jahreswachstum von gut 9 Mrd. DM – ein Spareinlagenbestand von fast 70 Mrd. DM erreicht werden.

Die Entwicklung der *freiwilligen Sparbildung* seit der Währungsreform erweist, was *das Vertrauen der Bevölkerung in die Stabilität der Währung zu leisten vermag.* (Siehe hierzu Graphik vor S. 81.)

Die Anfangsphase der Hochkonjunktur war schließlich noch durch ein weiteres bedeutsames Ereignis gekennzeichnet. Mit dem Auslaufen des sogenannten Kapitalmarktförderungs-Gesetzes war der *Weg freigemacht, dem Kapitalmarkt wieder* zu der ihm in einer Marktwirtschaft zukommenden *Funktion* zu verhelfen. Von diesem Zeitpunkt an (31. Dezember 1954) spielten sich am Kapitalmarkt die Zinssätze und Renditen der verschiedenen Anlagewerte wieder nach marktwirtschaftlichen Regeln aufeinander ein. Die dadurch gleichzeitig ausgelöste Tendenz einer Zinssenkung erfuhr zwar infolge der aus der Konjunkturentwicklung heraus notwendig gewordenen kreditpolitischen Maßnahmen eine Unterbrechung; gleichwohl kann aber angenommen werden, daß diese *guten Ansätze nicht verschüttet* sind. Das Aufkommen am Kapitalmarkt ist zusammen mit dem Ertrag des Konten- und Versicherungssparens im wachsenden Umfang in der Lage, die hohen Investitionsansprüche, soweit diese überhaupt an den Kapitalmarkt herantreten, zu befriedigen. (Siehe Tabelle 2 im Anhang.)

Dieser Überblick über die Ergiebigkeit des Kapitalmarktes berechtigt aber auch zu der Erwartung, daß eine *Renaissance des Aktienmarktes* im Bereich einer nahen Verwirklichung lag.

In besonders ausgeprägter Form schlug sich die Hochkonjunktur vor allem auch in unserer Außenhandelsentwicklung nieder. Sowohl das Jahr 1954 als auch 1955 war durch einen *sehr kräftigen Anstieg des Außenhandelsvolumens* gekennzeichnet, wobei 1955 eine lebhaftere Importentwicklung den Überschuß der Handelsbilanz gegenüber 1954 halbierte. 1956 vollzog sich dann bei einem unerwartet starken Ansteigen sowohl des Importes als auch des Exportes wieder eine Umkehrung dieser Entwicklung in dem

Sinne, daß unsere Handelsbilanz sehr erhebliche Überschüsse zu verzeichnen hat. Ansporn für diese Ausfuhrsteigerung bot eine gewisse Entspannung auf dem deutschen Investitionsgütersektor und die damit verbundene Freisetzung von Kapazitäten für Auslandslieferungen. Zweifellos wäre diese Entwicklung noch übersteigert worden, wenn das Bundeswirtschaftsministerium in dieser Zeit nicht eine konsequente Politik der Einfuhrerleichterungen verfolgt hätte. Deutschlands Stellung am Weltmarkt verstärkte sich beträchtlich. Seine Außenhandelsleistung rangiert jetzt an dritter Stelle nach den USA und Großbritannien.

Diese den wirtschaftlichen Erfolg charakterisierenden Daten könnten Anlaß vorbehaltloser Zustimmung sein, wenn gleichzeitig die *volle Preisstabilität hätte gewahrt bleiben können. Diese idealtypische Vorstellung* ist aber nach aller Erfahrung gerade in dieser Konjunkturphase *nicht oder doch nur sehr schwer realisierbar.* Man wird im Gegenteil anerkennen müssen, daß dieser stürmische Aufwärtstrend des Exports und der Inlandsnachfrage von nur relativ geringen Preissteigerungen begleitet war. Zu einer Dramatisierung bestand jedenfalls kein Anlaß. Eine kräftige Aufwärtsbewegung der Preise hätte um so eher befürchtet werden können, als während dieser Hochkonjunktur die Auftragseingänge die Umsätze ständig übertrafen. Hinsichtlich des Exportes ist das auch heute noch der Fall.

Die bis zur zweiten Jahreshälfte 1954 stabilen Preise gerieten in der Folgezeit in leichte Aufwärtsbewegung. Die industriellen Erzeugerpreise (1950 = 100) zeigten in den vorangegangenen beiden Jahres noch sinkende Tendenz; sie fielen von einem Niveau von 121 auf 116 ab, und dieser tiefste Stand konnte bis September 1954 gehalten werden. Von da an setzte dann eine langsame, aber stetige Steigerung ein. Im Februar 1956 wird wieder das Niveau von 1952 erreicht und schwankt dann bis zum September dieses Jahres zwischen 120 und 121. Erst im Herbst 1956 erfolgten weitere Erhöhungen, so daß im November das Preisniveau gegenüber dem gleichen Monat des Vorjahres um 2,9% und gegenüber November 1954 um 5,1% gestiegen war.

Die Erhöhung der Erzeugerpreise der Landwirtschaft hatte schon einige Zeit früher eingesetzt. Sie war auch hinsichtlich ihres Ausmaßes intensiver. Der Index für das Wirtschaftsjahr 1953/54 (Juli bis Juni) weist einen Stand von 112 (1950/51 = 100), im folgenden Wirtschaftsjahr von 116 aus. Im Jahr 1955/56 erhöht sich der Index auf 123, im 1. Halbjahr 1956 sogar auf 135, und fällt dann allerdings von diesem überhöhten Stand ab. In den Dezembermonaten 1954, 1955 und 1956 ist hier der Index von 114 über 123 auf 126 angestiegen. Im Dezember 1958 betrug der Indexstand 133 und im Dezember 1962 137 auf der Basis 1950/51 = 100.

Im internationalen Vergleich kann die Bundesrepublik, wie die nachfolgende Tabelle zeigt, hinsichtlich dieser Entwicklung bestehen. Trotzdem fühlte ich mich verpflichtet, immer wieder zu mahnen und Entartungserscheinungen entgegenzutreten, was vor allem in der Gegenwart notwendig ist.

Preisindex für die Lebenshaltung

1950 = 100

	1952	1954	1956	1958	1960	1962
Bundesrepublik	110	108	113	118	121	128
Frankreich	130	128	133	156	172	186
Italien	121	126	133	139	142	151
Niederlande	111	115	119	133	137	144
Schweden	124	125	137	149	157	167
Großbritannien	119	125	138	147	150	160
USA	111	112	113	120	123	127

Quelle: Statistisches Bundesamt

Preisstabilität oberstes Gebot

Mit dem Hinweis auf die auch bei uns eingetretene leichte *Kaufkraftminderung* ist zugleich *die Schattenseite der Hochkonjunktur gekennzeichnet.* Ich habe darum immer und immer wieder darauf aufmerksam gemacht, daß auf lange Sicht kein wirtschaftlicher Fortschritt groß genug sein kann, um eine zunächst auch noch so harmlos erscheinende Aufweichung der Währung rechtfertigen zu können. Ich mahnte wiederholt:

„Die konjunkturelle Frage lautet also nicht etwa dahin, ob die Preise stabil gehalten werden sollen oder ob sie gegebenenfalls auch steigen dürften. *Das Preisniveau* muß unter *allen Umständen* gehalten werden. Es ist nur die Frage, mit welchen Mitteln wir das sicherstellen können." [62]

Ich verneine auch mit aller Entschiedenheit, daß eine starke Expansion naturnotwendig oder gesetzmäßig mit einem allgemeinen Preisauftrieb verbunden sein müßte. Im Interesse aller Einkommensbezieher und Sparer ist vielmehr ein *steigender, immer breiter gestreuter Wohlstand bei gleichzeitiger Erhaltung der Preisstabilität anzustreben*:

„Mag die Erfahrung der Vergangenheit häufig anders gedeutet worden sein; ich sehe jedenfalls keinen Anlaß, in meinen Bemühungen nachzulassen, durch eine verantwortungsbewußte Geld-, Kredit- und Währungspolitik und eine geordnete Wirtschafts- und Finanzpolitik die Voraussetzungen dafür zu schaffen, daß sich die Expansion auf der Grundlage stabiler Preise fortentwickeln kann." [56]

Schließlich mußte ich mich in den entscheidenden Wochen und Monaten immer wieder gegen diejenigen wenden, die da glaubten und verkündeten,

„daß nur aus einer fortdauernden, wenn auch nur leichten Aufweichung der Währungen jene Impulse erwachsen könnten, die auf die Dauer eine wirtschaftliche Expansion sicherstellen. Nachdem das wirkliche Leben in den rückliegenden zehn Jahren manche falsche Ideologie und manche Dogmen theoretisch und praktisch überwunden hat, scheint es mir an der Zeit zu sein, auch diese letzte und vielleicht sogar gefährlichste Illusion zu zerstören." [56]

Wenn so alle Maßnahmen von dem Wunsch ausgingen, die *Konjunkturentwicklung insoweit abzudämmen*, als aus ihr heraus die *Versuchung, die Stabilität der Währung anzutasten, bedenklich zu werden drohte*, so konnte doch nie davon die Rede sein, daß ich damit den Grundsatz und das Ziel einer expansiven Wirtschaft preisgegeben hätte. Gerade in Anbetracht der Notwendigkeit, im Interesse des Fortganges einer stetigen Aufwärtsentwicklung die rechten Maße zu finden, verdient wohl eine meiner vielen dahin zielenden Äußerungen festgehalten zu werden:

„Ich kann ja wohl am wenigsten in den Geruch kommen, eine restriktive Politik als Selbstzweck betreiben zu wollen oder daß ich es mir überhaupt als ein erstrebenswertes Ziel vorstellen könnte, diese gute Konjunktur gewaltsam herabzudrücken. Nein, bestimmt nicht, denn das Geheimnis des Erfolges unserer Wirtschaftspolitik liegt ja gerade darin, daß wir vor Spannungen niemals zurückgewichen sind, sondern die Lösungen immer im dynamischen Durchbruch nach vorn, in der Expansion gesucht und gefunden haben. Dabei soll es auch bleiben, obwohl selbstverständlich nicht zu verkennen ist – und zwar nicht erst seit heute –, daß manche Beengungen immer sichtbarer werden.“ [55]

Unpopuläre Wahrheiten

Aus dieser Grundeinstellung wurden vielfältige Maßnahmen zur Zügelung und Kanalisierung der Hochkonjunktur ergriffen. Sie dienten dem Versuch, gerade die Faktoren zu beeinflussen, die Störungen bewirkten oder neue Gefahren auslösten. In dieser Reihe sei beispielhaft an die vielfältigen psychologischen Einwirkungen erinnert, denen die Überzeugung zugrunde lag, daß die eigentlichen Gefahren gar nicht so sehr aus den Fakten heraus erwachsen, sondern vor allem in der Nichtachtung der ökonomischen Grenzen, die den Sozialpartnern hinsichtlich der Lohnerhöhungen und den Unternehmern in bezug auf Preissteigerungen gezogen sind, ihre Wurzel haben. Meine Ausgangsthese war dabei selbstverständlich immer die Stabilität der Währung. Diesem psychologischen Feldzug ist darum in diesem Buche ein besonderes Kapitel gewidmet.

In diesen Monaten wurde ich nicht müde, die unpopuläre Wahrheit zu verkünden, daß Löhne und Preise trotz allen Leugnens und aller taktischen Manöver in einer unlösbaren Beziehung stehen.

„Wenn die Löhne nur an einer Stelle der Volkswirtschaft davonlaufen, dann werden sie an einer anderen Ecke nicht mehr zu halten sein. Das besagt, daß es nicht möglich ist und folglich auch nicht geschehen darf, in irgendeinem Wirtschaftszweig Lohnforderungen in der Größenordnung X zu gewähren, wenn andere Bereiche nur in der Lage sind, bestenfalls ½X oder nur ¼X zuzugestehen, wenn nicht Preissteigerungen Platz greifen sollen.

Es ist unverantwortlich, einen heute vielleicht sogar realisierbaren Preis einfach davonlaufen zu lassen, oder in falscher unternehmerischer Einstellung zu glauben, solche konjunkturbegünstigte Situation bis zum Letzten ausnutzen zu sollen. Eine solche Politik bietet in dieser Situation natürlich einen Anreiz für alle, dem schlechten Beispiel zu folgen. Das aber bedeutete dann die Einleitung eines inflationistischen Trends, den schon in seinen Anfängen zu unterbinden unsere Pflicht ist.“ [54]

Solcherlei Überlegungen veranlaßten mich denn auch, gegen manchen Widerstand und trotz manchen Kopfschüttelns in jenen turbulenten Monaten *gegen jede irgend vermeidbare Preiserhöhung* – gleich ob im industriellen oder landwirtschaftlichen Bereich – *zu Felde zu ziehen.* Ich bemühte mich, jeder Lohnerhöhung entgegenzuwirken, die nicht ihre Rechtfertigung im Produktivitätsfortschritt der Wirtschaft finden konnte. Damit war andererseits aber auch *Lohnerhöhungen ein erheblicher Raum zugebilligt*, zumal die Produktivitätsentwicklung günstige Ergebnisse zeitigte.

Im Laufe des Jahres 1955 hielten die Lohnerhöhungen dem Produktivitätsfortschritt vielleicht noch die Waage. Die Diskrepanz zwischen dem Produktivitätsfortschritt und der Steigerung der Masseneinkommen ist aber für 1956 nicht mehr wegzuleugnen. Ich habe schon damals in Dutzenden von Reden darauf hingewiesen, daß jede Maßlosigkeit in der Lohnentwicklung mit Preissteigerungen bezahlt werden muß, eine Warnung, die – nicht genügend beachtet – dann durch die Ereignisse bestätigt wurde.

Lohn- und Produktivitätsentwicklung in der Industrie, Masseneinkommen

Veränderung in % gegenüber Vorjahr

	Bruttolöhne und -gehälter je Beschäftigten	Produktionsergebnis je Beschäftigten	Produktionsergebnis je Arbeiterstunde	Masseneinkommen
1956	+ 7,9	+ 1,4	+ 4,0	+ 11,8
1958	+ 6,7	+ 2,7	+ 5,4	+ 8,2
1960	+ 9,3	+ 6,4	+ 7,9	+ 9,0
1962	+ 9,0	+ 4,0	+ 7,3	+ 9,7

Quelle: Statistisches Bundesamt und Deutsche Bundesbank

Kein Zweifel über die Preisverantwortung

Der Zusammenhang zwischen Preissteigerungen und dem Hinauswachsen der Masseneinkommen über den Produktivitätsfortschritt, d. h. über das, was eine Volkswirtschaft überhaupt zu leisten vermag, ist ja gerade in dieser Phase der Wirtschaftsentwicklung gar nicht zu übersehen. Die zwingende Konsequenz kann in der Folgewirkung fast auf 1% genau nachgewiesen werden. Die *Verantwortung* für diese *Preissteigerungen*, für jene leichte Verdünnung der Kaufkraft, kann und soll den an dieser Entwicklung *Beteiligten nicht abgenommen werden.* Das gilt sowohl für die Sozialpartner als auch für Regierung und Parlamentarier, die staatlich gebundene Preise setzen oder die Höhe abgeleiteter Einkommen bestimmen. Dabei aber sei ausdrücklich noch einmal gesagt, daß nichts gegen Änderungen einzuwenden ist, die sich im Rahmen des ökonomisch Möglichen bewegen. Diese *Aufbesserungen* sind sogar erwünscht, weil sie schlechterdings *den Tatbestand der sozialen Marktwirtschaft erfüllen.*

Der von mir eingeleitete psychologische Feldzug sollte von anderen Plänen begleitet sein, die durchzusetzen allerdings nur teilweise gelang. Meine Vorschläge zielten darauf ab, die liquidisierende Wirkung der wachsenden Außenhandelsüberschüsse einzudämmen und vor allem durch

Importsteigerungen das binnenwirtschaftliche Angebot zu erhöhen, um von dieser Seite her einen Preisdruck auszuüben. So wurden zwar nach monatelangen Auseinandersetzungen in Regierung und Parlament ab 1. April 1955 *Zollsenkungen*, aber *nicht in dem von mir gewünschten* und als notwendig erachteten *Ausmaße*, verkündet. Daneben wurde die Liberalisierung gegenüber der OEEC schrittweise erweitert, die *Freiliste gegenüber dem Dollarraum* wesentlich ausgebaut.

Spezielle Maßnahmen zielten darauf ab, dort beruhigend zu wirken, wo jeweils die größten Spannungen in Erscheinung traten. Eine Einschränkung der öffentlichen Finanzierungshilfe war mit einem Abbau der Bauinvestitionen der öffentlichen Hand gekoppelt.

Die Tatsache, daß ich *mit meinen Vorschlägen* immer *nur teilweise und oft zu spät durchdrang*, veranlaßte mich, in wachsendem Maße die BdL zu unterstützen und sie sogar zu ermuntern, von der nach Überwindung der Korea-Hausse eingeleiteten sehr liberalen Geld- und Kreditpolitik abzugehen.

Zwischen BMW und BdL bestand in der weiteren Entwicklung *eine immer gleichartigere Beurteilung der wirtschaftspolitischen Situation.* Am 4. August 1955 wurde erstmals der seit dem 20. Mai 1954 gültige niedrige Diskontsatz von 3% zugunsten einer Bankrate von 3½% aufgegeben. Diesem Schritt folgte dann am 8. März 1956 eine weitere Diskonterhöhung um 1%, und am 20. Mai erwies sich eine neue Verschärfung als angezeigt, so daß damit der Diskontsatz 5½% betrug. Diese konsequente Politik fand zudem ihre Ergänzung in noch anderen Maßnahmen der BdL. So wurden ab 1. September 1955 auch die Mindestreservesätze erhöht und die Rediskontmöglichkeiten eingeschränkt. Das Bemerkenswerte an der wirtschaftspolitischen Situation jener Monate war, daß diese meine enge Zusammenarbeit – oder besser Übereinstimmung – mit der Notenbank *keineswegs uneingeschränkte Billigung fand.*

„Was kommt dort von der Bühlerhöh'?
ein Tiefdruckkern des DGB . . . !"
(Entnommen mit freundlicher Genehmigung der Wochenzeitung „Die Zeit".
Zeichnung: Hicks)

Der Summe dieser mannigfaltigen Einwirkungen blieb indessen der Erfolg nicht versagt. Mitte 1956 gelingt die Rückführung des Produktionsfortschritts auf das Maß gesunder und realistischer Zuwachsraten. Das Expansionstempo paßt sich dem möglichen Wachstum der Volkswirtschaft an. Die Jahreszuwachsrate der Produktion, die 1955 15% und mehr betrug, sinkt auf 8% und weniger ab, verharrt aber gleichwohl auf einer Höhe, die es verbietet, von einer Stagnation oder gar einer Krise zu sprechen. Die am 6. September 1956 durchgeführte *Senkung der Bankrate* von 5½ auf 5% wie die erneut ½%ige Herabsetzung vom 11. 1. 57 können als Bestätigung einer inneren Konsolidierung gewertet werden.

Die Entwicklung der Sparneigung kann als ein Zeichen dafür gelten, wie heftig der Sparer auf jede echte oder auch nur vermutete Geldwertverschlechterung reagiert. Der Hinweis, daß eine Entwertung der Währung bei uns kaum vorliegt und Sorgen nicht berechtigt sind, wird darum auch psychologisch nicht unbedingt durchschlagen. Zur Verdeutlichung des Gesagten mag kurz das Schicksal eines Einhundert-Mark-Scheines, der am Tage nach der Währungsreform eingezahlt wurde – mit gesetzlicher Kündigungsfirst –, skizziert werden. Die Entwicklung des Preisindex der Lebenshaltung im gleichen Zeitraum zeigt deutlich, daß nur ein geringer Teil des Zuwachses an Zins und Zinseszins dieses einer Sparkasse übergebenen Geldes durch Preiserhöhungen eliminiert wurde:

			Preisindex der Lebenshaltung	
Einzahlung am	21. VI. 1948	= DM 100,00	2. Halbj. 1948	= 100
Bestand am	31. XII. 1948	= DM 101,22		—
	31. XII. 1949	= DM 103,75	1949	= 99
	31. XII. 1950	= DM 106,39	1950	= 92
	31. XII. 1951	= DM 109,58	1951	= 100
	31. XII. 1952	= DM 112,87	1952	= 102
	31. XII. 1954	= DM 119,75	1954	= 100
	31. XII. 1955	= DM 123,34	1955	= 102
	31. XII. 1956	= DM 127,45	1956	= 104
	31. XII. 1957	= DM 131,90	1957	= 107
	31. XII. 1959	= DM 140,15	1959	= 110
	31. XII. 1960	= DM 145,40	1960	= 112
	31. XII. 1961	= DM 150,47	1961	= 114
	31. XII. 1962	= DM 155,36	1962	= 118

Um allen möglichen Mißverständnissen von vornherein zu begegnen, sei betont, daß diese Gegenüberstellung von Sparkapital und Lebenshaltungskostenindex keineswegs und auch nicht im entferntesten etwa als ein Plädoyer für eine Indexsicherung des Spargeldes verstanden werden darf.

Das *Kardinalproblem* der Wirtschaftspolitik besteht deshalb darin, *den weiteren Wirtschaftsaufschwung frei von inflationistischen Tendenzen zu halten.* Die Aufrechterhaltung der *Geldwertstabilität* ist die unabdingbare *Voraussetzung* für ein gleichgewichtiges wirtschaftliches *Wachstum* und für einen echten und gesicherten *sozialen Fortschritt.* Die Wirtschaftspolitik der Bundesregierung muß daher in Zukunft in noch verstärktem Maße darauf gerichtet sein, die unerläßlichen Bedingungen für die Erhaltung der finanziellen Stabilität zu schaffen. Ob hierfür im einzelnen restriktive Maßnahmen erforderlich sein werden, hängt entscheidend von der Bereitwilligkeit aller Gruppen unseres Volkes ab, endlich den verderblichen Versuch aufzugeben, sich auf *Kosten der Allgemeinheit eigene Vorteile* erzwingen zu wollen.

5. Kapitel

MARKTWIRTSCHAFT ÜBERWINDET PLANWIRTSCHAFT

„Die Wirtschaftspolitik hat begonnen mit dem Stichwort der ‚Freien Marktwirtschaft‘ und der ‚Liberalisierung‘. Sie hat im Frühjahr geendet mit dem Einfuhrstopp, der das Fiasko der ganzen Politik vor allem auch im Außenhandel kennzeichnet ... Inzwischen sind ... so ziemlich alle Prinzipien und Theorien, die der Bundeswirtschaftsminister hier immer wieder vertreten hat, und sein Dogma völlig zusammengebrochen ... Sie werden mir zugeben müssen, daß der Herr Bundeswirtschaftsminister, der ausgezogen war, die Zwangswirtschaft zu beseitigen, jetzt drauf und dran ist und bis zum Hals drinsteckt, wieder eine obendrein noch miserabel funktionierende Bewirtschaftung einzuführen ... nachdem die ganze Wirtschaftspolitik schiefgegangen ist ...“

Es ist noch gar nicht so lange her – es war im Verlauf der Korea-Krise am 11. Oktober 1951 –, daß der Sprecher der größten Oppositionspartei im Deutschen Bundestag diese heute unwahrscheinlich anmutenden Ausführungen vortrug. Inzwischen sind die freie Konsumwahl des westdeutschen Bürgers, die freie Preisbildung in nahezu allen Bereichen der gewerblichen Wirtschaft Wirklichkeit geworden. Jeder Unternehmer kann und darf das frei produzieren und frei verkaufen, was der Markt verlangt. Er ist darüber hinaus hinsichtlich der Betriebsgestaltung, der Rationalisierung und seiner Investitionsvorhaben frei, wie es dem Wesen einer Unternehmungswirtschaft im Leistungswettbewerb auf freien Märkten entspricht.

Dieses Eingangszitat erinnert daran, wie heftig selbst noch vor wenigen Jahren um die *marktwirtschaftlichen Prinzipien gestritten* wurde. Die Ablehnung der Marktwirtschaft war dabei innerhalb der Opposition nahezu einmütig – wenn auch sicherlich mit unterschiedlichen Motiven. Einige waren geneigt, die Richtigkeit dieser Grundsätze überhaupt zu verneinen, andere hielten ihre Verwirklichung im Nachkriegsdeutschland mit seinen zerstörten Produktionsanlagen und mit den Millionen von Flüchtlingen für unmöglich.

Heute allerdings gehört dieser lebhafte und vitale Kampf bereits der *Vergangenheit* an; er ist eigentlich schon Historie geworden. Protokolle der damaligen Verhandlungen lesen sich heute wie Seiten aus einem unerhört spannungsreichen Roman. Es lohnt sich, in diesen Blättern der jüngsten deutschen Geschichte herumzustöbern. Das erste deutsche Nachkriegsparlament, der Wirtschaftsrat in Frankfurt, und später der Bundestag der ersten Legislaturperiode erlebten aufregende Tage *heftigster Parlamentsdebatten*. Wir wollen uns im Folgenden an die amtlichen Protokolle der Diskussionen halten.

Die größte Oppositionspartei, die SPD, ließ in den Tagen der Währungsreform keine Zweifel daran, daß sie die Befreiung des deutschen Volkes von *staatlichen* Eingriffen, die ich Zug um Zug mit der Währungsreform allen Produzenten, allen Sparten des Handels und des Handwerks, aber vor allem dem Konsumenten zu gewähren beabsichtigte, *nicht verwirklicht sehen wollte*. Wir lesen im Protokoll der denkwürdigen 18. Vollversammlung des Wirtschaftsrates des Vereinigten Wirtschaftsgebietes, die unmittelbar vor der Währungsreform, am 17. und 18. Juni 1948 stattfand, die Ausführungen des wirtschaftspolitischen Sprechers der SPD, Dr. Kreyßig (K. gehört heute wie in der 1. Legislaturperiode dem Bundestag an; er betätigt sich jetzt vornehmlich in den europäischen Parlamentsgremien), Seite 628ff. des amtlichen Protokolls des Wirtschaftsrats:

„All diesen Begründungen, die der Herr Professor Dr. Erhard zu diesen Thesen angeführt hat, fehlt eine entscheidende Voraussetzung, nämlich: Wir haben seit vielen, vielen Jahren keine normale Wirtschaft, und wir werden auch sehen, daß die Währungsreform keine Wunder vollbringt, sondern erst nach der Währungsreform der wirklich gesunde Aufbau der Wirtschaft beginnen kann. Wir werden mit der Währungsreform auch keine Wunder bekommen für das normale Anlaufen von Wirtschaft und Produktion ... Diese (Enterbten und Entrechteten) werden fragen, warum keine richtige Wirtschaftspolitik, keine Bewirtschaftungs- und Preispolitik betrieben wird, damit die Menschen in den nächsten Monaten und Jahren die Erzeugung bekommen, die von 1945 ab für nichts gearbeitet haben und so gut wie nichts von den Erträgnissen ihrer Arbeit hatten ...

Unter Bewirtschaftung verstehen wir eine planmäßige Hinlenkung der allernotwendigsten Dinge an die Stellen und zu den Menschen, die sie am dringendsten brauchen, also eine Lenkung der vorhandenen Konsumartikel ...

Meine Partei ist durchaus mit dem Standpunkt einverstanden, daß jener (d. h. der freie) Preis bezahlt werden sollte, wenn man eine gesunde Wirtschaft hat, nicht aber in einer Wirtschaft, wo der Mangel so unerschöpflich ist ... Was sich hier anbahnt, ist schon einmal sehr klar und zutreffend gekennzeichnet worden als das ‚Stahlbad der freien Preise', durch das die deutschen Unternehmer das deutsche Volk hindurchtreiben wollen ...

Das alles hat keinen Sinn – Es wird zu einer Katastrophe führen, ‚Preispolitik' zu machen, ohne sich ein einziges Mal zu überlegen, wie die Entwicklung der Preise, die nach oben gehen, verlaufen soll. Das geht nicht! Was Sie bisher gesehen haben, führt dahin ..., daß eine Morgenthau-Politik von deutschen Unternehmern betrieben wird, die verheerender wirken wird als das, was Morgenthau einstmals beabsichtigte ...

Jeder von uns wünscht, daß dieses Zwangsbewirtschaftungssystem wegfällt. Aber man kann damit nicht die These aufstellen, daß damit die Zwangsbewirtschaftung endlich zu Ende sei ... Wir stehen nach wie vor auf dem Standpunkt, daß die Wirtschaft nur in Gang gesetzt werden könnte durch eine systematische Planung und durch eine ebenso systematische Lenkung aller notwendigen Bedarfsgüter in Deutschland."

Soweit der Sprecher der Opposition!

Damit verdeutlichte Kreyßig das, was in der ersten Diskussion mit mir, in der 14. Vollversammlung des Wirtschaftsrates am 21. und 22. April 1948 von seiten der Opposition vorgebracht worden war. In dieser Sitzung hatte ich in Vorankündigung der Währungsreform festgestellt (Seite 441 des amtl. Protokolls):

„Bei all diesen Betrachtungen gehe ich selbstverständlich von einer Konzeption aus, die sich nicht allein mit einer quantitativen Verbesserung des Mißverhältnisses zwischen Warenangebot und kaufkräftiger Nachfrage begnügt, sondern das Übel an der Wurzel packt. Jede Regelung, die uns aus fortbestehender, wenn auch schwächerer Diskrepanz dennoch dazu zwingen würde, die bisherige Form der Bewirtschaftung einschließlich des Preisstopps als das auch künftige Wirtschaftssystem beizubehalten, jede Regelung, die dem Spuk der preisgestoppten Inflation nicht ein jähes Ende setzt, sondern aufs neue den Prozeß der Bildung überschüssiger Kaufkraft anstieße, würde entweder noch weitere Währungsaktionen notwendig machen, oder wäre sogar das Unheil zu verewigen geeignet ...

Mit der entschiedenen Ablehnung dieses Wirtschaftsprinzips predige ich durchaus nicht die Rückkehr zu den liberalistischen Wirtschaftsformen historischer Prägung und einem verantwortungslosen Freibeutertum einer vergangenen Zeit ...

Daß das heutige System ... entweder in freiere marktwirtschaftliche Formen oder zum absoluten Totalitarismus übergeleitet werden muß, wird jedermann anerkennen, der sich des Zwangscharakters unserer wirtschaftlichen Lage aus dem währungspolitischen Chaos heraus bewußt ist ..."

Völlig verschiedene Auffassungen

Der Sprecher der SPD, Dr. Kreyßig, stellte klar, daß er grundsätzlich anderer Auffassung sei. Es ist aber ein Gebot der Gerechtigkeit, daran zu erinnern, daß auch manch einer, der nicht auf seiten der SPD stand, ähnlich dachte – gewiß nicht verwunderlich angesichts einer industriellen Produktion von 50% von 1936 bei um Millionen gestiegener Bevölkerungszahl. Dr. Kreyßig (Seite 446):

„... Es ist eine, ich möchte sagen Unwahrheit, und ich glaube auch unhaltbare Situation, wenn man erkannt hat oder erkennen muß, daß ohne planmäßiges Eingreifen und eine wirklich gut durchdachte Planung Deutschland, was für Hilfe immer es bekommen mag, wirtschaftlich nicht in Ordnung gebracht, nicht wieder auf die Füße gestellt werden kann, daß man dann vielleicht irgendeines Scheines halber oder weil gewisse Tendenzen da sind, die so gerne das Vergangene auslöschen möchten und morgen mit dem freien Unternehmertum wieder beginnen wollen, aus Konzession an diese Vorstellung diejenigen Probleme verwischt, die ganz im Gegenteil klarzustellen notwendig sind ..."

SPD-Abgeordneter Schoettle, heute Vorsitzender des Haushaltsausschusses des Bundestages, sekundierte Kreyßig (Seite 452):

„Ich glaube, wenn wir nicht dazu kommen, den Gedanken einer ökonomischen Sanierung in Deutschland mit dem Gedanken einer gelenkten Umorganisation zu verbinden, einer Verlagerung bestimmter industrieller Sektoren, bestimmter Energien unserer Volkswirtschaft auf andere, unter den neuen historischen Bedingungen wichtige Gebiete, wenn wir das nicht durch politische Entscheidungen und daraus sich ergebende Lenkungsmaßnahmen herbeiführen, dann werden wir es überhaupt nicht schaffen, denn aus freier Initiative wird das ganz bestimmt nicht entstehen ...

Wir wollen die Freiheit der Wirtschaft in einem anderen Sinne, als Sie sie vielleicht wollen. Wir haben nämlich erfahren, daß die sogenannte freie Wirtschaft nur für einige Leute Freiheit bedeutet und für andere genau das Gegenteil ..."

Nun zurück zu der denkwürdigen 18. Vollversammlung des Wirtschaftsrates wenige Stunden vor der Währungsreform. Meine Ansicht gegenüber dem Pessimismus Kreyßigs (Seite 623):

„Ich glaube, es besteht völlige Übereinstimmung darüber, daß aus dem System der staatlichen Zwangs- und Befehlswirtschaft als Folge einer chaotischen, verbrecherischen Finanz-, Wirtschafts- und Währungspolitik die Folgerungen gezogen werden müssen, daß der Zusammenbruch dieser Art von Ordnung und Scheinordnung – in Wirklichkeit einer Unordnung – den Zusammenbruch nicht nur dieses Systems, sondern den Zusammenbruch der Idee aller staatlichen Bewirtschaftungsformen mit sich gebracht hat ...

In allen Kreisen unseres Volkes besteht nur eine einzige Sehnsucht: aus dieser Zwangsjacke befreit zu werden ... Es kann also ... der Weg nur dahin gehen, wieder zu freieren marktwirtschaftlichen Formen zurückzufinden, den Zwang, der das einzelne Individuum, den Verbraucher vom Konsumenten bis zum Produzenten hin täglich gepeinigt hat, wieder aufzulösen ..."

In Anbetracht der vielen Forderungen nach staatlicher Einflußnahme auf die Preisbildung hielt ich es hier im Wirtschaftsrat für angebracht, noch vor der Währungsreform meine grundlegende Überzeugung unmißverständlich auszusprechen, daß Bewirtschaftung und Unfreiheit in der Preisbildung nicht voneinander zu trennen sind. Wer das eine fordert, muß sich darüber im klaren sein, daß er auch das andere in Kauf zu nehmen hat (Seite 623):

„... Täuschen wir uns auch nicht, und das ganze deutsche Volk weiß es nur allzu gut, daß auf der einen Seite die Bewirtschaftung und auf der anderen Seite der Preisstopp und die Festpreisbindung die äußeren Zeichen der Mißwirtschaft waren, unter der das Volk durch fünfzehn Jahre geseufzt hat. Wenn wir nicht entschlossen sind ..., an diesen klassischen Symptomen unserer Mißwirtschaft den Hebel anzusetzen ..., dann wird niemand im Volk daran glauben, daß diese Währungsreform wirklich zu unserer ... Gesundung führen wird ...

Es ist unmöglich, die Wirtschaft von zwei Seiten her lenken zu wollen. Man kann nicht auf der einen Seite von der Behörde her nach irgendwelchen Schlüsseln ... den Warenstrom lenken und auf der anderen Seite durch die natürliche Nachfrage, wie sie von jedem einzelnen Staatsbürger in freier Entscheidung auf Grund freier Konsumwahl getätigt wird, eine andere Verteilung vornehmen ... Aber ich lehne das Prinzip der Planung und Lenkung dort radikal ab, wo es den einzelnen Staatsbürger von früh bis abends als Konsumenten oder Produzenten quälen soll ..."

Der Sprung ins kalte Wasser

Gegenüber diesen Ansichten entgegnet Dr. Kreyßig (Seite 638):

„Die These, die inzwischen aufgestellt worden ist, der Sprung ins kalte Wasser, ist genau das, was ich kennzeichnen und worauf ich aufmerksam machen wollte, indem ich sagte, daß es für die Unternehmer das ‚Stahlbad der freien Preise' sei! Es ist meinem Gefühl nach ein überaus fragwürdiger Schritt, einen todkranken Mann ins kalte Wasser zu schmeißen, und die deutsche Wirtschaft ist ein todkranker Mann seit drei Jahren. Den wirklichen Umfang der Krankheit und das Restchen von Pulsschlag, das diese kranke Wirtschaft noch hat, werden wir am Tage der Währungsreform sehr deutlich feststellen können . . .

Ich erkläre, daß meine Fraktion hier nicht mitgeht . . .

Mit dem bißchen Lohnerhöhung, das sich die Arbeiterschaft nach der Währungsreform erkämpfen wird, wird sich jeder einzelne beispielsweise auf ein Paar Strümpfe oder ein Hemd beschränken müssen . . ."

Wurde dieser Pessimismus, der nur „ein bißchen Lohnerhöhung" erwartete, durch die Praxis bestätigt? Das Statistische Bundesamt teilt mit: Bruttostundenverdienste männlicher Industriearbeiter:

1948 = 1,12 DM	1956 = 2,13 DM
1950 = 1,38 DM	1958 = 2,51 DM
1952 = 1,71 DM	1960 = 2,89 DM
1954 = 1,84 DM	1962 = 3,53 DM

Quelle: Statistisches Bundesamt

Die SPD beeilte sich, den Stab bereits über den Ansätzen der sozialen Marktwirtschaft zu brechen – vielleicht ahnend, daß man ihr in absehbarer Zeit diese heftige Kritik nicht mehr abnehmen würde. Knapp drei Wochen nach dem Tage der Währungsreform erklärte der Sprecher der SPD, Dr. Seuffert – heute, wie in der ersten Legislaturperiode SPD-Bundestagsabgeordneter und Spezialist für finanzpolitische Fragen –, in der 19. Vollversammlung des Wirtschaftsrates am 8. und 9. Juli 1948 (Seite 700):

„Herr Dr. Pünder hat uns vorgetragen, daß die Leute mit einer Art von neuer Gläubigkeit, mit einem Gefühl innerer Erlösung vor diesen Schaufenstern stehen. Ich glaube, die wirklichen Gefühle sind anders. Das, was hier vorgegangen ist, hat Ärgernis erregt, hat in wenigen Tagen eine Vertiefung der sozialen Spannungen fertiggebracht, die eine Gefahr bedeutet und eine Warnung, auf diesem Weg fortzufahren.

Wie liegen denn die Dinge? . . .

Es mag richtig sein, daß dieser und jener, auch der kleine Mann, eine Freude gehabt hat, sich dieses oder jenes wieder einmal kaufen zu können, aber eine Besserung der Versorgungslage ist damit nicht eingetreten ..."

Angesichts der wirtschaftlichen Entwicklung in jenen ersten Wochen und Monaten nach der Währungsreform verstrickt sich die SPD, die offensichtlich den Absprung von ihrer grundsätzlich oppositionellen Haltung nicht vollziehen konnte, in immer größere Widersprüche. In der 20. Vollversammlung des Wirtschaftsrates vom 17. bis 20. August 1948 stellt der Rechtspolitiker der Sozialdemokraten, Dr. Arndt, fest (Seite 785):

„Wenn wir bei der geschichtlichen Wahrheit bleiben wollen, so dürfen wir doch ein Ereignis nicht vergessen, das nicht Herr Professor Erhard gemacht hat und das wir alle nicht gemacht haben, weil wir es nicht machen konnten, nämlich die Währungsreform, und wenn Besserungen eingetreten sind, so sind sie durch die Währungsreform eingetreten ..."

Dr. Arndt vergißt, daß sein Kollege Dr. Kreyßig noch – wie eben zitiert – am 17. und 18. Juni 1948 ausgerufen hatte: „Wir werden sehen, daß die Währungsreform keine Wunder vollbringt, wir werden mit der Währungsreform auch keine ‚Wunder' bekommen für das normale Anlaufen von Wirtschaft und Produktion. Die neue Währung ändert nichts an der wirklichen Produktionsbasis in Deutschland."

Die SPD läßt keinen Zweifel daran, daß sie den Initiator der sozialen Marktwirtschaft stürzen will. Sie spürt wohl immer mehr, wie sehr die Konsequenzen dieser Wirtschaftspolitik sich auch auf ihre eigene Partei auswirken werden. In dieser 20. Vollversammlung stellt sie den Antrag, den Direktor der Verwaltung für Wirtschaft abzuberufen. Dieser Antrag wird nach leidenschaftlicher Diskussion mit 47 zu 35 Stimmen abgelehnt. Hier ist es der SPD-Abgeordnete Schoettle, der die lange, heftige Anklagerede hält (Seite 786):

„... Es ist bekannt, daß wir zu Herrn Professor Erhard und seiner Wirtschaftspolitik von Anfang an kein Vertrauen gehabt haben ...

Wir haben mit aller Schärfe vor dem Tempo gewarnt, das der Herr Direktor der VfW mit der Aufhebung der Bewirtschaftungsvorschriften und der Preisbindung offenbar einzuschlagen beabsichtigte ...

Wir haben erklärt, daß wir gegen die Zwangswirtschaft seien, wie wir sie vom Nationalsozialismus geerbt haben, daß aber der Mangel auf Jahre hinaus auf vielen Gebieten unserer Wirtschaft eine ständige Erscheinung sein würde und daß eine Beschränkung der Freiheit im Interesse der gerechten Versorgung der breiten Massen unserer arbeitenden Bevölkerung, im Interesse des sozialen Friedens auf geraume Zeit notwendig sei. Zu dieser Beschränkung der Freiheit ... bekennen wir uns ohne Scham ..."

War diese Voraussage, der Mangel werde auf Jahre hinaus eine ständige Erscheinung sein, berechtigt? Aus der Fülle des statistischen Materials seien einige wenige Angaben herausgegriffen:

	1950	1952	1954	1956	1958	1960	1962
			Erzeugung				
Lederschuhe (Mill. Paar)	50,7	58,2	64,7	78,1	84,8	97,7	103,2
Damenstrümpfe (Mill. Paar)	23	64	99	152	177	293	428
Personenkraftwagen (1000 Stück)	216	301	518	848	1181	1674	1945
Fernsehempfangsgeräte (Mill. Stück)	–	–	0,13	0,53	1,49	2,16	1,69
			Verbrauch				
Bier[1] (Liter)	37,27	65,36	73,90	89,83	107,14	119,91	136,07
Kaffee[2] (kg)	0,60	0,89	1,59	2,01	2,32	2,87	3,26
Zigaretten[1] (Stück)	476	784	974	1221	1427	1619	1858

[1] je Vollperson
[2] je Einwohner

Quelle: Statistisches Bundesamt

Der Sprecher der SPD-Fraktion Schoettle fährt fort:

„Sie weisen einem großen Teil unserer Bevölkerung eine Rolle zu, die weit, weit unterhalb des tragbaren Existenzminimums liegt, und Sie wissen auch, daß das so ist. Wir haben gewarnt vor dem Sprung ins kalte Wasser ...

Daß Sie an Ihre Wirtschaftstheorien solange glauben, bis Sie durch die Realität ad absurdum geführt werden, davon bin ich vollkommen überzeugt ...

In Deutschland werden Millionen von Menschen auf Jahre hinaus gar nicht in der Lage sein, in irgendeinen Wettlauf einzutreten, wenn nach dem Rezept des Herrn Professor Dr. Erhard das Geld der wahre Bezugschein ist ..."

Diese bemerkenswerte Feststellung von Schoettle zwingt zu dem einzig logischen Schluß, daß die SPD dem Verbraucher einen anderen *Bezugschein* als das Geld in die Hand geben wollte, welcher dann über die Kaufkraft des Geldes hinweg die letzte Berechtigung zu einem gewünschten Kauf geben sollte. Hier zeigt sich, wie die SPD spürte, daß die von ihr immer wieder ausgesprochene Absage an die freie Preisbildung ein Bezugscheinsystem auslösen würde. Schoettle in der gleichen Rede:

„Sie versuchen, in Deutschland eine Politik zu machen, die in Wirklichkeit nichts anderes ist ... als die materielle und psychologische Vorbereitung von breiten Schichten unseres Volkes für die Infiltration aus dem Osten. Das ist das praktische Resultat Ihrer Politik, daß Sie die Menschen zur Verzweiflung treiben durch das, was Sie Freiheit nennen ..."

Dem Kommunismus in die Arme?

Wie war es in Wirklichkeit mit dieser „Verzweiflung", die die Menschen dem Kommunismus in die Arme treiben sollte? Die Kommunistische Partei erhielt bei der Wahl zum ersten deutschen Bundestag am 14. August 1949 mit 1,362 Millionen 5,7% aller Stimmen, bei der folgenden Bundestagswahl am 6. September 1953 nur noch 2,2% oder 607860 Stimmen. Angesichts dieser Behauptung erschien es angebracht, mein Bekenntnis zur Marktwirtschaft zu wiederholen (Seite 797):

„Ich stelle mir vor, was passiert wäre, wenn wir nicht diesen Weg gegangen wären, sondern vorsichtiger laboriert hätten, d.h. mit halben Bezugscheinen und halber Preisbildung in die Währungsreform hineingeschlittert wären. Welche Behörde wäre dann in der Lage gewesen, ohne Kenntnis des Marktes Bezugscheine oder Bezugsrecht auch nur genereller Art auszugeben? . . .

Es ist hier so gesagt worden, als ob man beide Dinge (Bewirtschaftung und Preisbildung) trennen könnte, als ob man daran denken könnte, das eine zu tun und das andere zu lassen. Auch das erweist sich bei näherer Betrachtung als eine völlige Illusion. Bewirtschaftung und Preispolitik gehören zusammen wie die siamesischen Zwillinge, aber wie diese sind sie eben auch nur zusammen eine Mißgeburt und nicht mehr."

Auf der 22. Vollversammlung des Wirtschaftsrates vom 27. September bis 1. Oktober 1948 stellt der Agrarexperte der SPD Herbert Kriedemann noch einmal die Gretchen-Frage:

„Hat sich denn eigentlich etwas Entscheidendes gebessert? . . ."

Er erklärt (Seite 990):

„Professor Erhard hat heute wieder einmal seine Theorie vorgetragen ohne Rücksicht auf die Tatsache, daß die Widersprüche immer größer werden, je länger diese Theorie angewandt wird. Wir sind hier erst am Anfange der langen Reihe von Preiserhöhungen . . ."

Wurde diese Voraussage durch die folgende Preisentwicklung bestätigt? Der Preisindex der Lebenshaltung (1938 = 100) entwickelte sich wie folgt:

September	1948 = 159
Dezember	1948 = 168
März	1949 = 167
Juni	1949 = 159
September	1949 = 155

Der gleichen Sitzung des Wirtschaftsrates kommt noch in anderer Hinsicht historische Bedeutung zu: Hier wird der Lohnstopp aufgehoben, jenes typische Kind der Kriegs- und Zwangswirtschaft. Die Verabschiedung dieses in seinen Auswirkungen hochbedeutsamen Gesetzes beansprucht nur wenige Minuten. Dr. Hans Wellhausen, damals eines der führenden Mitglieder der FDP, machte darauf aufmerksam, (Seite 976)

„daß es unbedingt notwendig ist, zu der Aufhebung des Preis- und Bewirtschaftungsstopps nunmehr auch eine Aufhebung des Lohnstopps hinzutreten zu lassen."

In der 24. Vollversammlung des Wirtschaftsrates am 9. und 10. November 1948 wiederholte Kriedemann (Seite 1110):

„Das, was man hier die freie Wirtschaft nennt, ist nichts anderes als das Resultat der Überlegung: Wie können wir diese feine Art des Geschäftes, daß sich die Starken auf Kosten der Schwachen mit dem nötigen Polster versehen, auch nach der Währungsreform fortsetzen . . .?

Unsere Forderung ist die Kontrolle der Verwendung jener Rohstoffe, die zur Herstellung der lebensnotwendigen Güter gebraucht werden. Ebenso wichtig wie die Kontrolle der Rohstoffe ist auch die Kontrolle ihrer richtigen Verwendung . . .

Mit allem Nachdruck jedenfalls erheben wir unsere Forderung nach Einrichtung einer unabhängigen Preiskontrolle."

Angesichts der nicht zu leugnenden Preiserhöhungen in der zweiten Jahreshälfte 1948 haben mich kaum viele um mein Amt und meinen Auftrag beneidet. Meine Gegenfrage (Seite 1115):

„Wenn wir in dieser Situation nicht sofort wieder das Phänomen der überschüssigen Kaufkraft schaffen wollten, dann mußten wir den Preisausgleich herbeiführen. Wir mußten auf neuer Grundlage wieder zu einem wirtschaftlichen Gleichgewicht kommen. Von dieser Tatsache ist nichts wegzudiskutieren. Wollen Sie mir vielleicht sagen, wie die Behörde hätte in der Lage sein sollen, einen Teil der Kaufkraft freizugeben, den anderen zu binden und für welche Güter sie hätte Bezugsrechte schaffen sollen?"

Der sinnlose Generalstreik

Diese Sitzung fand unmittelbar vor dem angekündigten *Generalstreik* statt, mit welchem zum ersten und bis heute zum letzten Male in der deutschen Geschichte der Versuch gemacht wurde, die soziale Marktwirtschaft durch einen Streik „wegzufegen“. Meine Ansicht zu diesem Vorhaben (Seite 1119):

„Ich bin der Meinung, daß dieser Streik tatsächlich keine Berechtigung hat, denn wenn er etwa dahin wirken und dahin zielen soll . . ., mich im besonderen darauf aufmerksam zu machen, daß die Dinge noch nicht in Ordnung sind, daß noch viel zu tun übrigbleibt und daß uns allen hier noch eine soziale Verpflichtung auferlegt ist, ein günstiges Verhältnis zwischen Löhnen und Preisen herzustellen, dann kann ich Ihnen wirklich sagen, daß dieser Streik so überflüssig ist wie ein Kropf. Denn das weiß ich auch, daß wir das tun müssen . . . Davon können Sie überzeugt sein . . . Wollen wir wirklich nicht so viel ruhige Besinnung üben, daß wir den Dingen Raum gönnen . . .“

In der 27. Vollversammlung am 2. und 3. Dezember 1948 bezeichnete der Wirtschaftspolitiker der SPD, Dr. Kreyßig, die von mir verfolgte Politik als *katastrophal* (Seite 1205):

„Wenn es eine Politik gegeben hat, die nach der Währungsreform soziale Ungerechtigkeiten in ungeheuerlichem Maße herbeigeführt hat, dann war es die Politik, die auf Grund der Leitsätze-Politik gemacht worden ist . . .

Das Leitsätze-Gesetz (welches mir die Möglichkeit gab, Preis- und Bewirtschaftungsvorschriften aufzuheben) war das katastrophalste Gesetz, das die Rechte dieses Hauses durchgebracht hat und die Wirtschaftspolitik, die sich daraus entwickelt hat, war gleichermaßen katastrophal.“

Der Kampf ging in den folgenden Wochen weiter. Die Opposition verbiß sich jetzt in die Forderung nach einem unabhängigen Preisamt, welches mir die Preispolitik aus den Händen winden sollte. Auf diese Forderung entgegnete ich in der 28. Vollversammlung (Seite 1263):

„. . . Wenn der Antrag auf Errichtung einer selbständigen Preisbehörde irgendeinen Sinn haben soll, dann doch nur den, daß ein selbständiges Preisamt eher und besser in der Lage wäre, die ökonomischen Spannungen zu beseitigen, unter denen wir leiden. Ich habe schon oft an dieser Stelle darauf hingewiesen, daß es völlig abwegig ist, viele der preispolitischen Erscheinungen als Folgen der Wirtschaftspolitik zu bezeichnen. Inzwischen ist es klargeworden, daß diese Preisangleichung und die Auffindung eines neuen Preisstandards vielmehr eine unabdingbare Folge der Währungsreform waren.

Es handelte sich lediglich darum, das Preisniveau an das durch die Währungsreform veränderte Geldvolumen und damit zugleich an den internationalen Preisstandard anzugleichen ...

Entweder würde diese selbständige Preisbehörde genau die gleiche Preispolitik verfolgen ... oder aber es könnte, wenn sie eine andere Politik verfolgte, nur eine Politik nach rückwärts sein, die in der Folge dazu führen würde, die Waren wieder vom Markte verschwinden zu lassen und alle Zustände der preisgestoppten Inflation hervorzurufen ..."

Mit der Währungsreform war von der Wirtschaft der Schleier weggezogen, der jede echte Kalkulation unmöglich gemacht hatte, hinter dem sich aber auch eine Pseudobeschäftigung verbarg. Es wurde von mir bereits vor der Währungsreform darauf hingewiesen, daß ein Umschichtungsprozeß, der zunächst mit höherer Arbeitslosigkeit verbunden wäre, notwendigerweise in Kauf genommen werden müsse. Das *Steigen der Arbeitslosigkeit* bereitete allenthalben große Sorgen. Hier hieß es, gute Nerven zu bewahren. In der 37. Vollversammlung des Wirtschaftsrates vom 23. bis 25. Mai 1949 erklärte ich (Seite 1663):

„... Wir müssen alles tun, um dieses ernste soziale Problem zu lösen. Aber vergessen Sie das eine nicht, was ich schon sagte: Wir müssen eine Kreditpolitik der mittleren Linie verfolgen. Wir dürfen nicht den Druck von der Wirtschaft nehmen, damit wir die inneren Strukturfehler der deutschen Wirtschaft überwinden, die sich in den fünfzehn Jahren gezeigt haben. Wir dürfen nicht darauf verzichten, die Wirtschaft zu höchster Rationalität, zur Ausmerzung alles dessen zu zwingen, was keine echte soziale und volkswirtschaftliche Funktion erfüllt.

Die Preissenkungen, die wir seit Januar erreicht haben, bedeuten indirekt eine Verbesserung der sozialen Lage, eine Erhöhung der Realkaufkraft. Darauf ist auch diese Kreditpolitik vorzüglich zurückzuführen. Wenn wir hier das Steuer energisch

„Schick ihn fort, er ist immer so häßlich zu uns“

(Entnommen mit freundlicher Genehmigung des „Hamburger Abendblattes“. Zeichnung: Beuthin)

herumreißen, wenn wir hier gleich großzügige Lockerungen verfügen würden, dann wäre zu befürchten, daß dieser sozial gesunde Prozeß eher zum Abstoppen kommt, als es nach Lage der sozialen Bedingungen in unsrem Volke unter allen Umständen nötig erscheint . . .“

Die SPD nahm diese unbestreitbare schwierige Situation wieder zum Anlaß, um „die latente Krise der Marktwirtschaft“ zu proklamieren (Seite 1750):

„. . . In der Verwaltung für Wirtschaft ist noch immer nicht die Erkenntnis durchgedrungen, daß der Ablauf der Wirtschaft seit der Währungsreform sich keineswegs weiter so vollzieht, wie es uns in optimistischer Weise verkündet worden war. Wir befinden uns in gewissem Grade im Zustand einer mehr oder minder latenten Krise, aus der ein Ausweg zunächst nicht erkennbar ist . . .“

Demgegenüber meine Ansicht (Seite 1753):

„Ich glaube, wir müssen beweglich operieren. Das letzte Dreivierteljahr hat uns gezeigt, wie problematisch diese Planwirtschaft überhaupt ist. Man kann mit Zahlen alles beweisen, bloß werden die Zahlen von der lebendigen Wirklichkeit weggespült.

Das gilt für alle Programme, z. B. auch für diejenigen, die ersonnen werden müssen, um der Gefahr einer weiteren Ausdehnung der Arbeitslosigkeit zu begegnen, ja für die Investitionsplanung, die wir durchgeführt haben, und die Anstrengungen, die wir machen, um die Kapitaldecke, den Kapitalfonds dafür sicherzustellen ...

Ich lehne persönlich jeden derartigen Zwang zu einer Kapitalbildung auf das entschiedenste ab. Es wird alles darauf ankommen, Kapital auf organische Weise zu bilden. Ich bin überzeugt – ob man das glauben wird oder nicht, und man hat mir in diesem Hause schon vieles nicht geglaubt –, daß wir die derzeitige Stagnation mit marktwirtschaftlichen Mitteln überwinden können, während uns die Verkrampfung der Planwirtschaft ganz sicher tiefer in die Verstrickung hineinführen würde ..."

Stand hinter dieser Behauptung ein leichtfertiger Optimismus oder sprach aus ihm ein *Realismus*, der durch die Entwicklung bestätigt wurde? Wählen wir einige der wirtschaftlich wichtigsten Daten der nächsten zwei Jahre:

	30. 6. 49	31. 12. 49	30. 6. 50	31. 12. 50	30. 6. 51
Beschäftigte (Mill.)	13,49	13,56	13,85	14,16	14,72
Arbeitslose (Mill.)	1,283	1,559	1,538	1,690	1,326
Index der gesamten Industrieproduktion (1936 = 100)	87,4	96,0	107,6	126,3	130,9

Arbeitslosigkeit macht Sorgen

Beunruhigt durch die Arbeitslosenziffer von über 1½ Millionen am Jahresende 1949, aber auch unter Außerachtlassung des Anstiegs der Beschäftigtenzahl und der nahezu rasanten Steigerung der industriellen Produktion, wiederholte die SPD am 9. Februar 1950, nunmehr in der 36. Plenarsitzung des *Bundestages* ihren Angriff auf die Marktwirtschaft. Hier war es der inzwischen verstorbene

Wirtschaftsminister von Nordrhein-Westfalen, Dr. Nölting, der im Namen der Opposition erklärte (Seite 1141):

„... Ich möchte, meine Damen und Herren, daß wir alle uns einmal einen kurzen Augenblick vergegenwärtigen, welches Ausmaß von Elend, Verzweiflung und Ausweglosigkeit diese Zahlen (der Arbeitslosigkeit) umschließen. Jedenfalls war seit dem Kriege die Lage auf dem Arbeitsmarkt noch niemals so alarmierend wie in der gegenwärtigen Zeit, und alle Erfolge der Wirtschaftspolitik, die schmalen Erfolge, die bisher erzielt werden konnten, erscheinen gefährdet, sofern es nicht gelingt, diese bedrohliche Entwicklung, die unser Fundament zu unterspülen beginnt, abzubremsen ... (Seite 1142).

Dabei ist der Index der arbeitstäglichen Produktion, 1936 = 100 gesetzt, von 98 im November auf 95 im Dezember zurückgeglitten. Die Januarzahl ist mir noch unbekannt. Jedenfalls sind wir von einer Normalisierung der wirtschaftlichen Verhältnisse noch weit entfernt. Die westdeutsche Wirtschaft droht, sich auf einen Stand von zirka 90 bis 95 der Leistung des Jahres 1936 einzuspielen, wobei wir aber nicht vergessen dürfen, daß sich die Bevölkerung derweil um 20 Prozent vermehrt hat. Sollten sich aber die finanz- und güterwirtschaftlichen Kreisläufe auf diesem Niveau zu schließen beginnen, dann müßten Millionen von Arbeitskräften außerhalb jeder Beschäftigungsmöglichkeit bleiben."

Gewiß, Minister Nölting hatte scheinbar recht – aber nur in einer sehr kurzfristigen, saisonbedingten Entwicklung: Der Index der industriellen Produktion war von 102,2 im November 1949 auf 90,9 im Januar 1950 abgefallen, er schnellte aber bis zum November 1950 – also in Jahresfrist – auf 133,3 herauf, um dann noch im Laufe des Jahres 1951 den Stand von 147,8 (im November) zu erreichen. Nölting fährt fort:

„Ich weiß nicht, ob der Herr Wirtschaftsminister sich heute noch zu seiner Theorie der ‚Selbstreinigung der Wirtschaft' bekennt. Ich habe damals schon von einem Auszehrungsprozeß der Wirtschaft gesprochen. Denn selbst der sonst einen unverwüstlichen Optimismus ausstrahlende Herr Professor Erhard scheint inzwischen doch ein etwas kleinlauter Herkules geworden zu sein ... (Seite 1144).

Ein Wirtschaftssystem mit steigender Arbeitslosigkeit ohne Chance ihrer Bewältigung hat den eindeutigen Gegenbeweis gegen sich selbst geliefert. Dem Haus der deutschen Wirtschaft droht soziale Einsturzgefahr, falls man die Dinge ideen- und tatenlos weitertreiben läßt.

Die soziale Krise droht sich unheilvoll zu verschärfen. Das Problem der Not und Verarmung ist mit den Prinzipien des Laisser-faire nun einmal nicht zu lösen . . .

Uns Sozialdemokraten ist jedoch die Entwicklung der Beschäftigten- und der Arbeitslosenziffern das entscheidende Konjunkturbarometer . . ."

Dr. Nölting proklamierte hier, den Sozialdemokraten sei die Entwicklung der Beschäftigten- und Arbeitslosenziffern das *entscheidende Konjunkturbarometer*. Es drängt sich die Frage auf, ob dieser Satz für die SPD auch heute noch gilt, wo er geeignet ist, die beste Bestätigung der Richtigkeit der Marktwirtschaft zu liefern. Was sagt die Statistik?

	1949	*1956*	*1962*
Beschäftigte (Mill.)	13,543	19,399	21,097
Arbeitslose (1000)	1 230	476	142

Quelle: Bundesanstalt für Arbeitsvermittlung und Arbeitslosenversicherung

Vom Pfad der Tugend abweichen?

In Anbetracht der damals herrschenden Arbeitslosigkeit fordert Nölting (Seite 1147):

„Man sollte umschalten von der bisherigen antiinflationistischen Währungsverteidigungspolitik auf eine antideflatorische Konjunkturpolitik, damit wir aus der selbstmörderischen Elendsspirale herauskommen: Arbeitslosigkeit, weiterer Kaufkraftschwund, verstärkte Absatzstockung, erhöhte Arbeitslosenzahlen . . . Es muß gehandelt werden, selbst wenn gewisse wirtschaftliche Gefahrenmomente vorliegen sollten . . ."

Hier war ein Rat erteilt, zu dem ich nicht schweigen konnte (Seite 1154):

„Deflationskrise ist ein Zustand, der sich dadurch auszeichnet, daß es in der Wirtschaft an Investitionsbereitschaft, an Investitionslust fehlt, ein Zustand, der zu einer fortdauernden Geldstillegung und Desinvestierung führt. Ich stelle fest: Gerade das Gegenteil ist das Kennzeichen unserer heutigen Wirtschaft. Es besteht ein ausgesprochener Hunger nach Investitionskapital ... (Seite 1213).

Sie können sagen, was Sie wollen: In dem Augenblick, da Sie währungspolitisch sündigen, da Sie die Milliarden schaffen wollten, um von heute auf morgen das Ziel der Vollbeschäftigung zu erreichen, können Sie das nur dann tun, wenn Sie entweder Preissteigerungen zulassen, oder – nachdem diese natürlich nach Ihrem Dogma nicht eintreten dürfen – wenn Sie wieder die ganzen behördlichen Institutionen errichten, die solche Preissteigerungen künstlich verhindern sollen und die uns dann wieder in die Formen der Zwangswirtschaft zurückführen, die wir glücklich überwunden haben ...“

Der bayerische DGB-Vorsitzende und SPD-Abgeordnete Wönner warnt in gleicher Sitzung den Bundeswirtschaftsminister (Seite 1175):

„... Sie haben auch heute wiederholt darauf hingewiesen, es sei ein Ausdruck des Vertrauens des deutschen Volkes in die geübte Wirtschaftspolitik, daß das Wahlergebnis vom 14. August 1949 so ausgefallen sei, wie es ausgefallen ist. Ich möchte Ihnen nur sagen: Sie sollten sich davor hüten, einem psychologischen Trugschluß zum Opfer zu fallen. Der Eindruck am 14. August war nämlich auf den absoluten Nullpunkt abgestellt, von dem aus die wirtschaftliche Situation in Deutschland besser geworden ist ... Glauben Sie doch bitte ja nicht, daß die Menschen psychologisch bei diesem Nullpunkt vom Mai 1948 stehenbleiben ...“

Sicher sind die Menschen in der Beurteilung der Wirtschaftspolitik nicht bei der Blickrichtung auf dem Nullpunkt stehengeblieben. Es blieben aber auch nicht weitere Erfolge aus. Die CDU erhielt nicht zuletzt in Konsequenz der wirtschaftlichen und wirtschaftspolitischen Fortschritte am 6. September 1953 12,44 Millionen Stimmen gegenüber 7,36 Millionen am 14. August 1949! –

Am 15. Februar 1950 definiert der SPD-Abgeordnete Dr. Veit, Wirtschaftsminister von Baden-Württemberg, die Aufgabe der Wirtschaftspolitik (Seite 1246):

„Das Ziel muß ein Wirtschaftsapparat sein, der möglichst allen arbeitswilligen Menschen des Landes den Arbeitsplatz sichert, eine Produktion, mit der der inländische Bedarf, sei es direkt, sei es über den Weg des Außenhandels, gedeckt wird, und eine Leistungsfähigkeit, die es der deutschen Wirtschaft ermöglicht, qualitäts- und preismäßig den Wettbewerb mit den anderen Ländern auf dem Weltmarkt aufzunehmen . . .“

Minister Veit läßt keinen Zweifel daran, daß er die soziale Marktwirtschaft für ungeeignet hält, dieses Ziel zu erreichen (Seite 1250):

„Der hemmungslose Sprung in eine angeblich freie, in Wirklichkeit kartelldurchsetzte Wirtschaft hat somit nicht nur dazu geführt, daß die große Masse über einen Knappheitspreis ausgeplündert worden ist und damit eine sozial spannungsreiche Vermögensumschichtung erfolgte, sondern hat auch die zweite verhängnisvolle Wirkung ausgelöst, daß das knappe Kapital nicht an den dringlichen Bedarfsstellen eingesetzt werden konnte.

Der Wahrheitsgehalt der Firmierung ‚soziale Marktwirtschaft‘ wird bei dieser Betrachtungsweise eine weitere Schrumpfung erleiden. Die Situation ist sehr ernst, und niemand, nicht einmal der Unternehmer, der auf diese Weise seinen Status wieder in Ordnung bringen konnte, kann daran eine Freude haben . . .“

Die Erwiderung auf diese Angriffe trägt dem Bundeswirtschaftsminister einige harte und bemerkenswerte Zurufe auch des SPD-Parteivorsitzenden, Dr. Kurt Schumacher, ein (Seite 1257):

„. . . Wir wollen nicht Mittel zur Anwendung bringen, die, um es ganz deutlich zu sagen, wieder in die Zwangswirtschaft zurücktreiben (Lachen und Zurufe bei der SPD, Beifall bei den Regierungsparteien). Nicht darauf kommt es an, ob wir die liberale Wirtschaftspolitik als Selbstzweck fortsetzen können, sondern darauf, daß diese Politik einen Schutz bietet, nicht über die zusätzliche Kreditausschöpfung, über die Ausweitung einer nicht gedeckten Nachfrage, über die Wiedereinführung der Rationierung, über Zwangsmaßnahmen der Kaufkraftabschöpfung und Überdrehung der Steuerschraube, über die Vernichtung des Kapitalmarktes wieder in

Zustände zurückgeworfen zu werden, die die Erscheinungen, das Wesen und das System der Zwangswirtschaft ausmachen. (Zuruf von der SPD: Und die Arbeitslosen?)

Sie bringen nicht mehr Arbeitslose weg als wir auch, oder was Sie mehr wegbringen, das erkaufen Sie mit dem Zusammenbruch der deutschen Wirtschaft und der Gesellschaftsordnung (Beifall bei den Regierungsparteien, Lachen und Zurufe von der SPD).

Ihre Gegnerschaft gegen diese Wirtschaftspolitik hat nicht zuletzt ihren Grund auch darin, daß diese Wirtschaftspolitik das ganze Funktionärswesen in unserer Wirtschaft zerschlägt. (Lebhafter Beifall bei den Regierungsparteien – Abg. Schoettle: Das ist doch ein grober Unfug, was Sie jetzt wieder hier sagen! – Weitere Zurufe von der SPD. – Abg. Dr. Schumacher: Aber die Funktionäre sorgen für die Arbeitslosen und Sie nicht!) – So sehen Sie aus! (Lebhafter Beifall bei den Regierungsparteien.) Damit wird Ihnen Ihre Hausmacht in der Bürokratie zerschlagen. Und wenn Sie vorhin fragten, ob unsere Wirtschaftspolitik mit christlicher Auffassung zu vertreten ist (Abg. Dr. Schumacher: Was wissen Sie davon!), dann sage ich darauf: Christlich ist diejenige Wirtschaftspolitik, die den Menschen, jedem einzelnen Menschen hilft, – und diese Wirtschaftspolitik treiben wir! (Lebhafter Beifall bei den Regierungsparteien. – Zurufe links.) . . .“

Die SPD läßt nicht locker mit ihrer Forderung, durch eine Kreditausweitung die Arbeitslosigkeit zu überwinden, eine Kreditausweitung, die in jener Phase der Entwicklung hätte preistreibend wirken und damit die Stabilität der Währung gefährden müssen. Am 1. Juli 1950 erklärte der SPD-Abgeordnete Kurlbaum, bekannter Wirtschaftspolitiker seiner Partei, Jurist und Volkswirt und leitender Mitarbeiter bedeutender Wirtschaftsunternehmen (Seite 2376):

„. . . Eine zur Überwindung der Arbeitslosigkeit wirklich ausreichende Kreditausweitung ist nur dann durchführbar, wenn nicht alle Dämme eingerissen werden, die noch einer unerwünschten Preisentwicklung entgegenstehen . . .“

Am 28. Juli 1950 holt die SPD wieder zum Schlag aus, wobei der Antrag auf „Entfernung des Bundeswirtschaftsministers aus seinem Amt“ mit 142 Ja-, 187 Nein-Stimmen bei 28 Stimmenthaltungen, abgelehnt wird. Damals erklärte ich (Seite 3043):

„... Nein, meine Damen und Herren, Sie wollen einen Mann beseitigen, der Ihnen mit Erfolg Widerstand geleistet hat! (Lebhafter Beifall bei den Regierungsparteien. Abg. Dr. Schumacher: Wir haben Sie noch nie als einen Mann angesehen!) Meine Damen und Herren, ich komme zum Schluß und will zu Ihrem Antrag nur das eine sagen: Das könnte Ihnen so passen! (Lebhafter Beifall bei der CDU und bei der DP. – Erregte Zurufe von der SPD, große Unruhe links.)"

Patentrezepte helfen nicht

Mit der 102. Sitzung beginnen die großen, leidenschaftlichen Parlamentsdebatten um die Bewährung und noch mehr um die Bewahrung der Marktwirtschaft während der Korea-Krise und der damit verbundenen wirtschaftlichen Hausse – kritische Wochen, in denen auch mancher andere Abgeordnete des Bundestages daran zweifeln mochte, ob die Marktwirtschaft fortzusetzen möglich und richtig sei. In der 102. Sitzung, am 15. November 1950, fragt in Anbetracht der auftauchenden Schwierigkeiten im Grundstoffsektor einer der SPD-Sprecher (Seite 3733):

„... Damals wie heute ging es um die Kohlenversorgungslage. Heute nun fragen wir und mit uns Millionen deutscher Mitbürger die Bundesregierung und vor allem den Bundeswirtschaftsminister, ob sie aus diesem Zusammenbruch der Wirtschaftspolitik ... die notwendigen Folgerungen ziehen wollen, oder soll wieder einmal das ganze Volk ... die Last einer verfehlten Wirtschaftspolitik tragen ..."

In der Bundestagssitzung am 14. November 1950 versuche ich, bezüglich der Kohlenversorgung für eine nüchterne Betrachtung Verständnis zu finden (Seite 4038):

„... Es ist billig, nachträglich zu sagen, man habe schon im Frühjahr alle Entwicklungen voraussehen können. Das hat kein Land gekonnt. In der ganzen Welt sind Bewegungen eingetreten, wie wir sie in Deutschland zu verzeichnen haben, und ich kann Ihnen verraten, daß immer mehr europäische Länder an uns herantreten, um sich zu erkundigen, mit welchen Mitteln wir es bewerkstelligt haben, daß bei uns die Preise stabiler geblieben sind als im ganzen europäischen Ausland ..."

Gewiß, es war nicht zu leugnen: Die Kohlensituation war schwierig geworden. Der Bergbau gehörte aber auch zu den Bereichen, in denen die marktwirtschaftlichen Prinzipien am allerwenigsten zu praktizieren waren. War die unbestreitbar schwierige Lage, die der Opposition das Recht zur Kritik zu geben schien, aber wirklich so katastrophal? Die folgende Steinkohlen-Bilanz dieser Zeit (einschließlich Koks und Briketts) vermittelt einigen Aufschluß:

Kohlenbilanz in Mill. Tonnen

	Produktion	*Einfuhr*	*Ausfuhr*	*verfügbar*
1950	103,0	4,3	24,1	83,2
1951	109,9	9,8	23,6	96,2
1952	113,6	12,2	23,3	102,5

Quelle: Statistisches Bundesamt

Gegenüber den damals auftauchenden Patentrezepten war es nicht immer ganz leicht, die Ruhe zu bewahren. Hier sei an die 114. Bundestagssitzung am 25. Januar 1951 erinnert (Seite 4320):

„... Was nun die Frage betrifft, ... nämlich die Einsparungen bei der Beleuchtung dem Hausbrand zugute kommen zu lassen, so darf ich sagen: Wir schätzen die Kohlenersparnis durch Einschränkung der Beleuchtung auf ungefähr 8000 bis 10000 t. Wenn ich jedem Haushalt in Deutschland einen Zentner Kohle für den Hausbrand gebe, dann erfordert das eine Kohlenmenge von 700000 t. Ich bitte nun aber auch, aus dem Vergleich die Nutzanwendung zu ziehen!"

Auf dem Höhepunkt des Korea-Konflikts macht die SPD erneut den Versuch, die soziale Marktwirtschaft zu beseitigen. Die Parlamentsprotokolle dieser Monate sprechen eine beredte Sprache, ja, sie vermitteln noch heute einen Eindruck von der echten Leidenschaftlichkeit dieses Streites.

Dr. Nölting übernimmt es, in der 126. Sitzung am 14. März 1951 schärfste Angriffe zu formulieren (Seite 4806ff.):

„. . . Denn die Wirtschaftspolitik steht heute im Brennpunkt des öffentlichen Interesses. Ich glaube aber, daß diese leidenschaftliche Anteilnahme und Interessiertheit bestimmt kein Ruhmeskapitel für den Herrn Bundeskanzler und seinen Wirtschaftsminister bedeutet . . . Ich glaube, meine Damen und Herren, es war ein zu hoch gegriffenes Wort, wenn der Herr Bundeswirtschaftsminister seine Rede als eine Programmrede bezeichnete. (Sehr gut! bei der SPD.) In Wirklichkeit war sie eine gestammelte Entschuldigungsrede (Hört! Hört! und Widerspruch bei den Regierungsparteien – Pfui-Rufe – Beifall bei der SPD), eine Rede, die sehr viel interessante und in diesem Munde ungewohnte Vokabeln enthielt. (Sehr richtig! bei der SPD.)

Herr Professor Erhard, was Sie heute auf dieses Podium brachten, das war die Mumie Ihrer Marktwirtschaft. (Beifall bei der SPD.)

Wenn Sie in den Spiegel schauen, möchte ich Sie fragen: Erkennen Sie sich selbst dann eigentlich wieder? (Heiterkeit und Beifall bei der SPD) . . .

Horcht man in die Diskussion des Mannes der Straße, so geht es neben der Arbeitslosigkeit – von der der Herr Bundeswirtschaftsminister bezeichnenderweise wiederum überhaupt nicht sprach (Sehr richtig! bei der SPD), denn eine Arbeitslosigkeit von 1,5 oder 1,6 Millionen wird inzwischen regierungsseitig fast schon als konstante Größe empfunden –, ich sage: sieht man von dieser Arbeitslosigkeit ab, so geht es bei diesen Diskussionen in der Tat heute in erster Linie um die Frage der Preise.

Damit ist das am meisten brennende Thema angeschlagen. Sicher spielt beim Auftrieb der Preise der durch Rüstungskonjunktur bedingte aufwärtsweisende Preistrend auf dem Weltmarkt eine nicht zu leugnende Rolle . . . Auch wir werden nicht verlangen, daß man sich gegen diesen Preisanstieg völlig abschirmt und daß man die Preise auf ein bestimmtes kalendermäßiges Datum hin einfach einfrieren läßt . . . man hätte mehr Vorsorge treffen können, damit uns der Anprall des Preisanstiegs nun nicht mit seiner ganzen Wucht trifft, damit uns nun nicht alle Ziegelsteine auf den Kopf fallen, wie es jetzt leider tatsächlich der Fall ist . . ."

Stimmte es, daß der Preisanstieg die westdeutschen Verbraucher mit voller Wucht traf? Was lehrt der internationale Vergleich?

Preisindex der Lebenshaltung (1950 = 100)

	USA	Groß-brit.	Belgien	Frank-reich	Schwe-den	BRD
Juni 1950	99	100	98	96	99	99
Sept. 1950	102	100	104	102	100	100
Dez. 1950	104	102	102	106	104	101
März 1951	107	104	109	115	113	106
Juni 1951	108	109	110	112	117	108

Quelle: Statistisches Bundesamt

Dilettantismus und Tatsachen

Minister Nölting bekannte in der gleichen Rede:

„Die falsche Preispolitik, für uns beginnend mit der überhasteten Beiseiteräumung aller Preisregulierungen im Sommer 1948, ist es auch gewesen, die uns in den zweiten Notstand gebracht hat, dessen Folgen wir heute zu tragen haben, in jene Bezirke von Engpässen, die sich als Bremse für den weiteren Produktionsanstieg auswirken ...

Sehen Sie, meine Damen und Herren, wenn jeder beliebig investieren und seinen Produktionsapparat nach eigenem Gusto vergrößern kann, dann braucht ja auch dieser Mann für die Vergrößerung künftig mehr Kohle, mehr Stahl, mehr Strom, mehr Gas, – alles Dinge, die wir nicht genügend haben. Schon deshalb kann eine beliebige Produktions- und Kapazitätserweiterung nicht jedem zugestanden werden, ohne daß zumindest ein Bruchteil der Investitionen in jene Bezirke abgeführt wird, wo die Engpässe bestehen ...

Und nun zum Schluß, meine Damen und Herren: Diese Engpässe bilden sich immer mehr zu Bremsen und Flaschenhälsen für unseren Export aus. Unsere Ausfuhrziffern – das ist ja das Betrübliche – hinken hinter unseren Einfuhrziffern hinterdrein, und noch mit jedem Monat hat die Auslandsverschuldung zugenommen ...

Liberalisierung, meine Damen und Herren, ist an sich ein guter Gedanke, nur ein Gedanke, der ebenfalls nicht zeitlos gedacht werden kann. Natürlich ist eine hohe Ausfuhr, wenn sie sich erreichen läßt, auch uns lieber als eine gesenkte Einfuhr; man soll uns nicht mit solchen Selbstverständlichkeiten und Lappalien kommen.

Wir behaupten aber: Auch auf der Schiene der Liberalisierung kann man nicht ohne Fahrplan fahren. Ihre Ausgangsvorstellung, Herr Professor Erhard, war: Man muß nur den anderen tüchtig etwas abkaufen, dann werden sie uns selbst auch schon entsprechende Warenbezüge abnehmen! Dabei gab es aber leider die bekannten Ladehemmungen, und nun türmt sich vor uns ein bedrohliches Schuldengebirge in die Höhe. Wir haben unbedacht und voreilig Vorleistungen erbracht, die zu keiner Zug-um-Zug-Reaktion bei den anderen Partnern geführt haben. (Sehr wahr! bei der SPD) . . .

Uns als dem schwächsten Glied in der Kette der europäischen Wirtschaftsvölker kommt hier keine Spitzenführung zu; wir können nicht den forschen Schrittmacher markieren. Der Begriff des Mitläufers ist doch sonst bei uns so populär, meine verehrten Damen und Herren! (Heiterkeit.)

Bananen und kalifornische Früchte, Datteln und Feigen, Zitronen, Apfelsinen und Pampelmusen, weiße und blaue Trauben aus Bulgarien, Hummer, Kaviar und Lippenstifte in allen Ehren. Aber es hat sich hier ein leichtfertiger Dilettantismus, es hat sich eine bedenkliche Großmannssucht ausgetobt, und man hat alle unsere Warnungen in den Wind geschlagen. (Sehr richtig! bei der SPD) . . ."

Wird dieses Urteil des „Dilettantismus", der „bedenklichen Großmannssucht" durch die nüchternen Fakten bestätigt?

Als Minister Nölting dieses düstere Bild malte, war unsere Warenhandelsbilanz gegenüber der EZU im März 1951 zwar noch mit 25,5 Mill. DM passiv, aber bereits die nächsten Monate brachten einen sehr beeindruckenden Umschwung zu einer Aktivierung dieser Warenhandelsbilanz. Die Statistik gibt hierüber Aufschluß:

Handelsbilanz in Mill. DM

	April	Juni	August	Oktober	Dezember	1951 insges.
Einfuhr	620,7	575,5	690,7	677,6	782,1	8 872,5
Ausfuhr	844,1	888,6	952,7	939,5	1 152,1	10 627,6
Saldo	+ 223,4	+ 313,1	+ 262,0	+ 261,9	+ 370,0	+ 1 755,1

Quelle: Statistisches Bundesamt

Angesichts dieser Fakten war es das einzig richtige, den Ratschlag von Nölting, man solle sich mit der Rolle des „Mitläufers" begnügen, nicht zu befolgen. Nölting fuhr in seiner Rede, die in der Forderung gipfelte, das Amtsgehalt des Bundeswirtschaftsministers zu streichen, fort:

„... Wir haben uns mehr Luxus gegönnt, als man sich bei einem Produktionsindex von 117 leisten kann, wenn man nicht zum Bankrotteur werden will ... Drüben (d. h. in England) ist man durch die Mauser hindurch, die wir noch vor uns haben, verehrter Herr Bundeswirtschaftsminister! (Lebhafter Beifall bei der SPD.) Drüben hat man sich gesund gehungert, während man sich bei uns durch den Luxuskonsum einer dünnen Oberschicht – wenn der Herr Präsident das Wort verzeiht – kaputtgefressen hat. (Sehr gut! bei der SPD.)"

Wurde diese *leidenschaftliche Anklage*, die gewiß die Mithörer aufwühlte, durch die Tatsachen gedeckt? England, das hier als Vorbild gerühmt wird, mußte 1951 das bis dahin größte Handelsdefizit der Nachkriegszeit in Höhe von 1,197 Mrd. Pfund Sterling in Kauf nehmen. Die Labour-Regierung trat im Oktober 1951 nach 1½jähriger Amtszeit vorzeitig zurück und mußte einer konservativen Regierung Platz machen.

Nölting fuhr in seiner Rede fort:

„... Man braucht nur dem Entstehungsgrund und dem Quell nachzuforschen, dann stößt man überall auf die Unmöglichkeit der ganzen Konzeption einer Wirtschaftspolitik, die immer in dogmatischer Erstarrung in den luftleeren Raum gerät und der der Boden längst unter den Füßen weggezogen ist ...

Zwangswirtschaft ist, stelle ich noch einmal fest, verkrüppelte Notstandswirtschaft, niemals wünschenswert, aber leider zu gewissen Zeiten notwendig. Zwangswirtschaft ist die Ergänzung einer freien Wirtschaft, Ihrer freien Wirtschaft (lebhafte Zustimmung bei der SPD), da, wo sie nicht mehr weiterkann. Deswegen fürchten wir, daß uns bald eine Neuauflage bevorsteht. Dieser Bundeswirtschaftsminister, der einstmals ruhmredig auszog, sie zu bekämpfen, ist nun bald so weit gekommen, daß er bei ihr landet ... Damit, Herr Bundesminister, schließt sich der Kreis. Damit ist die Bahn durchmessen, die zu durchlaufen Ihnen bestimmt war . . .

Der Wirtschaftsminister spricht heute von Planung, – er, der uns neulich noch höhnisch sagte: Ein bißchen Planwirtschaft gibt es genauso wenig wie ein bißchen Schwangerschaft. (Große Heiterkeit links.) Deshalb glauben wir: Es wird auch immer nur eine bißchen Erhard bei dieser Planung vorhanden sein. (Beifall bei der SPD) . . .

Meine Damen und Herren, wenn diese Konsequenz durch den zuständigen Minister offenbar nicht gezogen wird, dann muß sie ihm vom Parlament nahegelegt werden, nahegelegt werden in einer Weise, deren peinliche Deutlichkeit uns die vorliegende Situation bedauerlicherweise aufzwingt. So habe ich im Namen meiner politischen Freunde folgenden Antrag der SPD zu überreichen:

Der Bundestag wolle beschließen:

Das Amtsgehalt des Bundesministers für Wirtschaft wird gestrichen. (Anhaltender lebhafter Beifall bei der SPD. – Lachen und Zurufe bei den Regierungsparteien – Glocke des Präsidenten.)"

Die weitere wirtschaftliche Entwicklung erteilte die beste Antwort auf die Rede von Nölting. Deshalb seien hier nur wenige Sätze aus meinen Ausführungen in der gleichen Sitzung verzeichnet (Seite 4800):

„. . . Ich möchte feststellen, daß es erst diese unsere Wirtschaftspolitik dahin gebracht hat, daß für das deutsche Volk wieder Lebensmöglichkeiten geschaffen wurden, daß die wesentlichen demokratischen Grundrechte – die freie Berufswahl und die freie Konsumwahl – sich durchzusetzen vermochten, daß das deutsche Volk erst infolge dieser Wirtschaftspolitik wieder an den Sinn der Arbeit glauben konnte, daß auf Grund dieser Wirtschaftspolitik die Sicherung einer geordneten Währung ermöglicht wurde und daß es gelang, den Außenhandel aus Trümmern wieder aufzubauen . . .

Diese Grundlagen unserer Wirtschaftspolitik bleiben bestehen . . .

Wenn wir also auf den Prinzipien beharren, so sind wir doch (in Konsequenz der sich aus dem Korea-Konflikt ergebenden Entwicklung) bereit, Methoden und Verfahren zu ändern. Wir wollen die Funktion des Marktes erhalten. Aber wir sind uns darüber klar, daß manche Freizügigkeit und manche Freiheit durch bewußte, planvolle und sinnvolle Regelung ersetzt werden muß. (Hört! Hört! und Lachen bei der SPD. Zuruf links: Das ist ein Witz!) . . ."

Ich war in dieser Diskussion insofern in einer sehr schwierigen Lage, als die allgemeine Nervosität in der Welt zu internationalen Rohstoffbewirtschaftungen dergestalt geführt hat, daß nur die Bereitschaft zur Anwendung solcher Verfahren Zuteilungen an bestimmten Rohstoffen ermöglichte. Die IMC (International Material Conference) hatte ihre Tätigkeit aufgenommen. Persönlich habe ich diese Methode für wenig fruchtbar erachtet, und tatsächlich sind wir mit einiger List über statistische Meldungen nicht hinausgegangen. Das war im wesentlichen die ganze „Bewirtschaftung", und ich erlebte später zudem die Genugtuung, daß mir auch international die Richtigkeit meiner Auffassung bestätigt wurde.

Die Entwicklung der Korea-Hausse bereitete indessen nicht nur der Opposition Sorgen. Einige Monate später – in der 167. Sitzung des Bundestages, am 11. Oktober 1951 – glaubte die SPD sogar, das Ende der Marktwirtschaft sei nunmehr endgültig gekommen. Dr. Kreyßig äußerte hierzu (Seite 6822):

„. . . Die Wirtschaftspolitik der Bundesrepublik hat begonnen mit dem Stichwort der ‚freien Marktwirtschaft' und der ‚Liberalisierung'; sie hat im Frühjahr dieses Jahres *geendet* mit dem Einfuhrstopp vom 21. Februar, der das *Fiasko der ganzen Politik* vor allem auch im Außenhandel kennzeichnet. Inzwischen sind natürlich im gewissen Zusammenhang mit den Vorgängen seit dem Korea-Konflikt so ziemlich alle Prinzipien und Theorien, die der Bundeswirtschaftsminister hier immer wieder vertreten hat, und sein *Dogma* völlig *zusammengebrochen* . . .

Wir haben immer wieder erklärt – und wir werden nicht müde werden, es immer wieder zu sagen –, daß die Wirtschaft in einem so zerrütteten Lande ohne überlegte *Lenkung* und vorausschauende *Planung* nicht in Ordnung gebracht werden kann . . .

Sie werden mir zugeben müssen, daß der Herr Bundeswirtschaftsminister . . ., der ausgezogen war, die Zwangswirtschaft zu beseitigen, jetzt drauf und dran ist, und bis zum Halse drinsteckt, wieder eine obendrein noch miserabel funktionierende Bewirtschaftung einzuführen . . .“

Beurteilte die SPD die Volksstimmung richtig?

Als Dr. Kreyßig sprach, schrieben wir den 11. Oktober 1951. In Nordrhein-Westfalen hatte die letzte allgemeine Wahl vor diesen Ausführungen, die Landtagswahl vom 16. August 1950, der CDU 2,29 Millionen Stimmen gebracht, die nächste Wahl, die Bundestagswahl vom 6. September 1953, 3,92 Millionen Wähler. Um ein anderes Beispiel zu nennen: In Hessen entschieden sich bei der Landtagswahl vom 19. November 1950 = 348148 Wähler für die CDU, am 6. September 1951 = 849125. Diese Zahlen sprechen für sich.

Zu dieser Zeit heftigster Parlamentsauseinandersetzungen bestand für den Bundeswirtschaftsminister kein Zweifel mehr, daß die aus der Korea-Krise geborenen bescheidenen Ansätze einer Bewirtschaftung, die fast mehr der optischen Wirkung nach außen dienten, bald wieder völlig über Bord geworfen werden könnten. Ich konnte deshalb kurz und bündig feststellen (Seite 6826):

„. . . Wenn Herr Dr. Kreyßig glaubt, daß wir drauf und dran sind, in eine neue Zwangsbewirtschaftung hineinzukommen, dann möchte ich sagen: Ich glaube vielmehr, daß ich drauf und dran bin – und die Verhandlungen und Bestrebungen sind mitten im Gange –, aus der Bewirtschaftung wieder herauszukommen. Wir werden also den umgekehrten Weg gehen (Beifall bei den Regierungsparteien) . . .“

Der neue versöhnliche Ton

Damit waren die letzten großen Auseinandersetzungen im deutschen Parlament um Sein oder Nichtsein der Marktwirtschaft beendet. Die Wähler gaben in der Bundestagswahl vom 6. September 1953 eine so eindeutige Antwort, daß man auch in der Opposition spürte, mit dieser volks- und weltfremden Kritik nicht auf dem rechten Wege zu sein. Zwar gab es auch in den folgenden Jahren noch manchen Streit – wenn man jedoch die späteren Bundestagsprotokolle überprüft, entdeckt man nicht ein einziges mehr, das an Heftigkeit und Leidenschaftlichkeit den Diskussionen im Wirtschaftsrat und in der 1. Legislaturperiode auch nur annähernd vergleichbar wäre.

Welch anderer, welch versöhnlicher Ton herrschte einige Zeit später, als in der 106. Sitzung des Bundestages, die am 19. Oktober 1955 in Berlin stattfand, über die Konjunktursituation diskutiert wird. Hier erklärt Dr. Heinrich Deist, der seit Jahren in der Eisen- und Stahlindustrie eine führende Rolle spielt und innerhalb der SPD immer mehr als Wirtschaftspolitiker Anerkennung findet, im Namen seiner Fraktion (Seite 5824):

„... Zunächst möchte ich erklären, wir sind stolz darauf, hier in Berlin feststellen zu können, daß die einmalige Entwicklung der deutschen Wirtschaft in den letzten zehn Jahren die Frucht einer politischen, wirtschaftlichen und gesellschaftlichen Ordnung war, die auf dem Fundament der Freiheit beruht. (Beifall bei allen Fraktionen.)

Diese Entwicklung wäre ohne die gemeinsame Arbeit aller Schichten der Bevölkerung nicht möglich gewesen (Sehr gut! in der Mitte), aber auch nicht möglich gewesen ohne das politische Kräftespiel der verschiedenen politischen Gruppen, das zu den wesentlichen Grundelementen der politischen Demokratie gehört. (Erneuter Beifall bei allen Parteien.)

Ich möchte den Gedanken unterstreichen, daß die Sicherung der Stabilität der Währung eine der wichtigsten Aufgaben der deutschen Wirtschaftspolitik ist. (Abg. Dr. Dresbach: Bravo!)

Alle unsere bisherige Arbeit wäre vergebens gewesen, wenn wir diesem Gedanken nicht unsere ganze Aufmerksamkeit widmeten. (Sehr gut! in der Mitte.)

Wir werden daher alle Bemühungen unterstützen, die Stabilität der Währung zu sichern (Beifall im ganzen Hause) ...

Eine dritte Feststellung. Wir leben im Zeichen einer Wirtschaft, die auf hohen Touren läuft. Wir stimmen darin überein, daß es falsch wäre, von einer Überhitzung der allgemeinen Konjunkturentwicklung zu sprechen. (Sehr richtig! rechts.)

Die Tatsachen können noch nicht als alarmierend angesehen werden. (Sehr gut! in der Mitte) ...

Das Wirtschaftssystem der freien Welt kann sich nicht nur darin bewähren, daß in seinem Rahmen ein wirtschaftlicher Aufschwung aus der Tiefe möglich ist, sondern es hat sich darin zu bewähren, daß es einen hohen Grad der Beschäftigung bei stabilem Preisniveau und bei stabiler Währung erhalten und sichern kann (Lebhafte Zustimmung bei der SPD und in der Mitte)...“

Diese versöhnliche Grundhaltung – bei mancherlei sachlichen Meinungsunterschieden im einzelnen – bestimmt auch die zweite große Konjunkturdebatte, welche in der 153. Sitzung am 26. Juni 1956 stattfand. Der Bundesminister für Wirtschaft erklärt zur Opposition gewandt (Seite 8306):

„Herr Präsident: Meine Damen und Herren! Ich freue mich, zuerst feststellen zu können, daß wir in der Konjunkturdiagnose gar nicht so sehr weit auseinanderliegen. Alles, was Sie gesagt haben hinsichtlich der Bedeutung der Preise, hinsichtlich der Kapazitätsausnutzungen, der Verlängerung der Lieferfristen als Zeichen einer gefährlichen Konjunkturentwicklung, die wir zu beachten haben, wird von mir voll unterschrieben.

Ich gehe auch noch darin mit Ihnen einig, daß der neuralgische Bereich auf der Investitionsseite zu suchen ist ...

Auch die Analyse der Außenhandelssituation mit der Entstehung hoher Überschüsse wird von mir und, ich glaube, von diesem ganzen Hause als richtig anerkannt. Ich möchte dazu nur feststellen, daß, wenn in diesem Zusammenhang vom Wirtschaftsministerium die Anregung zu einer Zollsenkung gekommen ist, das nicht etwa die Antwort auf Klagen der OEEC war, sondern daß umgekehrt die Aktivität, die wir entfaltet haben, und der Wille, den wir in Richtung einer Zollsenkung bekundet haben, in Paris auf der Ebene der OEEC wahrscheinlich manche Entscheidungen und manche Entschlüsse, die da heranreiften, gegenstandslos werden lassen ...“

Und zum Schluß der eingehenden Auseinandersetzungen mit den SPD-Sprechern (Seite 8309):

„... Im ganzen möchte ich sagen, ich halte diese Diskussion für fruchtbar, und es ist wirklich ohne Ironie, sondern aufrichtig empfunden, daß ich mich darüber freue, daß ich mich im Laufe von vielen Jahren auch mit der Opposition auf

Ollenhauer: „Er darf ruhig etwas mehr Professor Erhard ähnlich sehen, Meister!“
(Entnommen mit freundlicher Genehmigung des „Rheinischen Merkur“, Koblenz. Zeichnung: Party)

dem Gebiet der Wirtschaftspolitik mehr und mehr zusammenraufen konnte.“ Und zu Dr. Deist gewandt: „Lassen Sie mich deshalb, um ganz versöhnlich zu enden, mit einem Goethewort aus dem Faust schließen: Mit Euch, Herr Doktor, zu disputieren, ist ehrenvoll und bringt Gewinn!“ (Heiterkeit und Beifall auf allen Seiten.)

Es muß allerdings bezweifelt werden, ob mit diesem versöhnlichen Ton das Verhältnis zwischen Regierung und Opposition im wirtschaftspolitischen Bereich einen neuen Ausdruck gefunden hat. Einige Wochen nach dieser Auseinandersetzung spricht die Fraktion der SPD wiederum von der „Fragwürdigkeit der Wirtschaftspolitik dieser Bundesregierung“ und davon, „daß die wirtschaftspolitische Propaganda von Regierung und Koalitionsparteien in den letzten sieben Jahren unehrlich und unverantwortlich war“. (168. Sitzung des deutschen Bundestages am 7. Dezember 1956.)

Letztlich finden auch hierin die Auseinandersetzungen zwischen den liberalen wirtschaftspolitischen Kräften in der SPD und denjenigen, die sich nicht von der sozialistischen Doktrin alter Prägung zu lösen vermögen, ihren Niederschlag.

6. *Kapitel*

WIRTSCHAFTSMINISTER, NICHT INTERESSENVERTRETER

Vor mir liegen Zeitungsausschnitte aus den ersten Jahren meiner Tätigkeit als Direktor der Verwaltung für Wirtschaft in Frankfurt und als Bundeswirtschaftsminister in Bonn. Wie hieß es doch damals: „Wirtschaftsminister – Feind der Verbraucher“ – „Erhard – Minister der Schwerindustrie“ – „Der Schutzpatron der Horter und Schieber“ – so und ähnlich tönte es in allen möglichen Variationen.

Gewiß, diese Vorwürfe sind in ernst zu nehmenden Diskussionen längst verstummt, und selbst die böswilligsten meiner Gegner verzichten auf derartige Formulierungen, weil sie angesichts meiner jahrelangen Bemühungen, aber auch mancher Kämpfe mit Vertretern großer Bereiche der deutschen Wirtschaft die Unglaubwürdigkeit derartiger Feststellungen einsehen müssen. Wie merkwürdig klingen solche Worte in meinem Ohr, wenn ich daran denke, daß ich gerade in den Monaten, da dieses Buch geplant wird, in ernstesten Auseinandersetzungen mit einer ganzen Reihe von Wirtschaftszweigen stehe, um Preiserhöhungen abzuwehren.

Wie dem auch sei: Das mit jenen nur allzu durchsichtigen Angriffen angeschnittene Thema der Beziehung zwischen Wirtschaftsminister und Staatsbürger, das Verhältnis von staatlicher Wirtschaftsführung zur Wirtschaft selbst und vor allem auch die Frage der *Ein- und Zuordnung der Wirtschaft* zu allen sonstigen Bereichen des staatlichen Lebens und der *gesellschaftlichen Ordnung* schaffen derart interessante und bedeutsame Probleme, daß sie fast zwingend einer näheren Betrachtung unterzogen werden müssen. Dies gilt um so mehr, als die Grundgedanken der sozialen Marktwirtschaft auf jenen gleichen Maximen beruhen, die die moderne *soziale* und freiheitliche *Demokratie* tragen sollen.

An den Anfang dieser Betrachtung darf ich den von mir immer wieder ausgesprochenen Satz stellen: Maßstab und *Richter* über Gut und Böse der *Wirtschaftspolitik* sind nicht Dogmen oder Gruppenstandpunkte, sondern ist ausschließlich der Mensch, der *Verbraucher*, das Volk. Eine Wirtschaftspolitik ist nur dann und nur so lange für gut zu erachten, als sie den Menschen schlechthin zum Nutzen und Segen gereicht. [41]

Wer diesen Gedanken zu Ende führt, muß mit mir zu der Feststellung gelangen, daß es in jeder Volkswirtschaft wohl Gruppeninteressen gibt, daß diese aber nicht als Elemente der Wirtschaftspolitik anzuerkennen sind und daß sich aus dem Widerstreit der Interessen auch keine fruchtbare Synthese ableiten läßt. Eine Atomisierung der Volkswirtschaft in Gruppeninteressen ist deshalb nicht zu dulden. Wir dürfen nicht den Weg der Auflösung beschreiten, uns nicht von jener allumfassenden wirklichen Ordnung der Wirtschaftsgesellschaft entfernen, die allein die Harmonie des sozialen Lebens eines Volkes zu verbürgen geeignet ist. Dieser Gefahr zu begegnen muß daher unser aller ernstestes Anliegen sein. [18]

Unternehmer müssen verantwortungsbewußt sein

Über diese meine Grundeinstellung habe ich niemals einen Zweifel gelassen. Bereits auf dem CDU-Parteitag der britischen Zone in Recklinghausen am 29. August 1948 erklärte ich:

„Ich fühle mich nicht als Interessenvertreter der besitzenden Schichten, insbesondere nicht als Interessenvertreter der Industrie oder des Handels. Eine solche Annahme wäre völlig irrig. Verantwortlich zu sein für die Wirtschaftspolitik heißt, Verantwortung gegenüber dem ganzen Volk zu tragen. Ich bin zutiefst überzeugt, daß wir die schweren Probleme, vor denen wir stehen, nur lösen können, wenn es uns gelingt, *mit der Marktwirtschaft* nicht etwa nur einzelne Schichten zu begünstigen, sondern *der Masse* unseres Volkes durch höchste Anstrengung und immer mehr gesteigerte Leistung *einen würdigen Lebensstandard zu sichern* und diesen fortlaufend zu bessern. Es ist eine Verleumdung, wenn ich als der Mann hingestellt werde, dem es nur darauf ankommt, ganz bestimmte Interessen zu verteidigen. Das Gegenteil ist der Fall. Ich verlange in letzter Konsequenz gerade von den verantwortlichen Unternehmern, die über den Produktions- und Verteilungsapparat der Volkswirtschaft verfügen, die größten Opfer, die höchste Einsicht und Verantwortung."

Diese Ausführungen aus dem Anfangsstadium der sozialen Marktwirtschaft führe ich hier an, um noch einmal zu dokumentieren, daß alle diejenigen, die in späteren Jahren ihre Sonderinteressen glaubten durchsetzen zu können und dann Enttäuschungen erleben mußten, sich in ihrem Tun nicht auf meine moralische Grundhaltung berufen konnten. Ich habe nie einen Zweifel darüber gelassen, daß jedes Einzelinteresse seine Rechtfertigung nur dadurch finden kann, daß es geeignet ist, auch dem Interesse des Ganzen zu dienen.

Keine Gruppe der Wirtschaft kann mithin *Sonderrechte* beanspruchen. Allerdings schließt diese Feststellung die Erkenntnis nicht aus, daß sich die Wirtschaft zwangsläufig, vom Individuum her gesehen, aus Einzelinteressen zusammensetzt. Es kommt eben nur darauf an, den Ausgleich dieser Interessen in Bahnen zu zwingen, die mit dem Wohl aller letztlich in Einklang stehen.

Bei früherer Gelegenheit habe ich in diesem Zusammenhang einmal auf die Rolle des Staates als des obersten Schiedsrichters verwiesen. Ich möchte hierbei das vielleicht etwas banal erscheinende Bild eines Fußballspiels gebrauchen dürfen. Da bin ich der Meinung, daß, ebenso wie der

Schiedsrichter nicht mitspielen darf, auch der Staat nicht mitzuspielen hat. Eines ist bei einem guten Fußballspiel als wesentliches Merkmal zu erkennen: Das Fußballspiel folgt bestimmten Regeln, und diese stehen von vornherein fest. Was ich mit einer marktwirtschaftlichen Politik anstrebe, das ist – um im genannten Beispiel zu bleiben – die Ordnung des Spiels und die für dieses Spiel geltenden Regeln aufzustellen.

Die Freiheit oberstes Ziel

In einer Fußball-Elf ist es z. B. auch nicht üblich, daß sich alle elf Mann ins Tor stellen. Wenn sie das tun wollten, würden wir als Zuschauer mit Recht zu pfeifen anfangen, weil wir das als unfair und als den Regeln widersprechend empfinden. Von Stürmern verlangen wir, daß sie stürmen. Wenn diese meinten, daß sie „mauern" oder sich gar ins Tor stellen sollten, dann empfinden wir dies als durchaus unangebracht und störend, ja, wir dulden es nicht. Ganz ähnliche Funktionen hat die wirtschaftliche Ordnung wahrzunehmen. Ich glaube, daß wir diesem Modell einer wirtschaftlichen Ordnung, das sich im Hintergrund all meiner Handlungen abzeichnet, unsere Erfolge verdanken. Dieses Modell behält auch dann seine Gültigkeit, wenn wir im einzelnen einmal bereit waren und bereit sein müssen, davon abzuweichen. [19]

Die Zuschauer eines Fußballspiels würden es den Spielpartnern auch außerordentlich übelnehmen, wenn diese vorher ein Abkommen geschlossen und dabei ausgehandelt haben würden, wieviel Tore sie dem einen oder dem anderen Teil zubilligten, und dann nicht das von uns erwartete und auch durch ein Eintrittsgeld honorierte, faire Wettspiel durchführten, sondern lediglich ihre Vereinbarung kampflos erfüllen würden. So vertrete ich denn auch die Auffassung, daß es die Grundlage aller Marktwirtschaft ist und bleiben muß, die Freiheit des Wettbewerbs zu erhalten. Diese

Erhards Kapuzinerpredigt

„Bei meiner Lehre, so Ihr an solche Bequemlichkeiten denkt, will ich sie Euch aus den Köpfen schlagen, auf daß Ihr Euer Brot im Schweiße Eures Angesichts verdient! . . .“

(Entnommen mit freundlicher Genehmigung der Wochenzeitung „Die Zeit“. Zeichnung: Prof. H. E. Köhler)

herrscht nur dort, wo *keine Macht, die Freiheit zu unterdrücken, geduldet* wird, sondern wo die Freiheit, in dem Sitten- und Rechtskodex eines Volkes verankert, *zum allgemein verpflichtenden Gebot,* ja zum höchsten Wert der Gemeinschaft selbst wird. [3]

Wir werden – das ist meine feste Überzeugung – nur so lange eine freie Unternehmungswirtschaft haben, als wir von Staats wegen über die Freiheit wachen. Wenn man im unternehmerischen Lager allenthalben geglaubt hat, sich darüber beschweren zu müssen, dies wäre umgekehrt eine unbillige Einschränkung der Freiheit durch den Staat, dann kann ich darauf nur erwidern, daß es eine falsch verstandene Freiheit ist, wenn man meint, unter dem Namen und mit dem Dogma der Freiheit die Freiheit selbst unterdrücken zu können.

So wie es im staatlichen, d. h. im politisch gesellschaftlichen Raum eine Ordnung durch das Grundgesetz gibt, das das Zusammenleben der Menschen regelt und die Beziehungen gestaltet, so gilt ein Gleiches für die Wirtschaft. Hier sind die Verantwortungen klar geschieden. Der *Unternehmer* hat die *Verantwortung* für seinen *Betrieb*; dort kann er mit Fug und Recht fordern, daß sein Handeln von staatlicher Weisung oder Gängelung frei bleibt, daß er also echte unternehmerische Freiheit und Freizügigkeit genießt und üben darf. Ich bin der erste, der den Unternehmer in dieser Forderung unterstützt. *Die Verantwortung* für die *Wirtschaftspolitik* aber hat allein der Staat zu tragen. Wir wissen, wohin es führt, wenn man diese beiden Funktionen miteinander vermengt. [30]

Diese kurzen Ausführungen sollen deutlich machen, wie nach meiner Auffassung die Grundlagen einer marktwirtschaftlichen Politik gestaltet sein müssen und wo ich die *Grenzen* zwischen dem *Individuum* und dem *Staat* gezogen wissen möchte.

Es bedarf einer Erklärung, warum ich diesen Fragen so entscheidende Bedeutung beimesse, warum ich überhaupt die Wirtschaft für schicksalhaft wichtig halte. Ich will dabei keineswegs den Eindruck erwecken, als ob ich glaubte, aus der Wirtschaft heraus das Allheilmittel für alle unsere gesellschaftlichen und sozialen Nöte finden zu können. Ich bin weit davon entfernt! So wie der einzelne Mensch seines physischen Lebens bedarf, um im transzendenten Sinn Mensch zu sein, um Geist und Seele entfalten zu können, so ist es auch im Leben eines Volkes. Die Wirtschaft ist vielleicht das Primitivste, aber sie ist auch das Unentbehrlichste; erst auf dem Boden einer *gesunden Wirtschaft* kann die Gesellschaft ihre eigentlichen und *letzten Ziele* erfüllen.

Diese Grundlage muß gesund sein, wenn nicht schon von dort aus Verzerrungen und Aufspaltungen im Volkskörper ihren Ausgang nehmen sollen. Der Wirtschaft die geistige, die seelische und die materielle Ausrichtung zu geben, das ist zuletzt Sache der Politik, Angelegenheit der Gesellschaft. [1] Wenn diese meine Ansicht nicht den Verdacht aufkommen lassen kann, daß ich das Materielle überbewerte, so glaube ich andererseits, daß vielleicht mit Ausnahme des Genies der Mensch sich seiner Persönlichkeit und Würde erst bewußt werden kann, wenn er nicht von materiellen Sorgen, von den kleinen Nöten des Alltags geplagt ist, d.h. also, wenn das Materielle dank der Möglichkeit einer Befriedigung keine übermächtige Rolle zu spielen braucht. [39]

Arbeitsteilung zwischen Staat und Wirtschaft

Es ist, so wiederhole ich also, nicht Aufgabe des Staates, unmittelbar in die Wirtschaft einzugreifen; jedenfalls nicht so lange, als die Wirtschaft selbst diesen Eingriff nicht herausfordert. Auch paßt es nicht in das Bild einer auf unternehmerischer Freizügigkeit beruhenden Wirtschaft, wenn sich der Staat selbst als Unternehmer betätigt. Eine solche Haltung hat naturgemäß insofern auch Konsequenzen für die Wirtschaft, als diese dann nicht den Staat zu ihrer Interessenvertretung anrufen darf. Hier gilt es, unzweideutig Standpunkt zu beziehen.

Man kann nicht auf der einen Seite dem Staat sagen, daß er sich wirtschaftlicher Tätigkeit enthalten möchte, dann aber, wenn es gerade paßt, die Hilfe des Staates anrufen. Es gibt schon eine Art *Arbeitsteilung* zwischen der Unternehmungswirtschaft mit dem Schwerpunkt in der betrieblichen Sphäre und der wirtschaftspolitischen Tätigkeit als Aufgabe der Regierung und insonderheit des Wirtschaftsministers. Manchmal habe ich den Eindruck, daß hinsichtlich jener Funktionen Verwechslungen Platz greifen oder Verwirrung und Unsicherheit bestehen. Verantwortlich für die Wirtschaftspolitik – was betont werden muß – ist ausschließlich der Staat im Rahmen seiner demokratisch-parlamentarischen Zuständigkeiten und Rechte. Das Interesse der *Unternehmer* an der Wirtschaftspolitik ist zwar gewiß legitim – und folglich auch ihr Anliegen auf Anhörung –, aber sie haben nicht selbst und auch *nicht* in ihren Organen *Wirtschaftspolitik* zu treiben.

Wenn festgestellt werden darf, daß in der Bundesrepublik sowohl die liberalistische Wirtschaft der Vergangenheit als auch die staatliche Befehlswirtschaft als überwunden gelten können, ergibt sich daraus die Aufgabe, *das Neue* an dieser *unserer Wirtschaftspolitik* deutlich zu machen. Das Neue daran ist, daß der Staat heute nicht mehr den einzelnen Menschen ansprechen will, daß mithin der Wirtschaftsminister nicht mehr Befehle an die Unternehmer erteilt, daß er sie von Stempeln, Genehmigungen und Konzessionen und Lizenzen befreit. Er geht dabei von dem Grundsatz aus: Der Unternehmer soll ebenso wie der Arbeiter und jeder andere Staatsbürger im Bereich seines persönlichen Tuns und Lassens frei sein.

Natürlich bedeutet das nicht Hemmungslosigkeit und Zügellosigkeit. An Stelle des unmittelbaren Befehls durch den Staat oder – und diese zweite Feststellung ist ebenso bedeutsam wie die erste – anstatt des Verzichts auf jeglichen Eingriff ist die Wirtschaftspolitik heute von der Absicht getragen, die ihr an die Hand gegebenen Instrumente der Wirtschaftspolitik zu benutzen, um ständig neue Energien auszulösen, neue Chancen zu eröffnen, aber auch um unfruchtbare Wege zu verbauen – d. h. also mit der Auswahl und Kombination der Mittel die Wirtschaft vorwärts zu drängen zu neuem Fortschritt und weiterer Expansion. [41]

Umfangreiches Sündenregister

Gewiß ist zuzugeben, daß zur Vollendung der von mir vorgestellten Ordnung noch vieles fehlen mag. Ich habe in diesem Zusammenhang selbst einmal von dem *umfang-*

reichen Sündenregister gesprochen, das die fehlgeleiteten und abseitigen Wünsche und Forderungen der deutschen Wirtschaft, aber auch die Mängel der Wirtschaftspolitik im weitesten Sinne kennzeichnet. Ich sagte dabei, wir müssen zu der *betrüblichen Feststellung* gelangen, daß wir gar nicht so sehr viel Grund haben, auf die seither erzielten marktwirtschaftlichen Fortschritte *stolz zu sein.*

Mit dem Kartellstreben der deutschen Industrie setze ich mich an anderer Stelle dieses Buches besonders auseinander. Daneben sind in gleichem Zusammenhang die verschiedenen Anliegen nach sogenannten Berufsordnungen zu erwähnen, die sich im Gesamtgefüge meiner Wirtschaftspolitik schädlich, wettbewerbshemmend und leistungsmindernd auswirken müssen. Auch die Bestrebungen, bestimmte Berufsbezeichnungen durch besondere Gesetze schützen zu wollen, gehören in diese Reihe, und ein hoher Rang in diesem Sündenregister gebührt auch dem Verlangen, die kollektiven Zwangsversicherungen auszudehnen. Es gehörte dazu die illusionäre Vorstellung, daß das wirtschaftliche Schicksal der einzelnen Wirtschafts- oder Berufsgruppen „paritätisch" gestaltet oder besser konstruiert werden könnte; ich denke an die Forderung nach Gleitzöllen, welche die Konkurrenz von außen im eigenen Lande unwirksam machen sollen. Es kommen auch gewisse Bestrebungen hinzu, in der Liberalisierung unseres Außenhandels recht vorsichtig oder – wie man zu sagen pflegt – verantwortungsbewußt zu sein (wobei man meint, so langsam und so zaghaft wie möglich voranzuschreiten). Die deutsche Öffentlichkeit kennt die Widerstände gegen einen entschlosseneren Zollabbau, die Einwände gegen mein Drängen nach endlicher Herstellung der freien Konvertierbarkeit. All diese Beispiele zeigen, *wieviel Schlacken* das marktwirtschaftliche, *freiheitliche System* noch *verunzieren.* [40]

Diese Hinweise dürften allerdings auch genügen, um deutlich zu machen, wie wenig uns bisher die *Einordnung der Gruppeninteressen* in den Staat gelungen ist. Wir haben hier eine letzte gültige Lösung im Tatsächlichen jedenfalls noch nicht gefunden, wobei es dahingestellt sein mag, ob es überhaupt jemals möglich sein wird, diese Einordnung in vollkommener Weise zu vollziehen.

Die verschiedenen Versuche von seiten der Gruppen, auf die Meinungsbildung der Parlamente und der Regierung Einfluß zu nehmen, sind schlechterdings nicht zu verkennen. Das ist nicht nur in Deutschland, sondern in aller Welt so. Es ist aber hohe Zeit einzusehen, daß es sich bei diesem Problem um echte Krankheitserscheinungen oder zumindest um einen *Krisenherd unserer Zeit* handelt.

Dieses Miteinander-Ringen vollzieht sich in der Regel einerseits zwischen Gruppen, die im letzten Grunde Interessen vertreten, und den staatlichen Organen andererseits. Selbstverständlich können die letzten Entscheidungen nur bei diesen ruhen. Die Nahtstelle zwischen diesen beiden Räumen ist aber noch nicht so fest gesetzt, daß man mit gutem Gewissen von einer gewachsenen, in sich geschlossenen gesellschaftswirtschaftlichen bzw. staatspolitischen Ordnung sprechen könnte. [29]

Aus der von mir dargelegten wirtschaftspolitischen Ganzheitsschau bin ich der Meinung, daß wir wenigstens in der *Zeit des Wiederaufbaus* die *Pflicht* haben, alles *zurückzustellen*, was auch nur entfernt nach Schutz oder Begünstigung von irgendwelchen Gruppen aussieht. Wir müssen uns als eine Einheit fühlen und deshalb die Interessenstandpunkte zurückdrängen. Es ist gerade in jüngster Vergangenheit eine verdächtige und verderbliche Neigung wahrzunehmen, vornehmlich in Gruppenkategorien zu denken und für solche besondere Begünstigungen herauszuholen. Das ist das Übel, das ich zurückgedämmt sehen möchte. [37]

Gefährliche Sonderinteressen

Diese *Ablehnung der Gruppenanliegen* beruht auf meiner Überzeugung, daß es unter wirtschafts- und auch staatspolitischen Gesichtspunkten für den Staat schlechterdings nicht möglich ist, nach einem punktierten Vorgehen da und dort etwas mehr oder etwas weniger an Gaben und Gnaden auszuteilen. Bei einem derartigen Verfahren kommen der Staat und insbesondere der Wirtschaftsminister in eine fast *unhaltbare Situation*. Denn wo sind die Maßstäbe, nach denen jemand zu sagen vermöchte: Dieser und nicht jener Zweig, diese Gruppe oder dieser Berufsstand soll vom Staat nach dieser Richtung hin bevorzugt werden, andere aber sollen oder müssen – ja, aus welchen Gründen eigentlich! – dagegen zurückstehen. Ein so gestaltetes Verhalten ist *grundsätzlich falsch*.

Die Lösung kann niemals oder nur in den seltensten Fällen unmittelbar in einem gezielten Einsatz, sondern immer nur in der Bewältigung der gesamtwirtschaftlichen Aufgaben liegen, von deren erfolgreicher Meisterung letztlich alle profitieren. Wenn die Volkswirtschaft als Ganzes gedeiht – wobei ich die Volkswirtschaft als eine unteilbare Gesamtfunktion unseres gesellschaftswirtschaftlichen Lebens verstanden wissen möchte –, dann werden auch alle Zweige und Gruppen der Wirtschaft gedeihen.

Ich verschweige deshalb auch gar nicht, daß ich in den letzten Jahren, da ich die wirtschaftlichen Geschicke Westdeutschlands zu verantworten habe, niemals überlegte, was ich jetzt etwa für diesen Gewerbezweig, für jenen Beruf oder Stand im besonderen tun müßte. Solche Überlegungen mögen zwar im Einzelfall gelegentlich anklingen und in einer Sondersituation auch einmal durchaus notwendig sein; gleichwohl aber habe ich grundsätzlich immer die gesamte Volkswirtschaft, das Wohlergehen des ganzen Volkes im Auge. Wenn wir in diesem weitgesteckten Rahmen zu Erfolgen gekommen sind und künftig noch weitere erringen werden, dann profitieren von diesem Fortschritt alle. [28]

Diese meine Skepsis gegenüber allen Sonderwünschen wird im übrigen auch durch die Erfahrung als berechtigt erhärtet. Es sei nur auf ein Beispiel verwiesen: Es ist allgemein bekannt, daß ich die *Handwerksordnung bejaht* habe. Ich habe aber in den Folgejahren, d. h. nach ihrer Verabschiedung, immer wieder gegen Bestrebungen ankämpfen müssen, die darauf abzielten, diese Sonderregelungen in wirtschaftlichen Breichen, in denen materiell und soziologisch ganz andere Bedingungen und Voraussetzungen herrschen, nachahmen zu wollen. Manchmal habe ich dabei den Eindruck gewonnen, daß wir uns auf dem besten Wege befinden, wieder ein Ständestaat mit *zünftlerischer Ordnung* zu werden. Niemand darf es mir verargen, wenn ich mich gegen derartige Tendenzen mit aller Entschiedenheit zur Wehr setze. Diesen Weg zu gehen, wäre für Westdeutschland geradezu verhängnisvoll. Was uns in der Welt Geltung verschafft hat, ist doch gerade die Dynamik, die wir entfacht haben, der Expansionswille, der Mut zum Leistungswettbewerb und zur Eigenverantwortung des tätigen Menschen schlechthin. [25]

Dieses *Berücksichtigen von Sonderinteressen*, das Nachgeben gegenüber einzelnen Forderungen bestimmter Wirtschaftskreise *verbietet sich* auch wegen der Interdependenz allen wirtschaftlichen Geschehens. Jede einzelne Maßnahme in der Volkswirtschaft hat Fernwirkungen auch in Bereichen, die von den Aktionen gar nicht betroffen werden sollen, ja, von denen niemand bei flüchtiger Beobachtung glauben möchte, daß sie von den Ausstrahlungen berührt werden.

Das Märchen von den guten Ordnungen

Hinzu kommen aber schließlich auch menschliche, allzu menschliche Regungen. Was dem einen recht ist, ist dem andern billig. Der *Neidkomplex*, von dem gerade wir deutschen Menschen nicht freizusprechen sind, spielt hier eine erhebliche Rolle. Der Vorteil, der dem einen gewährt wird, läßt den *Nachbarn nicht* mehr *ruhig schlafen*. Hierbei muß auch berücksichtigt werden, welche bedeutende Rolle die Funktionäre in unserem gesellschaftlichen Leben spielen.

Der „Erfolg“ einer bestimmten Gruppe wird sehr schnell die Mitglieder einer anderen Gruppe veranlassen, ihren Funktionär, ihren Sprecher oder ihren Geschäftsführer zu ähnlichen „Leistungen“ anzustacheln. Gerade das aber führt zu einer *Atomisierung*, drängt uns von dem einzig möglichen Weg, das Wohl der Gesamtheit zu fördern, ab. Wenn ich mich deshalb gegenüber all diesen sogenannten *„Ordnungsbestrebungen“ außerordentlich skeptisch* verhalte, so deshalb, weil ich mich immer bemühe, hinter die Tünche jener vermeintlichen „Ordnungen“ zu blicken. Wenn man die Hintergründe erhellt, dann bleibt davon in der Regel nichts anderes übrig als der Wille der Beteiligten, es sich etwas bequemer machen zu wollen, als der Versuch, der Härte des Wettbewerbs zu entfliehen und für die eigene Gruppe einen größeren Teil des volkswirtschaftlichen Ertrags zu erringen, als ihr nach Maßgabe ihrer volkswirtschaftlichen Leistung zusteht.

Niemand ist bereit, anzuerkennen und daraus die Konsequenz zu ziehen, daß eine geringere Leistung naturgemäß auch in einem geringeren Ertrag Ausdruck finden muß. Nein, es soll mit Hilfe dieser *märchenhaften Ordnungen* gerade umgekehrt ein größerer Ertrag herauskommen. Man kann indessen an solche Ordnungen alle möglichen Anforderungen stellen, ganz bestimmt aber nicht die, daß es bei sinkender Leistung, geringerer Anstrengung und einem erlahmenden Zwang, immer Besseres zu vollbringen, gleichzeitig jedem einzelnen immer besser ergehen könnte.

Aus dieser Schau mußte ich am 2. Mai 1955 vor den Kaufleuten der Mittel- und Großbetriebe des Einzelhandels erklären: „Das ist *Hokuspokus*, und ein Wirtschaftsminister, der diese gefährliche Entwicklung auch nur tolerieren wollte, würde in gröblicher Weise *seine Pflicht* verletzen.“

Wenn man mich nun fragt, wie ich mir die ideale bzw. idealtypische Beziehung zwischen den Teilnehmern am Wirtschaftsprozeß und dem Staat und seiner Regierung vorstelle, dann darf ich wiederholen, was ich auf der Handwerksmesse am 12. Mai 1954 im Hinblick auf den Mittelstand gesagt habe und was letztlich für die Unternehmer aller *Wirtschaftsbereiche* gilt:

„Ich kann den Mittelstand nicht anders verstehen – und nur auf dieser Grundlage bekenne ich mich zum Mittelstand –, als daß er diejenige Schicht von Menschen umfaßt und umfassen will, die aus eigener Verantwortung und jeder für sich selbst kraft eigener Leistung seine Existenz sicherzustellen bereit ist. Die ‚Qualitäten', die der Mittelstand als Wert herausstellen muß, sind: die Selbstverantwortlichkeit für das eigene Schicksal, die Selbständigkeit der Existenz, der *Mut*, aus *eigener Leistung* zu bestehen und sich in einer freien Gesellschaft, einer freien Welt behaupten zu wollen.

Alles, was Sie von dieser Freiheit, von diesem Mut zum Leben, von dem Wert der Selbständigkeit und der Individualität der Leistung wegnehmen, wird nicht zu einer Stütze für den Mittelstand, sondern zu einem Schlag gegen den Mittelstand ... Wenn gerade in diesen Schichten unseres Volkes der Mut, aus eigener Kraft bestehen zu wollen, durch die eigene Leistung sich zu bewahren, verlorengeht, dann bleibt von dem Mittelstand wirklich nichts anderes übrig als eine Schicht von Menschen, die Schutz verlangen, um etwas besser leben zu können als andere. Aber damit wäre auch der ethische Wert des Mittelstandes verlorengegangen."

Es kommt also entscheidend darauf an, daß man in der unternehmerischen Wirtschaft gegenüber dem Staat jene stolze Haltung bezieht, die ihren Ausdruck in dem dringenden Wunsch findet, von „zu viel Staat" verschont und befreit zu sein.

Vom Bürger zum Untertan

Wenn ich oben von dem *„Sündenregister" wider die Marktwirtschaft* sprach, dann will ich hier noch auf einige der unter diesem Gesichtswinkel gravierenden Vorkommnisse eingehen. An dieser Stelle soll von dem Kartellstreben einzelner Industriekreise abgesehen werden. Unter diesem Aspekt sind aber auch die Wünsche, einzelne Berufe durch Sondergesetze abzuschirmen, charakteristisch. Hierzu gehören – um mit dem Einfachsten zu beginnen – die Bemühungen, *Berufsbezeichnungen* gesetzlich schützen zu wollen. Gegenüber diesen Bestrebungen kann ich nur fragen: Ist denn nur der *Titel* und der Rang die Dokumentation, was einer ist und was er kann, oder erkennt man es aus der *Arbeit*, aus der Leistung, aus der Persönlichkeit? Braucht man wirklich Berufsbezeichnungen, um einen Beruf ausüben zu können? Ich möchte die aus derartigen Regelungen unmittelbar erwachsenden Schäden gar nicht dramatisieren. Ich halte indessen diese Forderungen deshalb für gefährlich, weil diesem ersten Schritt mit Sicherheit weitere folgen werden. Man wird argumentieren, daß jemand, der eine bestimmte Berufsbezeichnung führen will, dann auch ganz bestimmte, fixierte Voraussetzungen erfüllen müsse, daß er nicht nur sachlich einen Befähigungsnachweis zu erbringen hätte, sondern auch eine moralische Garantie bieten müsse, um jenen geschützten Beruf ausüben zu können. Dann gibt es neue Gremien, denen gegenüber diese globale Fähigkeit zu beweisen ist, – und allmählich wird dann aus *dem freien Bürger wieder der Untertan*, der Verbeugungen zu machen hat, um sich behaupten zu können.

Es ist eben tatsächlich so, wie ich es einmal ausdrückte: Die *Privilegierten*, die drinnen sitzen, wollen allen *anderen*, die hereinwollen, das *Leben sauer* machen. [35] Frage ich nach dem Geist, der hinter all diesen Bemühungen steht, dann bin ich zu harter Antwort genötigt: Es ist der pure Egoismus und nichts anderes, der versucht, solche Forderung mit gesellschaftswirtschaftlichen Idealen und ethischen Prinzipien zu verbrämen. [35] Tatsächlich möchte man sich abschirmen, Zäune um Berufe ziehen, man möchte abwehren, möchte schützen, Positionen mit künstlichen Mitteln bewahren.

Die Wirkung kann keine andere sein als die, die Nachrückenden und Nachdrängenden, unter denen sich oft gerade jene befinden, die sich „berufen" fühlen, in ihrer Entfaltung zu behindern. Wenn gar die Forderung nach der sogenannten persönlichen Zuverlässigkeit laut wird – und schon sind wieder *Zeichen* solchen *Pharisäertums* erkennbar –, dann ist wohl die Fragestellung berechtigt, welche Berufszweige denn für derart Diskriminierte offenbleiben sollen. Müssen dann von Staats wegen Berufszweige für „nicht zuverlässige Personen" geschaffen werden, oder werden die Berufsgruppen nach dieser Wertung katalogisiert? Man kann sich nur empört von solchem Muckertum abkehren.

Auseinandersetzung mit dem Handel

Das, was oben in Titelsucht oder Titelschutz als ein Anfang zutage tritt, hat eine klarere Ausprägung in den Bemühungen der verschiedenen Wirtschaftsgruppen um eigene *Berufsgesetze* erhalten. Hierbei scheint mir allerdings eine Auseinandersetzung mit den Bestrebungen im Handel unverzichtbar zu sein. Dieser Kampf um eine gesetzliche Regelung für den *Handel* währt nun seit Jahr und Tag. Man kann sicherlich sagen, daß es in dieser Auseinandersetzung manches Hin und Her gegeben hat, man kann vielleicht sogar meinen, daß *mein Ministerium* in dieser Frage *keinen geraden Kurs* gesteuert hätte. Derartige Äußerungen übersehen jedoch, daß dieses Problem zwei Seiten hat; einmal eine grundsätzliche, aber zum andern eben auch eine taktische. Und unter letzterem Gesichtspunkt ist mir jeder Monat, den ich gewann, um die Verabschiedung eines die Freiheit beschränkenden Berufsgesetzes zu verhindern, willkommen gewesen. Immerhin kann ich in dem Augenblick, in dem ich diese Zeilen schreibe, darauf verweisen, daß allen Anstrengungen zum Trotz bis heute ein derartiges Berufsgesetz noch nicht verabschiedet worden ist.

Wenn mein Ministerium hier nicht zähen Widerstand geleistet hätte, würden wir ohne Zweifel längst ein Berufsgesetz haben, das den *Handel* in Dutzende von Branchen aufgesplittert hätte, wobei überdies der Zugang zu jeder einzelnen dieser Branchen bzw. auch der Übergang von der einen in die andere durch die Hürde einer besonderen Fachkunde geschützt worden wäre. Nach allem, was ich auf diesen Seiten ausgeführt habe, bedarf es keiner Erläuterung mehr, daß ein derartiges Gesetz die Verneinung aller meiner Vorstellungen von einer *freiheitlichen Wirtschaftsordnung* bedeutet hätte.

Ein kurzer historischer Rückblick erscheint angebracht. Das Gesetz zum Schutz des Einzelhandels, welches bemerkenswerterweise 1933, „im Jahre der Machtübernahme“ durch Hitler, in Kraft trat, sah zunächst eine absolute Sperre für den Einzelhandel vor. Als sich diese Sperre nicht einmal damals durchführen ließ, wurde das Gesetz in seiner praktischen Anwendung in ein Zulassungsgesetz umgestaltet. Nach dem Zweiten Weltkrieg erlebte dieses Gesetz in den verschiedenen Zonen und Ländern Westdeutschlands ein durchaus unterschiedliches Schicksal. In der amerikanischen Zone wurde gemäß der US-Direktive vom 29. März 1949 die *völlige Gewerbefreiheit* eingeführt, während in der britischen und französischen Zone weiterhin die Zulassungsbestimmungen des Gesetzes von 1933 galten bzw. als Basis für neuere und in aller Regel aufgelockerte Zulassungsgesetze dienten. Aus dieser unterschiedlichen Rechtssituation erwuchs aus den Reihen des Handels der sicherlich verständliche Wunsch nach einer einheitlichen Regelung, wenn man auch die Berechtigung dieses Wunsches nicht überschätzen sollte. *Ist* es denn wirklich *ein Unglück*, wenn bei der Eröffnung eines Einzelhandelsgeschäftes in *Flensburg andere Bestimmungen* angewandt werden *als in München?*

Dem Drängen des Einzelhandels wurde von mir bis zum Ende der ersten Legislaturperiode mit Erfolg entgegengehalten, daß ein besonderes Zulassungsgesetz weder mit dem Geist der Marktwirtschaft vereinbar sei, noch auch seine Übereinstimmung mit dem Grundgesetz der Bundesrepublik eindeutig bejaht werden könnte.

Dieser ablehnende Standpunkt bedurfte dann – nicht zuletzt im Hinblick auf manche Radikalisierungstendenzen – einer gewissen Modifikation. Auf der 5. Delegiertentagung der Hauptgemeinschaft am 22. Oktober 1952 erklärte ich daher:

„Ich bejahe die Schaffung einer Berufsordnung für den Handel, bei der die Ausübung des Handelsberufes von einer Zulassung abhängig gemacht wird. Die Zulassung darf allerdings nicht an Voraussetzungen geknüpft werden, die die *Gewerbefreiheit* einschränken. Sie muß ausschließlich dem Zwecke dienen, die *Leistung* des Einzelhandels zu heben Eine Berufsordnung darf *nicht* zu einer *Erstarrung* des Einzelhandels führen, sondern muß seine Beweglichkeit und Elastizität berücksichtigen und fördern. Dann nur hat sie Sinn und Wert. Einer anderen Regelung für den Einzelhandel kann ich *nicht* zustimmen . . ."

Die Verhandlungen der Folgezeit konzentrierten sich auf die Frage, ob es möglich sei, in diesem Rahmen ein Gesetz zu formulieren. Die Ungeduld über die Dauer dieser Gespräche führte *ohne mein Wissen* dann zu einem überraschenden Vorstoß im Bundestag. Hier legt die CDU/CSU am 11 Juni 1953, also kurz vor Ablauf der ersten Legislaturperiode, einen Initiativantrag für ein Gesetz zur vorläufigen Ordnung im Einzelhandel (Bundestagsdrucksache 4532) vor. Dieser Entwurf gelangte einmal wegen Ablaufs der Legislaturperiode, zum andern aber auch, weil er den gesamten Einzelhandel in mehrere Dutzend Branchen aufsplittern wollte und damit auch in der Öffentlichkeit Widerstand auslöste, nicht mehr zur Verabschiedung.

Aus dieser Situation im Bonner Parlament war ich genötigt, dem Bundeskanzler am 20. Juni 1953 mitzuteilen, daß die Arbeiten an dem Gesetz zur Ordnung des Einzelhandels im BWM fortgesetzt würden und daß zu der grundsätzlichen Forderung nach einer Berufsordnung „zum Zwecke der *Leistungsertüchtigung* und der Sicherung des Leistungswettbewerbs im Einzelhandel“ positiv Stellung genommen werde. Am 14. Juli 1954 wurde der im Handel viel diskutierte Wiesbadener Entwurf formuliert, der für die Hauptgemeinschaft die letzte von ihrem Standpunkt aus noch mögliche und annehmbare Fassung darstellte.

Eine eingehende Erörterung dieses Vorschlags in meinem Ministerium, aber auch die Verhandlungen mit den anderen Ressorts zwangen zu dem Schluß, daß auch dieser Entwurf nicht frei von *Sperrwirkungen* war, die *mit meiner wirtschaftspolitischen Grundeinstellung nicht in Einklang zu bringen sind.* Der daraufhin abgeänderte Vorschlag wurde nun wiederum nicht mehr von der Hauptgemeinschaft akzeptiert. In dieser Situation nahm ich die Delegiertentagung der Hauptgemeinschaft des Einzelhandels in Hamburg am 27. Oktober 1954 zum Anlaß, um mich grundsätzlich noch einmal mit diesem Fragenkreis zu beschäftigen. Das, was ich damals ausführte, behält *über den Tag hinaus* seine Bedeutung, da ich keinen Anlaß sehe, diese grundsätzliche Einstellung für wandelbar oder gar für falsch zu halten.

Die Hamburger Erklärung

In Hamburg legte ich dar:

„Wenn ich nicht in Kästchen denke, dann möchte ich damit zum Ausdruck bringen, daß es in diesen letzten Jahren *eine stümperhafte Wirtschaftspolitik* bedeutet hätte, wenn ich mich von dem Gedanken hätte leiten lassen, reihum jeder Gruppe, diesem oder jenem Berufsstand, diesem oder jenem Wirtschaftszweig besondere Begünstigungen zu gewähren, so daß im Turnus jeder einmal zum Zuge kommt. Nein – so geht es nicht! ... In unserer schnellebigen Zeit vergißt man ja nur allzu leicht und allzu gerne, wie es noch vor sechs Jahren in deutschen Landen aussah, in welcher kümmerlichen, jämmerlichen und bedauernswerten Situation der gesamte Handel gestanden, nein, vegetiert hat. Sie waren doch nichts anderes mehr als Vollzugsorgane des Staates, staatliche Verteilungsbeauftragte eines schematischen und seelenlosen Machtapparates. Erst durch diese Wirtschaftspolitik sind Sie doch wieder Händler in Selbstverantwortung und freie Persönlichkeiten geworden ...

Der Einzelhandel hat vor allem auch im Blickfeld der deutschen Öffentlichkeit heute wieder ein ganz anderes Gesicht; er erfährt eine ganz andere und wesentlich höhere Wertung, als das vor sechs Jahren der Fall war. Damit ist schon ein Moment angerührt, das bei der Behandlung unseres heutigen Problems der Berufsordnung eine erhebliche Rolle spielt ... Ich habe die feste Zuversicht, daß es uns trotz und mit der Aufrüstung zugleich gelingen kann, auch die Einzelhandelsumsätze in den kommenden Jahren weiter zu heben. (Tatsächlich stiegen denn auch die Einzelhandelsumsätze [preisbereinigt] von 1954 bis 1962 um 63%.) Notwendig ist dazu vor allem die Fortführung der Mengenkonjunktur. Dieser harte und stete Kampf meinerseits um die Erhaltung des Wettbewerbs kommt dem Einzelhandel unmittelbar zugute, denn er gewährleistet das gesunde Verhältnis zwischen Kaufkraft und Preisen, er sorgt dafür, daß immer weitere Bevölkerungskreise kaufkräftig werden und an einen gehobenen Bedarf heranreichen. Das alles aber mündet ja schließlich in die Einzelhandelssphäre ein.

Der *Wettbewerb* ist also für Sie das *tragende*, das *unentbehrliche* Element, und alles, was wir tun, muß gerade in Ihrem ureigensten Interesse von der Absicht getragen sein, den Wettbewerb unter allen Umständen und mit aller Kraft zu erhalten. Wenn dem aber so ist, dann erscheint die Frage der Berufsordnung in einem ganz neuen Licht ...

Zuzugeben ist, daß ich vor allem auch in Anerkennung der moralischen Situation des Einzelhandels einmal geneigt war, die Berufsfrage des Einzelhandels positiv zu prüfen ... Ich war aber von Anfang an niemals bereit, eine Lösung zu billigen, die in einem ‚Kästchendenken' den Einzelhandel in – ich weiß nicht wie viele – Berufs- und Warenkreise aufzuspalten suchte und für jede Sparte eine besondere Zulassung forderte ... Erklären Sie zum Beispiel irgendeinem Menschen draußen auf der Straße, daß jemand, der Strümpfe produzieren will, das ohne weiteres tun kann, denn jeder Unternehmer darf sich bekanntlich in der Industrie frei betätigen, – der Mann aber, der den Strumpf über den Ladentisch reicht, der ihn darbietet, soll von der Sache mehr verstehen, soll eine besondere Fachkenntnis besitzen und nachweisen müssen?

Ich bezweifle sehr, ob Sie das 50 Millionen Menschen klarmachen können; ich müßte sonst Ihre Überredungskunst bewundern ... Ich will gewiß nicht Gespenster an die Wand malen, aber ich sage Ihnen: Wenn der Einzelhandel fällt, wenn er sich der Verantwortung des im Wettbewerb sich zu bewährenden freien Kaufmanns entziehen will, wenn er diesen festen Boden seines Seins verläßt, dann wird es kein Halten mehr geben. Wir werden dann nicht mehr ... in der Lage sein, andere Wünsche dieser Art abzulehnen. Dann erleben wir einen schlimmen Rückfall in eine *ständische Ordnung*. Und wenn Sie etwa glauben, daß das unserer deutschen Leistung förderlich sein könnte, daß wir in dieser Enge des Denkens auch noch heute zu wirtschaftlichen und sozialen Erfolgen kommen könnten, dann sind Sie einem argen Wahn hingegeben.

Erkennen Sie doch die Zeichen der Zeit!

Wir wollen heute die engen *Grenzen* unserer Heimat *überwinden*; wir erkennen, daß die nationale Volkswirtschaft nicht mehr ein letzter und absoluter Wert ist; ja, daß eben dieser Rahmen zu eng gewesen ist, um unserem deutschen Volke zu weiteren Fortschritten und zu besserer und freierer Lebensmöglichkeit zu verhelfen ... Wir sprechen über die freie Konvertierbarkeit der Währungen, wir wollen damit den Menschen über die Grenzen hinaus die Möglichkeit der freien Begegnung mit Menschen anderer Völker eröffnen – und in diesem Augenblick sollen wir im Inneren Stacheldrähte ziehen, die einzelne Berufszweige gegeneinander abriegeln? Das paßt wie die Faust aufs Auge.

Glauben Sie mir, daß Sie die Dinge viel zu sehr durch Ihre Brille sehen. Das mache ich Ihnen gar nicht zum Vorwurf; das ist selbstverständlich, denn darin drücken sich die Sorgen Ihres Alltags aus. Aber vertrauen Sie mir, *billigen Sie mir den Glauben* zu, daß ich es gut mit Ihnen meine. Deshalb bin ich ja zu Ihnen gekommen, und ich sage es noch einmal: Wenn diese Barriere bricht, – wie und mit welcher Berechtigung soll ich dann morgen alle die anderen abwehren können, die ebenfalls ihre Berufsordnung haben wollen? Ich könnte die ganze Litanei der Süchtigen aufzählen ... Was dem einen recht ist, ist dem andern billig ...

Eine solche Methode bedeutet indessen einen *Fremdkörper* in der Wirtschaft und das nicht nur in unserer deutschen nationalen Wirtschaft, sondern auch einen Fremdkörper in der gesamten *freien Weltwirtschaft*, die wir bauen wollen, nicht zuletzt auch, um Ihnen größere Freizügigkeit zu eröffnen ..."

Auf dieser Hamburger Tagung gewann ich den Eindruck, daß es möglich sein könnte, die Vertretung des Einzelhandels, die Hauptgemeinschaft, von ihrem Wunsch nach einem Zulassungsgesetz abzubringen und sie für ein Gesetz zur Förderung der Leistung im Handel zu erwärmen, welches den Begriff des *Fachkaufmanns* und entsprechende Voraussetzungen zugunsten einer *Verbesserung der Lehrlingsausbildung* schaffen sollte. Ein auf dieser Basis ausgearbeiteter Diskussionsentwurf wurde am 15. März 1955 den interessierten Verbänden zugeleitet. Es kam jedoch niemals zu einer ernsten Diskussion, da der Handel inzwischen die Hoffnung gewonnen hatte, im Bundestag Anklang für ein mehr in der alten Gedankenrichtung liegendes Zulassungsgesetz finden zu können. Diese Hoffnung hat leider nicht getrogen. Am 22. Oktober 1955 legte die CDU/CSU-Fraktion als Bundestagsdrucksache 1872 einen Initiativgesetzentwurf über die Berufsausübung im Handel vor.

In den anschließenden Beratungen des federführenden Mittelstandsausschusses des Bundestags nahm mein Ministerium ebenso wie die anderen beteiligten Ressorts eine ausgesprochen reservierte Haltung ein. Angesichts des Urteils des Bundesverwaltungsgerichtes vom 3. November 1955, durch welches das Einzelhandelsschutzgesetz und seine Durchführungsverordnung in dem seit 1950 noch angewandten beschränkten Umfange als verfassungsmäßig anerkannt wird, schien es geboten, dem Entwurf nicht allzu heftig zu widersprechen. Allerdings wandte sich mein Ministerium sehr energisch gegen alle Bestrebungen, den Anwendungsbereich dieses Gesetzes auszudehnen. Hier waren Wünsche auf Einbeziehung der Handelsvertreter, Handelsmakler, ja des gesamten ambulanten Handels, aber vor allem auch des Groß- und Außenhandels abzuwehren.

Gewerbliche Erbhöfe unzeitgemäß

Meine Bedenken gegen diesen Entwurf, der verglichen mit früheren sicherlich geläutert war und eine gewisse Sachkunde – und nur im Ausnahmefall eine Fachkundeprüfung – vorsieht, beruhen – wenn ich einmal von der *prinzipiellen Unverträglichkeit* aller Einschränkungen der Gewerbefreiheit mit einer *freiheitlichen Wirtschaftsordnung* absehe – darauf, daß die Hoffnung vieler kleiner und wohl auch mancher mittlerer Einzelhändler, hier werde eine durchgreifende Sperrwirkung gegenüber jedem Neuzugang zum Handel erreicht, trügen wird. Es muß deshalb befürchtet werden, daß nach Inkrafttreten des Gesetzes sehr bald der Ruf nach einer Novelle und einer Verschärfung des Zugangs zum Handel und nach einer Erschwerung der Tätigkeit der bei dieser Mentalität ja immer unbequemen Konkurrenzbetriebe laut wird.

Ich möchte hier zu diesem Fragenkreis nur noch einmal die eindeutige Versicherung abgeben: Man möge mir glauben, daß es nicht Bosheit von mir ist, wenn ich mich gegen die Bestrebungen, die auf ein Berufsordnungsgesetz gerichtet waren, gewandt habe und wenden werde. Ich mußte mir dabei ohnehin gefallen lassen, daß in öffentlichen Versammlungen von Einzelhändlern erklärt wurde, es stelle sich immer mehr heraus, daß sich der Bundeswirtschaftsminister zu einem *Feind des Einzelhandels* entwickelt habe.

Was soll ich dazu sagen?

Ausgerechnet ich, der ich den Einzelhändlern mit Hilfe meiner Wirtschaftspolitik überhaupt erst wieder ihre *eigentlichen Funktionen* zurückgegeben habe, sie erlöst habe von dem *sturen Dasein* eines *bürokratenähnlichen Verteilers*, muß mir vorwerfen lassen, ich sei ein Feind des Einzelhandels, nur weil ich nicht bereit war, Entwicklungen gutzuheißen, die meiner bisher unwiderlegten Überzeugung nach in einer Wirtschaft, die auf Freiheit und Expansion abgestellt ist, keinen Raum haben.

Ich möchte aber doch noch einmal fragen, wo wir wohl hingekommen wären, wenn ich mich nicht gegen all diese Bestrebungen gestemmt hätte. Wie hätten wir in Westdeutschland mit der sozialen und wirtschaftlichen *Eingliederung der Flüchtlinge fertig* werden sollen, wenn wir – im Gruppenegoismus befangen – jeder einzelnen Gruppe ihre besondere Ordnung gegeben hätten?

In einer Zeit, in der wir uns bemühen, die Enge des nationalen Raumes zu überwinden, ist für mein Empfinden kein Spielraum mehr für das Errichten von Schranken in dem ohnehin zu eng gewordenen inneren Wirtschaftsraum vorhanden. Mit dieser Gesinnung verträgt es sich einfach nicht, um einzelne Berufszweige Stacheldrähte zu ziehen und gewerbliche Erbhöfe zu züchten. [42]

Diejenigen, die anderer Ansicht sind, sollten dabei auch nicht vergessen, daß unserer Wirtschaftspolitik eine einzigartige Umsatzsteigerung gelungen ist, die aus der folgenden Tabelle der Einzelhandelsumsätze abzulesen ist.

Umsatz des Einzelhandels
1954 = 100, preisbereinigt

1954	100
1955	110
1956	120
1957	126
1958	130
1959	135
1960	146
1961	156
1962	163

Quelle: Statistisches Bundesamt

Es scheint mir *wesentlich wichtiger* zu sein, jedem Kaufmann die rechte Chance zu geben, im Verlauf der normalen wirtschaftlichen Entwicklung eine *Steigerung* seiner *Umsätze* erreichen zu können, als ihm etwa bei stagnierenden Umsätzen jede Konkurrenz vom Leibe zu halten.

Deutsches Wunder?

Wenn ich mich hier mit *Anliegen* mancher *mittelständischer* Wirtschaftskreise besonders auseinandersetzen mußte, so gestehe ich auch freimütig, manchmal den Eindruck zu haben, daß auch auf seiten unserer *Industrie* allenthalben mit *verkehrter Frontstellung gekämpft* wird. Es entstand in den letzten Jahren manches Mal das Bild, als ob die Industrie die *Marktwirtschaft als* etwas *Störendes* empfinden würde und, wenn auch nicht gerade offen, sich dieser Marktwirtschaft entziehen wolle. Richtig ist natürlich allein die gegenteilige Auffassung. Die Industrie müßte geschlossen und nachdrücklich bekennen, daß sie aus Überzeugung das Prinzip der freien Marktwirtschaft vorbehaltlos bejaht.

Wo die Marktwirtschaft in ihrer Funktion gehemmt ist, sollte die Forderung dahin lauten, die Bedingungen der Freiheit so weit als möglich herzustellen. Die Industrie kann fordern, daß der Staat die Freizügigkeit des Unternehmers nicht künstlich oder über Gebühr beschränkt, daß ihm die Steuerpolitik des Staates genügend Kapital beläßt, um den unternehmerischen Aufgaben im volkswirtschaftlichen Interesse genügen zu können. Kämpft die Industrie in dieser Weise, dann kämpft sie in der richtigen Stoßrichtung. Dann wird sie von mir jede Unterstützung erwarten können.

Die obigen Darlegungen dürften deutlich gemacht haben, daß für mich die Vorstellung, *Einzelinteressen* der Wirtschaft wahrzunehmen, völlig *außerhalb* des Bereichs *meiner Denkungsart liegt;* ja, diese Feststellung kann mit allem Nachdruck getroffen werden, zumal – um das Gesagte noch einmal auf einen Nenner zu bringen – in *meinem Weltbild* und auch in meiner wirtschaftspolitischen Vorstellung der *Mensch* im *Mittelpunkt* allen Geschehens steht. Alle wirtschaftspolitischen Maßnahmen, die ich ergreife, gehen immer von Überlegungen aus, wie die Menschen reagieren werden, welche Konsequenzen sie aus einer Veränderung der ökonomischen Daten ziehen wollen. [39]

Weil ich alle Erfolge, die mittels meiner Wirtschaftspolitik errungen wurden, auf das Tun und Lassen der beteiligten *Menschen* zurückführe, bin ich übrigens auch nicht geneigt, den Begriff des *„deutschen Wunders“* gelten zu lassen. Das, was sich in Deutschland in den letzten neun Jahren vollzogen hat, war alles *andere* als ein *Wunder*. Es war nur die Konsequenz der ehrlichen Anstrengung eines ganzen Volkes, das nach freiheitlichen Prinzipien die Möglichkeit eingeräumt erhalten hat, menschliche Initiative, menschliche Energien wieder anwenden zu dürfen. Wenn darum dieses deutsche Beispiel über das eigene Land hinaus einen Sinn haben soll, dann kann es nur der sein, aller Welt den Segen der menschlichen Freiheit und der ökonomischen Freizügigkeit deutlich zu machen. [33]

7. Kapitel

KARTELLE – FEINDE DER VERBRAUCHER

Der Begriff „soziale Marktwirtschaft“ hat heute, und nicht einmal nur in Deutschland, Allgemeingültigkeit erlangt. Selbst die Gegner meiner Wirtschaftspolitik versperren sich dieser Formulierung nicht mehr. Eine Wirtschaftspolitik darf sich aber nur dann *sozial* nennen, wenn sie den *wirtschaftlichen Fortschritt*, die höhere Leistungsergiebigkeit und die steigende Produktivität dem *Verbraucher* schlechthin zugute kommen läßt. [31]

Das vorzüglichste Mittel, dieses Ziel innerhalb einer freien Gesellschaftsordnung zu erreichen, ist und bleibt der Wettbewerb; er ist der tragende Pfeiler dieses Systems. Die soziale Marktwirtschaft *verpflichtet* mich mithin, den Kartellbestrebungen wie überhaupt allen auf Einschränkung des Wettbewerbs hinzielenden Bestrebungen in den verschiedensten Schattierungen meine ganze Aufmerksamkeit zu widmen und den Kampf anzusagen.

Carlo Mötteli macht in seinem Beitrag „Gewerkschaften und Wirtschaftsordnung“ in dem Sammelband „Wirtschaft ohne Wunder“ (Eugen Rentsch-Verlag, Erlenbach/Zürich, 1953, S. 303) mit Recht darauf aufmerksam, daß sich die freiheitliche Wirtschaftsordnung nicht nur gegen die Angriffe der Gewerkschaften zur Wehr zu setzen habe, sondern „daß im Lager der Arbeitgeber seinerseits die Aufgeschlossenheit gegenüber einer echten Wettbewerbsordnung noch größere Wünsche offen läßt“. Die Neigung, die Handels- und Gewerbefreiheit vermittels Kartellabreden zu durchkreuzen, sei kaum geringer als die der Arbeitnehmer zum Kollektivismus.

Des Ministers Klage

Auf der Tagung des Deutschen Industrie- und Handelstages zu Bad Neuenahr am 22. April hat der Herr Bundeswirtschaftsminister u. a. folgendes ausgeführt: „Um es ganz deutlich zu sagen: wir sind auf dem falschen Wege. Ich werde nicht müde werden, für die Marktwirtschaft zu kämpfen. Aber ich stehe ja allein . . .“

(Entnommen mit freundlicher Genehmigung der Wochenzeitung „Die Zeit“. Zeichnung: Hicks)

Angesichts der Bedeutung und Dringlichkeit dieses Problems habe ich mich bereits kurz nach meiner Bestellung zum Direktor der Verwaltung für Wirtschaft (2. März 1948) um die Erarbeitung von Vorschlägen für ein eigenes deutsches Kartellgesetz bemüht. Dieses Streben fand seinen ersten Niederschlag in dem „Gesetz über die Leitsätze für die Bewirtschaftung und Preispolitik nach der Geldreform“ vom 24. Juni 1948. Entsprechend meinem Vorschlag wird hier in Abschnitt III gesagt: „Soweit der Staat den Verkehr mit Waren und Leistungen nicht regelt, ist dem *Grundsatz des Leistungswettbewerbs* Geltung zu verschaffen. Bilden sich wirtschaftliche Monopole, so sind sie zu beseitigen und bis dahin der staatlichen Aufsicht zu unterstellen. Der Entwurf eines dahingehenden deutschen Gesetzes ist dem Wirtschaftsrat alsbald vorzulegen."

Es ist immerhin der Erinnerung wert, daß das erste deutsche Nachkriegsparlament dieser Formulierung mit großer Mehrheit zustimmte. Einige Zeit vor dieser Entscheidung des Wirtschaftsrates hatten die US- und die Britische Militärregierung am 12. Februar 1948, jede für ihre Zone, die im wesentlichen gleichlautenden US-law 56 und british-ordinance 78 über das Verbot der übermäßigen Konzentration deutscher Wirtschaftskraft und über die Dekartellisierung verkündet, deren Durchführung den Militärregierungen vorbehalten blieb.

Nach alliierten Erklärungen, insbesondere von General Clay, sollten diese Militärgesetze nur eine Übergangsregelung darstellen, die durch ein deutsches Kartellgesetz ersetzt werden könnten, welches allerdings damals noch der Zustimmung der Militärregierung bedurft hätte. Zusätzlich forderte das Bipartite Control Office am 19. März 1949 den Wirtschaftsrat auf, den Entwurf eines Gesetzes vorzulegen, das in Durchführung der Havanna-Charta vom 24. März 1948 die Anwendung von Maßnahmen, die zur Beschränkung des Leistungswettbewerbs und zur Monopolbildung führen, sowie Kartelle und deren Ausweichformen verbieten sollte.

Aus dieser Situation war der *erste deutsche Versuch* erwachsen, diese *unendlich schwierige Materie* gesetzlich zu erfassen. Einem Auftrag von mir nachkommend, legte ein Sachverständigenausschuß, dem u. a. die Kartellrecht-Spezialisten Dr. Walter Bauer, Professor Franz Böhm, Ministerialdirektor a. D. Dr. Paul Josten, Senatspräsident a. D. Dr. Wilhelm Köppel, Professor Dr. Wilhelm Kromphardt, Professor Dr. Bernhard Pfister angehörten, am 5. Juli 1949 einen ersten Entwurf zu einem Gesetz zur Sicherung des Leistungswettbewerbs und ferner zu einem Gesetz über das Monopolamt vor.

Das kurzfristige Auslaufen der Tätigkeit des Wirtschaftsrates gestattete es allerdings nicht mehr, diese Pläne im Frankfurter Gremium weiter zu verfolgen. Wiederholt aber habe ich in jenen Monaten der Öffentlichkeit den *Grundgedanken meiner Antikartellauffassung* nahezubringen versucht. So erklärte ich beispielsweise sehr unmißverständlich im „Volkswirt" vom 16. Dezember 1949:

„Ich erblicke in der Entfaltung des Wettbewerbs die beste Gewähr sowohl für eine fortdauernde Leistungsverbesserung als auch für eine gerechte Verteilung des Volkseinkommens bzw. des Sozialprodukts. Im Interesse einer wirklich ‚sozialen' Marktwirtschaft kann ich auf diesen Motor einer gesunden ökonomischen Entfaltung unmöglich verzichten ... Die unternehmerische Plan- und Zwangswirtschaft erscheint mir um nichts weniger verwerflich und schädlich als die behördliche Zwangswirtschaft. Sie läßt sich somit auch nicht auf die primitive Formel Kartellfreundlichkeit oder Kartellfeindlichkeit bringen ...

Bei aller Mannigfaltigkeit der Erscheinungen, der Aufgaben und Zielsetzungen und trotz der unendlich vielen Nuancierungen und Schattierungen in der praktischen Handhabung der Kartellpolitik kann doch nichts darüber hinwegtäuschen, daß alle Marktabreden, insbesondere auf dem Felde der Preise, in letzter Konsequenz eine irgendwie geartete Beschränkung des Wettbewerbs zum Ziele haben ...

In meinen Augen bedeuten all diese Versuche *eine Sünde wider den heiligen Geist* des Lebens, dessen innerstes Wesen Wandlung, Bewegung und Entfaltung ist und sich deshalb den plumpen Mitteln der planwirtschaftlichen Regulierung und Stabilisierung versagt."

Am 27. Dezember 1949 formulierte ich im Bayerischen Rundfunk: „Freiheit herrscht nur dort, wo *die Macht, Freiheit zu unterdrücken, nicht mißbraucht wird,* sondern wo sie, in den Sitten- und Rechtskodex eines Volkes eingebaut, zum allgemein verpflichtenden Gebot, zum höchsten Wert der Gemeinschaft selbst wird." Auf dem CDU-Parteitag in Goslar, am 22. Oktober 1950, bezeichnete ich das kommende deutsche Kartellgesetz als das Kernstück der sozialen Marktwirtschaft, wobei „die privatwirtschaftliche Ausnutzung von organisatorisch oder juristisch begründeten Machtpositionen zugunsten eines freien Leistungswettbewerbs unterbunden und der Bundesregierung das Instrument eines wirksamen Vorgehens gegen offene und versteckte Preisabreden an die Hand gegeben werden soll". In diesem Kartellgesetz sollen „die besten Grundsätze unserer Politik der sozialen Marktwirtschaft zur Anwendung und Auswirkung kommen". Das Gesetz werde einen *„Markstein in der Geschichte des deutschen Wiederaufbaues"* bedeuten.

Keine amerikanischen Befehle

Diese Äußerungen könnte ich beliebig fortsetzen. Ich rufe sie nur ins Gedächtnis zurück, um daran zu zeigen, daß jeder Bürger, der diese Bundesregierung 1949 oder 1953 gewählt hat und damit sein Votum für die soziale Marktwirtschaft abgab, sich auch zu dieser Antikartellauffassung bekannte, es sei denn, er rechnete mit einer inneren Unehrlichkeit der Politik. Da auch heute noch ab und an in der Diskussion der ebenso *törichte wie hinterhältige Vorwurf* auftaucht, die Arbeiten an einem deutschen Kartellgesetz seien in Durchführung amerikanischer Befehle oder *in Verwirklichung amerikanischen Gedankengutes* unternommen worden, sei hierzu eine kurze Anmerkung gestattet.

Ich habe mich bei meinen diesbezüglichen Bemühungen niemals amerikanischen Befehlen gegenübergesehen oder gar gebeugt. Allerdings ist es eine sehr *ähnliche Art* des *Denkens* und *Fühlens*, welche die amerikanische Wirtschaft zu so sichtbaren Erfolgen geführt hat und die in mir neben der wissenschaftlichen Erkenntnis die Überzeugung von der Schädlichkeit der Wettbewerbsbeschränkungen bestärkte.

Um der historischen Wahrheit willen braucht deshalb auch keineswegs verschwiegen zu werden, daß die erste Bundesregierung am Beginn ihrer Tätigkeit, entsprechend den damals geltenden allgemeinen Bestimmungen, gehalten war, ihren Entwurf des Kartellgesetzes mit der Alliierten Hohen Kommission zu erörtern. Diese teilte am 1. Dezember 1951 mit, daß Sachverständigenbesprechungen über dieses umfangreiche Gesetz aufgenommen werden müßten, die dann auch bereits am 11. Dezember 1951 anliefen. Von diesen Unterhaltungen, die mehrere Wochen beanspruchten, zeugen heute noch Protokolle, die einen Band in Lexikondicke füllen könnten.

Die Verhandlungen selbst verliefen in einer durchaus sachlichen Atmosphäre. Die Diskussionen konzentrierten sich auf einige Hauptfragen, so auf die spezifische Form des Rationalisierungskartells, auf Vorschriften über den Erwerb und die Benutzung von Patenten und Gebrauchsmustern, auf den alliierten Wunsch, verpflichtende Vorschriften über die Gewerbefreiheit einzubauen, und auf Bestimmungen über sogenannte „marktbeherrschende Unternehmungen“.

Der Entwurf, der anschließend von der Bundesregierung verabschiedet wurde, widersprach gerade in seiner Grundkonstruktion den Prinzipien der amerikanischen Gesetzgebung. Der Verbotsgrundsatz wird in Nordamerika starr durchgeführt; die die deutschen Gesetzentwürfe charakterisierende Möglichkeit, *administrative Ausnahmen zu gewähren, ist dem amerikanischen Recht völlig fremd.* Allein dieser kurze Hinweis mag erweisen, wie unwahrhaftig alle unfairen Behauptungen von meiner Hörigkeit gegenüber der amerikanischen Kartellauffassung sind.

Das Bundeskabinett der ersten Legislaturperiode billigte schließlich Anfang 1952 den Entwurf meines Hauses. Dieser Vorschlag wurde am 2. Mai 1952 dem Bundesrat als „Entwurf eines Gesetzes gegen Wettbewerbsbeschränkungen“ zugestellt. Das Plenum des Bundesrates beschäftigte sich am 23. Mai 1952 mit dieser Vorlage.

Auch hierbei verdient es, in das Gedächtnis zurückgerufen zu werden, daß der Bundesrat bei dieser ersten Auseinandersetzung den viel umstrittenen Verbotsgrundsatz des § 1 des Entwurfs bejahte. Diese Entscheidung stellte einen *bemerkenswerten Sieg meiner Konzeption* dar, zumal Monate zuvor ein Unterausschuß des Bundesrates, der den speziellen Auftrag hatte, sich mit den „Vorarbeiten zu dem Bundesgesetz gegen Wettbewerbsbeschränkungen“ zu befassen, vorgeschlagen hatte, „Wettbewerbsbeschränkungen durch marktkonforme Eingriffe in *den* Fällen aufzuheben, in denen Kartellierungen zu *Mißbräuchen* führen“.

Die Bundesregierung nahm unverzüglich zu den Anregungen des Bundesrates Stellung und leitete den Entwurf bereits am 16. Juni 1952 dem Bundestag zu. Zehn Tage später erfolgte in der 220. Sitzung des Parlaments die erste Lesung. Die dem Bundestag in der ersten Legislaturperiode noch zur Verfügung stehenden zwölf Monate erwiesen sich indessen als zu kurz, um dieses gewiß schwierige Gesetz zu verabschieden. Allerdings konnte schon seinerzeit nicht mehr übersehen werden, daß vielfältige Widerstände seitens der Gegner eines allgemeinen Kartellverbots die Beratung im Bundestag beeinflußten – *Widerstände*, die sich *sehr störend* bemerkbar machten und zeitraubend waren.

Verbotsgrundsatz erneut bestätigt

Ich habe nicht gezögert, dem Bundeskabinett bereits wenige Monate nach der Bildung der zweiten „Regierung Adenauer“ erneut einen Entwurf des Kartellgesetzes vorzulegen, der mit demjenigen der ersten Legislaturperiode identisch war. Trotz heftiger und vielschichtiger Versuche, den von mir vertretenen Verbotsgrundsatz zu Fall zu bringen, verabschiedete das Bundeskabinett am 17. Februar 1954 mit beträchtlicher Mehrheit meinen Entwurf. Hierbei unterbreitete das Kabinett ausdrücklich den Wunsch, der Bundestag möge bei der weiteren parlamentarischen Verhandlung an die früheren Beratungsergebnisse der ersten Legislaturperiode anknüpfen.

Am 21. Mai 1954 nahm der Bundesrat zu dem Vorschlag Stellung, wobei er trotz heftiger und dramatischer Auseinandersetzungen, die dieser Sitzung vorausgingen, den Grundgedanken des Entwurfes, der im Verbotsprinzip des §1 seinen Niederschlag gefunden hat, mit Mehrheit billigte. Es dauerte dann allerdings mehrere Monate, bis sich die Bundesregierung entschloß, den Vorschlag an den Bundestag weiterzuleiten. Für *diese Verzögerung* bis zum 22. Januar 1955 *trage ich* durchaus *die Verantwortung.*

Gegen meinen Entwurf wurde von seiten der Wirtschaft immer und immer wieder geltend gemacht, daß die Wirtschaft nicht in einen uneingeschränkten Wettbewerb gestoßen werden dürfe, solange der Staat über die Steuer dem wirtschaftenden Menschen zu viel von dem Ertrag seiner Arbeit fortnimmt. Da diese Argumentation in materieller Hinsicht einer gewissen Berechtigung nicht entbehrte, erklärte ich mich in der Zeit der Beratung der Steuerreform mit einer Verschiebung einverstanden, wobei zudem noch die Überlegung ins Gewicht fiel, daß das Parlament infolge der Steuerreformarbeiten in der Tat überlastet war.

Diese Pause bot im übrigen noch einmal Gelegenheit, mit den interessierten Wirtschaftskreisen, insbesondere mit dem Bundesverband der Deutschen Industrie, die wichtigsten Vorschläge des Gesetzentwurfes zu erörtern. Diese Besprechungen führten zu der sehr häufig mißverstandenen und viel diskutierten Zusammenfassung jener Beratungen am 18. Oktober 1954. Der Bundestag selbst schritt dann am 24. März 1955 in seiner 76. Sitzung zur ersten Lesung des Regierungsentwurfs. Dem Parlament standen damit über zwei Jahre bis zum Abschluß der Beratungsperiode zur Verfügung.

Konsumentenschutzgesetz

Gerade deshalb lege ich auch Wert darauf, festzustellen, daß in den verschiedenen Phasen der parlamentarischen Beratungen nicht nur auf seiten meiner Gegner taktische Überlegungen in Richtung einer Verzögerung maßgebend gewesen sind, sondern auch ich unter Inkaufnahme einer Verzögerung von dem Wunsche beseelt war, vom Parlament ein wirklich brauchbares und meinen Grundanschauungen entsprechendes Gesetz zu erhalten. Ich konnte mich dabei der berechtigten Hoffnung hingeben, daß mit Annäherung an das Ende der Legislaturperiode die Parlamentarier eher geneigt sein würden, meinen Vorstellungen zu entsprechen, zumal es sich bei diesem Gesetz um ein ausgesprochenes *Konsumentenschutzgesetz* handelt. Diese taktischen Überlegungen sollen hier jedoch nicht länger Gegenstand der Erörterung sein; es kommt mir vielmehr darauf an, die Grundzüge meiner Kartellauffassung, die über die sich wandelnden Tagesfragen hinaus Gültigkeit behalten werden, darzulegen.

Einleitend habe ich damit die Frage zu beantworten, *warum ich* denn ein so *ausgesprochener Gegner von Kartellen bin.* In diesem Zusammenhang wird auf einen kurzen Blick in die Vergangenheit nicht verzichtet werden können.

Ich gehe dabei von der durch die wirtschaftswissenschaftliche Forschung erhärtete wirtschaftspolitische Erfahrung aus, daß die *Wettbewerbswirtschaft* die ökonomischste und zugleich *die demokratischste Form der Wirtschaftsordnung* ist und daß der Staat nur insoweit in den Marktablauf lenkend eingreifen soll, wie dies zur Aufrechterhaltung des Wettbewerbsmechanismus oder zur Überwachung derjenigen Märkte erforderlich ist, auf denen die Marktform des vollständigen Wettbewerbs nicht erreichbar erscheint.

Es ist eine von keiner ökonomischen Richtung bestrittene historische Tatsache, daß die liberale Wirtschaftsepoche die Menschheit in ihrer zivilisatorischen Entwicklung ein gewaltiges Stück vorwärts gebracht hat. Nachdem die erstarrte Zunftordnung mit ihren wirtschaftlichen, aber auch ethischen und ständischen Zielsetzungen für den wirtschaftlichen Fortschritt ein Hemmschuh geworden war, entfaltete das Prinzip des „laisser-faire" ungeahnte Wirtschaftskräfte. Während die Zünfte persönliche Initiative und fortschrittliche Ideen verpönten, konnte der Unternehmer des beginnenden neunzehnten Jahrhunderts das Was, Wie, Wo, Wieviel und Wohin seiner Produktion selbst bestimmen. Da für alle Unternehmer die gleiche Chance der freien Betätigung bestand, entwickelte sich die Konkurrenz und damit der „Markt", der zum Kreuzungspunkt aller wirtschaftlichen Interessen wurde. Über den durch Angebot und Nachfrage entstandenen Marktpreis wurden hier die Produktion und der Verbrauch zum Nutzen aller gesteuert.

In den letzten Jahrzehnten des neunzehnten Jahrhunderts zeigten sich jedoch in zunehmendem Maße Erscheinungen, die einerseits die Wirksamkeit der Marktwirtschaft behinderten, andererseits zu verstärkten sozialen und damit auch politischen Spannungen führten.

Die dem marktwirtschaftlichen Prinzip innewohnenden Kräfte, aber darüber hinaus auch Maßnahmen des Staates selbst führten zu einer Beeinträchtigung des Wettbewerbsmechanismus durch Bildung von Monopolen und anderen marktbeherrschenden Positionen. Die Entwicklung der modernen Technik förderte ihrerseits noch einmal gewisse Monopolisierungstendenzen, so daß ohne Zweifel die *Gleichheit der Wettbewerbsbedingungen* allenthalben *störend beeinträchtigt* wurde.

Jede Monopolstellung birgt in sich die Gefahr der Übervorteilung des Konsumenten und läßt zudem den wirtschaftlichen Fortschritt erstarren. Die negativen Auswirkungen der Monopolisierungstendenzen mußten um so stärker in Erscheinung treten, je kleiner die Volkswirtschaften waren und je mehr diese sich durch protektionistische Maßnahmen vom freien Weltmarkt absperrten bzw. im Schutze dieser Absperrung privatwirtschaftliche Monopolstellungen durch wirtschaftspolitische Maßnahmen sogar bewußt gefördert wurden. [36]

Alle müssen am Erfolg teilhaben

Angelpunkt dieser Kartellauffassung ist meine Überzeugung, daß nur über den freien Wettbewerb die Kräfte lebendig werden, die dahin wirken, daß jeder wirtschaftliche Fortschritt und jede Verbesserung in der Arbeitsweise sich nicht in höheren Gewinnen, Renten oder Pfründen niederschlagen, sondern daß alle diese Erfolge an den *Konsumenten* weitergegeben werden. Das ist der *soziale* Sinn der *Marktwirtschaft*, daß *jeder wirtschaftliche Erfolg,* wo immer er entsteht, daß jeder Vorteil aus der Rationalisierung, jede Verbesserung der Arbeitsleistung *dem Wohle des ganzen Volkes nutzbar gemacht wird* und einer besseren Befriedigung des Konsums dient.

Die Marktwirtschaft ist deshalb von dem System des freien Wettbewerbs nicht zu trennen; sie kann darum auch nicht auf die Funktion des *freien Preises* verzichten. Wer die Funktion des freien Preises ausschalten will – gleichgültig, ob das nun durch staatliche Stellen oder durch unternehmerische Organisationen wie durch Kartelle erfolgt –, ertötet damit den Wettbewerb und läßt die Wirtschaft erstarren. [20]

In konsequenter Verfolgung dieser Gedankengänge habe ich es mit dem Tage der Währungsreform als meine vornehmste und wichtigste Aufgabe angesehen, die vielfältigen Einflußnahmen des Staates auf die Preisbildung einzuschränken und abzubauen. Jedermann weiß seit dieser Zeit, daß ich meine Wirtschaftspolitik auf den *Grundsatz der Freiheit und Freizügigkeit gestellt habe,* weil eine wirklich organische und harmonische Ordnung nur in einem durch freien Leistungswettbewerb und freie Preisbildung gesteuerten freien Markt zu gewährleisten ist.

So entschieden ich jede Art von bürokratischem Dirigismus und staatlicher Befehlswirtschaft ablehne, so fest bin ich auch entschlossen, anderen Formen kollektiver Wirtschaftsbeeinflussung Widerstand entgegenzusetzen. Zwischen *staatlicher und unternehmerischer Planwirtschaft* besteht *weder prinzipiell noch funktionell ein Unterschied.* Wenn wir schon eine freie Wirtschafts- und Gesellschaftsordnung haben wollen, dürfen wir niemandem und keiner Gruppe das Recht einräumen, die Freiheit individuell nach Geschmack und Belieben auszudeuten und sie dann auch einzuengen. Freie Wirtschaft ist in meinen Augen gleichbedeutend mit freier Unternehmungswirtschaft. [18] Die Unternehmer wissen nicht, was sie tun, sie gebärden sich wie Flagellanten, wenn sie das System der Wettbewerbswirtschaft befehden.

Für mich ist die Freiheit ein Ganzes und Unteilbares. In meinem Blickfeld stellen politische Freiheit, wirtschaftliche und menschliche Freiheit eine komplexe Einheit dar. Es ist nicht möglich, hier einen Teil herauszureißen, ohne nicht das Gesamte zusammenstürzen zu lassen. [27]

Das Geheimnis der Marktwirtschaft

Dieses Wissen um die Unteilbarkeit der Freiheit mußte *jedem Politiker*, der sich um das Wohl der Allgemeinheit bemüht, *nach den Jahren der politischen Unfreiheit* die *Verpflichtung* bewußt sein lassen, *endlich den Menschen wieder Freiheit* zu gewähren. Dieses Verantwortungsgefühl bewog mich, sofort nach meiner Amtsübernahme mit dem ganzen Spuk aufzuräumen, der die Wirtschaft und den wirtschaftenden Menschen von Staats wegen zu gängeln versuchte. Damit habe ich für meinen Ressortbereich die

Grundvoraussetzung einer echten demokratischen Ordnung geschaffen; ich habe der Freiheit zum Durchbruch verholfen.

Das ist ja gerade das Geheimnis der Marktwirtschaft, und das macht ihre Überlegenheit gegenüber jeder Art von Planwirtschaft aus, daß sich in ihr sozusagen täglich und stündlich die Anpassungsprozesse vollziehen, die Angebot und Nachfrage, Sozialprodukt und Volkseinkommen sowohl in quantitativer als auch in qualitativer Beziehung zu richtiger Entsprechung und so auch zum Ausgleich bringen. Wer also nicht Leistungswettbewerb und freien Marktpreis will, hat jedes Argument gegen die Planwirtschaft aus der Hand gegeben. [11]

Nun mag von meinen Gegnern die Frage aufgeworfen werden, ob die von mir so betonte Freiheit des Unternehmers nicht gerade dadurch zu sehr eingeschränkt wird, daß man dem Unternehmer nicht mehr gestatten möchte, seine Freiheit so zu gebrauchen, wie er es für richtig hält, das heißt also auch gegebenenfalls dazu zu benutzen, die freie Betätigung des einzelnen Unternehmers einzuschränken. Ich gebe gern zu, daß es sich hierbei um die *zentrale Frage* der *Marktwirtschaft* moderner Ausprägung handelt. Diese Frage zu stellen und zu beantworten heißt, *den eklatanten Unterschied* zwischen der sozialen Marktwirtschaft, wie wir sie in Westdeutschland seit 1948 zu verwirklichen suchen, und der liberalistischen Wirtschaft alter Prägung *aufzuzeigen*.

Nach meiner Auffassung beinhaltet die *soziale Marktwirtschaft* eben *nicht die Freiheit* der Unternehmer, durch *Kartellabmachungen die Konkurrenz auszuschalten*; sie beinhaltet vielmehr die Verpflichtung, sich durch eigene Leistung im Wettbewerb mit dem Konkurrenten die Gunst des Verbrauchers zu verdienen. Nicht der Staat hat darüber zu entscheiden, wer im Markt obsiegen soll, aber auch nicht eine unternehmerische Organisation wie ein Kartell, sondern ausschließlich der *Verbraucher*. *Qualität* und *Preis* bestimmen Art und Richtung der Produktion, und nur nach diesen Kriterien vollzieht sich auf der privatwirtschaftlichen Ebene die Auslese.

In dieser Sicht ist die *Freiheit* ein staatsbürgerliches Recht, das von *niemandem außer Kraft gesetzt* werden darf. Die von den Kartellfreunden geforderte Freiheit zur Unterbindung oder zur Beseitigung der Freiheit ist nicht der Freiheitsbegriff, den ich im Interesse des Fortbestehens freier Unternehmer als verpflichtend vorangestellt wissen möchte. Wer das Wort Freiheit im Munde führt, muß es damit auch ehrlich meinen. *Die Freiheit* – ich wiederhole es – *ist und bleibt ein Ganzes und Unteilbares.* Sie darf nicht nach Zweckmäßigkeitsgründen verteidigt oder verworfen werden.

Den Gegenpol der wirtschaftlichen Freiheit stellt die Ausprägung wirtschaftlicher Macht dar. Es ist daher gesetzlich sicherzustellen, daß die Vorzüge der Wettbewerbswirtschaft nicht durch historisch erwiesene Nachteile einer bedenklichen Machtkonzentration aufgewogen werden.

Der Gesetzgeber muß also dem Problem der wirtschaftlichen Macht als einem möglichen Störungsfaktor des marktwirtschaftlichen Gleichgewichts seine besondere Aufmerksamkeit zuwenden. Der Wettbewerb und die durch ihn bedingte Leistungssteigerung und Fortschrittsförderung müssen durch staatliche Ordnungsmaßnahmen sichergestellt und gegenüber allen Störungselementen abgeschirmt werden. Insbesondere ist zu gewährleisten, daß die Funktion der freien Preisbildung in einem nicht manipulierten Markt als Steuerungsmittel des Wirtschaftsablaufs keine Behinderung erfährt.

Die Grundformen wirtschaftlicher Macht

Wirtschaftliche Macht bildet sich im wesentlichen in drei Grundformen:

1. Auf rechtlich organisatorischer Grundlage in der

Weise, daß sich mehrere juristisch selbständige Unternehmer unter Beschränkung ihrer eigenen Selbständigkeit untereinander oder einzeln gegenüber anderen durch Vertrag oder Beschluß binden, durch Regelung der Marktfaktoren den Wettbewerb zu beschränken oder auszuschalten.

2. Auf kapitalmäßiger Grundlage in der Weise, daß die Willensbildung eines rechtlich selbständigen Unternehmens durch Interessenverflechtung oder auf Grund von Besitzverhältnissen durch ein anderes Unternehmen in dem Sinne beeinflußt wird, daß es seine Leistungskraft auf dem Markt nicht voll zur Geltung bringen kann oder darf.

3. Durch das Entstehen einzelner Großunternehmen, die auf Grund ihrer starken Marktstellung einen beherrschenden Einfluß auf Angebot und Preisbildung ausüben.

Durch wirtschaftliche Macht kann der Marktpreis, der in der vollkommenen Wettbewerbswirtschaft dem Diktat des einzelnen Marktpartners entzogen ist, willkürlich verändert und damit also auch der Marktablauf im Interesse und zum Vorteil der einflußnehmenden Machtgruppen bewußt und künstlich gelenkt werden. Der so gelenkte Preis ist für die monopolistisch organisierte Marktleistung kein *„Datum“* mehr, dem sich die Einzelsubjekte um der Erhaltung ihrer Wettbewerbsfähigkeit willen *anpassen müssen*, sondern er kann nun nach *eigenem Ermessen festgesetzt* und manipuliert werden. Daraus erwächst folgerichtig die Gefahr der *Übervorteilung des Verbrauchers*, aber auch die Gefahr volkswirtschaftlicher Fehlinvestitionen und die Möglichkeit der *Beeinträchtigung* des technischen und wirtschaftlichen *Fortschritts*.

Der Gesetzgeber muß es als seine Aufgabe ansehen, Störungsfaktoren im Marktablauf dadurch auszuschließen, daß er

a) die vollständige Konkurrenz in einem möglichst großen Umfang erhält,

b) auf Märkten, auf denen die Marktform des vollständigen Wettbewerbs nicht hergestellt werden kann, die mißbräuchliche Ausnutzung einer Marktmacht verhindert,

c) aus dieser Zielsetzung ein staatliches Organ zur Überwachung und – wenn nötig – zur Beeinflussung des Marktgeschehens schafft.

Eine derart geordnete Wirtschaftsverfassung bildet – wie schon kurz erwähnt – das wirtschaftspolitische *Gegenstück* zur *politischen Demokratie*. Während als deren Inhalt das politische Mitbestimmungsrecht jedes Staatsbürgers anzusehen ist, stellt die Wettbewerbsordnung die wirtschaftlichen *Grundrechte* der Freiheit der Arbeit und der *Verbrauchswahl* sicher.

Die engen Beziehungen und Abhängigkeiten zwischen der politischen und der wirtschaftlichen Verfassung lassen die gesetzliche Festlegung der wirtschaftlichen Grundrechte als besonders vordringlich und notwendig erscheinen. [36] Das Ziel meiner Bemühungen geht also dahin, den Leistungswettbewerb als die treibende Kraft und den freien Preis als das Regulativ der Marktwirtschaft durch Gesetze fest zu verankern.

Wer über diese Prinzipien hinweggehen oder sie auch nur gering achten wollte, der *unterminiert* die *Marktwirtschaft* und sprengt die Fundamente, auf denen unsere gesellschaftswirtschaftliche Ordnung steht. Der Leser mag spüren, daß es hier um die Grundfragen der Wirtschaftspolitik geht und daß es sich bei der Auseinandersetzung um die Kartellpolitik nicht um irgendeine beliebige der vielen Streitfragen handelt. Hier ist vielmehr das *zentrale Problem* unserer wirtschaftlichen Ordnung angesprochen. [23] Nur aus dieser zentralen Stellung werden ja auch die jahrelangen Kämpfe um das Kartellgesetz verständlich.

Lassen Sie mich aber auch die *soziale Seite* des Problems beleuchten. Ich bin auch deshalb ein grundsätzlicher Gegner von Kartellen, weil eine echte und ehrlich gemeinte soziale Marktwirtschaft – wobei deshalb der Akzent bewußt auf das Wort „sozial“ gelegt wird – nur dann gewährleistet sein kann, wenn durch den freien Wettbewerb die bessere Leistung den Vorrang vor der schlechteren erhält und auf diese Weise über den Wettbewerb *eine optimale Bedarfsversorgung nach Quantität, Qualität und Preiswürdigkeit erreicht wird.* Gleichzeitig stellt dieses Prinzip sicher, daß der höheren Leistung ein höherer Gewinn zuteil wird und daß der unter sozialem Aspekt wertvollere Unternehmer größere Sicherheit und neue Chancen gewinnt. [7]

Was nun die so häufig mißverstandene *moralische Wertung* der Kartelle anlangt, so möchte ich unumwunden erklären, daß ich weit davon entfernt bin, Kartelle vornehmlich moralisch zu beurteilen oder etwa dem einzelnen Industriellen und Unternehmer unlautere Motive unterschieben zu wollen.

Wenn zum Beispiel ein Unternehmer der Meinung ist, daß er im Preise seines Produktes die aufgewendeten Kosten zurückvergütet erhalten müßte, so sind dagegen moralische Bedenken gewiß nicht zu erheben. Eine derartige Vorstellung ist nur mit den inneren Gesetzen einer Marktwirtschaft nicht in Einklang zu bringen; sie würde auch dem schlechtesten Unternehmer eine Rente garantieren. [27]

Nein, ich vermag in Kartellen beim besten Willen nichts Positives, sondern vor allem bei einer volkswirtschaftlichen Wertung immer nur etwas Negatives zu erblicken. Wie oft habe ich es in den letzten Jahren erlebt, daß Leute zu mir gekommen sind – ein Industriezweig nach dem anderen –, die da beteuerten, daß, falls sie keine Möglichkeit erhalten, Preisvereinbarungen zu treffen, sie mit Sicherheit zusammenbrechen müßten. Ich habe diese Möglichkeit nicht eröffnet, aber es haben sich auch nicht die vorausgesagten Zusammenbrüche ereignet.

Bei früherem Anlaß habe ich scherzhaft gesagt: „Um meinen Schreibtisch katastropht es vom Morgen bis zum Abend, aber ich warte noch immer auf die Katastrophe.“

Die deutsche Wirtschaft hat sich in den letzten Jahren von Krise zu Krise doch ganz gut fortentwickelt. [10]

Ausnahmen möglich und notwendig

Es hatte also schon seinen guten Grund, wenn ich in den vergangenen Jahren mit einer *an Sturheit grenzenden Härte* das marktwirtschaftliche Prinzip vertreten habe. Gleichwohl bin ich mir dabei natürlich im klaren, daß das *Denkmodell eines reinen Wettbewerbs* an dieser oder jener Stelle keine volle Gültigkeit besitzt. Leider ist dieses Prinzip auch sonst allenthalben angenagt worden. Trotzdem sollten wir es als ein *Glück* empfinden, daß wir wieder über eine in sich geschlossene Vorstellung verfügen, auf Grund deren wir endlich wieder zu einem wirtschaftlichen Ordnungsdenken zurückfinden und davon abgehen konnten, einfach in den Tag und in die Welt hinein zu leben.

Ein „Denkmodell" dieser Art besagt keineswegs, daß es praktisch nun überall und dazu in völliger Reinheit verwirklicht werden könnte. Ich bin *nicht weltfremd genug*, um nicht um mich herum tausend Beispiele zu sehen, aus denen sich ergibt, wie sehr das theoretische Schema des völlig freien Wettbewerbs mit anderen Elementen gemischt und dadurch verwässert ist. [19] Ich bin auch nicht dogmatisch genug, um nicht einzusehen, daß es Situationen geben mag, in denen das generelle Kartellverbot einmal eine Modifizierung erfahren sollte, vielleicht sogar müßte. Es ist ja auch sehr wohl möglich, in Einzelfällen gewisse Beschränkungen oder auch Lockerungen des Kartellverbots Platz greifen zu lassen. [7] Wer sich indessen über das „Denkmodell" des vollkommenen Wettbewerbs glaubt lustig machen zu sollen, verrät damit nur seine eigene geistige Unzulänglichkeit.

In Verwirklichung der obigen Gedankengänge ist denn auch der Gesetzentwurf der Regierung *frei von jedem Dogmatismus.* Er geht deshalb auch gar nicht von der viel kritisierten Idee der vollständigen Konkurrenz aus, sondern erkennt die mögliche Berechtigung oder sogar Notwendigkeit einer Intervention an. So sieht der Entwurf sowohl Konditionenkartelle als auch Exportkartelle vor, und selbst Rationalisierungskartelle dürfen wirksam werden. *Niemand kann* also guten Gewissens *behaupten, daß dem berechtigten Bedürfnis der Wirtschaft nicht Rechnung getragen ist* und daß durch das Verfahren selbst eine Diskriminierung gewisser Wirtschaftskreise Platz greift. [31]

Grundsatzstreit geht am Kern vorbei

Die Betrachtung wäre unvollständig, wenn nicht die jahrelang währende Auseinandersetzung zwischen den Anhängern einer *Verbots- und einer Mißbrauchsgesetzgebung* erwähnt würde. Diese Fragestellung geht zwar ebenso wie die Versuche einer moralischen Wertung meines Erachtens am Kern des Problems vorbei. Darf ich darum noch einmal betonen, daß meine ablehnende Haltung gegenüber den Kartellen nicht auf der Unterstellung bewußt angestrebter, unlauterer Absichten oder Praktiken beruht, die den Tatbestand der Diskriminierung erfüllen, sondern daß ich in dem Faktum kollektiv gebundener Preise an sich – auch wenn diese sittlich und kalkulatorisch durchaus vertretbar sind – einen volkswirtschaftlichen Mißstand erblicke. Damit aber stößt zugleich auch jede Mißbrauchsgesetzgebung ins Leere.

Ich gehe sogar so weit zu sagen, daß eine Preisbindung auf zu niedriger Ebene volkswirtschaftlich ebenso schädlich sein kann wie ein zu hoch angesetzter Preis. Der volkswirtschaftlich allein „richtige“ und vertretbare Marktpreis ist begrifflich *gar nicht zu errechnen.* Er ergibt sich vielmehr aus der Ausgleichsfunktion des Preises in einem freien Markt. Jede andere Betrachtung des Preisphänomens führt zu Entartungen, wie wir sie zum Beispiel in der LSÖ-Kalkulation kennengelernt haben; sie muß darüber hinaus notwendig die Mentalität erzeugen, daß der Unternehmer in jedem Falle einen Anspruch auf Kostendeckung erheben könne.

Die *Verbotsgesetzgebung* ist, wie mir scheint, unter jeglichem Blickwinkel konsequent. Sie zieht endlich die einzig mögliche Nutzanwendung aus den negativen Erfahrungen mit jeder Art von Mißbrauchsgesetzgebung und *läßt* dennoch *die Ausnahmen zu, die sich als volkswirtschaftlich notwendig erweisen mögen.*

Die Kartellfreunde begehen zudem aber gewiß auch nicht zufällig den großen Fehler – und das kennzeichnet auch ihre Schwäche –, daß sie die Wirkungen von Kartell- bzw. Antikartellmaßnahmen immer nur an den privatwirtschaftlichen Folgen der beteiligten Unternehmungen messen wollen, daß sie aber jeder volkswirtschaftlichen Gesamtbetrachtung geflissentlich ausweichen. Es sind ja gerade die straffen und in ihrer Zielsetzung erfolgreichen Kartelle, die, volkswirtschaftlich gesehen, meist als die schädlichsten betrachtet werden müssen.

Das Kartellgesetz darf daher in bezug auf den Grundsatz des Kartellverbots unter keinen Umständen eine Änderung erfahren, oder das ganze Kartellgesetz wird zu einer Farce, die die Politik der *Bundesregierung* in den Augen der gesamten Öffentlichkeit nur *lächerlich* zu machen geeignet wäre. Zudem glaube ich, daß das Kartellgesetz ein brauchbares, wenn nicht überhaupt das beste Mittel ist, um die politischen Angriffe gegen die Unternehmungswirtschaft zum Schweigen zu bringen.

Der *Unternehmer ist unangreifbar*, wenn ein freier Leistungswettbewerb die Funktion des freien Unternehmers tatsächlich unentbehrlich macht und wenn über den Leistungswettbewerb und den sich vollziehenden Fortschritt ein Preis zustande kommt, der dem Verbraucher optimale Lebensmöglichkeiten eröffnet. Die Mentalität des Verbrauchers gegenüber unserer Wirtschaftsordnung wird sich immer mehr zum Positiven wandeln, wenn der Staatsbürger die Gewißheit haben kann, daß er über den freien Markt sein Schicksal selbst bestimmt und er nicht anonymen wirtschaftlichen Kräften und Mächten ausgesetzt ist. [11]

Die Kartellfreunde, die ein Überwachungs- oder Mißbrauchsgesetz fordern, sind im Grunde sehr viel dogmatischer als die Anhänger der Verbotsgesetzgebung, denn sie verzichten auf eine Widerlegung aller Einwände; sie bestehen auf ihrem Schein auch dann, wenn ihnen nachgewiesen wird, daß eine Mißbrauchsgesetzgebung am volkswirtschaftlichen Kern des Problems völlig vorbeigeht. Ich zeihe ja die Kartelle gar keines Mißbrauchs in einem kriminellen oder amoralischen Sinne. Der „Mißbrauch" drückt sich in der Bindung und in der Erstarrung der Preise, das heißt also in der Aufhebung der Funktion des freien Preises, aus. Darum kann ich mit einer *Mißbrauchsgesetzgebung überhaupt nichts anfangen.* Auf diesen Einwand ist mir in all den Jahren keine Antwort zuteil geworden; ich gebe indessen zu, daß vom Standpunkt der Kartellfreunde auch keine Antwort gegeben werden kann. [31]

Unersetzliches Barometer

Es ist begrifflich eine Illusion, eine bare Unmöglichkeit, durch ein Kartell einen volkswirtschaftlich „richtigen" Preis bilden zu wollen. Man soll doch endlich einmal meine Grundkonzeption widerlegen: In einem freien Markt, in dem freie Unternehmer nach ihren freien Entscheidungen und auf eigenes Wagnis hin produzieren, kann es keinen festen, keinen kartellmäßig gebundenen Preis geben, weil sonst der qualitative und quantitative Ausgleich des differenzierten Angebots der Produzenten und der noch vielfältigeren Nachfrage der Millionen Verbraucher logisch unmöglich wird. Die Wirtschaft müßte dabei völlig blind werden, der Unternehmer könnte nicht länger marktgerechte Dispositionen treffen, wenn ihm nicht mehr über den reagiblen Preis angezeigt wird, wo, wann und was zuviel oder auch zuwenig produziert wurde. Der Ausgleich von Angebot und Nachfrage kann nicht mehr Platz greifen, wenn die Wirtschaft über Kartelle erstarrt. [21]

Das den Laien fast geheimnisvoll anmutende Walten einer freien Volkswirtschaft beginnt eben dort, wo wir die Frage stellen, wie es denn eigentlich zustande kommt, daß bei uns die Millionen Verbraucher in eigner Konsumwahl jeweils gerade das auf dem Markt vorfinden, was sie begehren.

Niemand kann von vornherein annehmen, daß Hunderttausende von freien Unternehmern in ihren individuellen Dispositionen nie irgendeinen Fehler begehen. Nein, sie sind natürlich nicht unfehlbar, d.h. es wird von dem einen Gut zuviel, von dem anderen zuwenig und nach Qualität und Preis auch nicht immer das Richtige, d. h. das produziert, was nachgefragt wird. Wir wissen zudem ja alle, wie wandelbar der Verbraucher ist.

Der gesellschaftliche Verbrauch ist in einer ständigen Umformung begriffen, und trotzdem muß das Angebot immer diese Nachfrage aufsaugen können. Dieses „Kunststück“ ist überhaupt nur dadurch zu vollbringen, daß jeder Unternehmer um seiner Existenzerhaltung willen gar keinen anderen Ehrgeiz und Willen haben kann, als im Markte jeweils „richtig zu liegen“, die Gunst des Verbrauchers nicht einzubüßen und immer Besseres an ihn heranzutragen, um sich im Wettbewerb gegen den Mitanbieter zu behaupten. In diesem Ringen um die Marktpositionen läßt sich die Funktion des freien Preises einfach nicht ausschalten. [23]

Indirekt besagt das dann natürlich, daß dem Unternehmer keine Garantie zuerkannt werden darf, seine Kosten im Preis zurückerstattet zu erhalten. Wenn sich ein Kartell auf derart gefährliche moralische Thesen stützen wollte, dann ergäbe sich daraus die zwingende Konsequenz, daß *der Unternehmer keine Daseinsberechtigung mehr geltend machen kann*; dann ist seine Aufgabe als eine nur noch technische und verwaltungsmäßige auch von jedem geschulten Funktionär zu besorgen. Dann steht ihm füglich auch nicht länger ein Unternehmergewinn zu.

Der Preis wird in einer Volkswirtschaft zum notwendigen Ausgleich bzw. zur Abdeckung von Angebot und Nachfrage einmal so hoch sein müssen und dürfen, wie er vielleicht im Kartell gar nicht gesetzt werden möchte. Auf der anderen Seite aber wird er auch einmal je nach Marktlage unter den Kosten liegen.

Ich muß deshalb auch allen eine Absage erteilen, die die Notwendigkeit von Kartellen auf betriebswirtschaftliche Überlegungen stützen möchten. Zwar habe ich ganz bestimmt nichts gegen die Kostenrechnung einzuwenden; ich wünschte sogar, daß jeder Betrieb über fähige Kräfte zur Erstellung richtiger Kalkulationen verfügen möchte. Die Kostenrechnung hat immer nur den Sinn, dem einzelnen Betrieb deutlich zu machen, wo er steht, ob und inwieweit er sich im Leistungswettbewerb behaupten kann. Es ist aber völlig abwegig, aus Kalkulationen etwa politische Forderungen oder Wünsche nach Kartellen ableiten zu wollen. [57]

Die deutschen Unternehmer, die sich zu Recht gegen eine ungebührliche Ausdehnung der *Mitbestimmungstendenzen* wenden, haben allen Grund, von ihrer Kartellfreundlichkeit abzurücken, denn tatsächlich berührt die Politik freier oder gebundener Preise das Problem der Mitbestimmung aufs engste.

Der Unternehmer kann nur so lange seine Daseinsberechtigung erweisen, als er die Funktion eines freien Unternehmers mit allen Chancen, aber auch mit allen Risiken zu erfüllen bereit ist. Nur so lange ist er unersetzlich und unangreifbar, als er gewillt ist, sich auf dem freien Markt im freien Wettbewerb zu bewähren. Sobald jedoch der Unternehmer in Form *kollektiver* Vereinbarungen das *Wagnis abzuschwächen* versucht oder es gar völlig beseitigen möchte, d. h. also wenn er die eigentlichen unternehmerischen Entscheidungen von der Betriebsebene über Kartelle auf die Branchen- oder Verbandsebene verlagert wissen möchte, dann wird man nach meiner Überzeugung die Mitbestimmungsforderungen nicht länger und auch nicht mit innerer Berechtigung und Überzeugungskraft abwehren können. [16]

Durch Kartellbildungen *beraubt* sich der Unternehmer seiner *ureigensten Funktionen*; er wird schließlich der Sache nach ein Funktionär, aber damit auch ersetzlich. In dem gleichen Augenblick, da unternehmerische Verantwortung abgewälzt und das Schicksal eines Betriebes mit demjenigen seiner Belegschaft von kollektiven Entscheidungen abhängig gemacht wird, muß sich auch die Einstellung der Öffentlichkeit zum Unternehmer grundsätzlich wandeln. Im sozialen Klima der Mitte des zwanzigsten Jahrhunderts ist es dann auch nicht mehr verwunderlich, wenn bei solchen schicksalhaften Entscheidungen eine Mitbestimmung gefordert wird. Wenn die Unternehmerschaft aus eigenem Entschluß ihre Freizügigkeit aufzugeben bereit ist, unterhöhlt sie das politische, soziale, gesellschaftliche und moralische Ansehen ihres Standes; in dem gleichen Augenblick drängt das *Funktionärstum* sogar berechtigterweise zur *Macht*.

Ich komme schließlich auch nicht an der für die Kartellfreunde unter den Unternehmern *peinlichen Feststellung* vorbei, daß die Wirtschaft nach 1948, als die Konjunktur im Zeichen eines Verkäufermarktes stand, die Freiheit des Wettbewerbs und der Preisbildung begeistert bejahte, daß sich aber ein augenfälliger Gesinnungswandel vollzog, als mit der Erreichung einer ausgeglichenen Wirtschaftslage die inneren Gesetzmäßigkeiten einer Mengenkonjunktur spürbar wurden. [31]

Kartelle zur Überwindung von Krisen

Es ist eines der Hauptargumente der Kartellfreunde, daß wirtschaftliche Zusammenschlüsse kartellmäßiger Art unerläßlich seien, um die verderblichen Folgen von Krisen, gleich ob es sich um Konjunktur- oder Strukturkrisen handelt, auszuschließen oder doch abzumildern.

Ich bin weit davon entfernt, nun etwa alle wirtschaftlichen Krisen auf das Überhandnehmen von Kartellen zurückzuführen – *das wäre* selbstverständlich *Torheit*. Aber ebenso fest bin ich davon überzeugt, daß der Versuch, sich durch Kartellzusammenschlüsse aus der Krise retten zu wollen, für die gesamte Volkswirtschaft untauglich ist und unmöglich zum Erfolg führen kann.

Dem volkswirtschaftlichen Güterangebot steht jeweils nur ein bestimmtes Kaufkraftvolumen gegenüber, und darum können nicht alle zugleich ein Mehr an Kaufkraft für sich gewinnen. Das wäre wahrlich *die Praktizierung des Hexen-Einmaleins*. Aus kartellmäßigen Bindungen erwächst zuerst einmal die große Gefahr, daß diejenigen Wirtschaftszweige, die einen unabweisbaren Bedarf zu decken haben, tatsächlich mehr Kaufkraft abschöpfen können, als ihnen in einem freien Markte zufließen würde. Aber der Vorteil für diese Privilegierten muß sich dann folgerichtig als ein schwerer Nachteil für jene anderen auswirken, deren Erzeugnissen dann nur noch ein entsprechend geringeres Kaufkraftvolumen gegenüberstehen kann.

Was hier von der Dringlichkeit der Bedarfe gesagt wurde, gilt auch für all jene Fälle, in denen Machtpositionen Vorzugsstellungen begründen. Die Anhänger der Kartelle weisen zwar immer wieder auf die Notwendigkeit hin, wirtschaftliche *Zusammenbrüche* zu verhindern; sie glauben, in gebundenen Kartellpreisen ein Allheilmittel gegen solche Nöte gefunden zu haben.

Auf solche Weise aber wird gerade umgekehrt die

organische *Auflösung krisenhafter* Erscheinungen *verhindert.* Wenn nämlich ein bestimmtes Produkt zu einem bestimmten Preis nur in einer bestimmten, jedoch für die Industrie unzureichenden Menge absetzbar ist, oder wenn etwa durch Verbrauchswandlungen die Nachfrage nach solchen Produkten rückläufig ist, dann kann eine Preisbindung gar nichts nützen. Wenn ein sinkender Preis neue Käufer anzieht und den Verbrauch steigen läßt, ein höherer Preis dagegen Käufer abstößt, dann kann ein Kartell, das einem Preisverfall steuern und die Kostendeckung sicherstellen möchte, nur dahin wirken, daß das Produktionsvolumen künstlich zurückgeschraubt wird, die Produktionskosten sich aber gleichzeitig erhöhen. *Die Rechnung geht nie auf – die Krise aber verschärft sich immer mehr.*

Die innere Gesetzmäßigkeit solchen Handelns führt unausweichlich zu einer immer stärkeren Schrumpfung der volkswirtschaftlichen Aktivität. Wenn nun gar viele sich gleichermaßen verhalten, so geraten wir zu der völligen Erstarrung des Marktes und schließlich zu einer unlösbaren Verhärtung der Krisen. Keine Kartellabrede reicht dann mehr hin, die Konjunktur wieder zu beleben und Platz für die Reproduktion zu schaffen.

In einem *freien Markt* können sich hingegen *krisenhafte* Verzerrungen nur sehr viel *schwerer* herausbilden, weil eben der freie Preis in sehr reagibler Weise Schwankungen und Wandlungen des Marktes aufzeigt und dann über den Wettbewerb sofort die Kräfte lebendig werden, die zu einer Angleichung und zum Ausgleich drängen.

In einer freien Marktwirtschaft werden dennoch auftretende Spannungen in viel organischerer Weise über die sich aus der Dynamik entzündende Mengenkonjunktur geheilt werden. Das ist aber auch für die Wirtschaft und selbst für das einzelne Unternehmen der allein erfolgreiche und befreiende Weg. Wenn dann selbst im Verlauf dieses Prozesses einmal auf Gewinne verzichtet werden muß oder gar Verluste entstehen, so hat es sich doch immer wieder erwiesen, daß eine *freie Unternehmungswirtschaft* ein fast *unglaubliches Maß* an *Anpassungsfähigkeit* besitzt und daß es gerade dieses „Sich-bewähren-Müssen" im Markte ist, welches den wirtschaftlichen Fortschritt verbürgt und die Vorteile der höheren Leistungskraft immer auch dem Verbraucher, d. h. dem *Volke* in seiner *Gesamtheit,* zugute kommen läßt. Aus diesem Funktionszusammenhang darf sich unsere Politik mit vollem Recht das Prädikat „soziale Marktwirtschaft" zulegen. [11] Der Unternehmer kann zu der moralischen Unterbauung seiner Position nichts Besseres tun, als sichtbar bereit zu sein, das Risiko in seiner ganzen Konsequenz zu tragen und nicht in Kartelle zu flüchten, nicht im Kollektiv Schutz zu suchen. Es ist ein mehr als *gefährlicher Weg*, wenn der Unternehmer *aus der persönlichen* in die *kollektive Verantwortung strebt.* [27]

Ebenso wenig kann man die Kartelle *sozialpolitisch* damit rechtfertigen, daß sie etwa den Schutz des Unternehmens und die Sicherung von Arbeitsplätzen bezweckten und aus diesem Grunde die Arbeiterschaft ein Interesse an dieser Ordnung haben müßte. Dieser Einwand ist für jeden, der die volkswirtschaftlichen Zusammenhänge auch nur einigermaßen zu beurteilen vermag, unhaltbar.

Was durch Kartelle künstlich geschützt und gesichert werden kann, das sind im günstigsten Falle *unergiebige, unproduktive Arbeitsplätze* mit der daraus resultierenden Gefahr, daß die ganze Volkswirtschaft in einem Leistungsrückstand verharrt, der in einer im internationalen Wettbewerb stehenden Welt auf die Dauer geradezu verhängnisvoll werden muß, – auch wenn man angesichts unserer gegenwärtigen Exportüberschüsse derartige Gefahren geringschätzen will.

Eine solche Politik kann nicht sozial genannt werden, weil sie den *Fortschritt hemmt* und damit die Errichtung neuer, produktiver und sicherer Arbeitsplätze verhindert. [31] In keiner Zeit der deutschen Wirtschaftsgeschichte hat es denn auch so viele Arbeitslose gegeben als in jener Phase, da das Kartellwesen am üppigsten blühte. Immer aber müssen Kartelle mit einem geringeren Lebensstandard bezahlt werden.

Das Märchen vom Mittelstandsschutz

Bei den Versuchen, Anhänger für die Kartelle zu gewinnen, hat man wirklich mit allen nur denkbaren Mitteln gearbeitet. Das Bemerkenswerteste, was man sich in letzter Zeit geleistet hat, war die Behauptung, *Kartelle dienten dem Wohle* und dem Schutze *des Mittelstandes*. Das ist, freundlich kommentiert, eines der *typischen modernen Märchen*, das auch nicht einen Funken an Wahrheitsgehalt in sich birgt. Es ist nämlich in jedem Markte genausoviel Kaufkraft vorhanden, als dort Güter zum Verbrauch bereitstehen. Das bedeutet aber, daß alle Anbieter von Gütern und Dienstleistungen um eine vorgegebene Kaufkraftmenge ringen. (Der wissenschaftlich geschulte Leser mag die vorgenommene Simplifizierung des Problems tolerieren, weil sie für die spezifische Betrachtung unwesentlich ist.)

Wir wissen ganz genau, daß nicht alle Zweige unserer Wirtschaft im gleichen Maße kartellfähig und auch nicht im gleichen Grade kartellwürdig sind. In der Grundstoffindustrie und im Bereich der Schwerindustrie, die fungible Güter darbieten und in denen folglich eine Übereinstimmung der Geister sehr leicht zu bewerkstelligen ist, darf angenommen werden, daß die Kartellneigung, die Kartellsehnsucht und auch die Kartellfähigkeit schon rein technisch sehr viel größer sind. Je mehr wir uns jedoch der Sphäre der Verarbeitung nähern, je mehr ein Produkt der Veredlung entgegenreift, je stärker auch modische Schwankungen und Differenzierungen Platz greifen, um so schwerer dürfte eine Verständigung sein, um so untauglicher und unwirksamer werden auch Kartellvereinbarungen.

Ein Kartell wird ja immer nur dann jemand wünschen, wenn er glaubt, durch die Teilnahme am Kartell mehr

Sicherheit, einen höheren Ertrag oder bessere Kostendeckung zu finden, als er außerhalb des Kartells für sich erreichen kann. Das bedeutet aber: Diejenigen, die Kartelle wollen und durchsetzen können, befinden sich in einer besseren und besonderen Marktposition. Ihr Ziel ist, von der vorhandenen Kaufkraftmenge einen größeren Teil für sich, d. h. für ihr Produkt, zu binden, als ihnen in einem freien Markt zukäme. Dies aber hat zur selbstverständlichen Konsequenz, daß das Mehr an Kaufkraft, das bestimmte Gruppen für sich in Anspruch nehmen, an anderer Stelle der Volkswirtschaft fehlen muß. *Und sie fehlt genau dort, wo die mittelständischen Existenzen mit Hunderttausenden von kleinen und mittleren Unternehmen am Werk sind.* Hier mangelt es an der Kaufkraft, welche die kartellfähigen Industriezweige auf ihre Betriebe gelenkt haben. [30]

Es ist über alle Maßen eindeutig, daß es sich bei den kartellfähigen Schichten nicht um diejenigen handelt, in denen sich der Mittelstand betätigt. Die mittelständischen Unternehmungen arbeiten in der Veredlung, in der verarbeitenden Industrie. Wir finden sie im Konsumgüterbereich, im Handel und im Handwerk. Vergesse auch niemand, daß durch Kartellmanipulationen die Kaufkraftmenge *nicht um einen einzigen Pfennig* vergrößert wird. Die Folge ist, daß in einer kartelldurchsetzten Wirtschaft die vorhandene Kaufkraft nicht ausreicht, um das gesamte Güterangebot zu absorbieren – es sei denn zu Lasten der nicht kartellfähigen Wirtschaftszweige, also vornehmlich der mittelständischen Schichten.

Wenn dann, durch diese Erfahrung belehrt, die mittelständischen Schichten der verarbeitenden Industrie und der Konsumgüterzweige darangehen wollen, ihr Heil ebenfalls in Kartellen zu suchen, wird sich zeigen, daß dort die divergierenden Elemente meist gar nicht zu bändigen sind und die technischen Schwierigkeiten nur zu sehr problematischen Lösungen verleiten. Selbst bei möglichen Vereinbarungen wird man dann zwangsläufig die Erfahrung machen, daß man bestenfalls den geforderten Preis retten, niemals aber den Absatz mengenmäßig aufrechterhalten kann. Das ist wiederum nicht überraschend, sondern nur selbstverständlich. Angenommen, eine Volkswirtschaft verfügte im Kartellwege über die Möglichkeit bzw. die Macht, ihr Preisniveau um 10% zu heben, so müßte damit die Realkaufkraft der Verbraucher um 10% absinken. Das heißt, die vorhandene Nominalkaufkraft würde nur noch hinreichen, ein um 10% geringeres Sozialprodukt aufzunehmen. In einer freien Marktwirtschaft würde das Phänomen einer unabsetzbaren Gütermenge über den Preisdruck zu einem neuen Gleichgewicht hinführen. [31] Wo Kartelle vorherrschen, führt dieser Versuch zur ausweglosen Krise.

Kein neuer Dirigismus

Ein weiterer Vorwurf, der gegenüber meiner Kartellauffassung erhoben wird, geht dahin, die selbstverständlich notwendige Kartellbehörde werde Ansatzpunkt eines *neuen staatlichen Dirigismus* sein.

Ich kann zwar kaum annehmen, daß dieser Vorwurf von einem Kenner der Materie wirklich ernst genommen wird; trotzdem aber möchte ich mich – weil er immer und immer wieder in der Diskussion auftaucht – mit ihm auseinandersetzen.

Man ist da fast geneigt, an eine babylonische Sprachverwirrung zu glauben. Einerseits bemüht man sich immer wieder, darauf hinzuweisen, daß Kartelle gar nicht so leicht zu bilden seien und so die Gefahr einer breiten Durchkartellierung der deutschen Wirtschaft gar nicht bestünde. Gleichzeitig aber trägt man Sorge, die Kartellanträge könnten so zahlreich eingehen, daß die Kartellbehörde außerstande wäre, diese Aufgabe zu bewältigen.

Wenn die Gegner der Regierungsvorlage wirklich befürchten, es könnte ein Riesenverwaltungsapparat ent-

Unerwünschte Klänge

Freiwirtschafts-Troubadour Erhard: „Sie hat doch sonst immer meinen Klängen ganz entzückt gelauscht!“

(Entnommen der „Wetzlarer Neuen Zeitung“ mit freundlicher Genehmigung des Nordpress-Verlag Walter Glaue, Hamburg.)

stehen, so drücken sie damit selbst ihre Überzeugung aus, daß die deutsche Wirtschaft wieder massenhaft in Kartelle hereinströmen möchte. Leider teile ich diese Auffassung auch, und gerade deshalb erachte ich die Abwehr durch den von mir vorgelegten Kartellgesetzentwurf für unerläßlich. [31]

Die Kartellbehörde wird, wie schon früher ausgeführt, wirklich genau so groß sein müssen, als die Kartellgelüste der deutschen Wirtschaft ins Kraut schießen. Von mir aus kann sie denkbar klein sein. Die *Wirtschaft* aber hat es jedenfalls *selbst in der Hand*, darüber zu entscheiden, wie *groß* die Kartellbehörde sein muß. [30]

Und was nun endlich den gefürchteten staatlichen Dirigismus anlangt, so ist der Widerspruch der Argumentation gar vollkommen. Die bei freier Kartellmöglichkeit entstehenden *privaten Kartellbürokratien* werden bei diesen Vorwürfen an keiner Stelle auch nur mit einem Wort erwähnt, obwohl dieser privatwirtschaftlich organisierte Dirigismus mit absoluter Sicherheit unendlich viel massenhafter sein müßte, als er sich in einer Kartellbehörde ausprägt, die nur die eine Aufgabe hat, das ungerechtfertigte Überhandnehmen von Kartellen zu verhindern, dagegen den Leistungswettbewerb aufrechtzuerhalten und den Markt nicht erstarren zu lassen.

Hier versucht man also nicht sonderlich überzeugend, eine Behörde als dirigistisch anzuprangern, die gerade umgekehrt den Dirigismus der Kartelle und das Aufkommen einer neuen, privatwirtschaftlich organisierten Planwirtschaft verhindern soll. Man kann beim besten Willen *nicht von einem Staatsinterventionismus sprechen*, wenn der Staat darüber wacht, daß die *Grundsätze einer freien demokratischen Gesellschaftsordnung gewahrt bleiben.* [31]

Ein Wort an die Unternehmer

Zum Abschluß dieser Betrachtung möchte ich noch einmal *ein Wort an den Unternehmer richten*:

Der freie Unternehmer steht und fällt meiner felsenfesten Überzeugung nach mit dem System der Marktwirtschaft. In jeder anderen Ordnung wird er mehr und mehr zum bloßen Vollzugsorgan fremden Willens und zum Funktionär planwirtschaftlicher Entscheidungen herabgewürdigt.

Wenn der Unternehmer nicht mehr die volkswirtschaftliche Aufgabe erfüllen will, sich im freien Wettbewerb zu messen – wenn eine Ordnung gesetzt wird, die nicht mehr die Kraft, die Phantasie, den Witz, die Tüchtigkeit und den Gestaltungswillen der individuellen Persönlichkeit erfordert, wenn der Tüchtigere nicht mehr über den weniger Tüchtigen obsiegen kann und obsiegen darf, dann wird auch die freie Unternehmungswirtschaft nicht mehr lange

Bestand haben. Es würde eine allgemeine Verflachung, eine Abwälzung der Verantwortungen Platz greifen; das Streben nach Sicherheit und Stabilität müßte eine Mentalität erzeugen, die mit echtem Unternehmergeist nicht mehr in Einklang zu bringen ist.

Ich bin mir bewußt, daß der Angriff der Kollektivisten aller Sorten gegen die Marktwirtschaft die Unterhöhlung der Unternehmerfunktion zum Ziele hat. Wenn darum das Streben nach Kollektivbindungen sogar im Lager der Unternehmer überhand nimmt, dann wird wahrscheinlich früher, als es diese Unternehmer glauben, der Zeitpunkt kommen, der auf der politischen Ebene die Frage auftauchen läßt, mit welchen Gründen denn noch privates Eigentum an den Produktionsmitteln und das freie wirtschaftliche Entscheidungsrecht des Unternehmers vertreten werden kann. [11]

Ich möchte daher noch einmal zusammenfassen:

Wenn meine Kartellauffassung als eine feindselige Haltung gegenüber dem Unternehmer hingestellt wird, so muß ich an der Ernsthaftigkeit und Aufrichtigkeit einer solchen Auslegung zweifeln. Es kann in Deutschland schlechthin *keinen glühenderen Verfechter der freien Unternehmungswirtschaft geben*, als ich das für mich in Anspruch nehme. Ich bin dieser Einstellung in den nunmehr acht Jahren, in denen ich die Verantwortung für die Wirtschaftspolitik in der Bundesrepublik trage, gegenüber allen Verdächtigungen, Anfeindungen und Schmähungen treu geblieben und habe die Ordnung einer freien Unternehmungswirtschaft kraftvoll verteidigt. Die Geschichte wird es erweisen, daß ich im Kampf um dieses Kartellgesetz die Stellung und Funktion des freien Unternehmers besser verteidigt habe als jene unbelehrbaren Kreise, die im Kartell das Heil des Unternehmers erblicken. [31]

8. Kapitel

DER WERT UNMITTELBARER MEINUNGSÄUSSERUNG

Die Stellung des Individuums im Staat oder besser die Einstellung des Bürgers zum Staat sollte jedem politisch Verantwortlichen ständig Anlaß ernster Überlegung sein. Unter diesem Gesichtswinkel möchte ich wenigstens am Rande zu der Organisationswilligkeit, um nicht zu sagen: *Organisationswut*, welche das 20. Jahrhundert kennzeichnet, Stellung nehmen. Hierin hat die früher oft belächelte biedere Vereinsmeierei der Deutschen eine neue und gefährliche Form angenommen. Sie hat der Überzeugung Vorschub geleistet, man müsse nur *starke* und mächtige *Organisationen* aufbauen, die in der Lage sind, in politisch machtvollen Kundgebungen ihren Willen darzutun, um damit zu erreichen, daß der Staat vor interessengebundenen Forderungen kapituliert. Offensichtlich bemühen sich heute manche der großen Interessengruppen, nach diesem Prinzip zu verfahren. Das Praktizieren dieser Anmaßung muß notwendigerweise den Staat zum Spielball der Interessenten werden lassen. [12]

Hand in Hand mit dieser Entwicklung geht eine weitere, die fast als tragisch zu bezeichnen ist: Die Erfahrung, die ich in den langen Jahren, in denen ich die Verantwortung für die Wirtschaftspolitik trage, sammeln konnte, lehrt immer wieder, daß bei diesen kollektiven Willensäußerungen „*Übersetzungsfehler*“ schlimmster Art unterlaufen. Das, was der einzelne Mensch, gleich welchem Stand oder Beruf er angehört, an Willen, Hoffnungen, Sorgen, Sehnsüchten bezeugen möchte, hat kaum noch etwas mit dem zu tun, was die mit seiner Vertretung beauftragten Organisationen letztlich aus ihrem Mandat machen, d. h. was sie als Forderungen vortragen. [12]

Diese Feststellung läßt sich an Hand von vielen Beispielen belegen. So sei z. B. nur an die Befragungsergebnisse anläßlich des Streiks um die Mitbestimmung erinnert. Auf die Frage: „Warum streikt Ihr denn?" konnte nur ein verschwindend geringer Prozentsatz der Befragten eine auch nur annähernd richtige Auskunft über das eigentliche Anliegen der Gewerkschaften, um dessentwillen der Streik proklamiert war, geben.

Dieser Sachverhalt trifft aber nicht etwa nur auf das Verhältnis zwischen Arbeitgebern und Arbeitnehmern zu. Auch anderwärts konnte ich immer wieder *Beispiele* derartiger *grober „Übersetzungsirrtümer"* erleben; so etwa, wenn ich mit einzelnen Unternehmern über ihre Einstellung zu den Kartellforderungen der Verbände sprach oder wenn ich mit Handelskaufleuten die verschiedenen Berufsgesetze bzw. mit Mittelständlern deren Kollektivforderungen diskutierte. Immer wieder erfahre ich, wie *wenig* bzw. unvollkommen der proklamierte *„Gesamtwille"* unmittelbar durch die *Individualwillen* gedeckt wird.

Um die Zukunft der Demokratie

Auf Grund dieser Erfahrungen glaube ich, daß eine Organisation *nur so lange unbedenklich* und staatspolitisch ungefährlich ist, als sie sich ernsthaft um die Addition der individuellen Vorstellungen im Sinne einer Kristallisation des Willens bemüht, aber sich davon fernhält, etwa eine originäre Machtpolitik entfalten zu wollen.

Hierbei handelt es sich um eine der *schwierigsten* Fragen, mit denen wir uns in unserer jungen, noch um ihre letzte Ausprägung ringenden *Demokratie* auseinanderzusetzen haben. Dabei ist die Lösung des hier gekennzeichneten Problems keineswegs und nicht einmal in erster Linie Aufgabe des Staates. Jeder Einzelne ist aufgerufen, dafür zu sorgen, daß wir wieder zu Formen des Zusammenlebens von Menschen kommen, in denen sich der Staatsbürger zunächst einmal für das Schicksal selbst verantwortlich fühlt und nicht mehr bereit ist, in einer *nebelhaften Anonymität* unterzugehen – darum aber auch nicht vorbehaltlos einer Institution das Recht einräumt, ihr Mandat nach Belieben zu handhaben. [12]

Es tut uns not, den *Willen* zur Unabhängigkeit und *zur Freiheit*, der einen der elementarsten Kräfte der Menschen darstellt, wachzuhalten und täglich neu zu bestärken. Ich kann mir auch nicht denken, daß sich jemand glücklich fühlt, der sich selbst entäußert und alles, was er von der Zukunft erwartet, vertrauensvoll in die Hand von Organisationen legt. Und schließlich bin ich auch nicht geneigt, anzuerkennen, daß die besten Argumente jeweils bei den stärksten Organisationen liegen. Wie oft habe ich das ausgesprochen!

Es ist ja überhaupt eine *typische Unsitte unserer Zeit*, nur noch in *Sammelbegriffen* zu *denken* und sogar zu sprechen. Ist es nicht geradezu erschreckend, wenn von seiten der Berufsstände immer nur *eine* Meinung zum Ausdruck gebracht wird; immer das Absolute gefordert wird. Diese Enge erweist sich als durchaus unfruchtbar, sie führt notwendig zur Sterilität. So wird mir z. B. *die* Auffassung *der* Wirtschaft, *der* Industrie, *des* Handels usf. vorgetragen. Wer ist denn – so frage ich – *die* Wirtschaft, *die* Industrie, *der* Handel? Lassen sich die Meinungen der Gruppenzugehörigen denn wirklich so weit kollektivieren und so weit reduzieren, daß jemand berechtigterweise im Singular sprechen dürfte? Wenn man noch so argumentieren wollte, daß in dieser oder jener Frage eine größere Gruppe dieser, eine andere aber jener Meinung ist, dann verdiente eine solche Aussage noch Glaubwürdigkeit und ließe auch praktische Alternativen zu. Die Bildung *eines Kollektivurteils* ist im Regelfalle nahezu *unmöglich*, zumal wenn dieses mit dem Anspruch vorgetragen wird, für alle Zugehörigen verbindlich zu sein.

Mit diesen Bemerkungen soll nun durchaus *kein abfälliges Urteil* über unsere Organisationsformen an sich gefällt sein. Es kommt nur darauf an, die Bedingtheit derartiger Aussagen zu erkennen und damit ein ernstes Problem unserer Gesellschaftswirtschaft und damit auch der Wirtschaftspolitik aufzuzeigen. Aus dieser Sicht *begrüße ich jede unmittelbare Meinungsäußerung*. Ich begrüße es sehr, wenn sich recht viele Staatsbürger in Briefen unmittelbar an mich wenden und ihre Anliegen persönlich vortragen, Zustimmungen äußern, aber selbstverständlich auch heftige Ablehnung gegenüber einzelnen Vorhaben bekunden.

Diese freimütigen Meinungsäußerungen haben mir häufig gute Dienste geleistet; sie gestatten mindestens eine Kontrolle, wie die Bevölkerung auf Zeiterscheinungen im Positiven und im Negativen reagiert. Als z. B. kurz nach der Währungsreform am 8. und 9. Juli 1948 der Sprecher der SPD glaubte, feststellen zu müssen, es habe sich durch die Währungsreform und die damit im Zusammenhang stehenden Maßnahmen so gut wie gar nichts geändert – der Abgeordnete Seuffert sagte: „Eine Besserung der Versorgungslage ist nicht eingetreten" –, entgegnete ich laut Wirtschaftsratsprotokoll (S. 704):

„Wenn mein Herr Vorredner sagt, daß von einer wirklichen Besserung der Versorgungslage nicht gesprochen werden könne – ja, meine Damen und Herren, dann weiß ich nicht, wo der Sprecher der SPD die Währungsreform erlebt hat. Auf der Straße jedenfalls nicht. (Zuruf links: Schlechte Ware gegen teures Geld!) Wenn Sie auf mein Verwaltungsamt kommen, werde ich Ihnen eine ganze *Fülle von Zuschriften* aus Arbeiter- und Angestelltenkreisen, ja aus allen Schichten unseres Volkes zeigen, die ihre tiefe Befriedigung über die Währungsreform und über die von mir eingeschlagene Wirtschaftspolitik zum Ausdruck bringen (Beifall)."

Die psychologische und politische Bedeutung solcher

Briefe wird nicht dadurch gemindert, daß man sie in drei große Gruppen von allerdings unterschiedlichem Wert einteilen kann: einmal in Briefe der um die Sache ehrlich Bemühten, um die Mitteilungen, in denen Sorgen, echte Wünsche und ernst zu nehmende Anregungen vorgetragen werden, zum anderen um die ständig wiederkehrenden Schreiben einiger weniger, die glauben, ein Patentrezept anbieten zu können, das, befolgt, alle Schwierigkeiten sofort beheben würde, und schließlich noch um die Schreiben derer, die aus Ablehnung oder manchmal sogar aus flammendem Hass heraus ihr Urteil fällen. Selbstverständlich ist mir nicht nur um der Sache, sondern auch um der Bestätigung willen die ersterwähnte Kategorie die sympathischste; sie ist aber auch glücklicherweise die umfangreichste.

Zur näheren Illustration seien nachfolgend einige Auszüge aus der Fülle der Schreiben, die täglich bei mir eintreffen, wiedergegeben:

Aus einer großen Anzahl von Briefen geht eindeutig hervor, wie sehr die *Erhaltung* der *Währungsstabilität* den Millionenmassen des Volkes als stärkstes Anliegen am Herzen liegt, wohingegen kaum einer den Theoretikern der permanenten leichten Geldverdünnung Anerkennung zollt.

Am 3. Juli 1956 schreibt ein Koburger Bürger:

„Millionen Deutsche blicken erwartungsvoll auf Sie mit dem Wunsch, daß es Ihnen gelingen möge, unsere Währung und Wirtschaft vor den ihnen drohenden Gefahren zu bewahren. Das ist keine leichte Aufgabe in einer Welt, die in Dutzende souveräne Wirtschaftsräume aufgesplittert ist, die ihre gegenseitige natürliche Verbundenheit einem mißverstandenen Selbsterhaltungstrieb zum Opfer bringt. Die gleiche unvernünftige Haltung ist aber noch vielfach innerhalb unseres eigenen Wirtschaftsraumes zu beobachten, und sie ist nicht zuletzt eine der Ursachen Ihrer Sorge um die Sicherheit unserer Währung. Es gibt auch hier nur dasselbe Heilmittel wie auf allen anderen Gebieten unseres nach Vollendung ringenden Lebens: Steigerung der Erkenntnisse um die natürlichen Zusammenhänge aller Lebensfunktionen im Organismus der Weltwirtschaft."

Aus Eggenfelden in Bayern wird am 1. Mai 1956 geschrieben:

„Bravo, Herr Minister! Mit großer Befriedigung habe ich – und, wie ich mich auch überzeugen konnte, alle anderen, die ich fragte – die Worte vernommen, welche Sie in Ihrer Rede in München fanden. So vor allem, daß Sie als ein Mann, der in öffentlicher Stellung steht, es endlich gewagt haben, auszusprechen, was jeder Denkende empfindet: Das nämlich, daß heute sehr viele jedes Maß für das Mögliche verloren haben. Leider auch bis hinauf in die führenden Kreise ... Die Mentalität aller ist die gleiche: Stets nur an den Augenblick denken, nur im eigenen Interesse handeln ...“

Aus Backnang äußert ein Ingenieur a.D.:

„... Wirtschaftswunder – Inflation! Von dem einen sehe und höre ich viel, vor dem anderen graut es mir. Zum dritten Male alles Sparen umsonst! Und was kommt danach? Die Leidtragenden werden wieder vor allem wir, die kleinen Sparer, sein. Die Gewinner sind die sogenannten Sachwertbesitzer, die Schuldenmacher und Spekulanten ... Das sehr labile Vertrauen zum Staat verträgt eine so ungeheure Belastung nicht mehr. Inflation ist ein durch und durch unmoralisches Hilfsmittel, ist *Diebstahl* am eigenen *Volk.*“

Ein temperamentvoller Hitzkopf aus Bad Ems fragt am 28. Juni 1956:

„... Glauben Sie an das *Märchen* der *Gewerkschaften*, daß diese nicht schuld am Steigen der Preise haben? Wer denn sonst? Ist Geldentwertung ein Naturereignis oder das Werk dummer Menschen?“

Aus Obermenzing erklärt eine Hausfrau unter dem 14. Juni 1956:

„Wir Staatsbürger haben vor allem daran ein Interesse, daß die Mark im Inland ihre Kaufkraft behält ... Herr Minister, treten Sie für alle ein, denen die Inflation bittere Not bringen müßte.“

Ein ungewöhnlich hoher Anteil von Briefen kommt übrigens aus dem Schwabenland, wobei sich viele der Schreiber sehr gründlich mit ihrem Anliegen auseinandersetzen.

Aus Wendlingen am Main trifft am 3. April 1956 folgender Brief ein:

„Die Überzeugung von der schleichenden Inflation hat sich allenthalben festgefressen. Beschwörende Worte helfen leider gar nichts. Das freie Spiel der Wirtschaftskräfte kennt keine Disziplin, niemand denkt ernstlich daran, Maß zu halten; jeder Teil – Unternehmer und Gewerkschaften – sucht nach Kräften zu profitieren, ohne Rücksicht auf die Folgen. Auf der Verbraucherseite herrscht die gleiche Disziplinlosigkeit. Es wird in vielen Fällen einfach drauflos gekauft. Soweit auf der einen oder anderen Seite noch Besinnung vorhanden ist, kann sie sich dem allgemeinen Strudel nicht entziehen. Es geht deshalb darum, Produzenten und Verbraucher wieder auf festen Boden zu locken. Dies gelingt nur mit handgreiflichen steuerlichen Vorteilen ... Die massive Begünstigung des Sparens ist notwendig. Uneingeschränkte Steuerfreiheit von Einkommen und Vermögen so rasch als möglich für alle Beträge, die in den nächsten drei bis vier Jahren auf ein Steuersparkonto eingezahlt werden ... Neben das Wirtschaftswunder könnte das *Sparwunder* treten."

Noch häufiger als zu dieser allgemeinen Frage der Stabilität der Währung wird in einer Vielzahl von Briefen ganz konkret zu Einzelfragen der Lohn- und Preispolitik Stellung genommen. So heißt es:

„... Können Sie, sehr geehrter Herr Minister, nicht gegen die Lohnspirale eingreifen? Wenn nicht, dann ist eine Inflation nicht aufzuhalten. Herr Minister, ich möchte meine warnende Stimme erheben. Werden Sie hart, aber nicht nur der Landwirtschaft, sondern auch dem Deutschen Gewerkschaftsbund gegenüber. Mit einer nochmaligen Inflation würde der letzte Rest von *Sparermoral hinweggefegt.*"

Eine einfache Frau wendet sich unter dem 16. Mai 1956 aus Pasing an den Bundeswirtschaftsminister:

„... In 40 Stunden kann man nie soviel arbeiten wie in 48 Stunden, und das bei gleichem Lohn. Dann kommt erst die Teuerung. Jeder Kaufmann schlägt auf die Ware drauf, und der *Depp* ist der *Verbraucher*. Vor 50 Jahren hat man von 6 Uhr früh bis 6 Uhr abends gearbeitet, und niemand ist an der Arbeit gestorben oder krank geworden. Gesünder und glücklicher und zufriedener waren die Menschen. Und nicht immer mehr Lohn geben! . . .“

Erstaunlich oft werden die Lohnforderungen der Gewerkschaften, so in einem Schreiben aus Ulm vom 3. April 1956, kritisiert:

„Die Frage nach einer kommenden Inflation haben Sie sehr klar und deutlich ausgelegt, und ich glaube Ihren Worten. Wenn man aber jetzt schon wieder liest, daß die Gewerkschaften bereits wieder Lohnerhöhungen beantragen wollen, dann kommt sicherlich die Gewerkschaft ‚Bau‘ auch bald nach. Lassen Sie sie doch ihre Forderungen machen und erfüllen Sie diese – die Bautätigkeit wird aufhören, und die Herren sollen dann ruhig spazierengehen. Ich glaube, einmal müßte doch jetzt endlich auf dem Lohn- und Gehaltsmarkt Ruhe eintreten. Vielleicht bringen Sie Ihre angekündigten Maßnahmen doch noch zur Anwendung, bevor es zu spät ist. Jedenfalls geben die dauernden Lohnerhöhungen keinen Anlaß dazu, daß die Furcht vor der kommenden Inflation aufhört . . .“

Ein Pensionär aus Cuxhaven schreibt am 17. Juli 1956 im gleichen Sinne:

„Die *Lohnspirale* ist noch nicht zum Stillstand gekommen . . . Es ist jetzt allerhöchste Zeit, daß ganz *energisch vorgegangen* wird, wenn wir nicht wollen, daß wir eines Tages vor dem *völligen Verfall* stehen.“

Der Versuch eines *psychologischen Feldzugs zur Preisstabilität* hat eine Unzahl von Briefen ausgelöst, wobei viele Schreiben von ihrem „Privatkrieg“ gegen die steigenden Preise berichten. So übermittelt ein Armaturenhändler einen Schriftwechsel mit seinem Lieferanten, aus dem hervorgeht, daß er bisher einen Sonderrabatt von 33⅓% auf einzelne Geräte erhalten hat. Es heißt in dem Brief des Lieferanten dann wörtlich: „Es wird uns nun berichtet, daß Sie in letzter Zeit den Wiederverkaufsrabatt zu Sonderzugeständnissen irgendwelcher Art bei Endabnehmern benutzt haben. Bitte nehmen Sie deshalb zur Kenntnis, daß wir Ihnen ab sofort nur noch 22% Wiederverkaufsrabatt einräumen können.“ Der so angeschriebene Großhändler bittet nun dringend, hier zu intervenieren, da, „diese Maßnahme notwendigerweise eine Erhöhung der Endverbraucherpreise auslösen muß“.

Eine Genossenschaft deutscher Ärzte schreibt am 11. Juni 1956:

„Uns erreichen täglich neue Preislisten mit eindrucksvollsten Preissteigerungen. Wir sind gewiß, daß diese Preissteigerungen kaum zu Ihrer Kenntnis gelangen, denn die Abnehmer dieser Industriesektoren, der ... Großhandel und der ... Fachhandel, empfinden *über Preiserhöhungen* deshalb kein *Ärgernis*, weil damit gleichzeitig die Handelsrabatte steigen. Das ist nun einmal die kurzsichtige Mentalität der Wirtschaft, die über dem Augenblicksprofit das Ende nicht sieht bzw. *inflatorische* Tendenzen geradezu *begrüßt*, weil damit eine dauernde Geschäftsbelebung erreicht und das Publikum von der langfristigen Anlage von Ersparnissen abgehalten wird.“

Nicht jeder Ärger ist begründet

Die Verantwortung, die der Verbraucher vernünftigerweise bezeugen sollte, ist gewiß nicht immer erkennbar. Ein Lenneper Bürger beklagt sich, er habe für die Reparatur eines Stuhlsitzes und für die Anbringung eines Griffes an einem kleinen Weidenkorb 50 DM zu bezahlen gehabt, und beschwört mein Ministerium und mich, endlich wieder Preistreibereiverbote einzuführen. Aus dem Briefwechsel, der sich anknüpft, geht hervor, daß hier größte Bedenkenlosigkeit bei der Gewährung dieses Preises geherrscht hat. Wie hätte sonst diese Hausfrau an einen durchreisenden, ihr völlig unbekannten Korbflechter Reparaturaufträge vergeben können, ohne sich vorher nach dem Preise, den sie für diese Arbeiten zu zahlen hat, zu erkundigen? Dieser eine hier erwähnte Schriftwechsel steht für viele.

Mein Appell, nicht jede Preisforderung unbesehen hinzunehmen, hat vielfältige Resonanz ausgelöst. So übermittelt ein Gast der Deutschen Schlaf- und Speisewagengesellschaft am 14. Mai 1956 detaillierte Angaben über kürzlich erfolgte Preissteigerungen, die meinem Ministerium Anlaß zu befriedigenden Verhandlungen mit der DSG boten.

Aus einem anderen Briefwechsel geht hervor, daß sich ein norddeutscher Oberingenieur sehr intensiv damit beschäftigte, den Preis einer bestimmten Sonnenbrille des gleichen Fabrikats in verschiedenen Geschäften auszukundschaften, wo er Preisdifferenzierungen von DM 2,50 bis zu DM 6,- ermittelte.

Ein Modehaus in Bayern übermittelt eine Anzeige und Flugschrift, welche es in mehreren 100 000 Exemplaren verbreiten ließ. Darin wurde dem Kunden vom 1. November 1955 bis Ostern 1956 Preisgarantie geboten:

> „Einer muß den Anfang machen, das fordert der deutsche Wirtschaftsminister Erhard von den verantwortlichen Wirtschaftlern anläßlich der Bundestagssitzung in Berlin. Er meinte damit den Stopp der Preiserhöhungen! Unsere Firma macht den Anfang. Wir erklären hiermit bindend, daß bis Ostern 1956 die heute für Damen- und Kinderkleidung gültigen Preise nicht erhöht werden."

Aus vielen Schreiben ergibt sich, wie sinnvoll es häufig ist, wenn jeder Beteiligte am Wirtschaftsprozeß gestellte *Preisforderungen kritisch prüft* und es ablehnt, sie unbesehen zu akzeptieren. Hierfür ein Briefwechsel als Beispiel: So hatte ein Briefschreiber aus Heimbach-Weis ein bestimmtes Ventil bestellt, welches ihm mit DM 74,20 in Rechnung gestellt wurde. Eine intensive Nachprüfung, die u. a. einen Schriftwechsel mit dem Fabrikanten notwendig machte, führte dann zu der Mitteilung der Herstellerfirma, daß der reguläre Preis „im Kleinverkauf ungefähr bei DM 35,– bis höchstens DM 40,– liegen dürfe". Er schreibt dann: „Nachdem ich nun von der Herstellerfirma diesen Preis erfahren habe und der Lieferant weiter seinen Preis von DM 74,20 forderte, habe ich ihm diesen Schwimmer wieder zur Verfügung gestellt und nicht bezahlt."

Ein Württemberger aus Langenau macht Mitte März 1956 darauf aufmerksam, daß heute bei Verkaufsgesprächen häufiger mit dem Hinweis gearbeitet wird: „Kaufen Sie, denn die Preise sind im Steigen!“ Und viele Leute sind gewissenlos genug, um dieses vernichtende Gift zu verspritzen.

Andere Beschwerden ermöglichen befriedigende Lösungen. Ein Hausbesitzer in Westfalen beanstandete den Gebührenanstieg für die Schornsteinreinigung von bisher DM 3,62 auf DM 5,53. Die Einschaltung des Regierungspräsidenten in Münster führte zur Aufklärung. Die tarifmäßigen Kehrgebühren waren von dem betreffenden Bezirksschornsteinfegermeister grundlos überschritten worden. Der beanstandete Mehrbetrag wurde zurückgezahlt. –

Viele Briefe befassen sich mit den versteckten Preisänderungen. Ein Kunde, der seit Jahren bestimmte Pastillen kauft, berichtet empört, daß in der Normalpackung auf einmal nur 40 statt bisher 51 Pastillen enthalten waren. Der von meinem Ministerium geführte Schriftwechsel mit dem Fabrikanten ergab schließlich, daß dieser Hersteller offen bekannte, er glaube mit dieser kaschierten 20%igen Preiserhöhung den Kundenwünschen mehr zu entsprechen als mit der sonst notwendigen unmittelbaren Preissteigerung.

Manche Briefschreiber lassen es sich nicht nehmen, herzhafte Mahnungen auszusprechen. So wendet sich unter dem 2. Juni 1956 ein Stuttgarter Bürger an mich, der „mit steigender Besorgnis“ meine Bemühungen verfolgt,

> „das deutsche Wirtschaftswunder vor dem Schicksal mancher Wunder zu bewahren. Warum gehen Sie nicht energischer vor. Ist nicht die *Voraussetzung aller Wohlfahrt* die *Stabilität der Preise*? ... Ich bin der Meinung, Herr Minister, daß ein Teil der Wirtschaft nicht mehr das soziale Gewissen aufbringt, das Sie von ihr erwarten ... Schauen Sie nicht auf die kommenden Bundestagswahlen, sondern sichern Sie sich einen *Platz* in der *Geschichte des deutschen Volkes*. Setzen Sie Ihre Prinzipien, die Millionen von deutschen Menschen für richtig halten, energisch und konsequent durch. Unsere Demokratie verlangt jetzt eine feste Hand, wenn sie sich nicht selbst aufgeben will.“

In der Öffentlichkeit wird dabei *vielfach übersehen*, daß es in einer Regierung *Zuständigkeitsabgrenzungen* gibt und der Wirtschaftsminister *nicht* die *Verantwortung* für alle im ökonomischen Bereich bedeutsamen Gegebenheiten trägt. So schreibt ein Stuttgarter am 27. März 1956:

„Ich lese in der Tagespresse, daß die Stundenlöhne der Bauarbeiter ab 1. April 1956 wiederum um 8 Pf erhöht werden. Ich bin darüber entsetzt! Diese verdammte schleichende dritte Inflation. Wo führt denn das noch hin? Wissen Sie, Herr Bundeswirtschaftsminister, das ist offener Betrug."

In ähnlicher Weise geht auch ein anderer Brief an den Bonner Zuständigkeiten vorbei:

„... Schon heute können Tausende von Familien die *hohen Milchpreise* für ihre Kinder nicht mehr erschwingen, und doch sollen die Preise noch steigen. Dieses Vorhaben ist einfach unverantwortlich, es würde für die dann weiter ansteigenden Lohnforderungen eine Schraube ohne Ende werden."

Sehr deutliche Worte werden in einem Brief vom 6. März 1956 gebraucht:

„Sehr geehrter Herr Minister, Sie versprechen uns einige Preissenkungen. Bis heute ist davon nichts zu spüren. Im Gegenteil sind einige Preise gestiegen, und leider sind es Ihre Ministerkollegen, die gegen Ihre Bemühungen arbeiten. Wir sind also wieder so weit wie im Dritten Reich. So etwas geht nicht gut aus."

Am 11. Juni 1956 unterbreitet ein Euskirchener einen Radikalvorschlag zur Beendigung der Konjunkturdebatte. Darin wird als erstes vorgeschlagen: „Zusammenlegung des Wirtschafts-, Finanz-, Sozial- und Verkehrsministeriums zu einem einzigen Ministerium."

Von Brasilien, Büttenpapier und Goldmünzen

Häufig wird auch zu Detailfragen Stellung genommen. So schreiben einige Brasilianer und ehemalige Deutsche, die nach Brasilien ausgewandert sind, Ende 1955 aus Santa Catterina, Brasilien:

„Sie gefallen uns von allen Regierungsleuten drüben in Deutschland in vieler Hinsicht am besten, schon weil Sie ein ausgesprochener Mann der Freiheit sind. Als Sie den Konzern-Kartellbestrebungen entschieden entgegentraten, waren wir 100%ig für Sie ... Der Monopolkapitalismus ist gegen die Freiheit, es widerstößt der Freiheit, wenn eine Gruppe von Volksgenossen die übrigen ausbeutet. Nun fragen wir uns aber seit einigen Jahren: Merkt denn der Erhard nicht, daß eine Gruppe streikender Arbeiter genau das gleiche tut, wenn sie durch ihre Drohungen mit Massenstreik etwa höhere Löhne erpressen will. Werden die *Kartelle unterdrückt*, dann müssen auch die *Streiks unterdrückt* werden."

Ein anderer Briefschreiber möchte den hohen Fleischpreisen zu Leibe rücken:

„... Herr Wirtschaftsminister, ich habe in Brüssel Verwandte, die Großschlächter sind, die das frisch geschlachtete Schweinefleisch, vom Trichinenbeschauer abgenommen, pro Kilo für DM 1,50 bis Grenze Aachen liefern. Bitte, Herr Wirtschaftsminister, bringen Sie mich mit Großabnehmern in Verbindung, und unsere Bundesbürger können Schweinefleisch auch bei noch so schmalem Lohn essen."

Es fehlt natürlich auch nicht an Briefen, in denen als Folge irgendeiner unbeliebten Maßnahme der Weltuntergang prophezeit wird. Am 12. Mai 1956 schreibt ein Fabrikant aus Paderborn:

„Wenn zur Drosselung der übersteigerten Hochkonjunktur Kreditrestriktionen eingesetzt werden sollen, so kann dies nur in Etappen geschehen. Schlagartig würde damit eine *Katastrophe* ausgelöst ... Der bisherige Weg führt unausweichlich zum Kommunismus."

Oftmals nehmen Männer mit Rang und Namen zu aktuellen Fragen Stellung. So wendet sich beispielsweise am 14. Januar 1956 der Vorsitzende des Vorstandes eines weithin bekannten Werkes an mich und schreibt u. a.:

„Ich wäre sehr dankbar, von Ihnen einen Rat zu bekommen, wie sich die ... Industrie gegenüber diesen Preisforderungen verhalten soll. Diese kämpft schwer um ihre Existenz, auch im Hinblick auf die völlig unverständliche Preispolitik ihrer

Vorindustrie, die, wie das die letzten Bilanzabschlüsse mit aller Deutlichkeit ausweisen, mit sehr hohen Gewinnspannen arbeitet. Es ist nicht zu verantworten, die gesamten Investitionen über den Preis vornehmen zu wollen."

Neben Briefen mit Protesten und mancherlei Kritik gehen Anerkennungsschreiben ein, die häufig wertvolle Anregungen enthalten, aber auch Ansporn vermitteln. So wird zum Beispiel am 24. Mai 1956 aus Stuttgart geschrieben:

„Hochverehrter Herr Minister, darf ich mir erlauben, Sie zu bitten, meine ganz ergebene Anerkennung, Hochachtung und Begeisterung für Ihre Maßnahmen, Handlungen und für den unbeirrbaren Willen entgegenzunehmen. Bitte, ziehen Sie aus *keinem Widerstand* gegen Ihre Absichten *Konsequenzen*, welche dem *Gesamtinteresse* auf alle Fälle entgegenlaufen würden. Im Auftrage eines größeren Personenkreises verbleibt . . ."

Am 21. November 1953 teilt ein Kölner mit:

„In der Zeitung lese ich Ihre Rede vor der Aktionsgemeinschaft sozialer Marktwirtschaft. Ohne Zweifel hat Ihr *Wirken* den größten *Anteil am Wahlerfolg* gehabt. Haben Sie bitte auch denselben Mut, die gleichen Tendenzen, die Sie für den freien Wettbewerb propagieren, auch für die Verwaltung zu fordern. Der ungeheure Verwaltungsapparat ist für eine Wirtschaft, die im stärksten Konkurrenzkampf steht, nicht mehr tragbar."

Ein Fabrikant aus Remscheid-Lennep schreibt unter dem 30. April 1956:

„. . . Es ist kein Süßholzraspeln, wenn ich Ihnen mitteile, daß die Wirtschaft davon überzeugt ist, daß Sie Ihr Pensum herunterarbeiten. Ich selbst möchte *nicht* diesen ‚*Posten*' haben. Weil ich Sie vor einigen Tagen im Fernsehen beobachtet habe, glaube ich, bei Ihnen festzustellen, daß Sie vielleicht *zu gutmütig* sind. Deshalb wäre es zweckmäßig, wenn Sie sich Ihren Widersachern gegenüber anders verhielten."

Am 22. Februar 1956 nimmt ein Bürger aus Bauschlott bei Pforzheim zu meinen Mahnungen, maßzuhalten, Stellung:

„In den letzten Tagen habe ich gelesen, daß Sie vor einer *neu aufkommenden Unzufriedenheit* aller Schichten in Deutschland gewarnt haben. Es ist sehr zu begrüßen, daß von Ihnen solche zu beherzigenden Gedanken ausgesprochen werden ... Man hält es für politisch unklug, daß in Versammlungen von Industrie, Handwerk und Handel von Not gesprochen wird, obwohl vor der Versammlungshalle Dutzende von Mercedes 300 stehen. Ich habe durchaus nichts gegen den Reichtum, halte es aber für sehr *ungeschickt*, immer nur zu *jammern* und zu *schimpfen*. Es ist leider so, daß gerade diejenigen Schichten, die einen gewaltigen wirtschaftlichen Aufstieg und eine Vermehrung ihres Vermögens erlebt haben, keinerlei Verantwortung für den Staat kennen, sondern sich mit dem Teufel verbünden, wenn nur etwas herausspringt ...“

Unter der großen Zahl der Briefschreiber fehlen natürlich nicht Leute, die sich noch heute als extreme Nationalisten bekennen. Die „Radikal soziale Freiheitspartei“ aus München schreibt unter dem 31. März 1956:

„Sehr geehrter Herr Minister, Sie mögen wohl etwas vom Zigarrenrauchen verstehen – aber daß Sie nichts von währungspolitischen Sachen und nichts davon, wie man die Wohnungsnot beseitigt, verstehen, hat ja bestens die Vergangenheit bewiesen.“

Unter der Fülle der Zuschriften befinden sich auch mancherlei Kuriositäten. So sendet ein großes Einzelhandelsgeschäft einer westdeutschen Großstadt kommentarlos einige Tüten, in denen die Ware verpackt wird und auf deren Rückseite steht: „Erhard hat recht! Viele Preise würden fallen, wenn jeder immer nur das günstigste Angebot wählen würde. Es liegt also in Ihrer Hand.“

Mehrere Briefschreiber unterbreiten diesen oder einen ähnlichen Vorschlag:

„Die Bundesbank möge eine Milliarde in Goldmünzen ausprägen und unter Einzug von einer Milliarde Papiermark bei Lohn- und Gehaltszahlungen in Umlauf bringen. Diese Goldmünzen werden sofort gehamstert und mindern dadurch die Kaufkraft möglicherweise um die volle Milliarde.“

Am 14. Juli 1956 schließt ein Berliner Bürger einen Briefwechsel mit folgender bemerkenswerter Formulierung ab:

„Ich bin im Besitz des Antwortschreibens Ihres Beauftragten . . . auf meinen Brief an Sie, wofür ich herzlich danke. Wenngleich die Antwort sich meinen Anregungen kaum nähert, so habe ich doch die Genugtuung, daß es nicht so ist, wie vielfach behauptet wird, daß Briefe, die an einen Minister gerichtet werden, schon im Vorzimmer in den Papierkorb wandern. Ich werde solchen Behauptungen nun bestimmt entgegentreten."

9. Kapitel

MARKTWIRTSCHAFT ERMÖGLICHT GERECHTEN LOHN

Mein steter Kampf um die Sicherung eines echten und freien Wettbewerbs dient in erster Linie dem Zwecke, jene in unserem Lande wohltätigen Kräfte nicht erlahmen zu lassen, die vorzüglich der deutschen Wirtschaft zu einer *ständig fortschreitenden Produktivitätssteigerung* verhelfen sollen. Wo kein Wettbewerb lebendig ist, tritt notwendig ein Stillstand ein, der schließlich zu einer allgemeinen Erstarrung führt. Jedermann verteidigt dann gerade das, was er besitzt, d.h. er ist nicht mehr auf die für das Gedeihen der Volkswirtschaft so bedeutsame ständige Steigerung seiner Leistungskraft bedacht.

Diese Erhöhung der wirtschaftlichen Leistungseffizienz ist aber nun keineswegs Selbstzweck. Der *Tatbestand der sozialen Marktwirtschaft* ist vielmehr nur dann als voll erfüllt anzusehen, wenn entsprechend der wachsenden Produktivität zugleich *Preissenkungen* wirksam und damit *echte Reallohnsteigerungen* möglich werden. [5]

Ich werde nicht aufhören, in diesem Sinne zu wirken, – und dies auch in einer Zeit, in der viele nicht mehr zu glauben geneigt sind, daß eine auf Preissenkung hinzielende Politik noch möglich wäre oder Erfolg versprechen könnte. Gerade in einer Phase der wirtschaftlichen Entwicklung, wie wir sie heute erleben, darf diese *Zielsetzung nicht aus den Augen verloren werden*. Standen wir während der Korea-Krise nicht vor einer ähnlichen Problematik? Auf dem CDU-Parteitag in Goslar am 22. Oktober 1950, zu einer Zeit also, als die Wellen der Preisbewegung recht hoch schlugen, konnte ich beispielhaft darauf verweisen, daß das Volkswagenwerk kurz zuvor trotz erhöhter Rohstoffkosten eine rund 10%ige Preissenkung bei gleichzeitig 10%iger Lohn- und Gehaltserhöhung vornahm, und erklärte hierzu, daß eine solche Politik *„vollkommen der Zielsetzung der sozialen Marktwirtschaft entspreche"*.

Solche Andeutungen mögen genügen, die enge Verquickung zwischen dem Streben nach *Aufrechterhaltung* des *Wettbewerbs* und dem *Wunsch* nach *Steigerung des Lebensstandards* deutlich zu machen. Es ist ökonomisch auf die Dauer sogar unmöglich, das eine zu wollen und gleichzeitig auf das andere zu verzichten. Diese unlösbare Beziehung ist auch noch in anderer Hinsicht festzustellen: Allein der Wettbewerb ist geeignet, die Wirkungen von Perioden steigender Preise, die wir in den letzten acht Jahren dreimal erlebt haben – nämlich in der zweiten Jahreshälfte 1948, dann infolge des Korea-Konflikts und nunmehr durch die Verbindung von Hochkonjunktur und Vollbeschäftigung –, abzuschwächen, d.h. die Preise wieder auf das rechte Maß zurückzuführen, das ein optimales Verhältnis zwischen Löhnen und Preisen, zwischen nominellem Einkommen und Preisniveau gewährleistet. [1]

Die Wettbewerbswirtschaft aufrechtzuerhalten entspricht in jedweder Hinsicht einem sozialen Gebot: Wir können aus der eigenen Vergangenheit, aber auch mit dem Blick auf die Staaten jenseits des Eisernen Vorhangs lernen, daß in der *Planwirtschaft* und graduell verstärkt in der *Zwangswirtschaft die Lohnquote* am Sozialprodukt *immer niedriger war und niedriger ist als in der Marktwirtschaft*. Der Lohnanteil ist stets am allergeringsten in der staatlich gelenkten Kollektivwirtschaft, wie etwa gegenwärtig unter der Herrschaft des Bolschewismus. Es wäre auch durchaus merkwürdig, wenn dies anders wäre; denn der überbesetzte bürokratische Apparat zehrt nicht nur zwangsläufig einen wesentlichen Anteil des Sozialproduktes auf, auch die Zusammensetzung des Sozialproduktes läßt erkennen, daß dieses gar nicht der Befriedigung menschlicher Wohlfahrt dienen soll. Niemand, der ernst genommen werden will, kann behaupten oder gar beweisen wollen, daß die sozialökonomische Leistung der staatlichen Befehlswirtschaft eine höhere sein kann als diejenige der Marktwirtschaft. [1]

Arbeitgeber und Arbeitnehmer Hand in Hand an einem Tisch

(Entnommen mit freundlicher Genehmigung der Wochenzeitung „Die Zeit". Zeichnung: Hicks)

Wenn ich soeben die *Ideallage der Marktwirtschaft* dahingehend kennzeichnete, daß der Wettbewerb am besten für eine wachsende Produktivität sorgt und erst diese wiederum *Preissenkungen und Reallohnerhöhungen* überhaupt ermöglicht, dann ist hierzu eine historische Klarstellung vonnöten.

Gesetz des Handelns beim Unternehmer

Der Wirtschaftsminister ist immer dann genötigt, sich in der Öffentlichkeit mit der Lohnentwicklung auseinanderzusetzen, wenn diese die ökonomischen Möglichkeiten und

Gegebenheiten zu überfordern droht und die Gefahr besteht, daß die durch die Produktivitätsentwicklung gesetzten Grenzen aus politischem Wollen heraus übersprungen werden sollen. Dieser Sachverhalt war während der Periode, in der ich für die deutsche Wirtschaftspolitik verantwortlich zeichne, zweimal gegeben: in der jüngsten Vergangenheit und während der Korea-Krise. In den langen übrigen Zeiträumen sind von mir niemals generelle Einwendungen gegenüber der Lohnentwicklung erhoben worden, obgleich auch diese beachtliche Nominallohnsteigerungen auswiesen. Wer meine wirtschaftspolitische Auffassung kennt, weiß auch, daß zu dieser Konzeption als wesentliches Element eine freizügige Lohnentwicklung gehört.

Zu wiederholten Malen habe ich darum erklärt, daß der so oft geübte grundsätzliche *Widerstand der Arbeitgeber* gegenüber Lohnerhöhungen, die dank einer gesteigerten Ergiebigkeit unserer Volkswirtschaft nicht nur möglich, sondern für die Stabilität unserer Währung sogar notwendig und sinnvoll sein können, nicht in das System der Marktwirtschaft paßt. Ein solcher Widerstand mißachtet die Zielsetzung der Marktwirtschaft, so wie ich sie verstehe, sogar gröblich. Es erscheint mir mißlich, wenn die Arbeitgeber niemals von sich aus *eine Aktivität zugunsten einer an sich möglichen Lohnerhöhung* ergreifen, sondern immer erst dann tätig werden, wenn die Gewerkschaften darauf drängen. Gerade in den Phasen einer ruhigen wirtschaftlichen Aufwärtsentwicklung würden die Arbeitgeber volkswirtschaftlich richtig und psychologisch klug handeln, wenn sie die Löhne entsprechend der Produktivitätsverbesserung aus eigener Initiative anzuheben bereit wären, womit natürlich nicht der für Preissenkungen verfügbare Spielraum ganz aufgezehrt werden darf. In der krassen Alternative wäre der Preissenkung der Vorzug vor der Lohnerhöhung zu geben, wenn der Alltag auch nicht nach derartigen Polaritäten abläuft.

Der Einwand, daß die Gewerkschaften ihren Mitgliedern

gegenüber Erfolge aufweisen müßten und darum die von mir empfohlene Haltung nicht ratsam erschiene, kann volkswirtschaftlich kaum als berechtigt angesehen werden.

Wenn so als Grenze der Aktivität der Gewerkschaften und der Möglichkeit einer freiwilligen Lohnaufbesserung seitens der Arbeitgeber der tatsächliche Produktivitätsfortschritt der Wirtschaft angesehen werden muß, dann interessiert allerdings für Gegenwart und jüngste Vergangenheit die Frage, welcher Schutz vor einem *Überschreiten dieser Grenze* aufgerichtet werden kann.

Lohnerhöhungen, die in dem Produktivitätszuwachs der Volkswirtschaft oder einzelner Branchen keine Entsprechung finden, müssen zwangsläufig zu Preissteigerungen führen. Man wird dabei zunächst leidenschaftslos festzustellen haben, daß sich Arbeitgeber und Arbeitnehmer in der Hochkonjunktur relativ leicht einigen; beide Partner stehen der Produktionssphäre nahe und dürfen sich der Hoffnung hingeben, die Folgen auch einer bedenklichen Einigung in ihrer negativen Auswirkung nicht selbst tragen zu müssen. Jede Einigung aber, die nicht auf volkswirtschaftliche Zusammenhänge Rücksicht nimmt, führt zwangsläufig zu einer Belastung aller anderen Schichten der Volkswirtschaft, deren Einkommen weniger reagibel ist und bei denen sich darum jede Preiserhöhung vor allem bei den lebenswichtigsten Gütern tragisch auf ihr soziales Sein auswirken muß. [38]

An die Zukunft denken

Auf diese sozialen oder – zutreffender gesagt – unsozialen Konsequenzen einer Mißachtung der *einer gesunden Lohnbewegung gesetzten Grenzen* habe ich bereits anläßlich der Auseinandersetzung um die Frage der sogenannten „aktiven Lohnpolitik" aufmerksam gemacht. Eine derart fundierte expansive Lohnpolitik, die das Preisgefüge zu erschüttern geeignet ist, muß schädlich wirken, es sei denn, daß man einen inflationistischen Trend aus anderen Erwägungen heraus als etwas Gutes betrachten möchte. Ich kann und werde mich zu einer solchen Auffassung indessen niemals bekennen, denn eine solche Politik würde allmählich, aber sicher die inflationistischen Ansätze und Entwicklungen verstärken und den Sparsinn töten. [20]

Bei der Wertung einer Politik, die der Erhaltung der Stabilität der Kaufkraft einen nur noch minderen Rang einräumt, sind neben den unsozialen Konsequenzen auch die allgemeinen wirtschaftlichen Auswirkungen zu berücksichtigen. Wir können und dürfen in Deutschland Löhne und Gehälter nicht beziehungslos erhöhen, wenn wir nicht, statt die gute Konjunkturlage zu nutzen, auf die Dauer unseren Export schädigen wollen. Selbst in einer Zeit, in der wir unsere Exportüberschüsse manchmal fast als Übel empfinden, wollen wir doch nicht vergessen, daß die Welt unsere Waren nicht um unserer schönen Augen willen kauft, sondern nur dann und nur solange dazu bereit sein wird, als wir in unserer Leistungsfähigkeit nicht zurückfallen. Eingegliedert in die Weltwirtschaft, müssen wir gerade auf lohnpolitischem Gebiet den Gesamtzusammenhang begreifen. [4] Das aber heißt, daß bei solchen Überlegungen nicht vergessen werden darf, wie sehr unsere *stolzen Außenhandelserfolge* gerade auf der Stabilität unserer Währung, auf dem Vertrauen in die Wertbeständigkeit unseres Geldes beruhen. Nur eine dahin ausgerichtete Politik vermittelt auch das Gefühl der Sicherheit für die wirtschaftlichen Dispositionen sowohl in dem großen Bereich der Volkswirtschaft wie auch im kleinen, d.h. in der Sphäre der Hauswirtschaften.

Diese Linie gilt es fortzuführen. Diese Feststellungen und Einsichten behalten auch Gültigkeit in einer Zeit, in der die günstige Entwicklung unseres Außenhandels es kaum als vorstellbar erscheinen läßt, daß von dieser Seite her Gefahren drohen könnten. Wenn erst einmal eine zu leicht *inflationistischem Trend hinführende Politik akzeptiert ist* oder auch nur keinen Widerstand mehr findet, *dann gibt es kein Halten mehr* – dann wird möglicherweise sehr rasch ein Grad der Geldentwertung bzw. Preissteigerung erreicht sein, der die derzeitigen *Exportüberschüsse wie Schnee in der Sonne* dahinschmelzen läßt.

So sehr ich dafür eintrete, daß an der steigenden Produktivität unserer Volkswirtschaft Arbeiter und Angestellte ihren vollen Anteil haben, so sehr muß ich dann aber auch erwarten, daß die Gewerkschaften in ihren Lohnforderungen jene verantwortungsbewußte Haltung bezeugen, welche die Sicherung unserer Währung und die weitere glückliche Aufwärtsentwicklung unserer Wirtschaft gewährleistet. [35] Diese Mahnung nach Mäßigung ist allerdings nur so lange zu rechtfertigen, als dann auch auf seiten der Unternehmer alles zur Verbilligung oder zumindest zur Aufrechterhaltung der Preisstabilität der von ihnen erzeugten oder vertriebenen Waren, insbesondere der Konsumgüter, getan wird.

Autonomie und Verantwortung

Mit der hier aufgezeigten Problematik ist die Frage der Autonomie der Sozialpartner angeschnitten. Meine Einstellung hierzu ist bekannt genug: Nach wie vor ist es der unveränderte Wille der Bundesregierung, der Koalitionsparteien, ja wohl des ganzen Bundestages, den Sozialpartnern die Freiheit der Entscheidung in Bezug auf die Gestaltung der Lohn- und Arbeitsbedingungen zu überlassen und zu erhalten. *Diese Freiheit ist* jedoch notwendig *an die Verantwortung gebunden*, von jener Freizügigkeit den rechten Gebrauch zu machen, d. h. keine Politik zu betreiben, die zwangsläufig zu einer Erhöhung der Preise, damit zu einer Aushöhlung der Kaufkraft und zu einer Minderung der Wettbewerbsfähigkeit der deutschen Volkswirtschaft und in letzter Konsequenz zu einer Gefährdung der Währung führen müßte. [9] Freiheit ohne das Gefühl der Bindung und Verantwortung treibt zur Entartung und zum Chaos!

Noch anläßlich der Eröffnung der Internationalen Messe in Frankfurt am 6. März 1955 konnte ich aus voller Überzeugung erklären: „Ich darf zu meiner Genugtuung feststellen, daß sich beide Sozialpartner in ihren Auslassungen klar zu dieser Verantwortung bekennen. Das gibt mir bis zum Beweis des Gegenteils die gute Zuversicht, daß auch von dieser Seite keine Störungselemente in die deutsche Volkswirtschaft hereingetragen werden.“ Die sich seit Frühjahr 1955 vollziehende Entwicklung läßt allerdings einige Zweifel berechtigt erscheinen, ob diese zuversichtlichen Feststellungen, die auf dem Glauben an die menschliche Vernunft basieren, heute noch absolut gültig sind. Ein Blick auf die Unterschiede zwischen der Lohnsteigerung und der Produktivitätsentwicklung verstärkt diese Zweifel; dies gilt um so mehr, als die Zuwachsquote der Löhne 1956 eindeutig über dem Produktivitätsfortschritt liegt. Die Produktivität stieg 1956 je Arbeiterstunde um 4%, während sich die Bruttostundenverdienste in der Industrie um 10% erhöhten. Auch 1961 und 1962 übertrafen die Lohnsteigerungen den Produktivitätsfortschritt erheblich.

In diesem Zusammenhang darf ich auf Erkenntnisse des maßgebenden wissenschaftlichen Verfechters der Marktwirtschaft verweisen. Walter Eucken sagt zutreffend:

„Wenn es also richtig ist, daß nur verteilt werden kann, was vorher produziert wurde, dann muß die erste Frage aller Sozialreformer auf die Wirtschaftsordnung mit dem höchsten Wirkungsgrad gerichtet sein. Erst im Anschluß hieran können andere Fragen aufgeworfen werden. Wenn in einer irgendwie gearteten Ordnung alle Menschen gleichmäßig hungern, so ist das weder eine Lösung des Problems der gerechten Verteilung noch der Sicherung oder irgendeiner anderen Erscheinungsform der sozialen Frage; sie wird es auch dann nicht, wenn diese Auswirkungen einer schlechten Ordnung durch ethische Verbrämungen und Appelle an das Gemeininteresse aller Menschen schmackhaft gemacht werden sollen.“ [9]

Darum soll auch an dieser Stelle noch einmal betont werden, daß die gerade von mir angestrebte *Erhöhung des Lebensstandards* nicht so sehr Verteilungs- als vielmehr *Produktions- bzw. Produktivitätsprobleme berührt.* Die Lösung liegt nicht in der Division, sondern in der Multiplikation des Sozialprodukts. [60] Diejenigen, die ihre Aufmerksamkeit den Verteilungsproblemen widmen, werden immer wieder zu dem Fehler verleitet, mehr verteilen zu wollen, als die Volkswirtschaft nach Maßgabe der Produktivität herzugeben in der Lage ist.

Es soll damit nicht gesagt werden, daß die gegenwärtigen Verteilungsquoten in jeglicher Hinsicht ideal oder „gerecht" seien. Sicherlich sind hier – langfristig gesehen – auch Änderungen denkbar. Derartige Verschiebungen werden insbesondere dann, wenn sie kurzfristig vollzogen werden sollen, heftige Auseinandersetzungen, Lohnkämpfe und vielleicht sogar Streiks im Gefolge haben. Die volkswirtschaftlichen Energien, die hierfür aufgewandt werden, dürften jedenfalls sehr beträchtlich sein. Darum erschiene es mir viel sinnvoller, diese gleichen Energien auf die Steigerung der Produktivität zu lenken, um auf diese einzig fruchtbare Weise für alle Beschäftigten in der Wirtschaft einen höheren Ertrag zu erzielen.

Das hier Gesagte mag durch die Entwicklung des Sozialprodukts erhärtet werden. In der Zeit zwischen 1950 und 1962 gelang es, das Bruttosozialprodukt – in Preisen von 1954 ausgedrückt – von 112,9 Mrd. DM auf 280,3 Mrd. DM zu erhöhen. Im Jahre 1962 wurden 172,0 Mrd. DM für den privaten Verbrauch abgezweigt. Das Nettoeinkommen aus unselbständiger Arbeit stieg dementsprechend von 34,8 Mrd. DM im Jahre 1950 auf 129,0 Mrd. DM im Jahre 1962, was einer Steigerung von rd. 271% gleichkommt.

Besonders aufschlußreich sind in diesem Zusammenhang auch die Zuwachsraten des gesamten privaten Verbrauchs:

Privater Verbrauch in Preisen von 1954
– Veränderung gegenüber dem Vorjahr –

Zeit	Mrd. DM	%
1952	+ 6,7	+ 9,1
1954	+ 5,1	+ 5,6
1956	+ 8,9	+ 8,5
1958	+ 5,8	+ 4,8
1960	+ 9,4	+ 7,0
1962[1]	+ 9,1	+ 5,7

[1] einschließlich Saarland und Berlin (West)
Quelle: Statistisches Bundesamt

Die große Verantwortung für jeden Wirtschafts- und Sozialpolitiker wird noch einmal aus einer neuen Variante der volkswirtschaftlichen Entwicklung ersichtlich. An der Schwelle des Zeitalters der Automation, am Beginn einer Phase, die viele (wenn auch mit sehr viel Jules Vernescher Phantasie) als den Anfang einer *zweiten industriellen Revolution* bezeichnen möchten, haben wir in Deutschland, ebenso wie alle anderen hochtechnisierten Volkswirtschaften, zweifellos einen sehr großen Kapitalbedarf, der nach *ordnungsgemäßer Befriedung drängt.* Theoretisch gibt es dabei nur drei Wege der Deckung. Entweder geschieht die Versorgung über den freien, vielschichtigen und differenzierten Kapitalmarkt, an dem nach Möglichkeit jeder Staatsbürger teilhaben sollte. Hier wird das Kapital über die Vielzahl individueller Ersparnisse verfügbar, und gerade darum ist diese Methode nicht nur als die klassische, sondern auch als die gesündeste anzusprechen. Es ist indessen festzustellen, daß in Zeiten politischer Wirren, offenbar auch aus Sorge der Bevölkerung über die Preisentwicklung, trotz steigenden Wohlstands die Spartätigkeit abzunehmen tendiert.

Wenn dieser organische Weg der Kapitalaufbringung über den Kapitalmarkt durch das Verhalten der Menschen verbaut wird, dann bieten sich noch folgende zwei Möglichkeiten an. Die eine davon ist die Finanzierung über den Preis. Ich möchte aber kaum glauben, daß einer meiner Leser meinen könnte, daß dies eine brauchbare oder – langfristig gesehen – auch nur politisch diskutable Methode wäre. Würden wir dieses Verfahren anwenden wollen, dann müßte nach meiner festen Überzeugung unsere gesellschaftliche und demokratische Ordnung der Auflösung verfallen. Ein solcher Versuch trüge derartig viel sozialen Sprengstoff in sich, daß er nur zu einer Katastrophe führen könnte.

Als letzter Ausweg bleibt schließlich wieder einmal der Ruf an den Staat übrig, d. h. dieser soll die notwendigen Investitionsmittel zur Verfügung stellen. Bei derart durchsichtigen politischen Forderungen wird meist gar nicht gefragt, woher der Staat diese Mittel eigentlich nehmen soll. Ohne Gefährdung der Währung und ohne Störung des Preisniveaus kann indessen *kein Staat mehr Kapital ausleihen, als er vorher seinen Bürgern auf dem Umweg über Steuern entzogen hat.* Dieses Verfahren bedeutet darum nicht nur eine entschädigungslose Enteignung zugunsten mammuthaften Kapitalbesitzes in staatlicher Hand, sondern zwingt auch jeden einzelnen Staatsbürger in eine sklavische Abhängigkeit gegenüber dem allmächtigen Staat. Die freie, auf privater Initiative beruhende Volkswirtschaft ist dann aber ebenfalls der Zersetzung preisgegeben.

Wenn von sozialistischer Seite sowohl die „aktive Lohnpolitik" als auch die Notwendigkeit eines steigenden Investitionsbedarfs bejaht werden – gleichzeitig aber die Auffassung vertreten wird, daß die Probleme der Automation nicht mehr in privatwirtschaftlicher Regie gelöst werden können, dann gehört wenig Phantasie dazu, um zu erkennen, daß die Sozialisten Morgenluft wittern, daß sie einen Ansatzpunkt auch für eine gesellschaftliche Revolution gefunden zu haben glauben und daß sie morgen die staatliche Planwirtschaft und einen neuen Dirigismus an den angeblichen Notwendigkeiten der neuen technischen Entwicklung aufhängen möchten. Ich kann dazu nur sagen: *Ich warne Neugierige!*

Mit „Volldampf" müßte er es schaffen

(Entnommen mit freundlicher Genehmigung des „Hamburger Anzeigers". Zeichnung: Hartung)

Als letztes bleibt schließlich übrig, auf die Deckung des Kapitalbedarfs, d. h. dann aber auch auf die volkswirtschaftlich notwendigen Investitionen, zu verzichten. Daß wir damit aus dem Kreis der modernen Industriewirtschaften ausscheren und *langsam, aber sicher in die Primitivität* zurückfallen müßten, bedarf kaum einer Begründung.

Wenn wir den eingangs skizzierten und meiner Ansicht nach einzig fruchtbaren Weg beschreiten wollen, dann haben wir vor allem die Voraussetzungen dafür zu schaffen, daß eine ausreichende Kapitalbildung zustande kommen kann. Wir werden dieses Ziel aber nur dann erreichen, wenn und solange das deutsche Volk in seiner Gesamtheit Vertrauen in die Stabilität der politischen, sozialen und ökonomischen Ordnung hat. Das Symbol der Stabilität ist aber für den Mann auf der Straße der Preis, den jeder einzelne für die lebensnotwendigen Waren zu bezahlen hat. Das ist der *Brennpunkt, in dem sich unsere Anstrengungen um eine maßvolle Lohnpolitik, um die Sicherung der Stabilität und um die Fundierung der wirtschaftlichen, sozialen und politischen Zukunft* unseres Volkes treffen und versöhnen müssen. [68]

Aus diesen Überlegungen wird es auch für den einzelnen immer wieder notwendig werden, sich der Grenzen seiner eigenen Forderungen oder denen seiner Gruppe bewußt zu bleiben. Mögen z. B. einzelne Lohnerhöhungen dem Arbeitnehmer scheinbar Nutzen bringen und noch so verlockend erscheinen – wenn sie aber das Preisgefüge erschüttern, tragen sie den Keim des Übels in sich und schlagen dann fast naturnotwendig auf die vermeintlichen Nutznießer zurück.

Die Menschen haben es zwar zuwege gebracht, das Atom zu spalten, aber nimmermehr wird es ihnen gelingen, jenes *eherne wirtschaftliche Gesetz* aufzusprengen, das uns mit unseren Mitteln haushalten heißt, d. h. *das uns verbietet, mehr zu verbrauchen, als wir erzeugen können – oder erzeugen wollen.*

10. Kapitel

VERFÜHRT WOHLSTAND ZUM MATERIALISMUS?

Immer häufiger begegnet man in letzter Zeit der Auffassung, daß die Politik der *sozialen Marktwirtschaft* die Menschen offensichtlich und in wachsendem Maße zu einem *verderblichen Materialismus* verführe.

Diese These bedarf einer kritischen Prüfung.

Über die unterschiedlichen Konjunkturlagen hinweg erhält der menschliche Fleiß, das Schaffen aller am Wirtschaftsprozeß Beteiligten sowie der Drang und der Zwang zu einer ständigen Verbesserung unseres Produktionsapparates seinen ökonomischen Sinn und sozialen Inhalt durch die Eröffnung einer immer *besseren* und freieren *Lebensführung* für das *gesamte* Volk. Wir bauen keine ägyptischen Pyramiden als Selbstzweck; nein, jede neue Maschine, jedes anlaufende Kraftwerk, jeder zusätzliche Arbeitsplatz und jedwede anderen Mittel der Leistungssteigerung dienen in letzter Konsequenz der Bereicherung des menschlichen Seins aller im Bereich der sozialen Marktwirtschaft lebenden und schaffenden Menschen. [57] Ich werde dabei nie müde werden, dafür zu sorgen, daß die Frucht des wirtschaftlichen Fortschritts immer breiteren und am Ende möglichst *allen* Schichten des Volkes zugute kommt.

Man kann in der Volkswirtschaft, ohne zu produzieren, kein Einkommen schaffen, aber man kann auch nicht produzieren, ohne konsumieren zu wollen – es sei denn im Sklaventum oder in totalitären Systemen. Diese Einstellung veranlaßt mich im übrigen auch, keine Privilegien der Lebensführung anzuerkennen, die etwa aus politischer oder wirtschaftlicher Stärke abgeleitet werden. Wer *Machtpositionen* auszunützen versucht, muß sich bewußt sein, daß er damit andere Volkskreise und *andere* Bevölkerungsschichten in ihrem sozialen Sein behindert und *schädigt.* [57]

Aus dieser Sicht heraus halte ich es auch für eine der wichtigsten Aufgaben der modernen Wirtschaftspolitik, das früher als unentrinnbar gehaltene Auf und Ab der Konjunktur, d. h. die Vorstellung eines gesetzmäßigen, mechanisch funktionierenden konjunkturzyklischen Ablaufs der Wirtschaft, durch die Fruchtbarmachung neuer Erkenntnisse zu überwinden. Wenn dieses Ziel erreicht werden kann, ist Entscheidendes für die Mehrung des Wohlstandes aller gewonnen, zumindest werden dann jedem fleißigen und strebsamen Mitglied der Gemeinschaft bessere Chancen der Bewährung und des Erfolges eröffnet.

Der Wille zum Verbrauch

Der Zustand einer in Permanenz optimal ausgelasteten Wirtschaft, die zugleich auch die Wachstumskräfte lebendig halten und im Fortschritt bleiben will, setzt allerdings eine dynamische und im Grunde konsumfreudige Bevölkerung voraus. Erst dieser von mir oft angeschnittene *Wille zum Verbrauch* gestattet es, daß sich die Produktion ohne Störung fortentwickeln kann und daß das Streben nach Rationalisierung und Leistungsverbesserung lebendig bleibt. Nur wenn vom *Verbrauch* her (selbstverständlich auch dem produktiven) ein *fortdauernder Druck* auf die Wirtschaft ausgeübt wird, bleibt auch in der Produktionssphäre die Kraft lebendig, sich der gesteigerten Nachfrage beweglich anpassen zu wollen und entsprechende Risiken zu tragen.

Es ist und bleibt der letzte Zweck jeder Wirtschaft, die Menschen aus materieller Not und Enge zu befreien. Darum meine ich auch, daß, je besser es uns gelingt, den *Wohlstand zu mehren*, um so seltener die Menschen in einer nur materiellen Lebensführung und Gesinnung versinken werden. Die

Wohlstandsvergrößerung schafft umgekehrt erst die Grundlage, den Menschen einer *primitiven*, nur materialistischen *Denkweise zu entreißen* – sie sollte es jedenfalls tun. Und ich vertraue auch darauf, weil in meiner Schau die Menschen nur so lange materialistisch gebunden sein werden, als sie in den Kümmernissen des Alltags gefangen sind und sich in solcher Armut nicht über die Niederungen des Lebens erheben können. Dagegen winkt allen Menschen, die durch Wohlstand und soziale Sicherheit zum Bewußtsein ihrer selbst, ihrer Persönlichkeit und ihrer menschlichen Würde gelangen, die Möglichkeit, ja fast möchte ich sagen die frohe Hoffnung, sich aus materialistischer Gesinnung lösen zu können.

Der aus solcher Vorstellung stets neu entfachte Wille, die wirtschaftliche Expansion so lange nicht erlahmen zu lassen, als es noch Mitglieder unseres Volkes gibt, deren sozialer Standard unbefriedigend ist, hat also nicht nur eine ökonomisch-materialistische, sondern eine sozial-ethische Wurzel. Auf einem anderen Blatt steht die Frage, ob es zweckmäßig ist, den *Expansionswillen* in allen Entwicklungsphasen als fixe Größe zu setzen, ihn immer gleichmäßig *laut zu proklamieren.*

Diese mehr *taktischen Wendungen* können aber nicht die Richtigkeit der hier skizzierten Grundlagen allen Wirtschaftens schmälern. Solange die Expansion nicht nur von dem Wunsch nach besserer Lebensführung, sondern auch von dem Ansporn zu höherer Leistung getragen ist, besteht eine volle Harmonie. Wenn aber der Expansionswille die Gefahr mit sich bringt, daß die Menschen ohne Beziehung zur Leistung der *Volkswirtschaft* einfach *mehr abfordern* möchten, als diese zu geben vermag, dann ist diesem sozial wohltätigen Streben die reale und – ich meine auch – die *moralische Grundlage entzogen.*

Vorstellungen, die etwa darauf abzielen, den Ertrag der eigenen Arbeitsleistung – ausgedrückt im Lohn – zu steigern, gleichzeitig aber die Arbeitsleistung – etwa im Zuge von

Arbeitszeitverkürzung – ohne Rücksicht auf realisierbare Produktivitätsverbesserungen vermindern zu wollen, haben mit diesem von mir gemeinten Expansionswillen herzlich wenig zu tun.

Keine deutsche Austerity-Politik

Expansion im richtigen Sinne bedeutet, den Gesamtertrag der Volkswirtschaft zu steigern, womit *alle* die Möglichkeit erhalten, an dieser Mehrung zu partizipieren. Heute sind wir indessen auf dem besten (d. h. dem schlechten) Wege, um die *Gruppenanteile* am *Sozialprodukt* zu *feilschen*.

Es hat keinen Zweck, sich hier irgendwelchen Illusionen hinzugeben. Im bürgerlichen Leben gilt der Satz: Ein Lump gibt mehr, als er hat! Aber eine Volkswirtschaft kann nicht mehr gewähren, als sie nach der Anstrengung der Menschen und der Ergiebigkeit ihrer Arbeit an Sozialprodukten zu erstellen in der Lage ist. Gerade in Zeiten der Hochkonjunktur und Vollbeschäftigung muß mit starkem Nachdruck auf die Grenzen des Verbrauchs jedes einzelnen hingewiesen werden. Hoffentlich wird nun niemand aus dieser Aussage ableiten wollen, daß ich einer besonderen *deutschen Spielart von Austerity-Politik*, einer Politik des Verzichts, das Wort reden möchte. Niemand kann mir auch nachsagen, daß ich je Vokabeln verwandt habe wie „den Leibriemen enger schnallen“, „entsagen und entbehren müssen“ u. a. m. Solche Heilmittel sind mit meiner wirtschaftspolitischen Grundauffassung nicht in Einklang zu bringen.

Nach allem, was ich in den letzten Jahren praktiziert habe, dürfte ich also kaum in den Geruch kommen, daß ich etwa eine restriktive Verbrauchspolitik als Selbstzweck betreiben möchte oder daß es mein Ziel sein könnte, eine gute Konjunkturlage gewaltsam herunterdrücken zu wollen. Nein, es bleibt dabei: Der Erfolg unserer Wirtschaftspolitik bestand immer darin, daß wir vor Spannungen niemals zurückgewichen sind, sondern die Lösung immer im dynamischen *Durchbruch nach vorne*, d.h. also in der Expansion, gesucht und gefunden haben.

An dieser Grundeinstellung wird auch für die Zukunft nicht gerüttelt. [55] Man möge sich nur einmal klarmachen, wieviel an Kraft, Energie und gutem Willen zerstört werden müßte, wenn sich die Wirtschaftspolitik von der Absicht leiten lassen wollte, das Volk wieder zu einer bereits überwundenen Bescheidenheit zurückzuführen. Die wirtschaftlichen Fakten und Daten müssen nur in einer richtigen Entsprechung bleiben bzw. dahin gebracht werden. Die Neigung, Sparkapital zu bilden, aber auch die Bereitschaft, Sparkapital aufzunehmen, ist nicht zuletzt auch abhängig von einer zuversichtlichen Haltung und einer positiven Beurteilung der Zukunft.

Ist es also wirklich berechtigt, zu behaupten, die Erfolge der *sozialen Marktwirtschaft* entpuppten sich jetzt insofern als *Scheinerfolge*, als sie das deutsche Volk auf den gefährlichen Weg eines seelenlosen Materialismus abzudrängen drohen, so daß es im Wohlstand verkümmern müßte?

Hier ist zunächst einmal zu fragen, ob diese vermutete Verflachung des Lebens dem wirklichen Sachverhalt entspricht und ob – falls wir diese Frage zu bejahen genötigt wären – eine echte Kausalität zwischen wachsendem Wohlstand und zunehmendem Materialismus vorliegt. Eine Bestätigung dieser Aussage käme einem Todesurteil über die Prinzipien und die Ziele der westlichen freien Welt gleich.

Ich glaube auch nimmermehr, daß die in Deutschland sich seit 1948 abzeichnende Entwicklung einer breitangelegten und rasch vorwärtsgreifenden Erhöhung des allgemeinen Lebensstandards derart tragische Schlüsse für unser Volk und Schicksal rechtfertigen könnte. Wir müssen nüchtern überlegen, was sich in diesen letzten Jahren ereignet hat.

Ein *darbendes* und *hungerndes Volk*, das der primitivsten Lebensmöglichkeiten beraubt war und das unter der seelenlosen Herrschaft eines staatlichen Wirtschaftsdirigismus jede individuelle Freiheit entbehren mußte, gewann in einer relativ kurzen Zeitspanne *Leben und Freiheit zurück.* Was liegt da menschlich näher, als sich im Vollgefühl der wieder erstarkten Lebenskraft ausleben, als verbrauchen und selbst genießen zu wollen.

Es kommt noch hinzu, daß im Zuge der Demokratisierung der Massen eine *soziale Umschichtung* Platz greift, die insbesondere den Lohnempfänger in seinem materiellen Sein stark hebt. Im Zuge dieser Entwicklung ist es fast selbstverständlich, ja sogar unausweichlich, daß immer mehr Menschen zu einem gehobenen Lebensstandard hingeführt, d. h. zum Kauf von immer mehr Gebrauchs- und Verbrauchsgütern befähigt werden, die ihnen bislang vorenthalten waren.

Diese Entwicklung habe ich bewußt angestrebt, und ich bin über den Erfolg glücklich. Mutet es da nicht allenthalben pharisäerhaft an, wenn sich die wohlhabenderen oder gar reicheren Schichten unseres Volkes über die Genußsucht und Begehrlichkeit derjenigen ereifern, die im Grunde genommen keinen anderen Wunsch haben, als es jenen gleichzutun. Gegen solches Pharisäertum führe ich deshalb auch einen leidenschaftlichen Kampf.

Ich verbuche den materiellen Aufstieg des deutschen Arbeiters und anderer Schichten unseres Volkes als einen absoluten politischen, sozialen und volkswirtschaftlichen Gewinn.

Ich frage daher mit allem Nachdruck: Bedeutet der Rundfunkempfänger, der Staubsauger, der Kühlschrank usf. im Hause eines *Begüterten etwas anderes* als in *der Wohnung des Arbeiters?* Ist er etwa das eine Mal Ausdruck von Zivilisation und Kultur, das andere Mal Zeugnis materialistischer Gesinnung? Ich vermag auch nicht einzusehen – wenn wir einmal den unterschiedlichen Lärm außer acht lassen –, worin sich unter solcher Wertung das Moped vom Auto unterscheiden sollte.

Aus solch zwielichtiger Haltung heraus wird also dem echten und berechtigten Anliegen, unser Volk vor einer materialistischen Verflachung des Lebens bewahrt zu sehen, nicht begegnet werden können. Die Höhe des Einkommens ist weder Maßstab noch Grenzscheide für eine sittliche Wertung des Verbrauchs. Ich weiß deshalb auch nicht, warum und inwiefern die menschliche *Seele durch Wohlstand* und Reichtum an sich *gefährdet* sein sollte. Man müßte dann folgerichtig die Gegenfrage stellen: Von welcher Einkommenshöhe ab ist die menschliche Seele durch Reichtum eigentlich nicht mehr gefährdet? Ist diese Fragestellung aber nicht schon reiner Hohn?

Jene Schichten, die mehr und mehr in den Genuß eines verstärkten Konsums gelangen, sind auch nicht deshalb zu tadeln, weil ihnen die jetzt erreichbaren Güter zunächst einmal Erfüllung ihrer Sehnsucht bedeuten oder weil sie in dieser Phase noch gar nicht fähig sein können, bei ihrer Bedarfsbefriedigung geistige, seelische, kulturelle und materielle Werte in eine gemäße Rangordnung zu bringen. Mit der Sicherheit des sozialen Seins wird es gewiß *zu einer stärkeren Besinnung kommen*, die Gut und Böse, Wert und Unwert besser zu unterscheiden vermag.

Gegen falsche Unduldsamkeit

Es mag, äußerlich gesehen, sogar unbestreitbar sein, daß heute manche Verbrauchsäußerungen allzu primitiv anmuten. Weder haben wir das Recht, noch hat es einen Sinn, darüber die Nase zu rümpfen. Zu den *unantastbaren Freiheiten* des Menschen gehört nun einmal die *freie Konsumwahl*; wir sollten auch hierbei nicht unduldsam sein. Vergessen wir nie die lange Zeit des Darbens, die das deutsche Volk durchzustehen hatte und die es nun um so begreiflicher macht, wenn es den Ertrag seiner ehrlichen Arbeit konsumieren will.

Kein Einwand wird mich davon abbringen, daran zu

glauben, daß die *Armut* das *sicherste Mittel* ist, um den Menschen in den kleinen materiellen Sorgen des Alltags *verkümmern zu lassen*. Vielleicht mögen Genies sich über solche Drangsale erheben; im allgemeinen aber werden die Menschen durch materielle Kümmernisse immer unfreier und bleiben gerade dadurch materiellem Sinnen und Trachten verhaftet.

Wir können daher den Prozeß der Vermehrung und Verbreitung des Wohlstandes mit Geduld und Zuversicht abrollen lassen, denn was sich heute gelegentlich als ein Mißbrauch ausprägt, trägt zugleich den Keim der Heilung in sich. Seien wir nicht so *grausam,* anzunehmen, daß *Tugend nur aus Not* erwachsen könnte. Es kommt vielmehr darauf an, uns des Glückes und des Segens einer erfolgreichen und friedlichen Arbeit würdig zu erweisen. Für einen Wirtschaftspolitiker wie mich ist es eine *teuflische Zumutung*, von ihm um eines falsch verstandenen ethischen Prinzips willen gar verlangen zu wollen, daß er etwa die Überwindung der Armut verhüten sollte. [66]

Ich bin bei alledem weit entfernt, das „Wirtschaftliche" überzubewerten. Ich glaube, daß sowohl für das Individuum als auch für ein Volk als Ganzes eine funktionsfähige Wirtschaft sichergestellt sein muß, um die Grundlage für jedes höhere Streben und die Erfüllung geistig-seelischer Anliegen zu gewinnen. Erst wenn die materielle Basis der Menschen geordnet ist, werden diese selbst frei und reif für ein höheres Tun.

Wenn wir heute um neue Formen der Zivilisation und der Kultur ringen, dann werden wir in dieser großen geistigen Auseinandersetzung vor allem auch gegenüber dem Osten nur dann eine Chance haben, wenn die Menschen zu jener inneren Unabhängigkeit und Gelöstheit hinfinden, die die wahre Freiheit verbürgen kann. Eine *Wirtschaftspolitik*, die sich zum *Ziel* gesetzt hat, den *Wohlstand zu mehren*, muß insoweit ein Gott wohlgefälliges Beginnen darstellen.

Mit diesen Feststellungen soll natürlich nicht versucht

werden, die Jahrtausende alte, auch in der Bibel anklingende Problematik von dem Reichen, dem Kamel und dem Nadelöhr aus den Angeln zu heben. Das Anliegen, welches hier seinen Niederschlag findet, ist, die breiten Schichten des Volkes zu größerem Wohlstand zu führen, aber nicht dem dort gemeinten Reichtum und Überfluß, der zu Völlerei und Lastern verleitet, den Weg zu ebnen.

Schließlich ist dabei auch zu beachten, daß das Materielle und das Ideelle in der Praxis des Lebens nicht so scharf voneinander getrennt werden können, wie sich dies in der Abstraktion als möglich darstellt. Wenn z.B. die Menschen in schönen Wohnungen leben, wenn sie etwas von dem Fortschritt, der sie in dem Betrieb umgibt, auch im eigenen Heim verspüren, wenn die Mütter und Frauen des Abends nicht mehr abgehetzt in der Küche stehen müssen, sondern sich dank des zivilisatorischen Fortschritts ihrer Familie widmen können, dann dürfte gerade damit viel für die Entfaltung seelischer Kräfte getan sein.

Sicher ist es auch richtig, wenn man, auf den Einzelfall bezogen und im Hinblick auf die Einkommensentwicklung eines Familienhaushalts, *Besseres erreicht* sehen möchte, *als* die Zahl der konsumierten Beefsteaks und *Koteletts weiter ansteigen* zu lassen – d.h. also, wenn man Menschen mit höher werdendem Einkommen auch zu einer anderen Wertung ihrer Lebensführung bringen möchte. Das alles ist unbestreitbar richtig und wichtig, aber man möge doch auch nicht vergessen, daß Wirtschaftsminister und Wirtschaftspolitiker nicht gerade in erster Linie berufen sind, die Menschen in dieser Richtung zu erziehen.

Geist läßt sich nicht befehlen

Ich scheue mich nicht, es auszusprechen, wie sehr ich es wünschte, daß das deutsche Volk sichtbarere Wandlungen zu einem gehobenen Konsum mehr geistiger Art hin vollziehen würde. Ich *lehne* es aber *ab*, diesbezügliche *Befehle zu erteilen.* Auch gibt es Zeichen dafür, wie fast selbstverständlich der Luxus von heute zum alltäglichen Gebrauchsgut von morgen wird. Mit diesen zunächst rein materiell anmutenden Wandlungen ändern sich aber auch die Auffassungen über das, was zu einer gehobenen Lebensführung gehört, was gesellschaftliche Geltung und soziales Ansehen verleiht.

In meiner Eigenschaft als Wirtschaftsminister kann mir füglich nicht zugemutet werden, für das Seelenheil des ganzen Volkes verantwortlich zu sein. In dieser Funktion habe ich eine ganz spezifische Aufgabe zu erfüllen. Diese lautet unter dem hier gekennzeichneten Aspekt dahin, aus der Volkswirtschaft so viel an Kraft und Leistung herauszuholen, daß die Menschen frei von Sorgen und Nöten leben können, daß sie die Möglichkeit gewinnen, *Eigentum zu erwerben* und dadurch *unabhängig zu werden*, daß sie *mehr* an menschlicher *Würde entfalten* können, weil sie dann nicht mehr auf die Gnade anderer, auch nicht auf die Gnade des Staates angewiesen sind. Mir will scheinen, daß mit der Erreichung eines solchen Zieles der Wirtschaftsminister seinen vollen *Beitrag zur Überwindung* eines vermeintlichen oder tatsächlichen *Materialismus geleistet haben würde.* [46]

Ich verstehe mich zu diesen Ausführungen in dem Bewußtsein, daß es auch in der Wertung des Materiellen gewiß Grenzen gibt. Mit steigender Produktivität und mit der höheren Effizienz der menschlichen Arbeit werden wir einmal in eine Phase der Entwicklung kommen, in der wir uns fragen müssen, was denn eigentlich kostbarer oder wertvoller ist: noch *mehr* zu *arbeiten oder* ein *bequemeres*, schöneres und freieres *Leben zu führen*, dabei vielleicht bewußt auf manchen güterwirtschaftlichen Genuß verzichten zu wollen. Ich glaube jedoch, daß wir „so weit" *noch nicht* sind. Es wird wohl noch einige Zeit vergehen, bis wir uns mit dieser Frage ehrlich auseinanderzusetzen reif sind.

Gewiß wäre zu hoffen, daß das Volk dann zu jener Abgeklärtheit gelangt sein wird, um diese „längere Freizeit" auch vernünftig konsumieren zu können. Manche Erfahrungen auch in anderen Ländern stimmen skeptisch und lehren, daß die Freizeit, die widerspruchsvollerweise aus dem Wunsch nach erhöhtem materiellem Konsum heraus gefordert und gewährt wird, weder dem Seelenheil des einzelnen Menschen noch seinem äußeren Glück diente.

Die besondere deutsche Situation

Der *spezifisch deutsche Weg* sollte darum hier zu etwas anderen Ausprägungen führen. Es ist wohl die Aufgabe, uns allmählich und immer mehr an die Sehnsüchte heranzuspüren, die die einzelnen Menschen als Individuen und auch als Gruppen empfinden, um nicht mechanisch, sondern in wirksamer Weise mehr Zufriedenheit lebendig werden zu lassen. Das ist gewiß keine leichte Aufgabe.

Ebensowenig ist zu leugnen, daß die auf diesen Seiten angesprochene Problematik in meinen eigenen unmittelbaren Arbeitsbereich hineinragt. Auch ich als der für die Wirtschaftspolitik Verantwortliche habe mich mit dem *Phänomen* der *„sozialen Atmosphäre"* auseinanderzusetzen und spüre dabei deutlich, wie mächtig die Wallung einer allgemeinen Maßlosigkeit – bewußt genährt – Vernunft und Wahrhaftigkeit zu erdrücken droht.

Das deutsche Volk neigt wohl überhaupt dazu, das Gefühl für die Realitäten des Lebens relativ recht schnell zu verlieren, eine *Charakterschwäche*, die uns gerade auch in jüngster Vergangenheit zum tragischen Verhängnis geworden ist. Es mag psychologisch verständlich erscheinen, daß mit der Überwindung der Not und gar der Hochkonjunktur da und dort Anzeichen einer Hybris zu spüren sind. Um so mehr gilt es, diese zurückzudämmen, damit unser *Volk*, das in der Not die *bewundernswertesten Tugenden* entfaltet, Zeiten des Glückes wirklich ertragen kann. Muß es denn die Früchte grün vom Baume reißen, obwohl die Ernte sichtbar heranreift?

Es wäre allerdings die widersinnigste Konsequenz, wenn die Wirtschaftspolitik in Erkenntnis dieser Neigung und Gefahr die Entfachung der Hochkonjunktur verhindern sollte, nur weil sie die Menschen – nein, ich behaupte nur die Gruppen – zur Maßlosigkeit verleitet. Man soll bekanntlich das Kind nicht mit dem Bade ausschütten.

Der Appetit kommt mit dem Essen, und so ist es denn auch dahin gekommen, daß mit dem Gedeihen der Wirtschaft immer mehr und immer neue Wünsche geweckt wurden. Die gleichen Leute, die im Jahre 1956 mit ihrem wirtschaftlichen Schicksal nicht zufrieden sind, hätten zwar im Jahre 1947 und 1948 nicht entfernt zu hoffen gewagt, acht Jahre später da zu stehen, wo sie heute angelangt sind. Das hindert sie allerdings keineswegs, heute trotzdem unzufrieden zu sein. Der *Neid* ist der *Komplex*, der sie plagt! Der Deutsche ist offenbar so geartet, daß er es nicht ertragen kann, wenn es einem andern – dem Nachbarn, dem Freund – noch besser geht. Dann ist er, so gut seine eigene Lage auch sein mag, neidisch und unzufrieden. Diese besondere Art von Maßlosigkeit stellt für unser Land eine besondere Gefahr dar, die es zu erkennen und von jedem Einsichtigen zu bekämpfen gilt.

Die letzten Ziele

Mir wird des öfteren die Frage gestellt, zu welchem letzten Ziel denn die von mir verfolgte Wirtschaftspolitik führen soll. Die so fragen, lassen im Unterton immer die Befürchtung anklingen, daß ein endloser *Fortgang* der eingeschlagenen *Entwicklung* vielleicht *zur Selbstauflösung* führen könnte. Sicherlich ist diese Fragestellung berechtigt, und ich möchte ihr darum auch nicht ausweichen.

Meine Antwort ist klar und eindeutig: Ich glaube nicht, daß es sich bei der wirtschaftspolitischen Zielsetzung der

Gegenwart gleichsam um ewige Gesetze handelt. Wir werden sogar mit Sicherheit dahin gelangen, daß zu Recht die Frage gestellt wird, ob es noch immer richtig und nützlich ist, mehr Güter, mehr materiellen Wohlstand zu erzeugen, oder ob es nicht sinnvoller ist, unter Verzichtleistung auf diesen „Fortschritt“ mehr Freizeit, mehr Besinnung, mehr Muße und mehr Erholung zu gewinnen. Hier ist dann aber nicht mehr nur der Wirtschaftsminister, sondern in gleicher Weise der Theologe, der Soziologe und der Politiker angesprochen.

Diese Problematik ist sehr komplex und kann infolgedessen nur vom Geistigen und Seelischen her begriffen werden. Ihre Behandlung darf einer anderen, schwierigen Fragestellung nicht ausweichen: Sind die Menschen von heute allgemein schon gelöst und aufgeschlossen genug, Muße in diesem höheren Sinne zu „konsumieren“. Was haben wir noch zu bewerkstelligen, und auf welcher Ebene muß das geschehen, um zu jener inneren Reife zu gelangen, daß ein materieller Verzicht dem Menschen zum Segen und Gewinn wird?

Man wird dabei auch zu bedenken haben, daß mehr Freizeit auch eine veränderte Einstellung zum Leben und selbstverständlich auch zur Wirtschaft mit sich bringen wird. Das alles kann man nicht konstruieren, auch nicht organisieren; es muß organisch wachsen.

Solange man auf der politischen Ebene nach dem Motto verfährt: Laßt uns weniger arbeiten, auf daß wir mehr konsumieren können! sind wir auf dem falschen Wege. Wenn der angestoßene Entfaltungsprozeß aber in dem Sinne verläuft, daß unser Volk neben dem unverzichtbaren Wert auf Sicherung materieller Lebensführung in steigendem Maße eine geistige oder seelische Bereicherung als nützlich und wertvoll erachtet, dann werden wir in ferneren Tagen auch zu einer *Korrektur der Wirtschaftspolitik kommen müssen*. Niemand dürfte dann so dogmatisch sein, allein in der fortdauernden Expansion, d.h. im Materiellen, noch länger das Heil erblicken zu wollen. [44]

Heute sollten wir uns aber mit derartigen Spekulationen noch nicht allzusehr beschweren. Ziehen wir z. B. nur den Vergleich zwischen den Vereinigten Staaten und Deutschland, dann ist erst zu ermessen, wieviel an Expansion, an Mehrung des Wohlstandes, an Befreiung des Menschen von materiellen Sorgen noch möglich und nützlich ist. Bis auf weiteres bin ich daher der Meinung, daß es bei uns nach wie vor gilt, *Millionen von Menschen*, die immer noch mit Sorgen des Alltags belastet sind, endgültig *von diesen Kümmernissen* zu *befreien*. Noch allzu viele Menschen stehen im Schatten des Aufschwungs, und deshalb haben wir bisher keinerlei Anlaß, in unseren Anstrengungen müde zu werden.

11. Kapitel

PSYCHOLOGIE UM MARK UND PFENNIG

„Gelingt es, mit psychologischen Mitteln ein verändertes wirtschaftliches Verhalten der Bevölkerung zu bewirken, dann werden diese *psychologischen Einwirkungen* zu einer *ökonomischen Realität* und erfüllen den gleichen Zweck wie andere Maßnahmen der hergebrachten Konjunkturpolitik." – In diesem Satz, den ich in der ersten Konjunkturdebatte des Deutschen Bundestages am 19. Oktober 1955 in Berlin im Namen der Bundesregierung aussprach, ist der Grundgedanke gekennzeichnet, der mich veranlaßt hat, mit einer Fülle von psychologischen Einwirkungen zu arbeiten, um diese als ein gleichberechtigtes Mittel neben die bisher bekannten Methoden der traditionellen Konjunkturpolitik zu stellen.

Vom Standpunkt einer reinen Theorie aus mag sich diese Art der Beeinflussung der Marktteilnehmer und im Zeichen der Hochkonjunktur zugleich auch der *Versuch einer Preisbeeinflussung* nicht recht in das System einer Marktwirtschaft üblicher Prägung einfügen. Ich sehe indessen keinen Anlaß, aus dogmatischen Gründen darauf zu verzichten.

Oft genug bin ich getadelt worden, weil ich angeblich zu systemtreu bin. Man sollte mich deshalb nicht schelten, wenn ich als Wirtschaftspolitiker *von dem Idealtypus der reinen Ökonomie einmal abweiche*. In meinen Augen liegt hier kein Verstoß gegen den richtig verstandenen Ordnungsgedanken einer Marktwirtschaft vor. Es handelt sich schlicht und einfach um die Nutzanwendung der Wirtschaftspsychologie: Das wirtschaftliche Geschehen läuft nicht nach mechanischen Gesetzen ab. Die Wirtschaft hat nicht ein Eigenleben im Sinne eines seelenlosen Automatismus, sondern sie wird von Menschen getragen und von Menschen geformt. Wenn dem so ist – und das kann füglich nicht bezweifelt werden –, dann wird sich das Gepräge, d.h. die Struktur und das Bild der Wirtschaft, je nach unserem Handeln und Verhalten deutlich spürbar verändern, ja sogar verändern müssen. Man soll daher die Methode psychologischer Einwirkungen nicht gering schätzen. [54]

Gegenüber solchen sehr weitreichenden Zusammenhängen schlagen die Einwände der orthodoxen Liberalen, die ausschließlich die klassischen Mittel gelten lassen wollen, nicht durch. Die Kritiker ultra-liberaler Prägung sollten sich ihr Gewissen wegen meiner mangelnden Gesinnungstreue wirklich nicht belasten. Ich vertrete sogar die Auffassung, daß diese von mir herausgestellten Methoden bisher in der Theorie und auch in der Wirtschaftspolitik *viel zu wenig beachtet* und auch zu selten angewandt wurden.

Die moderne Psychologie verlangt geradezu danach, den volkswirtschaftlichen Prozeß nicht nur in einem technischen Sinne zu begreifen; es kommt ebenso sehr darauf an, auch die Menschen, die diesen Apparat bewegen, in das volkswirtschaftliche Kalkül einzubeziehen. Für den Ablauf der Wirtschaft ist es von *entscheidender Bedeutung*, wie wir uns *selbst verhalten*, wie wir handeln. Ob wir optimistisch oder pessimistisch sind, ob wir à la Hausse oder à la Baisse spekulieren, ob wir sparen oder verbrauchen wollen – das alles schlägt sich in wirtschaftlichen Daten nieder. Diese wiederum – wie etwa sinkende, stabile oder steigende Preise – wirken auf unser Verhalten zurück.

Es wäre gewiß falsch anzunehmen, der Gedanke einer psychologischen Beeinflussung sei erst in der jüngsten Hochkonjunktur, mit dem Erreichen der Vollbeschäftigung, erfunden worden. Wenn ich in den letzten Jahren von manchem Skeptiker oder Kritiker gerügt wurde, weil ich allzu häufig in gewiß unbürokratischer Manier meinen Schreibtisch verlassen habe, um in Nord und Süd, in Ost und West Reden zu halten, so geschah dies aus ganz ähnlichen Erkenntnissen. Allerdings haben diese meine Überlegungen ihre spezifische Ausprägung und eine systematische Anwendung erst in der jüngsten Vergangenheit erfahren. Ich bin der Überzeugung, daß der von mir praktizierte psychologische Feldzug, der heute in Deutschland gemeinhin als *Seelenmassage bezeichnet wird*, in Zukunft *nicht mehr* aus dem wirtschaftspolitischen Instrumentarium *wegzudenken ist.*

Es dürfte zwar noch zu früh sein, ein Lehrbuch systematischer psychologischer Wirtschaftsführung entwickeln zu wollen – das mag der Wissenschaft in den nächsten Jahrzehnten vorbehalten bleiben, wenn wir über größere Erfahrungen verfügen. Allerdings scheint mir schon jetzt *der* Hinweis wichtig: Es wäre wohl *weltfremd*, zu betont etwa *mit moralischen Appellen* arbeiten zu wollen.

Selbstverständlich soll das wiederum nicht besagen, ich hielte die Wirtschaft und das wirtschaftliche Handeln der Menschen etwa für amoralisch. Es hat aber wenig Sinn, die Menschen aufzurufen, wenn sie dabei das Gefühl haben, sie sollten einem Minister oder der Regierung zuliebe Opfer bringen. Es ist den Marktteilnehmern vielmehr klarzumachen, wie sehr sich das Befolgen der Stimme des gesunden Menschenverstandes und der wirtschaftlichen Vernunft letztlich zu ihren eigenen Gunsten auswirkt.

Beständige Hochkonjunktur

Man muß an den Vorteil und an den Eigennutz der wirtschaftenden Menschen appellieren, die – um aus der konkreten Situation der Hochkonjunktur heraus zu sprechen – im einzelnen nichts gewinnen können, wenn sie ihre Leistungen und Waren teurer verkaufen, dann aber beim Bezug fremder Dienste und Güter den ganzen vermeintlichen Vorteil wieder hingeben müssen. *Dabei verlieren alle*, weil dieses sich gegenseitige Hochranken von Preisen an den Löhnen sowie von den Löhnen an den Preisen die gesunden Grundlagen jeder wirtschaftlichen Ordnung und die Wettbewerbskraft zerstören muß. [64]

Diese Sicht veranlaßte mich bei früherer Gelegenheit zu erklären, daß ich nicht die Absicht habe, eine Ehrentafel für diejenigen anzulegen, die meiner wohlgemeinten Empfehlung folgen. Wenn die Arbeiter und die Gewerkschaften in den vergangenen Monaten immer wieder von mir ermahnt wurden, Maß zu halten und Disziplin zu üben, dann tue ich es ebenso um ihres eigenen Schicksals willen [58], wie ich auch die Unternehmer aufrufe, sich gegen Lohnerhöhungen zu versperren, die über das Maß hinausgehen, das durch den erzielbaren Produktivitätsfortschritt vorgezeichnet und in solcher Weise mit der Aufrechterhaltung stabiler Preise vereinbar ist.

Es kommt mir darauf an, die Menschen bei ihrer Einsicht und Rechtschaffenheit zu packen, denn wir wollen uns ja dieser Hochkonjunktur erfreuen, nicht aber sie in den Automatismus des Konjunkturzyklus mit allen nachteiligen Folgen einmünden lassen. Da diese Gefahr zu verhüten oberstes Gebot sein muß, habe ich den Menschen immer wieder vor Augen geführt, daß, falls sie aus einer illusionistischen Einstellung heraus alle individuellen und persönlich wahrnehmbaren Chancen ausschöpfen wollen, sie mit Sicherheit mehr verlieren werden, als sie dabei je gewinnen können. Wenn sich die Menschen dagegen der Forderung der Stunde gewachsen zeigen, läßt sich nach meiner Überzeugung der erfreuliche Zustand der Hochkonjunktur auch ohne inflationistischen Trend erhalten. [60]

Aus dem hier Gesagten wird bereits deutlich erkennbar, worauf die von mir geübte Seelenmassage in der Phase der Hochkonjunktur und sogenannten Vollbeschäftigung, die für die deutsche Wirtschaft etwa ab Mitte 1955 typisch ist, abzielt. Die größte Gefahr droht der Aufrechterhaltung des Zustandes der Hochkonjunktur sowie dem ständigen wirtschaftlichen Fortschritt nicht – wie manches Mal behauptet – von einem Überwuchern des Materialismus. Ich glaube vielmehr, daß die Bedrohung durch den demagogisch genährten *Illusionismus* sehr viel ernster zu nehmen ist.

Den zunehmenden Wünschen, deren gewaltsame Erfüllung uns allerdings sehr schnell in eine verderbliche inflationistische Entwicklung führen müßte, liegt eine unrealistische Vorstellung über das *Wesen* und die *Funktion* der Volkswirtschaft zugrunde. Es muß daher immer wieder die Feststellung getroffen werden, daß z. B. der innere Zusammenhang zwischen Verbrauchen, Sparen und Investieren nur selten richtig und voll erkannt wird.

Abgesehen von der politischen Verblendung, die in der sogenannten „aktiven Lohnpolitik" Ausdruck findet, kann die Beziehung zwischen Löhnen und Preisen nicht ernsthaft geleugnet werden. Das seit einiger Zeit zu registrierende Wechselspiel von Lohn- und Preiserhöhung erweist aber, daß diese Erkenntnisse entweder nicht sehr tief wurzeln oder durch politische Einflüsse stark überdeckt werden. [66]

Je nachdem, ob es uns gelingt, die Relation zwischen Beschäftigung (Arbeitszeit) und Produktivität, zwischen Lohn- und Lebensstandard in das allgemeine Bewußtsein zu rücken und dann entsprechend zu verfahren, dürfen wir der weiteren Entwicklung mit Sorge oder Zuversicht entgegensehen. In dieser Phase der wirtschaftlichen Entwicklung besteht kein Anlaß, unsere Wirtschaft selbst für ungesund zu halten. Die Störungen gehen nach meiner Überzeugung ausschließlich auf ein *Verhalten der Menschen* zurück, das *den wirtschaftlichen Möglichkeiten nicht adäquat ist.*

Der Vollständigkeit halber muß noch verzeichnet werden, daß neben der *so bedrohlichen Überschätzung der realen Gegebenheiten* eine Gefahr darin zu sehen ist, daß die Hochkonjunktur allenthalben als eine geeignete Plattform zur mißbräuchlichen Durchsetzung wirtschaftlicher Macht angesehen wird. In diesen Fällen wird allerdings ein Versuch, mit psychologischen Mitteln einzuwirken, scheitern. Hier sind dann gegebenenfalls *massive Gegenmaßnahmen zu ergreifen.* [63]

Der Preis-Dirigent

„Nur Geduld, gleich kommt der langsame Satz"
(Entnommen mit freundlicher Genehmigung der „Deutschen Zeitung".
Zeichnung: Prof. H. E. Köhler)

Nachtwächterstaat gehört der Vergangenheit an

Ich hatte mich schon eingangs gegen jene Kritiker gewandt, die da meinen, daß die Anerkennung der modernen Psychologie als Instrument des zeitgemäßen Wirtschaftspolitikers mit den Vorstellungen einer Marktwirtschaft klassischen Stils nicht vereinbar sei. Solche Denkweise entstammt meiner Ansicht nach einem geradezu vorsintflutlichen manchesterlichen Liberalismus. Ich bin nicht willens, die orthodoxen Spielregeln einer Marktwirtschaft, nach denen nur Angebot und Nachfrage den Preis bestimmen, und der Wirtschaftspolitiker sich darum jeder Einmischung auf die Preise zu enthalten habe, vorbehaltlos und in jeder Phase der Entwicklung zu akzeptieren.

Hier bin ich sogar grundsätzlich anderer Meinung; ein *moderner und verantwortungsbewußter Staat* kann es sich einfach *nicht leisten*, noch einmal in die *Rolle des Nachtwächters zurückversetzt* zu werden. Diese falsch verstandene Freiheit ist es ja gerade gewesen, die die Freiheit sowie eine segensreiche freiheitliche Ordnung zu Grabe gebracht hat. [61] Eine derart lässige Haltung wäre heute um so weniger zu rechtfertigen, als mangels eines wirklich freien Weltmarktes und frei konvertierbarer Währungen die Funktion eines internationalen Preisniveaus nicht voll spielt und das heilsame Regulativ eines weltweiten Wettbewerbs nicht zum Tragen kommt.

Wenn man nun das Verhältnis zwischen den klassischen Mitteln und dem neuen wirtschaftspolitischen Instrument der psychologischen Einwirkung abwägen will, dann kann man diese Beziehung tatsächlich sehr einfach kennzeichnen. Ich will sie an Hand der gegebenen Verhältnisse der Bundesrepublik verdeutlichen.

Sowohl die Deutsche Bundesbank als auch die Bundesregierung tragen die Verantwortung dafür, daß die Stabilität der Währung sichergestellt wird. Ich möchte also genau das Gleiche erreichen, was die DBB mit den Mitteln der Geld-, Kredit- und Währungspolitik durchzusetzen bemüht ist. Zu der sogenannten Konjunkturüberhitzung habe ich bei der Eröffnung der Deutschen Industrieausstellung in Berlin am 24. September 1955 meine Auffassung wie folgt formuliert: „Wenn Sie es so wollen, findet im Augenblick ein Wettlauf zwischen der Bank deutscher Länder und mir statt.“ Die wirtschafts-, finanz- und währungspolitischen Mittel herkömmlicher Art zielen darauf ab, den wirtschaftlichen Ablauf der Ereignisse in bestimmter Richtung zu beeinflussen. Wenn es mir dank der psychologischen Einwirkung gelingt, die menschlichen Verhaltensweisen entsprechend zu verändern, so kann ich damit genau die gleiche Andersgruppierung der ökonomischen Daten und Fakten in Richtung einer von mir bewußt gewollten volkswirtschaftlich sinnvolleren Weise erreichen. Ob sich die Menschen anders verhalten, weil sie etwa durch die Notenbankpolitik dazu gezwungen werden, oder ob sie es aus eigener Erkenntnis in wohlverstandenem Eigeninteresse tun, ist im Grunde für den Effekt belanglos. Es handelt sich daher *nicht um eine Polarität*, um eine Feindschaft *zwischen den verschiedenen Methoden*, sondern um ein „Sowohl – als auch". Wer, wie ich, die *menschliche Vernunft* immer noch *als die stärkste Kraft* werten möchte, darf wohl auch die Zuversicht hegen, daß für die Zukunft der psychologischen Einflußnahme als einem *sehr freiheitlichen Mittel* ein Platz in der Konjunkturpolitik gesichert bleibt.

Bei dieser vorsichtigen Abwägung und Bewertung ist schließlich auch zu bedenken, daß in dem gesellschaftswirtschaftlichen Prozeß von heute ja nicht nur Individuen, sondern zunehmend Gruppen das Geschehen bestimmen. Um so notwendiger erscheint es mir deshalb, Einsichten und Erkenntnisse zu vermitteln, guten Willen zu wecken und gesunden Menschenverstand anzusprechen, um so der wirtschaftlichen Vernunft zum Durchbruch zu verhelfen. [53]

Als einen besonderen Vorteil erachte ich es überdies, daß dieses psychologische Verfahren geeignet ist, in einer schon frühen Phase drohender konjunktureller Gefahren angewandt zu werden. Beispielsweise konnte ich in voller Übereinstimmung mit der Bank deutscher Länder am Beginn der Hochkonjunktur des Jahres 1955 feststellen, daß sich bis dahin nicht das tatsächliche Preis*niveau*, sondern zunächst nur das Preis*klima* allenthalben verschlechtert hat. Da wäre es verfrüht gewesen, mit handfesten traditionellen Mitteln einzuwirken, es sei denn, man wäre bereit gewesen, die günstige wirtschaftliche Entwicklung, die uns berechtigterweise von einer Hochkonjunktur hat sprechen lassen, schon relativ frühzeitig zurückzudämmen. Wir hatten es damals ganz offenbar mit einem weitgehend *psychologischen Phänomen* zu tun. Nicht aus der Konjunktur als solcher drohte die Gefahr, sondern aus der falschen Einschätzung der sich aus ihr ergebenden Möglichkeiten und Chancen für eine materielle Bereicherung. Nicht die Sache war es, sondern *der Mensch, der Unruhe stiftete.* [52] An dieser Situation hat sich in der Zwischenzeit nichts Wesentliches geändert.

Preisbewußtsein contra Inflationsgefahr

Ich habe mich bei meinem psychologischen Feldzug nicht nur darauf beschränkt, in großen Versammlungen für diese wirtschaftliche Vernunft zu werben, sondern auch in einer Fülle von Preisgesprächen mit den einzelnen Wirtschaftszweigen versucht, starke Kräfte gegen ein Auswuchern der Preisentwicklung zu mobilisieren. Seit Herbst 1955 sind Dutzende derartige Einzelgespräche geführt worden, wobei die Öffentlichkeit nur von einem Bruchteil dieser Bemühungen, etwa von meinem Kampf, die Kohlepreiserhöhungen in mäßigen Grenzen zu halten, von meinen Bestrebungen, die Eisenpreiserhöhung um viele Monate zu verzögern u.a.m., erfahren hat.

Das Ziel dieser Unterhaltungen war immer das gleiche: Ich wollte in Deutschland, d.h. in der deutschen Wirtschaft, eine Stimmung erzeugen, daß jeder Käufer sich überlegt, ob die gewünschte Ware wirklich preiswert ist, und jeder, der ein Gut erzeugt oder anbietet, sich noch einmal überlegt, ob sein Preis der Forderung nach Erhaltung der Stabilität des Preisgefüges und damit der Sicherung unserer gesamten Wirtschaft gerecht wird. [54]

Man mag nun mit Fug und Recht bezweifeln, ob es mir gelungen ist, dieses Ziel in vollem Umfange zu erreichen. Es kann aber doch als erwiesen angenommen werden, daß wir *ohne* diese *ungezählten Bemühungen* in Deutschland, ähnlich wie in anderen europäischen Ländern, heute *ein höheres Preisniveau* haben würden, als es tatsächlich besteht.

Es mag in diesem Zusammenhang ein kurzer Blick auf die tatsächliche Entwicklung der Lebenshaltungskosten genügen, wobei zur Verdeutlichung des hier Ausgeführten die Entwicklung dieser Preislinien während der Korea-Krise gegenübergestellt wird. Sie verlief damals lebhafter, wenngleich rückschauend gesagt werden kann, daß, trotz aller Turbulenz der Korea-Krise, die Ausbuchtung nach oben im großen Durchschnitt nicht so beträchtlich gewesen ist, wie sie seinerzeit empfunden wurde.

Preisindex für die Lebenshaltung, 1950 = 100

Juni 1950	99
Dez. 1950	101
Juni 1951	108
Dez. 1951	112
Juni 1952	109
Dez. 1952	110

Quelle: Statistisches Bundesamt

Darf ich deshalb hier abschließend das wiederholen, wie ich in den letzten Jahren oftmals ausgeführt habe: Ich bin nach wie vor willens, jeden einzelnen deutschen Bürger so lange anzusprechen, bis sich jeder schämt, das Bemühen, die Stabilität der Währung sicherzustellen, nicht zu unterstützen. Ebenso wie der Arzt dem mit einer ansteckenden Krankheit behafteten Menschen einen Bazillus als Antitoxin eingibt, will ich mit ständigen Preisgesprächen, mit wiederholten öffentlichen Aufrufen den *Ausbruch einer volkswirtschaftlichen Krankheit verhindern*, eine Krise lokalisieren. In einer derartig labilen Situation mußte jeder wegen der Preisentwicklung täglich angesprochen werden, um gegenüber der *Seuche einer wilden Preissteigerung*, einer inflationistischen Bewegung immun zu werden. Es handelt sich hierbei nicht um ein Gesundbeten der deutschen Wirtschaft. Das liegt mir gewiß völlig fern, aber ich muß es noch einmal wiederholen: Das Verhalten der Menschen ist und bleibt entscheidend. [55]

12. Kapitel

VERSORGUNGSSTAAT – DER MODERNE WAHN

Bei jeder Äußerung zu dem Thema „Soziale Sicherheit" laufe ich Gefahr, daß mir die Überschreitung meiner Zuständigkeiten vorgeworfen wird. Wenn ich dazu also nicht so sehr als Wirtschaftsminister denn als Wirtschaftspolitiker spreche, so ist es doch für den Kenner der Materie selbstverständlich, daß im Gefüge einer sozialen Marktwirtschaft auch der Wirtschaftsminister allen Anlaß hat, sich um die weitere Gestaltung unserer Sozialpolitik zu bekümmern. Die soziale Marktwirtschaft kann nicht gedeihen, wenn die ihr zugrunde liegende geistige Haltung, d.h. also die Bereitschaft, für das eigene Schicksal Verantwortung zu tragen, und aus dem Streben nach Leistungssteigerung an einem ehrlichen freien Wettbewerb teilzunehmen, durch vermeintliche soziale Maßnahmen auf benachbarten Gebieten zum Absterben verurteilt wird.

Wer diese Problematik zu Ende zu denken bereit ist, wird auch die Fragwürdigkeit einer allzu engen Zuständigkeitsbegrenzung begreifen. Eine ressortmäßige Abkapselung wäre überhaupt nur vertretbar, wenn das Handeln und Verhalten all derer, die die ökonomischen Verhältnisse beeinflussen, von einer gleichen geistigen Schau aus bestimmt wäre, wenn sie die Ordnung, welche die soziale Marktwirtschaft verkörpert sehen möchte, vorbehaltlos bejahen würde. Es müßten also – kurz gesagt – alle an einem Strang ziehen.

Ich habe zu wiederholten Malen betont, daß ich die persönliche Freiheit für unteilbar halte. Aus solcher Gesinnung heraus bin ich 1948 darangegangen, alle wirtschaftlichen Unfreiheiten systematisch abzubauen, und deshalb muß ich, ebenso wie ich meinen Teil zur Befreiung des deutschen Menschen beigetragen habe, einen entsprechenden Beitrag auch für die übrigen Lebensbereiche verlangen. Eine freiheitliche Wirtschaftsordnung kann auf die Dauer nur dann bestehen, wenn und solange auch im sozialen Leben der Nation ein Höchstmaß an Freiheit, an privater Initiative und Selbstvorsorge gewährleistet ist. [65]

Wenn dagegen die Bemühungen der Sozialpolitik darauf abzielen, dem Menschen schon von der Stunde seiner Geburt an volle Sicherheit gegen alle Widrigkeiten des Lebens zu gewährleisten, d. h. ihn in einer absoluten Weise gegen die Wechselfälle des Lebens abschirmen zu wollen, dann kann man von solchen Menschen einfach nicht mehr verlangen, daß sie das Maß an Kraft, Leistung, Initiative und anderen besten menschlichen Werten entfalten, das für das Leben und die Zukunft der Nation schicksalhaft ist und darüber hinaus die Voraussetzung einer auf die Initiative der Persönlichkeit begründeten „Sozialen Marktwirtschaft" bietet. Auch muß auf die unlösbare Verbindung zwischen Wirtschafts- und Sozialpolitik aufmerksam gemacht werden: Tatsächlich sind um so weniger sozialpolitische Eingriffe und Hilfsmaßnahmen notwendig, je erfolgreicher die Wirtschaftspolitik gestaltet werden kann.

Damit soll nicht behauptet werden, daß eine auch noch so gute Wirtschaftspolitik in modernen Industriestaaten nicht einer Ergänzung durch sozialpolitische Maßnahmen bedarf. Andererseits aber gilt der Obersatz, daß jede wirksame soziale Hilfe nur auf der Grundlage eines ausreichenden und wachsenden Sozialproduktes, und das bedeutet eben einer leistungsfähigen Wirtschaft, zu ermöglichen ist. Es muß daher im ureigensten Interesse jeder organischen Sozialpolitik liegen, eine zugleich expansive wie auch stabile Wirtschaft sicherzustellen und Sorge zu tragen, daß die Prinzipien, nach denen diese Wirtschaft geordnet ist, erhalten bleiben und weiter ausgebaut werden.

Da die Größenordnungen, in denen sich über die Sozialhaushalte die Einkommensübertragungen vollziehen, keineswegs mehr als eine Quantité négligeable gelten können, sondern einen gewichtigen Faktor im Verteilungsprozeß der Wirtschaft ausmachen, besteht heute eine sehr enge Interdependenz zwischen Wirtschaftspolitik und Sozialpolitik. Die volkswirtschaftlich neutrale und autonome Sozialpolitik gehört daher der Vergangenheit an; sie muß vielmehr einer Sozialpolitik Platz machen, die mit der Wirtschaftspolitik auf engste abgestimmt ist. Die Sozialpolitik darf der volkswirtschaftlichen Produktivität nicht indirekt Abbruch tun und den Grundprinzipien der marktwirtschaftlichen Ordnung nicht widerstreben wollen.

Wenn wir überhaupt eine freiheitliche Wirtschafts- und Gesellschaftsordnung auf Dauer gewährleisten wollen, dann wird es in der Tat zu einem Grunderfordernis, einer Wirtschaftspolitik, die dem Menschen zu persönlicher Freiheit verhelfen will, eine *gleichermaßen freiheitliche Sozialpolitik an die Seite* zu stellen. Darum widerspricht es zum Beispiel der marktwirtschaftlichen Ordnung, die private Initiative, Selbstvorsorge und Eigenverantwortung auch dann auszuschalten, wenn das Einzelindividuum materiell durchaus in der Lage ist, solche Tugenden in weitem Umfang zu üben. Wirtschaftliche *Freiheit* und totaler Versicherungs*zwang* vertragen sich denn auch wie *Feuer und Wasser*.

Auf andere spezielle Zusammenhänge zwischen Wirtschafts- und Sozialpolitik wird im Laufe der folgenden Ausführungen noch eingegangen werden. Hier sei lediglich angemerkt, daß eine Sozialpolitik, der etwa das Bemühen um die Stabilerhaltung der Währung kein vordringliches Anliegen bedeutete, *größte Gefahren* für die Sicherung der *sozialen Marktwirtschaft* heraufbeschwören müßte.

Nachdrücklich muß dieser Gefahr entgegengewirkt werden. In dieser Auseinandersetzung scheiden sich die Geister mehr als in jeder anderen Frage. Die einen wähnen, daß das Wohl und das Glück der Menschen in irgendeiner Form *kollektiver Generalhaftung* begründet liege und daß man auf diesem Wege, an dessen Ende natürlich immer die Allmacht des Staates steht, fortschreiten müsse. Das ruhige und bequeme Leben, das man damit ansteuern will, wird vielleicht nicht allzu üppig, aber dafür um so gesicherter sein. Diese Form des Lebens und Denkens findet ihren sichtbaren Ausdruck in der Konstruktion des sogenannten Wohlfahrtsstaats. Auf der anderen Seite aber ist das natürliche *Streben* des einzelnen Menschen, in eigener Verantwortung Vorsorge zu treffen und an seine Zukunft, seine Familie und sein Alter zu denken, nicht aus der Welt zu schaffen – so sehr man sich auch indirekt bemüht, das menschliche Gewissen ertöten zu wollen.

Ich bin in der letzten Zeit allenthalben erschrocken, wie *übermächtig der Ruf nach kollektiver Sicherheit* im sozialen Bereich erschallte. Wo aber sollen wir hinkommen und wie wollen wir den Fortschritt aufrechterhalten, wenn wir uns immer mehr in eine Form des Zusammenlebens von Menschen begeben, in der niemand mehr die Verantwortung für sich selbst zu übernehmen bereit ist und jedermann Sicherheit im Kollektiv gewinnen möchte. Ich habe diese Flucht vor der Eigenverantwortung drastisch genug gekennzeichnet, wenn ich sagte, daß, falls diese Sucht weiter um sich greift, wir in eine gesellschaftliche Ordnung schlittern, in der *jeder die Hand in der Tasche des anderen hat.* Das Prinzip heißt dann: Ich sorge für die anderen, und die anderen sorgen für mich!

Die Blindheit und die *intellektuelle Fahrlässigkeit*, mit der wir dem Versorgungs- und Wohlfahrtsstaat zusteuern, können nur zu unserem Unheil ausschlagen. Dieser Drang und

Hang ist mehr als alles andere geeignet, die echten menschlichen Tugenden: Verantwortungsfreudigkeit, Nächsten- und Menschenliebe, das Verlangen nach Bewährung, die Bereitschaft zur Selbstvorsorge und noch vieles Gute mehr allmählich, aber sicher absterben zu lassen – und am Ende steht vielleicht nicht die klassenlose, wohl aber die *seelenlos mechanisierte Gesellschaft*.

Besonders unverständlich erscheint dieser Prozeß, weil in dem gleichen Maße, in dem sich der Wohlstand ausbreitet und die wirtschaftliche Sicherheit wächst, dazu unsere wirtschaftlichen Grundlagen sich festigen, das Verlangen, das so Erreichte gegen alle Fährnisse der Zukunft absichern zu wollen, alle anderen Bedenken überschattet. Hier liegt *ein wahrlich tragischer Irrtum* vor, denn man will offenbar nicht erkennen, daß wirtschaftlicher Fortschritt und leistungsmäßig fundierter Wohlstand mit einem System kollektiver Sicherheit unvereinbar sind.

Dieser Ruf nach Sicherheit aber, der naturgemäß die Intervention des Staates verstärken muß, läßt zugleich das Widerspruchsvolle dieser *unwahrhaftigen Politik* in Erscheinung treten. Wenn man den Wortschwall derartiger Forderungen einmal auf eine einfache Formel reduziert, dann wird nicht mehr und nicht weniger verlangt als eine Senkung der Steuern bei gleichzeitig höheren Anforderungen an den Fiskus. Haben sich die Verfechter solcher Thesen denn wirklich einmal überlegt, woher der Staat die Kraft und Mittel nehmen könnte, solchen im einzelnen vielleicht sogar berechtigten Forderungen zu entsprechen?

Illusion des Sicherheitsbedürfnisses

In letzter Konsequenz führt solches Denken *zu höchst unsozialen Ergebnissen*. Wenn der Staat es ablehnt, währungspolitische Todsünden zu begehen, die alles zerstören müßten, was er zuvor an Wiederaufbau geleistet hat, dann kann er Kaufkraft – gleich ob in Form von Unterstützungen,

Krediten, Darlehen oder Subventionen – nur insoweit spenden, als er den Gegenwert vorher seinen Staatsbürgern durch Besteuerung abgenommen hat. Ich halte daher eine Politik, die den Staat auf solche Weise in den Besitz von Kapital bringt, um ihn darauffolgend wieder zu privaten Ausleihungen zu befähigen, *für moralisch höchst anrüchig*. [12]

Wer sich nicht scheut, die anstehende Problematik hart und klar zu Ende zu denken, wird schnell die *Illusion des Sicherheitsbedürfnisses* erkennen. Ebensowenig wie ein Volk mehr verzehren kann, als es als Volk an Werten geschaffen hat, sowenig kann auch der einzelne mehr an echter Sicherheit erringen, als wir uns im ganzen durch Leistung Sicherheit erworben haben. Diese Grundwahrheit wird auch nicht durch *Verschleierungsversuche* mittels *kollektiver Umlageverfahren* aus der Welt geschafft. Ja, gerade dieses gewiß sozial gemeinte Umlegeverfahren muß mit einem sehr hohen Preis bezahlt werden. Das Streben nämlich, den einzelnen Menschen von zu viel staatlichem Einfluß und zu viel Abhängigkeit zu befreien, wird dadurch zunichte gemacht; die Bindung an das Kollektiv wird immer stärker. Die vermeintliche Sicherheit, die dem Individuum vom Staate oder von irgendeinem anderen Kollektiv gewährt wird, muß es sich selbst teuer erkaufen. Der solcherart Schutzsuchende muß also zuerst einmal bar bezahlen.

Es ist auch ein Irrtum zu glauben, daß der Weg zum Versorgungsstaat erst dann beschritten wäre, wenn die kollektive Sicherheit ganz oder teilweise vom Staat aus allgemeinen Steuermitteln gewährt werden würde. Ebensowenig kann man diesen Gefahren dadurch entrinnen, daß man einen *totalen Versicherungszwang* setzt, die Leistungen aber aus *Beitragsumlagen* finanziert.

Die auf Zwang beruhende allgemeine *Volksversicherung* – gleich ob sie nun aus einem Topf oder nach Gruppen gegliedert gespeist wird – unterscheidet sich allenfalls gradweise, nicht aber prinzipiell von der allgemeinen Staatsbürgerversorgung. Die Entwicklung zum Versorgungsstaat ist schon dann eingeleitet, wenn der staatliche Zwang über den Kreis der Schutzbedürftigen hinausgreift und wenn ihm Personen unterworfen werden, denen ein solcher Zwang und die Abhängigkeit auf Grund ihrer Stellung im Wirtschafts- und Erwerbsleben wesensfremd sind – oder zumindest wesensfremd sein sollten. [65]

Hier ist mit Fug und Recht an jeden einzelnen die *Gretchenfrage* zu stellen: Hat denn das Eindringen des Staates, der öffentlichen Hand und der sonstigen großen Kollektive in das menschliche Leben – hat die damit verbundene *Aufblähung der öffentlichen Haushalte* und die wieder dadurch bewirkte immer größere Belastung des einzelnen Staatsbürgers nun wirklich zur Vermehrung seiner Sicherheit, zu Bereicherung seines Lebens und zur *Minderung der Lebensangst* jedes einzelnen beigetragen? Wenn ich diese Frage absolut stelle, dann möchte ich sie auch ebenso absolut *mit aller Deutlichkeit verneinen.* Die Sicherheit des einzelnen Menschen – oder mindestens das Sicherheitsgefühl – hat mit der Überantwortung seines Schicksals an den Staat oder an das Kollektiv nicht zugenommen, sondern abgenommen. [15]

Am Ende steht der soziale „Untertan"

Das berechtigte Verlangen, dem Individuum größere Sicherheit zu geben, kann m. E. nur dadurch erfüllt werden, daß wir über eine Mehrung des allgemeinen Wohlstands jedem einzelnen das Gefühl seiner menschlichen Würde und damit auch die Gewißheit vermitteln, daß er von jedweden Gewalten unabhängig ist. Das *mir vorschwebende Ideal* beruht auf der Stärke, daß der einzelne sagen kann: „Ich will mich aus eigener Kraft bewähren, ich will das Risiko des Lebens selbst tragen, will für mein Schicksal selbst verantwortlich sein. Sorge du, Staat, dafür, daß ich dazu in der Lage bin." Der Ruf dürfte nicht lauten: „Du, Staat, komm mir zu Hilfe, schütze mich und helfe mir“, sondern umgekehrt: „*Kümmere* du, *Staat*, dich *nicht um meine Angelegenheiten*, sondern gib mir so viel Freiheit und laß mir von dem Ertrag meiner Arbeit so viel, daß ich meine Existenz, mein Schicksal und dasjenige meiner Familie selbst zu gestalten in der Lage bin.“ [48]

Die wachsende Sozialisierung der Einkommensverwendung, die um sich greifende Kollektivierung der Lebensplanung, die weitgehende Entmündigung des einzelnen und die zunehmende Abhängigkeit vom Kollektiv oder vom Staat – aber damit zwangsläufig auch die Verkümmerung eines freien und funktionsfähigen Kapitalmarktes als einer wesentlichen Voraussetzung für die Expansion der Marktwirtschaft – müssen die *Folgen dieses gefährlichen Weges* hin zum Versorgungsstaat sein, an dessen Ende der *soziale Untertan* und die bevormundete Garantierung der materiellen Sicherheit durch einen allmächtigen Staat, aber in gleicher Weise auch die Lähmung des wirtschaftlichen Fortschritts in Freiheit stehen wird. [65]

Es scheint mir besonders verhängnisvoll zu sein, den Tendenzen zum Versorgungsstaat gerade in einer Entwicklungsphase Raum zu geben, in der die objektiven, d. h. materiellen Voraussetzungen für eine Abkehr von solchen Gedankengängen sich immer deutlicher ausprägen. Müßten wir etwa damit rechnen, daß die wirtschaftliche Entwicklung und die Lebensmöglichkeiten des Volkes in der modernen Volkswirtschaft trotz fortschreitender Technik rückläufig sein könnten, dann wäre dieser Drang zu voller kollektiver Versorgung immerhin noch verständlich. Die Wahrscheinlichkeit, ja fast die Sicherheit spricht indessen dafür, daß sich die Lebensbedingungen der Völker, die die soziale Marktwirtschaft verwirklichen, fortdauernd erweitern und verbessern. Da also mit einem *tendenziell steigenden Einkommen* und einem *immer höheren Lebensstandard* zu rechnen ist, erscheint es gerade auch nach sozialen Gesichtspunkten zumutbar zu sein, das Individuum in menschlicher Verantwortung zu halten, ja, es sogar stärker als bisher in diese Verantwortung zu stellen. Diese Forderung ist um so berechtigter, als der Wohlfahrtsstaat nach allen vorliegenden Erfahrungen alles andere als „Wohlfahrt", sondern letztlich *„Armseligkeit" für alle* bedeuten muß.

Diese grundsätzliche Auseinandersetzung mit den Fragen, an denen die sozialpolitische Diskussion nicht vorbeigehen kann, soll mich nicht dazu verleiten, den speziellen Anliegen, die uns gerade in letzter Zeit bewegt haben, auszuweichen. Wenn der Leser diese Seiten umschlägt, wird die Sozialreform vermutlich ihren gesetzlichen Niederschlag gefunden haben. Trotzdem bezweifle ich, ob damit die Diskussion um die Zweckmäßigkeit der Sozialreform beendet sein wird. Ein Blick auf die Staaten, die in den letzten Jahren ähnliche Versuche unternommen haben, lehrt, wie sehr derartige *Reformen erst Ausgangspunkt eines ernsten Ringens* um eine sinnvolle soziale Ordnung geworden sind.

Meine Kritik an dem *unheilvollen Drang zum Versorgungsstaat* darf gewiß nicht dahin mißverstanden werden, als beabsichtigte ich, die Sozialversicherung, wie sie historisch gewachsen ist, anzutasten. Nach meinem Geschmack ist sogar ein *weiterer Ausbau der Sozialversicherung* noch durchaus möglich. Was ich jedoch für völlig abwegig halte, ist, daß Menschen, die aus Beruf und Berufung wie auch aus ihrer Stellung im volkswirtschaftlichen Prozeß Anspruch auf, aber auch die *Verpflichtung zur Freiheit* haben, nunmehr in ein Kollektiv hineinstreben oder besser gesagt hineingestoßen werden.

Grenzen der Sozialversicherung

Bei einer zeitgemäßen Wertung der Sozialversicherung ist zu bedenken, wie sehr sich in den vergangenen Jahrzehnten die wirtschaftlichen Formen und Prinzipien gewandelt haben und wie sehr sich zwischenzeitlich die gesellschaftspolitische Struktur verändert hat. *Der „Proletarier“*, der nicht für sein Alter hat sorgen können oder auch nicht hat sorgen wollen und den deshalb der Staat unbedingt schützen mußte, wird bei Fortführung dieser Wirtschaftspolitik bald nirgends mehr anzutreffen sein. Die Lebensbedingungen des deutschen Arbeiters sind seit der Bismarckschen Ära unendlich viel besser und freier geworden. Der staatliche Zwangsschutz aber muß oder sollte dort haltmachen, wo der einzelne und seine Familie in der Lage sind, selbstverantwortlich und individuell Vorsorge zu treffen. Dies trifft bei den in abhängiger Arbeit Beschäftigten zumindest für jene Kategorie von Angestellten zu, die ein höheres Einkommen beziehen und damit eine verantwortliche Position in Wirtschaft oder Verwaltung einnehmen.

Darüber hinaus wäre es für unser gesellschaftspolitisches Leben höchst bedenklich, wenn selbst solche Staatsbürger in eine *befohlene Zwangsversicherung* einbezogen werden würden, von denen kraft ihrer Stellung und Funktion füglich erwartet werden darf, daß sie aus eigener Kraft und Leistung bestehen wollen. Es mag in gewisser Hinsicht zwar verständlich sein, daß Krieg und Währungsreform mit ihren tiefgreifenden Umschichtungen das Verlangen nach kollektiver Sicherheit aufkommen ließen. Es wäre aber falsch und verhängnisvoll, die künftige Sicherung gegen allgemeine Lebensrisiken auf einen derartigen und *hoffentlich nie wiederkehrenden Zusammenbruch abstellen* zu wollen.

Aus all diesen Ausführungen wird der Wunsch ersichtlich, den Bereich der kollektiven Sicherung eingedämmt zu wissen, d.h. *ihn eher enger als weiter zu fassen.* Um jedoch Mißdeutungen auszuschließen, sei in diesem Zusammenhang betont, daß auch ich es als selbstverständliche Pflicht der Gemeinschaft erachte, für die Sicherung des Lebensabends derjenigen zu sorgen, die jetzt alt sind und die ohne eigene Schuld ihre Ersparnisse infolge einer schlechten

Politik, die zu zwei Inflationen geführt hat, verloren haben. Hier gibt es auch keine sozialen Unterschiede; es muß den alten Arbeitern und Angestellten in gleicher Weise geholfen werden wie den Angehörigen der freien Berufe, den Selbständigen, den Einheimischen wie den Flüchtlingen. Aber dieses *Sonderproblem*, geboren aus der Besonderheit unseres deutschen Schicksals, sollte nicht zu der geistigen Verirrung verleiten, als ob die Zwangsversicherung und die kollektive Sicherheit gerade das bedeuteten, was diesen Personenkreisen von Haus aus gemäß wäre. Das in einer Generation zweimal erlebte tragische Schicksal einer Inflation ist gewiß wenig geeignet, das Vertrauen in die eigene Kraft zu stärken. Diese tragische Erfahrung muß wohl in Rechnung gestellt werden; sie sollte aber gerade umgekehrt Anlaß sein, alle wirtschafts- und finanzpolitischen Maßnahmen sehr genau daraufhin zu überprüfen, ob sie *uns* erneut *auf einen verhängnisvollen Weg führen werden*, an dessen Ende dann wiederum eine *Geldentwertung* stehen müßte.

In jedem Falle sind *schwerste Bedenken* gegen alle Versuche geltend zu machen, die selbständigen Erwerbstätigen in die Kollektivsicherung einzubeziehen. Die Bereitschaft zu freier und eigenverantwortlicher Bewältigung der Lebensrisiken ist notwendige Voraussetzung des *Selbständigseins* in einer freiheitlichen Wirtschafts- und Gesellschaftsordnung. Selbständigkeit in der Marktwirtschaft bedeutet, aus eigenem Antrieb und eigener Verantwortung heraus eine unabhängige Erwerbstätigkeit auszuüben und damit zugleich Träger unternehmerischer oder geistiger Initiative zu sein. Den Selbständigen steht einerseits die Wahrnehmung der in der wirtschaftlichen Entwicklung liegenden Chancen offen, was andererseits aber auch zur Folge haben muß, daß sie die damit verbundenen *wirtschaftlichen Risiken zu tragen bereit* sind.

Eine so geartete Position im Wirtschaftsleben kann im System der Marktwirtschaft keinesfalls durch den Staat garantiert werden. Sie muß vielmehr, wenn sie ihren eigentlichen Sinn erfüllen soll, allein durch wirtschaftliche Leistung, durch die Bereitschaft und den Mut zum Wagnis, vor allem aber durch den Willen zu selbstverantwortlicher und individueller Lebensgestaltung täglich aufs neue erworben werden. Daraus ergibt sich die geradezu zwingende Konsequenz, daß von den Selbständigen in unserer Wirtschafts- und Gesellschaftsordnung auch eine selbstverantwortliche und eigenständige Vorsorge gegenüber den sozialen Lebensrisiken gefordert werden muß.

Es bedeutet einen Widerspruch in sich selbst und überdies eine unverantwortliche Bevorzugung, in einer freien Wirtschaftsordnung jedem Staatsbürger die Chance zu einer selbständigen Tätigkeit zu geben und mit den Mitteln einer freiheitlichen Wirtschaftspolitik den Auf- und Ausbau selbständiger Existenzen zu fördern, dann aber diesen gleichen Selbständigen sogar durch staatlichen Zwang die Verantwortung für die individuelle Lebensgestaltung abzunehmen. [65]

Die notwendigerweise immer schematische Zwangsversorgung übersieht dabei, daß es sich bei den selbständigen Gewerben und freien Berufen um jeweils sehr heterogene und in sich differenzierte Gruppen handelt und daß hier folglich eine individuelle, den Bedürfnissen des Einzelfalls Rechnung tragende Vorsorge unmöglich wird. Eine kritische Auseinandersetzung wird überdies auch nicht an der Frage vorbeigehen können, wohin es denn führen müßte, wenn heute die *freien Berufe* darangehen wollten – jede Gruppe für sich –, ein System *kollektiver Versorgung* aufzubauen.

Absage an anachronistische Lösungen

Haben wir es denn in den letzten acht Jahren nicht tragisch genug erlebt, wohin diese *Aufsplitterung der Volkswirtschaft* führt, und dies zumal dann, wenn jede einzelne

Schicht und jede Klasse, jeder einzelne Stand dabei noch glaubt, sein eigenes Leben führen zu können. Wenn also beispielsweise die freien Berufe, seien es nun die Ärzte, die Anwälte oder die Wirtschaftsprüfer, darangehen, sich hinsichtlich ihrer Versorgung abkapseln zu wollen, dann wird diese Sicherheit in immer engerem Rahmen auch ständig problematischer werden. Auf solche Weise wird ein „Eigenleben" gezüchtet, eine so *verderbliche Ichsucht* genährt, daß diese Inzucht geradezu anachronistisch anmutet – und das um so mehr in einer Zeit, in der wir endlich darangehen, uns aus der Enge des protektionistischen Denkens und des nationalistischen Egoismus zu befreien, um zu umfassenden Formen des menschlichen und gesellschaftswirtschaftlichen Lebens zusammenzufinden. Man soll nicht glauben, auf der einen Seite in engen Gruppierungen Sicherheit im Kollektiv finden zu können und auf der anderen Seite die engen Bindungen sprengen und in die Weite streben zu wollen.

Aber auch unter anderen Aspekten sind gegenüber solcher *Verirrung schwere Bedenken* geltend zu machen. Der Versuch z. B., die Prinzipien der beiden großen Sozialversicherungskörper der Angestellten und der Arbeiter auf die Altersversorgung einzelner Berufsgruppen anzuwenden, muß notwendig scheitern. Er wäre nur dann diskutierbar und praktizierbar, wenn man die Möglichkeit starker struktureller Wandlungen im Laufe der nächsten Jahrzehnte rundweg verneinen könnte. Zwar darf man für die große Schicht der unselbständigen Erwerbstätigen wohl ohne allzu großes Risiko eine Kontinuität der Entwicklung annehmen, während z. B. für *bestimmte mittelständische Schichten*, wie etwa das Handwerk oder den Einzelhandel, niemand vorauszusehen und Sicherheit zu bieten in der Lage sein könnte, wie sich innerhalb dieser Sektoren die Entwicklung im einzelnen gestalten wird. Dort muß zumindest die Möglichkeit erheblicher struktureller Umwandlungen in das Kalkül einbezogen werden. Je kleiner –

zahlenmäßig gesehen – ein Personenkreis ist, der für sich eine Übertragung der neuen Prinzipien der großen Sozialversicherungsträger versuchen wollte, desto größer werden die Problematik und die Unsicherheit des Bodens, auf dem eine solche Ordnung steht.

Diese Überlegungen können natürlich nicht ohne Bezug auf die so viel diskutierte Rentenreform bleiben – gleich ob man von einer Indexrente, einer lohnbezogenen Produktivitätsrente oder von was auch immer sprechen will. Das entscheidende Moment ist dies, daß sich die Rente selbst mit der Verschiebung der volkswirtschaftlichen Daten mehr oder minder automatisch verändern soll. Dieser „beweglichen“ Rente liegt der der Marktwirtschaft innewohnende Gedanke einer ständigen Produktivitätssteigerung zugrunde; sie geht von der allgemeinen Erfahrung aus, daß sich die Produktivitätssteigerung weniger in einer Preissenkung als vornehmlich in einer Nominallohnerhöhung niederschlägt. Eine so strukturierte *lohnbezogene Produktivitätsrente* ist jedoch konjunktur- und währungspolitisch *nur so lange ungefährlich*, als von den Lohnbewegungen selbst *keine währungs- und konjunkturpolitischen Störungen* ausgehen. Ist das letztere zu befürchten, dann müßte allerdings dieses Verfahren der Rentenanpassung zwangsläufig die Gefahren für die Stabilität der Währung verstärken. Hier ist möglicherweise eine Kumulierung der Wirkungen zu erwarten, über deren Konsequenzen noch zu sprechen sein wird.

Gute Sozialpolitik erfordert Währungsstabilität

In politischer Sicht muß aber vor allem überlegt werden, ob eine zu enge Bindung an die Löhne nicht notwendigerweise zu einer Verringerung des Widerstands gegenüber objektiv überhöhten gewerkschaftlichen Forderungen bei Tarifverhandlungen führen muß. Dieser gedanklichen Koppelung liegt – mehr oder minder deutlich – die ebenso gefährliche wie irrtümliche Einstellung zugrunde: „Die Stabilität der Währung braucht die Sozialpolitik nicht zu interessieren!"

Es scheint mir in jeglicher Beziehung unmöglich, ja geradezu schuldhaft leichtfertig zu sein, eine gesellschaftliche Neuordnung wie die Rentenreform in ihrer Anlage spekulativ auf *unverantwortliche Katastrophen*, wie diejenige der letzten Inflation, abzustellen. Es ist ein grandioser Irrtum, wenn ein Volk oder ein Staat glaubt, eine inflationistische Politik einleiten und betreiben, sich aber gleichzeitig gegen deren Folgen absichern zu können. Dies kommt dem Versuch gleich, sich an den *eigenen Haaren hochheben* zu wollen. Es gilt umgekehrt, alle Kräfte darauf zu konzentrieren, eine Inflation zu verhüten und jedes schuldhafte Verhalten, das zu einer *inflationistischen Entwicklung* führen könnte, vor der gesamten *Öffentlichkeit zu brandmarken* und dadurch zu verhindern.

Die Inflation kommt nicht über uns als ein Fluch oder als ein tragisches Geschick; sie wird immer durch eine leichtfertige oder sogar *verbrecherische Politik hervorgerufen*. Jede Neuregelung der Altersrente, die von vornherein mit einem unentrinnbaren Schicksal steigender Preise bzw. absinkender Kaufkraft rechnet, kann nicht zu glücklichen oder auch nur tragbaren Ergebnissen führen. Sie wird vielmehr das Übel nur weiter vermehren. Immer zahlreichere Gruppen unseres Volkes werden der Eigenverantwortung entfliehen wollen und versuchen, auch für sich jene vermeintliche absolute und doch so *illusionistische Sicherheit* gegen alle Fährnisse zu erringen.

Die Übertragung einer Lohnpolitik (der sogenannten *„aktiven Lohnpolitik"*), die eine permanente Preissteigerung zur Folge haben müßte, auch auf das Gebiet der Renten müßte sehr schnell das allgemeine Interesse an der Währungsstabilität herabmindern, aber dann auch eine unheilvolle Entwicklung einleiten. Dieses allgemeine Interesse an der Erhaltung der Realkaufkraft unseres Geldes ist ja

„Hoffentlich nützt's was!"
(Entnommen mit freundlicher Genehmigung der „Deutschen Zeitung und Wirtschaftszeitung". Zeichnung: Prof. H. E. Köhler)

gerade eine der wichtigsten Gegenkräfte, die sich in einem geordneten Staat *einer inflationistischen Politik entgegenstemmen.* Überdies muß notwendigerweise gefragt werden, wie denn die im Zuge des technischen Fortschritts immer notwendiger werdende große Sparkapitalbildung vor sich gehen soll, wenn das rechnerische Kalkül der Sozialgesetzgebung allzu offensichtlich auf die Wahrscheinlichkeit fortdauernd steigender Preise abzielt; wenn deshalb das ganze

Volk in seinem Vertrauen auf die Stabilität der Währung überhaupt schwankend werden muß und wenn das Streben nach möglichst vollkommener Sicherheit die Aufbringung derart *hoher Beiträge* erfordert, daß *für individuelles Sparen* psychologisch und tatsächlich *nur noch wenig Raum* bleibt.

Während der *Diskussion um die Indexrente* habe ich deutlich genug gesagt, daß es illusionistisch wäre, den Gedanken einer beweglich gestalteten Rente beiseite schieben zu wollen. Für eine so verstandene dynamische Rente spricht zweifelsohne der Umstand, daß unsere Vorstellung von einem Existenzminimum bzw. einer zumutbaren oder würdigen Lebensführung im Laufe der Entwicklung fortdauernden Wandlungen unterworfen ist. Die nach einem vollen Arbeitsleben auf Grund der klassischen Beitragsformeln errechneten Renten müßten – je stärker diese Wandlungen sind – bei Erreichung des Pensionsalters als unbillig und unzulänglich empfunden werden. Die eigentliche Gefahr, ja die fast *zerstörende Wirkung einer dynamischen Rente* liegt denn auch nicht so sehr in ihrer Beweglichkeit an sich, sondern in ihrer Koppelung an die Lohnentwicklung, die durchaus über das mit der Stabilität des Geldes vereinbarte Maß hinausgehen kann.

Auf einer modifizierten Grundlage besteht hingegen die Möglichkeit einer beweglichen Anpassung der Rente an die sich ändernden Lebensgegebenheiten und Vorstellungen. Dies wäre z.B. dann der Fall, wenn als Bemessungsgrundlage einer solchen Rente der laufende *Produktivitätszuwachs* gesetzt werden würde. Damit wäre die Gewähr gegeben, daß auch der Rentner an dem echten Fortschritt, d. h. an der Leistungsverbesserung der Volkswirtschaft, teilhat.

Diese Formel hätte etwa dahin zu lauten: In dem gleichen Maße, in dem das preisbereinigte Sozialprodukt, geteilt durch die Zahl der Beschäftigten oder auch der Einwohnerzahl, eine Produktivitätssteigerung ausweist, wird jeweils die

Anfangsrente in dem gleichen Prozentsatz erhöht. Der Rentner würde damit an dem Produktivitätsfortschritt teilhaben, aber sein Interesse wäre immer darauf gerichtet – auch während seiner aktiven Tätigkeit –, den Gütegrad der Wirtschaft dauernd zu verbessern. Dieser Arbeiter oder Angestellte (bzw. Rentner) wird das Sparen nicht als überflüssig empfinden, sondern sich bewußt sein, daß die mit Sparmitteln finanzierten Investitionen der Verbesserung seines eigenen Seins, der Sicherung seines Alters und seiner Familie dienen. Der tätige Mensch wie auch der Rentner wird – personengleich mit dem Sparer – ein Hort des *Widerstandes gegen* jeden Versuch einer *inflationistisch wirkenden Politik* bzw. eines preispolitisch verantwortungslosen Verhaltens der Sozialpartner sein.

Abschließend sei gesagt: Soziale Sicherheit ist gewiß gut und in hohem Maße wünschenswert, aber *soziale Sicherheit* muß zuerst *aus eigener Kraft*, aus eigener Leistung und aus eigenem Streben erwachsen. Soziale Sicherheit ist nicht gleichbedeutend mit Sozialversicherung für alle – nicht mit der Übertragung der individuellen menschlichen Verantwortung auf irgendein Kollektiv. *Am Anfang muß die eigene Verantwortung stehen*, und erst dort, wo diese nicht ausreicht oder versagen muß, setzt die Verpflichtung des Staates und der Gemeinschaft ein.

Es stünde im sozialen Leben um manche Not in unserem Volke besser, wenn wir nicht zu viel sozialen Kollektivwillen, sondern mehr *soziale* Gesinnung und Haltung bezeugen wollten. Das eine aber schlägt das andere tot, und darum stellt sich uns zuletzt die Frage, ob wir, einig in dem Willen und der Verpflichtung, keinen deutschen Menschen mehr der Not ausgesetzt zu sehen, gut daran tun, die besten menschlichen Tugenden im perfektionierten Kollektivismus gar völlig zu ersticken oder ob wir nicht im Streben nach mehr Wohlstand und durch die Eröffnung immer besserer Chancen *zur Gewinnung persönlichen Eigentums* dem verderblichen Geist des Kollektivismus *Todfehde* ansagen sollten. Meine eigene Meinung liegt klar und eindeutig zutage; ich hoffe, daß meine Mahnung nicht ungehört verhallt.

13. Kapitel

POLITIK NICHT VOM GRÜNEN TISCH

„In welchem Teil der Welt steckt nun schon wieder der Wirtschaftsminister?" – so hieß es wohl manches Mal während der letzten Jahre, wenn ich es als nützlich erachtete, den Schreibtisch des Bonner Ministerbüros zu verlassen, um nicht dem *Irrtum* zu verfallen, *Bonn für den Nabel der Welt* zu halten. Der Tatsache, daß ich immer wieder das Bedürfnis empfand, mich im In- und Ausland mit Persönlichkeiten des wirtschaftlichen und politischen Lebens auszusprechen, um auch in *Vorträgen* die deutsche *Wirtschaftspolitik* zu verdeutlichen und Anhänger für dieses System zu gewinnen, hat häufig Anlaß zu Mißverständnissen und zu mancherlei kritischen Anmerkungen gegeben. Ich erblicke jedoch gerade auch in diesem Wirken außerhalb Bonns einen bedeutsamen und unverzichtbaren Teil meiner Arbeit, und ich möchte glauben, daß mir die positive Resonanz recht gibt. Wenn ich an anderer Stelle dieses Buches besonders herausstellte, wie notwendig es ist, die Meinungsbildung aller am Wirtschaftsleben beteiligten Menschen im Auge zu behalten und gegebenenfalls zu beeinflussen, wird diese Haltung um so besser verständlich.

Daraus erwächst auch der Wunsch, innerhalb der Bundesrepublik möglichst viel unmittelbaren Kontakt mit allen wirtschaftenden Menschen, sei es mit Unternehmern, Arbeitern, Angestellten oder Verbrauchern, zu halten. Der Pflege solcher direkten Verbindungen dienten die Dutzende, ja wohl Hunderte von Reden, die ich gehalten habe, seit ich im März 1948 zum „Direktor der Verwaltung für Wirtschaft" gewählt wurde.

Es gab einige Phasen, in denen ich dieser unmittelbaren Fühlungnahme aus der jeweiligen wirtschaftspolitischen Situation meine besondere Aufmerksamkeit widmete, ja sogar Monate, in denen alles darauf ankam, bei der ganzen Bevölkerung um das rechte Verständnis für die wirtschaftspolitische Situation und Zielsetzung zu werben. Ich denke hierbei im besonderen an jene turbulente Zeit nach der Währungs- und Wirtschaftsreform, als das Gelingen dieses Werkes davon abhing, ob die Menschen zu einer nüchternen Betrachtung der ökonomischen Fakten hingeführt werden konnten. Eine solche Phase war auch die Zeit nach Ausbruch des Korea-Konflikts, als es galt, alle Marktteilnehmer – Erzeuger, Händler und Verbraucher – über die tatsächlichen wirtschaftlichen Gegebenheiten zu unterrichten, um Entartungen des Verhaltens zu verhindern. Schließlich wäre als dritte charakteristische Periode dieser Art die Hochkonjunktur der jüngsten Vergangenheit zu nennen. Hier war und ist es womöglich noch wichtiger, allen Staatsbürgern einprägsam vor Augen zu führen, wie sehr unser weiteres wirtschaftliches Schicksal im Guten und im Bösen *unmittelbar* von der *Einsicht* oder Einsichtslosigkeit aller *wirtschaftenden Menschen* abhängt.

Der aus jeder Hochkonjunktur erwachsenden Gefahr, die ökonomischen Möglichkeiten zu überschätzen, mußte durch einen immer und immer wiederholten Appell zum Maßhalten begegnet werden. Es erscheint auch heute noch dringend geboten, jedem einzelnen Staatsbürger den unmittelbaren Zusammenhang zwischen der Stabilität der Währung und seinem eigenen Verhalten bewußt zu machen; sei es, um zu verhindern, daß zu stark erhöhte Löhne Preissteigerungen auslösen, sei es auch, um hinsichtlich der Preisstellung eine bedenkenlose Ausnutzung der Hochkonjunktur zu vermeiden. Ohne diesen von mir gepflegten, nahezu ununterbrochenen Kontakt wäre es kaum denkbar gewesen, das *Gedankengut* der *sozialen Marktwirtschaft* den *breiten Schichten* der *Bevölkerung* verständlich zu machen.

Diese Tätigkeit, der die Erkenntnis über die große Bedeutung der Meinungsbildung in jedem modernen Staate zugrunde liegt, beschränkte sich dabei keineswegs auf das Inland. In vielen Auslandsreisen habe ich neben der Pflege sachlicher und menschlicher Verbindungen auch dort in Vorträgen die Menschen immer wieder unmittelbar anzusprechen versucht, die an unserer Wirtschaftspolitik und an den in Westdeutschland errungenen Erfolgen interessiert waren.

Handelspolitik im neuen Stil

In dem Bestreben, unmittelbare Beziehungen zu knüpfen, spiegelt sich auch die grundsätzlich gewandelte Bedeutung der Wirtschaftspolitik in der Formung der Beziehung von Staat zu Staat und von Volk zu Volk wider. Diese Verlagerung der Akzente findet Ausdruck auch in der neuartigen Stellung und Bedeutung der Handelspolitik. Ich glaube, daß es der *Denkkategorie* einer hoffentlich überwundenen *Vergangenheit* angehört, die *Handelspolitik* als eine *Dienerin der Außenpolitik* oder gar als ein Instrument staatlicher Machtpolitik aufzufassen.

Leider ist zuzugeben, daß so manche, die allerdings die Konzeption einer freiheitlichen Wirtschaftspolitik noch nicht voll begriffen haben, unter Handelspolitik auch heute noch vielfach die Summe aller Maßnahmen verstehen, die in differenzierter Weise, von Fall zu Fall, von Ware zu Ware und von Land zu Land in bilateralen Vereinbarungen ihren Niederschlag finden. Diese mir fast unwürdig vorkommende Politik ist in ihrer Willkürlichkeit und Regellosigkeit bestimmt nicht geeignet, die friedlichen wirtschaftlichen Beziehungen zwischen allen Völkern und Ländern der freien Welt zu ordnen – wohl aber, sie zu stören. So wichtig und wertvoll es ist, daß auch im zweiseitigen Verhältnis Freundschaft zwischen den Völkern besteht, und so sehr es *die Aufgabe der Außenpolitik sein muß*, diese Freundschaft zu schaffen und zu festigen, so wäre es doch ein grundsätzliches

Mißverständnis, auf dem ökonomischen Felde bilaterale Absprachen für brauchbar zu halten, um Freundschaften aufzubauen und zu festigen.

Im ökonomischen Raum schließt diese Methode – von ihren Verfechtern gewiß ungewollt – zwangsläufig zugleich auch immer eine Diskriminierung gegenüber dritten Ländern ein. Sie erzeugt Unsicherheit und Mißtrauen und schmälert auch in jedem Fall den aus zwischenstaatlichen Austauschbeziehungen möglichen Nutzeffekt. Die Tatsache, daß sich die Welt mit der Zerstörung einer freien ökonomischen Ordnung auch nach dem letzten Weltkrieg bis in die Gegenwart hinein des Mittels dieser Art der Handelspolitik bediente, vermag diese Methode nicht zu sanktionieren – bestenfalls kann man sie als *Notbehelf* in *unglücklichen Übergangsphasen* bzw. bei einer besonderen Struktur der Partnerwirtschaften, wie sie beispielsweise in südamerikanischen Ländern lange Zeit bestanden haben, gelten lassen.

Diese Art von Handelspolitik, die insbesondere im Verfolg der Weltwirtschaftskrise ab 1929 ein Netz bilateraler Beziehungen über die ganze Welt spannte, damit aber die Welt immer mehr in feindliche Lager aufsplitterte, ermangelte jeder einheitlichen wirtschaftspolitischen Konzeption und trieb zur *Isolierung und Atomisierung der Volkswirtschaften.* Die nach dem Zweiten Weltkrieg eingeleitete und von mir – ich möchte sagen – mit Leidenschaft verfochtene wirtschaftspolitische Auffassung und Praxis ist demgegenüber gekennzeichnet durch das Streben nach einem *allumfassenden freien Weltmarkt*, nach Multilateralität und Nichtdiskriminierung, nach *Überwindung protektionistischer* und nationalistischer *Engstirnigkeit* und nach Beseitigung von Wettbewerbsverfälschungen jeder Art.

Wenn man Aufgabe und Zielsetzung der Wirtschaftspolitik so versteht, dann bleibt für eine Eigenständigkeit der Handelspolitik ebensowenig Raum wie für eine Handelspolitik, die nur als ein Hilfsmittel der Außenpolitik verstanden wird. Solange die Handelspolitik Waffe der Außenpolitik sein soll, wird sie mißbraucht; solange eine bilaterale Handelspolitik nach dem Grundsatz „Zuckerbrot und Peitsche“ gehandhabt werden konnte, solange *mußte diese Politik* zwangsläufig zu Frontenbildungen und *feindlichen Spannungen führen*. Dieser Zweig der Wirtschaftspolitik *diente* in diesem Bereich dann *nicht* der Verbindung der Völker, der Überwindung der Grenzen, *der Auflösung alles Trennenden*. In dieser Befähigung liegt aber gerade *Vorzug und Reiz einer marktwirtschaftlichen Politik*.

Den Fluch der Vergangenheit überwinden

Aus dieser Sicht war mein ganzes Streben darauf gerichtet, überall dort, wo ich auch nur irgendeine Chance sah, mit dazu beizutragen, daß die Nationalstaaten auf eine originäre und von Land zu Land differenzierte Handelspolitik verzichten. Je weniger der Austausch von Waren und Dienstleistungen zwischen den Staaten als Instrument staatlicher Politik gehandhabt wird, desto *geringer* ist auch die *Gefahr einer Vergiftung* der internationalen Atmosphäre. Erst diese Einstellung vermag die Außenhandelspolitik von dem *Fluch der Vergangenheit* zu befreien. Die nüchternen kaufmännischen Überlegungen rücken dann in den Vordergrund; der ehrliche Wettbewerb der Leistung kann sich zwischen den Volkswirtschaften entfalten. Die Verwirklichung dieser Forderung führt dazu, daß die Staaten sich in Vereinbarungen des Rechtes begeben, einseitige Eingriffe in eine freie weltwirtschaftliche Gesamtordnung vorzunehmen. [49]

Dabei sollte *gerade für die Bundesrepublik* in gesteigertem Umfange die *Verpflichtung* bestehen, diesen Überlegungen gegenüber rein politischen Erwägungen *eindeutig den Vorzug* zu geben. Diese Forderung erfährt, von den grundsätzlichen Betrachtungen abgesehen, eine politische Stütze aus der starken Ein- und Ausfuhrabhängigkeit der deutschen Volkswirtschaft. Man bedenke nur, daß der Anteil des Außenhandelsumsatzes am Bruttosozialprodukt in den letzten

Jahren ständig gestiegen ist. Von Jahr zu Jahr wandert ein wachsender Anteil der in der Bundesrepublik erzeugten Güter und Dienstleistungen im Austausch gegen die Äquivalente anderer Volkswirtschaften über unsere Grenzen. Dem Außenhandel und gerade auch der Konzeption der sozialen Marktwirtschaft, ohne deren Anwendung dieses Wachstum des Außenhandels nicht denkbar gewesen wäre, kommt damit eine ständig größere Bedeutung zu.

Dieser Sachverhalt kann auf die Dauer auch von denen nicht länger ignoriert werden, die auch heute noch glauben, die Handelspolitik nicht aus wirtschaftlichen und wirtschaftspolitischen Notwendigkeiten heraus führen zu sollen, sondern sie für *andere Ziele* und *Zwecke* einsetzen wollen. Es wäre deshalb eine geradezu groteske Idee, unsere so sichtbar erfolgreiche Wirtschaftspolitik durch die Abspaltung der Handelspolitik ihrer Ganzheit und Geschlossenheit zu berauben. *Wir leiden* ohnedies *unter der Zersplitterung wirtschaftspolitischer Zuständigkeiten.*

Die nachstehend aufgeführte Entwicklung des Anteils des Außenhandelsumsatzes Westdeutschlands am Bruttosozialprodukt unterstreicht das hier Gesagte eindringlich.

Der Leser würde sich indessen einer Täuschung hingeben, wenn er annehmen wollte, daß die hier aufgezeigten Grundsätze überall unbestritten und widerspruchslos anerkannt werden würden. Auch in Deutschland gab es noch in *jüngster*

Jahr	Bruttosozialprodukt	Einfuhr	Ausfuhr	Außenhandelsumsatz
		in %		
1950	100	11,6	8,5	20,1
1952	100	11,9	12,4	24,3
1954	100	12,2	14,0	26,2
1956	100	14,1	15,5	29,6
1958	100	13,4	16,0	29,4
1960	100	14,4	16,2	30,6
1962	100	13,9	14,9	28,8

Quelle: Statistisches Bundesamt

Vergangenheit heftige Auseinandersetzungen um die Verwirklichung dieser Prinzipien, wobei es meiner ganzen Energie bedurfte, um nicht die Handelspolitik in vollem Umfange dem Einfluß der Außenpolitiker zu überantworten. Viel Aufklärungsarbeit ist hier noch zu leisten. Diese entscheidende Frage ist nicht nur in Deutschland gestellt; es kommt vielmehr darauf an, daß *alle Kräfte*, die sich der Idee einer weltweiten und damit freiheitlichen Wirtschaftspolitik verpflichtet fühlen, *in allen Staaten* der westlichen Welt jede nur erdenkliche Mühe aufwenden, *um diese Gedanken* in die Tat umzusetzen.

Interesse des Auslandes

Sicher hat die häufige und vielschichtige Fühlungnahme mit den maßgeblichen Staatsmännern und Wirtschaftspolitikern des Auslandes – und das ist vielleicht ihr wichtigstes Ergebnis – zu einer größeren *Aufgeschlossenheit der Öffentlichkeit des Auslandes* gegenüber der wirtschaftlichen Entwicklung Deutschlands geführt. Zwar werden auch heute noch Stimmen von Leuten laut, die einzusehen zögern, daß der wirtschaftliche Vorteil des einen Landes letztlich auch allen seinen Nachbarn zum Vorteil gereicht. Es darf aber doch festgestellt werden, daß eine unsachliche Diskussion über diesen Gegenstand immer seltener wird, wobei die Zahl derer, die dem wirtschaftlichen *Fortschritt Westdeutschlands mit Verständnis*, ja teils sogar mit Bewunderung *gegenüberstehen, angewachsen* ist. Es würde über den Rahmen dieses Buches hinausgehen, wollte man versuchen, einen umfassenden Eindruck von der Vielfalt der ausländischen Pressestimmen, die sich mit diesem Thema befassen, zu vermitteln. Gleichwohl soll der Versuch unternommen werden, wenigstens anhand einiger dieser Stimmen zu zeigen, daß die von mir vertretenen Ideen im Ausland zunehmende Resonanz finden, wobei sich die Auswahl ganz bewußt nur auf zwei kurze Zeitabschnitte beschränkt.

Rundreise unter einem guten Hut
(Entnommen mit freundlicher Genehmigung des „Hamburger Abendblatt“. Zeichnung: Rolf Brinkmann)

Der „Economist“ fragt am 4. August 1956: Wie hat Deutschland die Exportsteigerung erreicht?

„. . . Der im Board of Trade Journal veröffentlichte Bericht zum deutschen Wettbewerb gibt einige Antworten hierauf.

Die alte Geschichte, daß die deutsche Industrie noch immer besondere Vorrechte genießt, wird nicht aufrechterhalten. Material und Brennstoffe kosten tatsächlich in Großbritannien weniger als in Deutschland. Die Körperschaftssteuer liegt auf nahezu gleicher Höhe, und Gemeindesteuern sind in Deutschland höher als in Großbritannien. Die Steuerrückvergütung für deutsche Exporteure hat Ende v. J. aufgehört. Britische Exporteure haben größere Kreditquellen, zahlen weniger dafür und können sich diese Kredite ebenso leicht beschaffen wie ihre deutschen Konkurrenten . . .“

Auch „The Times" befaßt sich am 27. Juli 1956 mit dem Aufschwung der deutschen Wirtschaft ...

„Nach dem vorliegenden Material – so sagt die „Times" – ist anzunehmen, daß die Produktivität in den letzten Jahren in Westdeutschland stärker angestiegen ist als in Großbritannien.

Ein Grund für dieses stärkere Anwachsen der Produktivität kann in der höheren industriellen Investitionsrate in Deutschland liegen. Die von der OEEC ausgearbeiteten Statistiken zeigen, daß in den Jahren 1950–1954 durchschnittlich 14% des Bruttosozialprodukts in Großbritannien und 21% in Westdeutschland für Investitionen aufgewendet wurden ..."

Von London bis New York ...

„Bankers' Magazine" vom 1. August 1956 befaßt sich sehr eingehend unter der Überschrift „Die Crux des Währungsproblems" mit der Situation der EZU und den Vorschlägen des deutschen Wirtschaftsministers, um das Ungleichgewicht innerhalb der EZU zu überwinden. Der Artikel schließt:

„... völlige Sicherheit gegen die Attacke der Sowjetunion könnte nur dadurch gewährt werden, daß der *Westen sich wirtschaftlich unangreifbar macht*, indem er einen gemeinsamen Weltmarkt schafft, der frei von allen Hemmnissen funktioniert, wie vor 1914, wobei jedes Land sich wirtschaftlich selbst tragen würde. Das und nichts anderes möchte Dr. Erhard bei der OEEC und der IMF erörtert wissen."

„The Economist" vom 30. Juni 1956 setzt sich mit wirtschaftspolitischen Maßnahmen zur Steuerung der Hochkonjunktur auseinander:

„Die Ankündigung von *Zollsenkungen* seitens einer Haupthandelsnation ist *eine seltene Angelegenheit*, und die vom westdeutschen Bundestag genehmigten Zollsenkungen verdienen aufrichtige Würdigung ... Professor *Erhard*, der dadurch die großen Devisenreserven nutzbar machen will, hat wieder einmal als seine *Hauptwaffe gegen* die *Inflation liberale Maßnahmen* ergriffen, die dem Welthandel und nicht zuletzt dem britischen Exporteur zugute kommen werden.

Die Zollsenkungen sind jedoch weit weniger drastisch als die 30%ige Herabsetzung, die Professor Erhard vor einigen Wochen vorschlug. Der *Landwirtschaft* gelang es, seine dem Kabinett vorgetragenen Vorschläge zu beschränken und sie auf dem lebenswichtigsten Gebiet ihrer stärksten Wirkung zu berauben, nämlich bei den Lebensmittelpreisen. Es ist *nicht das erste Mal*, daß Professor Erhard betrübt einer Debatte zuhören mußte, in der die Sprecher der Opposition seine im Kabinett vorgebrachten Argumente verwandten und seine ursprünglichen Vorschläge unterstützten ... Es haben sich in den letzten Wochen beruhigende Anzeichen dafür ergeben, daß die *Deutschen fähig* sind, *einer Inflation zu begegnen* ..."

„The New York Times" vom 15. Juni 1956 schreibt unter der Überschrift „Bonner Minister drängt auf Revaluierung der westeuropäischen Währungen":

„... Dies ist nicht die erste große Aufgabe, die Dr. Erhard seinen europäischen Kollegen stellt. Seit langem hat er ihnen öffentlich und privat erklärt, daß sie ihre Währungen frei konvertierbar in Dollars machen sollten und daß die Währungsrestriktionen aufgehoben werden sollten. Seine Auffassung hierzu hat er auch nicht geändert. ‚Wenn Großbritannien heute eine frei konvertierbare Währung hätte, dann würde eine große Anzahl der heute auftretenden Schwierigkeiten nicht bestehen', erklärte Dr. Erhard.

‚Die wirkliche Schwierigkeit liegt darin', sagte er, ‚daß wir heute noch *kein wirkliches internationales Preissystem* haben. In den verschiedenen Ländern können sich die Preise verschieden entwickeln, und dann werden die bestehenden

Wechselkurse unrealistisch und die Regierungen ergreifen Maßnahmen, um sie aufrechtzuerhalten ...‘

Dr. Erhard *praktiziert, was er predigt*: Er hat die westdeutsche Wirtschaft ständig dem Ideal einer offenen Wirtschaft (eines offenen Marktes) nähergebracht, die auf Weltmarktpreise reagiert. Mit Ausnahme einer nominalen Kontrolle für Kapitalausfuhren ist die Währung voll konvertierbar ...“

„Die Gefahr, daß die D-Mark an Stelle des Sterling als internationale Devise tritt, nehme tagtäglich zu, und die Regierung der Bundesrepublik verliere keine Zeit, die Verbesserung des Kontenausgleichs ihres Landes zu nutzen“, schreibt am 11. April 1956 der Spezialist für Währungsfragen der „Financial Times“. Die Zone der konvertierbaren D-Mark habe sich jüngst vergrößert und umfasse *nahezu das ganze Erdenrund* ...

Die „Neue Zürcher Zeitung“ äußert am 20. März 1956:

„... Vor ziemlich genau acht Jahren wurde Prof. Erhard die Leitung der westdeutschen Wirtschaftspolitik anvertraut, erst als Direktor der Verwaltung für Wirtschaft, alsdann als Bundeswirtschaftsminister im ersten und zweiten Kabinett Adenauer. In dieser relativ *kurzen Zeitspanne* hat Prof. Erhard gewiß *nicht alle* von ihm selbst im Rahmen seiner Konzeption der ‚Sozialen Marktwirtschaft‘ gesteckten *Ziele erreicht*. Er hat aber der westdeutschen Wirtschaft in wenigen Jahren einen *Wiederaufstieg* ermöglicht, der *alle Erwartungen bei weitem übertroffen hat*, und damit zugleich der Bundesrepublik ein wirtschaftliches Fundament geschaffen, das ihr erlaubt, die auf den Zusammenbruch zurückreichenden politischen und sozialen Hypotheken zu tragen.

Heute sieht sich Bundeswirtschaftsminister Erhard vor die schwierige Aufgabe gestellt, die Geister der Prosperität, die er selbst rief, zu zügeln; denn der konjunkturelle Boom birgt Gefahren in sich, die früher oder später die Marktwirtschaft als solche in Frage stellen könnten. Prof. Erhard erweist sich auch in dieser veränderten Situation als eine Persönlichkeit, die die Gruppeninteressen mit Entschiedenheit in ihre Schranken weist und das *Allgemeininteresse* – auch durch wenig populäre Maßnahmen – *zu wahren versteht.*

In der Schweiz – und nicht zuletzt in Zürich – ist Bundeswirtschaftsminister Erhard ein stets willkommener Gast. Auf Grund seines wiederholt bekundeten Verständnisses für die Belange der Schweiz und seiner Verdienste um die Liberalisierung des europäischen Außenhandels und des zwischenstaatlichen Zahlungsverkehrs darf Prof. Erhard als einer der besten und wertvollsten Freunde unseres Landes bezeichnet werden . . ."

Das Vertrauen zur Marktwirtschaft

Der „Toronto Star Weekly" vom 17. März 1956 widmet dem „deutschen Apostel der freien Wirtschaft" einen ausführlichen Beitrag, in dem es u. a. heißt:

„Im Juni 1948, kurz vor der Währungsreform, produzierte die Industrie Westdeutschlands nur die Hälfte dessen, was die Industrie desselben Gebiets 1936 produziert hat. Heute erzeugt die westdeutsche Industrie annähernd das Doppelte von 1936. Im letzten Jahr überstieg die Produktion diejenige von 1954 um 17% und erreichte damit den höchsten Stand, den Deutschland je erreicht hat, einen höheren als jedes andere Land in Europa.

Diese wirtschaftliche Lage ist in erster Linie einem untersetzten 59jährigen Mann mit blauen Augen und Doppelkinn zu danken, der seinem Optimismus und schweren Zigarren ergeben ist. Als Zigarrenraucher schlägt er den Rekord Churchills, der sieben Stück pro Tag raucht; Erhard übertrifft ihn mit zwölf Stück täglich. Als Optimist steht er kaum hinter Churchill zurück . . .

Erhard wurde der *Apostel der freien Wirtschaft* und

außerdem die am heftigsten umstrittene Figur der deutschen Regierung. Die führenden Leute der Wirtschaft schworen auf ihn; die Sozialisten griffen ihn scharf an und sagten voraus, er werde die Arbeiter ruinieren. Die Bundestagswahl vom 14. August 1949 war ein Kampf für und gegen Erhard. Die Mehrheit des Volkes entschied sich für ihn ... Über Erhards Extremismus läßt sich vielleicht streiten; aber ziemlich allgemein wird heute anerkannt, daß der stetige wirtschaftliche Fortschritt der Bundesrepublik dem Vertrauen zu danken ist, das viele Deutsche zu Erhards sozialer Marktwirtschaft haben ...

Erhard nimmt für sich nicht den Ruhm in Anspruch, das westdeutsche Wunder ganz allein vollbracht zu haben. Er ist sich dessen bewußt, daß dazu auch amerikanisches Geld und die Hilfe der deutschen Arbeiter nötig waren. Für jeden Marshallplan-Dollar, der in Deutschland ausgegeben worden ist, sind im Werte von 10 bis 20 Dollar Sach- und Werkleistungen vollbracht worden ...

Auf die Frage, was er für seine größte Leistung halte, antwortete Erhard: ‚Die Nazis haben die ganze Welt betrogen. Durch ihre Verschlagenheit haben Leute wie Funk das Vertrauen der Welt zu Deutschlands Wirtschaft zerstört. Ich bin *stolz darauf*, daß es nun gelungen ist, *das Vertrauen der Welt* zu Deutschland *wiederherzustellen*!'"

Die „Financial Times" vom 13. Januar 1956 berechnet, daß „die Bundesrepublik das einzige größere Land der westlichen Welt ist, dessen Industrieproduktion stärker ansteigt als die Sowjetrußlands. Dies gelte nicht nur für 1955, sondern für die ganze Zeit des letzten Fünfjahresplans von Sowjetrußland."

Diese wenigen Auszüge aus Veröffentlichungen des Jahres 1956 seien durch einige Berichte aus dem Jahr 1954 ergänzt, um hier Urteile über eine *andere Phase des deutschen Wiederaufbaus herauszugreifen.*

Im „The Listener" vom 21. Januar 1954 behandelt

Terence Prittie das Thema „Deutschland als Konkurrent im Handel".

„... Professor Erhard glaubt nicht nur, daß der Wettbewerb auf beiden Seiten fair geführt wird, sondern auch, daß es sowohl für Großbritannien als auch für Deutschland von Vorteil sei, die Reste von Exportprämien und Anreizplänen auszuräumen und das Pfund und die Mark frei konvertierbar zu gestalten. Er sagte mir, die Befreiung der Mark würde die *Krönung seiner Bemühungen* um einen erfolgreichen, freien und fairen deutschen Handel sein. Fair mag die deutsche Exportkampagne sein, aber die Bedrohung Großbritanniens, die mit ihr gegeben ist, darf auch nicht einen Augenblick unterschätzt werden ... *Erhards Methoden* der freien Wirtschaft haben wieder *zur Prosperität geführt* und sind allgemein populär. Die Deutschen waren die Kontrollmethoden der Nazi- und Kriegszeit leid und sind ehrlich bereit, mehr zu arbeiten, um mehr zu verdienen und kaufen zu können ..."

Das „Algemeen Dagblad" vom 1. Februar 1954 bezeichnet den deutschen Bundeswirtschaftsminister als den „modernen Liberalen". „Professor Dr. Ludwig Erhard, der westdeutsche Wirtschaftsminister, ist der Mann, der mit seinen weitschauenden und in dieser Zeit der so gern planmäßig geführten Wirtschaft höchst ungewohnten Maßnahmen mitverantwortlich dafür ist, daß die Bundesrepublik sich wirtschaftlich in einer starken Position befindet. Er nennt sich selbst einen *‚modernen Liberalen'* und ist in Wort und Schrift ein ständiger *Streiter für die Befreiung* des internationalen *Güter- und Geldverkehrs* ..."

Eckstein der europäischen Wirtschaft

Die „L'Action Republicaine et Sociale", Paris, schneidet am 15. März 1954 die Kernfrage des deutschen Wiederaufbaus an.

„... Es handelt sich nicht darum, die traditionellen Qualitäten der deutschen Bevölkerung, ihr Organisationstalent, ihre Disziplin, ihren methodischen und unternehmerischen Geist gering einzuschätzen. Aber auf dem *Wirtschaftsgebiet* gibt es *keine Wunder*, selbst in Deutschland nicht, und diese Qualitäten erweisen sich als unwirksam, wenn nicht eine folgerichtige Politik sie aus einer Tugend zur Tat erhebt.

Wir machen uns keine allzu großen Illusionen über einen politischen Realismus in den deutschen Köpfen. Aber es ist gewiß, daß *der Wirtschaftsliberalismus die Grundlage eines Erfolges ist*, über den man sich gleichzeitig *freuen* und *beunruhigen kann.*

Der deutsche Wirtschaftsminister Erhard verfolgt sein Ziel mit einer Ausdauer, die ihre Kraft aus einer *erleuchteten Unterwerfung* unter die klassischen Wirtschaftsprinzipien und einer Beweglichkeit der Anpassung schöpft, dessen Empirismus für unsere lateinischen Geister der Nachahmung wert wäre . . ."

Koordination im Außenhandel

(Entnommen mit freundlicher Genehmigung der Wochenzeitung „Die Zeit". Zeichnung: Hicks)

Nach einer United-Press-Meldung vom 21. April 1954 bezeichnete auf dem 7. Jahresbankett der deutsch-amerikanischen Handelskammer am Dienstagabend in New York der Gastredner Walter Harnischfeger die Bundesrepublik als den *Eckstein*, um den eine *gesunde europäische Wirtschaft* aufgebaut werden müsse.

Die „Gazzetta del Popolo" schreibt unter dem 29. Mai 1954 wie folgt:

„. . . Es ist ein Irrtum anzunehmen, daß die Erfolge Westdeutschlands auf den Märkten einer Dumpingpolitik im Stil der Japaner zu verdanken wären. Seit einiger Zeit sind die deutschen Erzeugnisse in ihren Preisen verhältnismäßig fest; aber sie empfehlen sich durch ihre hervorragende Güte und Vielfalt und durch die hohe Eignung für die spezialisiertesten Verwendungszwecke ...

Es bedeutet den *Sieg des wirtschaftlichen Liberalismus von Erhard,* der den wirtschaftlichen Wiederaufbau auf die Kraft der Privatinitiative und auf die Leistungsfähigkeit der privaten Unternehmerwirtschaft stellen wollte. *Seine soziale Marktwirtschaft* begründet sich auf der regulierenden und stimulierenden Funktion der Preise: Politische Preise zu schaffen – sagt Erhard – heißt sich wider den Heiligen Geist zu versündigen. Er glaubt an die freie Unternehmerwirtschaft: natürlich an die, die keinen Schutz und keine besonderen Bequemlichkeiten fordert, sondern den Konkurrenzkampf aufnimmt.

Ein guter deutscher Unternehmer muß den Wettbewerb schon zu Hause schätzen, damit er ihn nicht auf den Auslandsmärkten zu fürchten braucht; er darf nach keinen Monopolstellungen streben, denn dann wirkte er den ihm gebotenen Möglichkeiten, ein freier Unternehmer zu sein und zu bleiben, entgegen ..."

„24 ORE–Milano" analysiert am 5. Juni 1954 die „Psychologie des Erfolges" in Deutschland.

„... Welches sind die wesentlichen Merkmale dieser Psychologie? ... Der Stolz, versucht zu haben, einen neuen Weg zwischen der reinen, einfachen Konkurrenzwirtschaft und den unumgänglichen sozialen Erfordernissen eines modernen Landes in der neuen Formel der ‚sozialen Marktwirtschaft' zu schaffen ..."

Doctor Caligaris Wunderkabinett

Hubert Juin setzt sich im „Combat" vom 20. August 1954 mit dem „Deutschen Wunder" auseinander:

„Ich kenne nichts Lehrreicheres als die Lektüre des Buches ‚L'expansion économique allemande'* (Ver-

* Ludwig Erhard: „Deutschlands Rückkehr zum Weltmarkt" (Econ-Verlag GmbH., Düsseldorf).

lag Domat) von Ludwig Erhard, dem Wirtschaftsminister der Bonner Regierung. Herr Mendés-France hat es lange in der ‚Monde' besprochen, aber nichts kann die Lektüre dieser mit Zahlen und Statistiken gespickten 350 Seiten ersetzen, die bis zum Rande mit Dollarmillionen gefüllt sind ...

Dieses Buch ist das reinste ‚Wunderkabinett du doctor Caligari', aber in Fleisch und Blut, ich will sagen, in Aus- und Einfuhren, in klingender und vollgewichtiger Münze, in astronomisch hohen Endzahlen, die über alle Höchstbeträge hinausschießen und in der Welt das ‚Made in Germany' verbreiten, das zugleich den Wunsch und Willen, zu leben und zu siegen, verschleiert – es ist das wahre Gesicht eines *zähen, mutigen und expansionsfreudigen Volkes!* ...

Herr Erhard hat seit September 1949 Deutschland zu einer rein liberalen Wirtschaft geführt, d.h. er hat Deutschland auf den ‚Weg der klassischen kapitalistischen Expansion gebracht, dank der Senkung der Produktionskosten und der Steigerung der Investitionen ...'."

In einem eingehenden Bericht von VWD vom 11. Oktober 1954 aus Paris heißt es:

„Zu dem vor einigen Tagen auch in französischer Sprache erschienenen Buch Prof. Dr. Erhards über den wirtschaftlichen Aufstieg der Bundesrepublik hat der französische Ministerpräsident Pierre Mendés-France im Sommer dieses Jahres, also noch vor der Übernahme der Regierungsgewalt, eine kritische Betrachtung geschrieben, die Mitte des Monats in der radikalsozialistischen Zeitschrift ‚Cahiers du Cercle Joseph Caillaux' veröffentlicht werden wird."

In dieser Betrachtung gibt Mendés-France der Ansicht Ausdruck, daß das „Wunder" der deutschen wirtschaftlichen Wiederaufrichtung nicht ausschließlich eine Revanche des Liberalismus über die Autarkie darstelle, sondern durch autoritäre Maßnahmen wenigstens ausgelöst worden sei. Es handelte sich *nicht* um einen *Liberalismus im klassischen Sinne* des Wortes, *sondern* eben *um eine ‚soziale Marktwirtschaft'*, denn weder Prof. Erhard noch seine Regierung hätten die Absicht, gegenüber der wirtschaftlichen Entwicklung, ihren täglichen Schwankungen oder den allgemeinen konjunkturellen Tendenzen *passiv zu bleiben*.

Von ihrem Liberalismus bleibe indessen der sicherlich aufrichtige Wille Prof. Erhards und seiner Mitarbeiter bestehen, die orthodoxe liberale Doktrin zu beachten, allerdings nur in dem Maße, in dem es die Ereignisse und die Menschen erlauben. Man könne an dem tiefen Willen des Ministers nicht zweifeln, die freie Wirtschaft wiederzubeleben.

Sein ganzes Buch zeuge von solidem Dynamismus und Optimismus, dem Geschäftsmann, dem Unternehmer und dem Exporteur ehrlich zu vertrauen. Aber dieses Vertrauen verleite ihn keinesfalls, sich auf sie zu verlassen – was die traditionell liberale Haltung wäre –, sie inmitten der Schwierigkeiten und Hindernisse unserer heutigen Welt ihrem Schicksal zu überlassen, sondern dieses Vertrauen veranlasse den Minister im Gegenteil, sie aktiv zu unterstützen, ihnen bei jeder Gelegenheit die wachsame Zusammenarbeit des Staates zu gewährleisten. Unter diesem Gesichtspunkt gesehen, müßten die Grundsätze jedesmal zurücktreten. Der Wirklichkeitssinn habe das letzte Wort . . .

Man müsse den deutschen Ministern Lob zollen, so schreibt Mendés-France zum Schluß seiner Betrachtung, daß sie eine kraftvolle Politik sich zu eigen gemacht haben und daß sie sich mit Zähigkeit daran halten. „Wir Franzosen wären schlecht beraten, ihnen zum Vorwurf zu machen, daß sie gewußt haben, ihre Ziele zu wählen, und daß sie vor allem für das Gleichgewicht ihres Außenhandels und damit für ihre wirtschaftliche Unabhängigkeit zähe gerungen haben. Aber in Gegenwart von Nachbarn, die uns ein solches Schauspiel und ein solches Beispiel geben – Nachbarn, die andererseits auf wirtschaftlichem wie auf politischem Gebiet unsere Konkurrenten sind –, ist es höchste Zeit für uns, daß auch wir unsere Wahl treffen und uns an die Arbeit machen, mit jener Klarheit und jenem Weitblick, die unserer Politik in der Vergangenheit so gefehlt haben."

14. Kapitel

STATION EUROPA[1]

Am 2. September 1956 erklärte ich bei der Eröffnung der Internationalen Frankfurter Herbstmesse nicht zum ersten Mal:

„Die Integration Europas ist notwendiger denn je, ja sie ist geradezu überfällig geworden. Aber die beste Integration Europas, die ich mir vorstellen kann, beruht nicht auf der Schaffung neuer Ämter und Verwaltungsformen oder wachsender Bürokratien, sondern sie beruht in erster Linie auf der Wiederherstellung einer freizügigen internationalen Ordnung, wie sie am besten und vollkommensten in der freien Konvertierbarkeit der Währungen zum Ausdruck kommt. Konvertierbarkeit der Währung schließt selbstverständlich die volle Freiheit und Freizügigkeit des Waren-, Dienstleistungs- und Kapitalverkehrs ein."

In diesen wenigen Worten ist meine Grundeinstellung zur Frage der zweckmäßigen Integration Europas gekennzeichnet. Nach meiner Auffassung steckt *die Welt voll unermeßlicher Chancen*, wenn wir sie nur zu nutzen verstehen würden. Der Segen ist kaum auszudenken, der aus einer freien weltwirtschaftlichen Politik erwachsen könnte. Den kühnen Aspekten von morgen muß aber die zunächst noch harte Wirklichkeit von heute entgegengehalten werden. [18]

---

1) Bei der Lektüre der folgenden Seiten mag der Leser der 8. Auflage besonders beachten, daß dieses Kapitel Anfang 1957 geschrieben wurde. Um der historischen Wahrheit willen wurde die damalige Formulierung beibehalten. Manche Feststellungen mögen im Sinne einer vordergründigen Betrachtung nicht mehr aktuell erscheinen. Die geistige Grundhaltung, die damals für die Beurteilung der Integrationsbemühungen ausschlaggebend war, muß aber auch in den gegenwärtigen Auseinandersetzungen bestimmend sein und in Zukunft bestimmend bleiben.

Trotz weitgehender Übereinstimmung in dem Wunsch, zu einer europäischen Einheit und im speziellen zu einem gemeinsamen Markt gelangen zu wollen, erscheint es doch zweckmäßig und unerläßlich, zu einer Reihe von Einzelfragen Stellung zu nehmen. Die Auseinandersetzung mit diesen Problemen ist die notwendige Voraussetzung für eine ernsthafte Diskussion über die künftige Gestaltung Europas.

In Anbetracht der seit einigen Jahren bestehenden Montanunion seien einige Worte der Frage gewidmet, ob der Weg, Europa durch eine *Summierung von Teilunionen* zu schaffen, weiter beschritten werden soll oder ob Erfahrungen und Erkenntnisse dagegen sprechen. Diese Frage spielte in den vergangenen Jahren eine erhebliche Rolle, als es Mode zu werden drohte, für jede Branche und jeden größeren Wirtschaftszweig eine eigene Union zu schaffen. Es ist, so glaube ich überhaupt, etwas *Mißliches*, wenn sich die wirtschaftliche Integration – gleich welche Bereiche sie einschließt – immer nur auf einzelne Produkte erstreckt, d. h. wenn dabei in der Kategorie von Teilintegrationen gedacht wird.

Hierbei darf nicht übersehen werden, daß auch die geistigen Väter der Montanunion sich dieser Mängel wohl bewußt waren. Sie wollten die europäische Zusammenarbeit keineswegs allein auf die Montanunion und die Bereiche von Kohle, Eisen und Stahl begrenzt wissen. Sie faßten die Montanunion nur als eine *erste* Klammer auf, die einen Zwang begründete, sich an einen gemeinsamen Tisch zu setzen, volkswirtschaftliche Probleme gemeinsam zu erörtern und sich schiedlich, friedlich vertragen zu müssen. Sehr schnell wurde dann für alle Gutwilligen offenbar, daß man sich dabei auch über andere Fragen, z. B. über die Investitions- und Konjunkturpolitik oder über Währungsprobleme, sehr wohl unterhalten kann. Das Gelingen des Experiments der Montanunion sowie eine fruchtbare Arbeit der Montanunion wird wesentlich davon abhängen, in welchem Tempo, in welchem Umfang und in welchen Bereichen weitere echte Integrationsformen entstehen. [19]

Da die letzten Jahre leider keinen entscheidenden Fortschritt gebracht haben, befinden wir uns *heute*, um die Jahreswende 1956/57, in einer *Zwischenphase*.

Das Ziel: umfassende Integration

So ernst die Probleme sind, und so sehr wir deshalb gehalten sind, um neue Lösungen zu ringen, darf doch nicht vergessen werden, daß der eigentliche Erfolg und die fruchtbare Lösung des mit der Montanunion aufgerufenen Problems woanders liegt:

Wir müssen zur Integration im *Totalen* hinfinden. Wir müssen vor allem die Grundlagen für eine echte Integration schaffen. Diese liegen aber nach meiner Auffassung in erster Linie auf einem anderen Sektor: in einer *währungspolitischen Ordnung*. [19] Hierbei muß von der wissenschaftlichen Erkenntnis ausgegangen werden, daß die volkswirtschaftliche Ordnung nicht auf einer Addition von Teilordnungen beruht, sowenig die Volkswirtschaft als ein aus „Kästchen" errichtetes Gebäude zu begreifen ist. Bei ihr handelt es sich um eine *Funktion*, um ein Ganzes und Untrennbares. Es handelt sich um Beziehungen menschlicher und materieller Art, die nicht voneinander gelöst und zerschnitten werden können, um dann nach Belieben wieder willkürlich zusammengefügt zu werden. [24]

In diesem Zusammenhang verdient auch ein anderer Gedanke Erwähnung. Es scheint heute allenthalben eine gewisse *Scheu vor dem Wettbewerb* vorzuherrschen, der notwendigerweise mit der Schaffung von größeren Markteinheiten verbunden ist bzw. durch sie ausgelöst wird. Man wähnt, daß die Bedingungen für einen freien Wettbewerb bei einer derartigen Integration zu ungleich wären, als daß dieses Ordnungsprinzip der Marktwirtschaft gesetzt werden dürfte. Man sollte daher – so meinen manche *Wirtschafts-*

konstrukteure – zuerst einmal alle diese Unterschiedlichkeiten ausgleichen bzw. sie alle auf ein gleiches Niveau bringen, ehe man den freien Wettbewerb eröffnet.

Solche Versuche könnten zwar in engen Grenzen zu einem bescheidenen Erfolg führen; es ist aber völlig *illusionistisch* anzunehmen, daß man in dieser Welt, d.h. in einer konkurrierenden, in Wettbewerb stehenden Welt, in bezug auf die einzelnen Kostenfaktoren gleiche Startbedingungen herbeiführen könnte. Dieses Ziel auch nur anstreben zu wollen, müßte einen *Dirigismus* und *Dilettantismus* sondergleichen auslösen, der von vornherein zur Unfruchtbarkeit verurteilt wäre.

Wir dürfen durchaus annehmen, daß im Mittel Gunst und Ungunst ziemlich gleichmäßig und „gerecht" verteilt sind. Der liebe Gott hat seine Sache schon ganz gut gemacht, wenn er dem einen auf diesem Felde einen natürlichen Vorsprung eingeräumt hat, während anderen Völkern wieder andere Begünstigungen zuteil geworden sind. Wie immer sich auch die Kostenkomponenten zusammensetzen: Im Preis werden sie eine Integration erfahren. Nur der *Preis*, in welchem dann naturgemäß auch die Qualität Berücksichtigung und Ausdruck findet, ist der *ökonomische Maßstab* zur Beurteilung von Leistungen. Es ist daher notwendig, die Integration nicht nur in einem mechanischen oder quantitativen Sinn zu begreifen, denn wir würden sonst sehr schnell in die Sünden und die Unzulänglichkeiten der Vergangenheit zurückfallen. Integration bedeutet für jeden Einsichtigen daher freien und umfassenden Wettbewerb, bedeutet wirtschaftliche Zusammenarbeit auf einer funktionell höheren Ebene. [26]

Sizilien liegt nicht an der Ruhr

Diese kritische Anmerkung gilt natürlich auch gegenüber solchen Vorstellungen, die ebenso abwegige Gedanken unter einem anderen Motto, dem der *„Harmonisierung"*, verfolgen und unter dieser Flagge eine Gleichmacherei aller ökonomischen Verhältnisse betreiben wollen. Ich übertreibe nicht, wenn ich berichte, daß man dabei an die Löhne, die Sozialleistungen, die Urlaubsregelung, an die Bezahlung der Überstunden denkt. Ist man aber bereit, die These der sozialen Harmonisierung anzuerkennen, dann gibt es logisch keine Grenze, und mit gleicher Berechtigung könnte dann die Forderung auf Einbeziehung der Energie- und Transportkosten oder der Steuern erhoben werden.

Wollte man den Versuch unternehmen, alle betriebswirtschaftlichen Kostenelemente von Land zu Land und über einen größeren Bereich von Ländern hinaus so zu harmonisieren, d.h. auszugleichen, daß der Wettbewerb keine „störenden" Wirkungen zeitigen kann, bedeutet dies nicht Integration, sondern eine *Desintegration* schlimmsten Ausmaßes.

Ich will mit dieser Feststellung gar nicht leugnen, daß sicherlich jeder Krankheitsherd im nationalen Bereich zugleich auch eine Störung der zwischenstaatlichen Beziehungen bedeutet. Diese Erkenntnis darf aber nicht dahin führen, irgendeinem Land das Recht zu geben, seine Partner im Gemeinsamen Markt aufzufordern oder sogar zu zwingen, in schneller Folge fragwürdige Prinzipien des eigenen Landes zur Anwendung zu bringen.

Unter dem Stichwort „Harmonisierung" ging das Ansinnen sogar so weit, daß am Ende der Übergangsperiode *die Lohnniveaus* der einzelnen Mitgliedsstaaten *angeglichen* und ihre Gesamt-Arbeitskosten *„äquivalent"* sein müßten. Man könnte über diese Forderung hinweggehen, weil sie volkswirtschaftlich einfach nicht realisierbar ist, denn von Sizilien bis zum Ruhrgebiet kann es keine gleiche Produktivität und mithin auch keine gleichen Arbeitskosten geben. Die Praktizierung dieses Grundsatzes müßte gebietsweise sogar zu einem wirtschaftlichen Massensterben führen. *Die Lohnkosten sind in ihrer jeweiligen Höhe ein Ausfluß der Produktivität und nicht die Voraussetzung einer gleichen Leistungskraft.*

Niemand kann glauben wollen, daß es möglich sein könnte, in allen beteiligten Ländern quer durch alle Industriezweige einen gleichen Produktivitätsstandard zu setzen und einen gleichen Produktivitätsfortschritt zu erzielen. Selbst wenn durch künstliche Manipulationen an einem bestimmten Stichtag gleiche Startbedingungen gesetzt werden könnten, würden am Tage danach schon wieder Veränderungen Platz greifen, weil die Vorstellungen und das Verhalten der Menschen und auch der Völker hinsichtlich ihres Sparen-und-Verbrauchen-Wollens, des Leistungsstrebens, ihres Fleißes u.ä.m. auch in einem gemeinsamen Markt niemals auf einen gemeinsamen Nenner gebracht werden können.

Jene Forderung beruht also auf einer völlig *illusionären Verkennung* ökonomischer Gesetze und Tatbestände, aber sie charakterisiert zugleich eine *geistige Haltung*, die sich in einem integrierten Europa unter *keinen Umständen* durchsetzen darf, wenn nicht menschliche Initiative und schöpferische Kraft, ja das Leben selbst, erstickt werden sollen.

Es ist also eine Illusion, die hinter diesen Vorstellungen steht, *der Wahn,* zu glauben, man könnte die natürlichen Gegebenheiten korrigieren und die strukturellen Bedingungen von Land zu Land mit künstlichen Mitteln so weit ausgleichen, daß jedes Land in jedem Bereich mit gleichen Kosten arbeitet. Ich halte dies – von der Unmöglichkeit, daß man dieses fragwürdige Ziel jemals wird erreichen können, einmal abgesehen – auch in *keiner Weise* für *erstrebenswert.* Dann gäbe es auch keinen Hinderungsgrund mehr, wieder in die nationale Isolierung zurückzufallen, denn wenn jeder Mann jede Ware zu den gleichen Kosten anbieten kann, warum – so frage ich – soll ich sie dann anderwärts kaufen? Hier *verliert* der zwischenstaatliche *Güteraustausch* seinen letzten und eigentlichen *Sinn.* Das ist doch gerade der Witz, daß alle Länder unter verschiedenen Bedingungen arbeiten, daß bei dem einen die Gunst auf dieser, bei dem anderen auf jener Seite liegt, daß der eine da und jener dort leistungsfähiger ist. Gerade hieraus erwächst ja die Notwendigkeit der gegenseitigen Ergänzung und die Fruchtbarkeit eines solchen Bemühens.

Wer dieser Harmonisierungstheorie folgt, darf nicht der Frage ausweichen, wer die Opfer bringen und womit die Zeche bezahlt werden soll. In der praktischen Konsequenz muß ein solcher Wahn naturnotwendig zur Begründung sogenannter Töpfchen führen, d. h. von Fonds, aus denen alle diejenigen, die im Nachteil sind oder es zu sein glauben, entweder entschädigt oder künstlich hochgepäppelt werden. Das aber sind Prinzipien, die mit einer *Marktwirtschaft nicht in Einklang* stehen. Hier wird nicht die Leistung prämiiert, sondern das Gegenteil getan, es wird der Leistungsschwächere – aus welchen Gründen auch immer – subventioniert. Das scheint mir nicht das Prinzip zu sein, welches geeignet ist, echten Fortschritt zu bringen, jenen schnellen Fortschritt, den wir in Europa so notwendig brauchen. So läßt sich auch nicht das Ziel erreichen, die Lebensmöglichkeiten unseres Volkes und diejenigen aller europäischen Völker zu verbessern.

Gegenüber diesen Theorien habe ich zu wiederholten Malen darauf hingewiesen, daß ich jene *„Sozialromantik"*, die hier zum Ausdruck kommt, für außerordentlich gefährlich halte. [57] Dagegen trete ich dafür ein, daß gemeinsame Mittel nach strukturellen und soziologischen Maßstäben einer echten Produktivitätssteigerung sowie für die Erhaltung lebensfähiger Wirtschaftszweige nutzbar gemacht werden. Die Geister scheiden sich *nicht* in der Fragestellung, *ob* ein gemeinsamer Markt sobald als möglich entstehen soll oder nicht; es geht ausschließlich um die Ordnungsprinzipien und die geistige Ausrichtung.

Gegen ein bürokratisch manipuliertes Europa

Ein Europa, das nicht in der *Gläubigkeit* der *menschlichen Herzen* lebt, das nicht als eine echte Schicksalsgemeinschaft empfunden wird, für das sich Opfer zu bringen lohnt, ein Europa, das nicht die Freiheit obenan setzt, sondern sie gängeln und bändigen möchte, und ein Europa schließlich, das nicht in seinen geistig-seelischen und politischen Konturen schon heute erkennbar wird, kann weder die Welt noch die europäischen Völker selbst bewegen. Ein *bürokratisch manipuliertes Europa*, das mehr gegenseitiges Mißtrauen als Gemeinsamkeit atmet und in seiner ganzen Anlage *materialistisch anmutet*, bringt für Europa *mehr Gefahren* als Nutzen mit sich. Westdeutschland hat sich durch eine Politik der Stabilität gegenüber den Infiltrationsversuchen aus dem Osten immun gemacht, und allein aus diesem Grunde muß ein gemeinsamer Markt unter den gleichen Gesetzen stehen. Diese Politik aufzugeben würde heißen, auf die Ursachen dieser erfreulichen Immunität gegenüber dem Kommunismus zu verzichten.

Neben den politischen Gefahren, die mit der sogenannten sozialen Harmonisierung verbunden sind, ist diese *Konzeption* wissenschaftlich überhaupt *nicht diskussionsfähig*. Die soziale Harmonisierung steht nicht am Anfang, sondern am Ende der Integration; sie ist nicht durch gequälte Konstruktionen zu verwirklichen, sondern durch eine Angleichung der Lebensformen und Lebensvorstellungen im Rhythmus der fortschreitenden Integration. Obwohl ich also einen gemeinsamen Markt bejahe, bin ich doch der Auffassung, daß auch in einem solcherart integrierten Europa die Lebens- und Produktionsbedingungen niemals einheitlich sein werden. In gewissem Sinne beruht die *Funktion des Gemeinsamen Marktes* ja gerade umgekehrt auf der Möglichkeit und Notwendigkeit einer fruchtbaren Ergänzung der einzelnen Länder nach Maßgabe ihrer besonderen und *unterschiedlichen Leistungskraft* und der Vielfältigkeit der naturgegebenen und strukturellen Bedingungen.

Wenn so der Weg einer Teilunion, aber auch derjenige einer seelenlosen Gleichmacherei nicht als gangbar bezeichnet werden kann, bleibt die Frage zu stellen, ob Europa etwa über einen neuen Institutionalismus geschaffen werden kann. Es ist verständlich, daß man angesichts der gegenwärtigen Ordnungszustände in den nationalen Volkswirtschaften allgemein dazu neigt, sich hinsichtlich einer übernationalen Zusammenarbeit neu zu schaffender Institutionen bedienen zu wollen. Angesichts der ökonomischen Unzulänglichkeiten und Differenzierungen scheint allenthalben keine andere Lösung möglich zu sein. Aber auch diese Feststellung kann nicht unbesehen und kritiklos hingenommen werden.

Ordnung auf leisen Sohlen

Man kann und darf Europa vom wirtschaftlichen Standpunkt aus nicht so sehr als eine Organisation oder als eine Institution verstehen, sondern man muß es als eine Funktion auffassen. Dann aber ist die Frage dahin zu stellen, was wir tun können, um dieses Europa zur Entfaltung freier Funktionen zu befähigen. Es ist eine fast tragische Erkenntnis, glauben zu müssen, daß wir *innerlich* bereits derart *verkrampft* sind, Ordnung nur noch in der Vorstellung der „Organisation“ begreifen zu können. Wir haben den Sinn für *echte Ordnung* verloren, die gerade dort am *stärksten* ist und dort am reinsten obwaltet, wo sie als solche überhaupt *nicht bemerkt* und verzeichnet wird. [14]

Damit soll nicht gesagt sein, daß ich europäischen Bindungen grundsätzlich widerstrebe. Ich möchte vielmehr die Voraussetzung hierfür schaffen, wenn ich zuvörderst die innere Ordnung der einzelnen Volkswirtschaften sichergestellt wissen will, weil sonst die Integration zwangsläufig zu einem übernationalen Dirigismus führen müßte.

Europa ist nicht mit kleinen Mittelchen zu bauen; es ist nur als eine komplexe ökonomische und politische Funktion zu verstehen. Die Vorstellungen, daß fortschreitend einzelne Sachbereiche der nationalen Souveränität entzogen und supranationaler Verwaltung übergeben werden sollten und daß dann von einem bestimmten Augenblick an das Gewicht des supranationalen Einflusses automatisch zu einer totalen Überwindung nationaler Zuständigkeiten führen würde, erscheint mir *wenig realistisch* und hält einer wirtschaftstheoretischen Durchleuchtung nicht stand. [50] Die Ganzheit der volkswirtschaftlichen Funktion läßt sich nicht in Zuständigkeiten aufspalten. Jeder derartige Versuch müßte dahin führen, daß alle Volkswirtschaften zwischen den Stühlen sitzen und niemand mehr weiß, wer *Koch oder Kellner* ist.

Die Ausweitung supranationaler Zuständigkeiten mag vielleicht von einiger politischer Bedeutung sein, aber zur Lösung der angeschnittenen ökonomischen Probleme wird sie kaum etwas Entscheidendes beizutragen vermögen. [43] Meine Befürchtung bleibt deshalb bestehen, daß wir allzusehr geneigt sein könnten, die europäische Integration zu sehr auf die Schaffung von Institutionen abzustellen, d. h. also, daß wir das *Institutionelle* gegenüber dem *Funktionellen* überbewerten [27] – eine Befürchtung allerdings, deren Berechtigung man in jüngster Vergangenheit immer mehr anzuerkennen bereit ist.

In diesem Zusammenhang mag auch ein Wort zu der Hoffnung mancher Planwirtschaftler gesagt werden, sie könnten ihre Ideen und Ideologien, die sie im nationalen Raum nicht durchzusetzen vermochten, nunmehr auf der europäischen Ebene verwirklichen. Nach unseren Erfahrungen im nationalen Raum bedarf es keiner Erklärung mehr, warum die Prinzipien der Plan- und Lenkungswirtschaft nicht geeignet sind, nun etwa im weiteren Raum die Produktivkräfte Europas zu entwickeln. Diese Wirtschaftsauffassung ist nicht einmal geeignet, auch nur zu den primitivsten Formen einer Arbeitsteilung, geschweige denn zu einer fruchtbaren und reibungslosen Zusammenarbeit der Volkswirtschaften zu gelangen.

Meiner Auffassung nach steht uns gar kein anderer Weg

offen, als in allen Fragen des Waren- und Dienstleistungsverkehrs, des Geld- und Kapitalverkehrs, der Behandlung der Zollpolitik und hinsichtlich der Freizügigkeit der Menschen in raschem Fortschreiten zu immer umfassenderen Freiheiten zu gelangen und auf dem Wege dorthin auf alle staatlichen Manipulationen zu verzichten, die diesen Prinzipien zuwiderlaufen Wo institutionelle Einrichtungen zur Durchsetzung dieser Prinzipien der Freiheit unvermeidlich sind, trete auch ich für sie ein. Mir will scheinen, daß derjenige ein wahrhaft *guter Europäer* ist, der diese Gemeinsamkeit des Handelns und Verhaltens zur Verpflichtung aller Beteiligten erhoben wissen will. [50]

Die Erfolge der EZU

Eine solche Betrachtung muß notwendig zu einer kritischen Würdigung der *bestehenden* europäischen Institutionen führen. Von der *Montanunion* war insoweit schon die Rede, als ihre europäische Bedeutung vornehmlich darin gesehen wurde, die Rolle einer *Ouvertüre* für eine schnelle und umfassende europäische Integration zu spielen. In ihr klingen wohl Themen und Motive an; die Melodie prägt sich erst im Spiele selbst. Es ist gewiß nicht die Schuld der Montanunion, wenn sich diese Erwartung nicht voll erfüllt hat; ob sie aber unter dem Aspekt, ein Europa schaffen zu helfen, noch allzu hoch bewertet werden darf, sei individuellem Urteil überlassen. Davon unabhängig kann die Montanunion in ihrem eigenen Bereich zweifellos sehr nützliche Arbeit leisten.

Um nicht dem Vorwurf ausgesetzt zu sein, vor lauter Wald die Bäume nicht zu sehen, sei in diesem Zusammenhang ausdrücklich auf die *großen Erfolge* hingewiesen, die wir mit der Europäischen Zahlungsunion (EZU) erringen konnten. Diesem Gemeinschaftssystem multilateraler Prägung war es vor allem zu verdanken, daß sich die beteiligten Staaten aus der Enge bilateraler Wirtschaftsbeziehungen befreien konnten und daß damit in der Entfaltung der wirtschaftlichen Kräfte Europas ein entscheidender Sprung nach vorn gelang. [22] Ein kurzer Blick auf die Statistik bestätigt diese Feststellung. So stieg beispielsweise die Ausfuhr der Bundesrepublik Deutschland nach dem EZU-Raum von 6,32 Mrd. DM im Jahre der Gründung der EZU 1950 auf 28,12 Mrd. DM im Jahre 1959. Diese Vervielfachung unseres Exports nach den Ländern der Europäischen Zahlungsunion entwickelte sich im einzelnen wie folgt:

Außenhandel mit dem EZU-Raum in Mrd. DM

	1950	1951	1952	1954	1956	1958	1959
Einfuhr	7,87	8,87	10,15	12,30	16,99	19,05	22,80
Ausfuhr	6,32	10,63	12,19	15,78	22,29	25,65	28,12
	- 1,55	+ 1,76	+ 2,04	+ 3,48	+ 5,30	+ 6,60	+ 5,32

Quelle: Statistisches Bundesamt

Der Handel zwischen den Mitgliedsländern der OEEC erhöhte sich von 17,4 Mrd. $ im Jahre 1949 auf 31,2 Mrd. $ im Jahre 1954, 35,7 Mrd. $ im Jahre 1955 und 41,6 Mrd. $ im Jahre 1959.

Bei aller Anerkennung dieser Erfolge kann doch nicht darauf verzichtet werden, den *Finger in* die *Wunde* zu legen und darzutun, was innerhalb der Europäischen Zahlungsunion eben noch nicht hinreichend geordnet, noch unvollkommen ist und auch mit den für die Zukunft gegebenen Mitteln der EZU nicht ohne weiteres erreicht werden kann. Auch hier bedeutet eine Kritik an dieser Einrichtung nicht Abkehr oder Verurteilung, sondern umgekehrt eine Mahnung, einen *Aufruf zur entscheidenden Tat.*

Woran krankt denn die Europäische Zahlungsunion?

Daran, daß die einzelnen an der Zahlungsunion beteiligten Volkswirtschaften nicht mit bindender Kraft zu einem geordneten wirtschaftlichen und finanziellen Verhalten im Sinne der inneren Stabilität ihrer Volkswirtschaften veranlaßt oder gezwungen werden können. Auch in der Europäischen Zahlungsunion spielen die nationalen Empfindlichkeiten, falsch verstandene Vorstellungen von wirtschaftspolitischer Autonomie und nationaler Souveränität noch immer eine bedeutende Rolle. Kein europäischer Staat ist bereit, sich allgemein verbindlichen Richtlinien zu unterwerfen. Die Europäische Zahlungsunion kann bestenfalls Empfehlungen geben, aber sie kann diese Empfehlungen nicht einmal bis zur Tat im nationalen Raum durchsetzen.

„Stability begins at home"

In Amerika gibt es eine Sentenz, die lautet: Stability and convertibility begin at home. Das ist genau das, *was uns in Europa fehlt*. Die EZU erleidet insoweit das gleiche Schicksal, welches auch einem gemeinsamen Markt beschieden sein müßte, in dem die beteiligten Länder nicht den Mut und den Willen zur Ordnung aufbringen. Die Beteiligung eines Landes an derartigen Gemeinschaften macht also auf dem Felde der Wirtschaft und der Finanzen ein ganz bestimmtes Verhalten dieses Staates erforderlich. Ein Mitgliedsland kann nur dann zur *Integrationsreife* gelangen, wenn es gewillt ist, seine innere Ordnung nicht nur herzustellen, sondern diese auch unverrückbar zu bewahren.

An sich erscheint der derzeitige Zustand Europas gar nicht so verwunderlich, wenn man bedenkt, wie zerrissen dieses Europa gewesen ist und es auch heute noch ist. Wieviel an *Dogmatik* hat sich doch in den einzelnen europäischen Volkswirtschaften *ausgetobt*, wie unterschiedliche Vorstellungen von wirtschafts- und finanzpolitischen Möglichkeiten sind doch lebendig, und wie viele Theorien haben die Geister bewegt! Man denke z. B. nur an die Keynesschen Lehren, das „deficit spending", an die „Politik des billigen Geldes" mit allem, was dazugehört, um dann zu begreifen, daß es in diesem Raum außerordentlich schwer sein wird und schwer sein muß, zu gemeinverbindlichem Handeln und zu einer straffen, einheitlichen Politik hinzufinden. Diese Geschlossenheit ist aber die Voraussetzung für frei konvertierbare Währungen.

Wenn etwa zuzeiten der Goldwährung irgendein souveränes Land glaubte, auf eine geordnete Wirtschafts- und Finanzpolitik und eine verantwortungsbewußte Kreditpolitik verzichten zu können, oder – anders ausgedrückt – wenn ein Land irgendeiner Ideologie gehuldigt hätte, die diesem Postulat der inneren Ordnung und des Gleichgewichts widersprochen hätte, dann würden die Konsequenzen seines Verhaltens sehr schnell spürbar geworden sein – es hätte die Folgen selbst zu tragen gehabt. Wenn unter den Spielregeln der Goldwährung die Möglichkeit einer Kapitalaufnahme oder diejenige des Goldabstroms erschöpft war, dann gab es keine Macht der Welt, die den Wechselkurs dieses Landes hätte vor dem Absinken bewahren können. In Zeiten der *Goldwährung* sind weder durch Institutionen noch durch Personen Befehle erteilt worden. Es gab den *anonymen Befehl*, der aus dem Ordnungsprinzip, aus dem System heraus erteilt wurde. Dieser war indessen nicht belastet mit Vorstellungen nationaler Souveränität, nicht mit dem Wahnglauben an eine mögliche wirtschaftspolitische Autonomie oder was es sonst noch alles an Vorurteilen oder Empfindlichkeiten geben mag. So weit sind wir leider noch nicht wieder.

Wir benutzen die Europäische Zahlungsunion sozusagen als eine Krücke. Erst wenn alle an der Europäischen Zahlungsunion beteiligten Länder zu der Einsicht gelangt sein werden, es obliege ihrer eigenen Verantwortung, Ordnung im eigenen Hause zu schaffen, erst dann sind wenigstens die Voraussetzungen gegeben, um die eigentlichen Ziele der Europäischen Zahlungsunion zu erfüllen.

Immerhin war ja dem Wirken der Zahlungsunion von Anfang an die These vorangestellt: Die Mitglieder sollen über die zunehmende Liberalisierung des Waren- und Dienstleistungsverkehrs zur freien Konvertierbarkeit hinfinden, was besagt, daß am Ende der Liberalisierungsanstrengungen allen Partnern *freie, austauschbare Währungen* als *reife Frucht* ihrer Bemühungen in den Schoß fallen müßten.

Bei dieser Würdigung der Europäischen Zahlungsunion darf gleichwohl nicht übersehen werden, daß das System der EZU in seiner praktischen Auswirkung die Diskriminierung gegenüber dem Dollarraum weiter aufrechterhält, wenn nicht sogar fördert und damit die Integration in dem größeren Rahmen der westlichen freien Welt behindert. Amerika, das Europa geholfen hat und helfen wollte, muß erwarten oder befürchten, daß die Güterströme im wachsenden Umfang am amerikanischen Markt vorbeilaufen. Ich habe während der vielfältigen Pariser Verhandlungen wiederholt darauf aufmerksam gemacht, daß hier ein *Konstruktionsfehler* vorliegen muß, wenn eine größere Freizügigkeit europäischer Länder gegenüber dem Dollarraum indirekt als eine Beeinträchtigung der Wirksamkeit der EZU empfunden wird. Wir sind bei der ständigen Erweiterung unserer Dollarliberalisierung auf jetzt ebenfalls über 90 Prozent zu wiederholten Malen auf diese falsche Wertung gestoßen. [27]

Diese Kritik an der Europäischen Zahlungsunion sollte allerdings nicht die *Dankbarkeit* überdecken, die wir diesem System schulden. Es war, wie bereits gesagt, der große Erfolg der EZU, die bis dahin nur bilateral verankerten Auslandsbeziehungen und die multilateralen Verrechnungsmöglichkeiten grundsätzlich aufzulockern. Hier hat die EZU den ersten Ausweg aus der Enge eröffnet.

Vom Unsinn des Bilateralismus

Daß der Bilateralismus nie zu befriedigenden Ergebnissen führen kann, bedarf heute kaum noch einer Begründung. Es ist einfach nicht vorstellbar, daß der Bedarf und die Wünsche zweier Länder sich exportpolitisch so vollkommen und so organisch ergänzen, daß ein beide Partner befriedigender Ausgleich möglich wäre. Es muß dabei immer Mißvergnügte geben, denn das Gesamtvolumen des bilateralen Warenaustauschs richtet sich automatisch nach den Liefer- oder Bezugsmöglichkeiten des schwächsten Partners. Der gesamte Warenaustausch bleibt dann auf einem derart niedrigen Niveau, daß das ökonomische Ziel einer maximalen oder auch nur optimalen Zusammenarbeit zwischen den Volkswirtschaften auf keinen Fall erreicht werden kann. [10]

Die Tätigkeit der EZU und der OEEC ist naturgemäß unter Berücksichtigung der Grenzen zu werten, die den Aufgaben dieser beiden Institutionen gesetzt sind. Soweit wir auch im Rahmen dieser Institutionen in der Liberalisierung fortgeschritten sind, so wissen wir doch, daß, solange noch Vorschriften der Devisenbewirtschaftung bestehen, das gesteckte Ziel gar nicht erreichbar ist.

Wie nun, so werden meine Leser fragen, stelle ich mir das werdende Europa vor. Am Beginn eines Versuchs, konkretere Vorstellungen zu entwickeln, muß der Satz stehen: Alles Streben nach politischer und wirtschaftlicher Integration muß scheitern, wenn nicht endlich alle Beteiligten den Mut und die Kraft finden, sich zu einer ständig fortschreitenden Liberalisierung des Waren-, Dienstleistungs- und Kapitalverkehrs, eines raschen Abbaus der Zölle sowie anderer protektionistischer Schranken und Manipulationen zu bekennen und danach zu *handeln*.

Zu einem freien und gemeinsamen Markt gehören, gleich wie früher bei der Goldwährung, nicht Reichtum und Stärke, sondern nur die bescheidene Einsicht, daß auch ein Staat, ebensowenig wie ein Volk, über „seine Verhältnisse" leben kann. Ich würde dieser freiheitlichen und nicht nur auf einzelne oder auf eine Gruppe von Ländern beschränkten Annäherung unter nur ökonomischen Gesichtspunkten eindeutig den Vorzug vor Integrationsversuchen im kleineren Raum geben. Ich glaube auch, daß dieser Weg in den

Auf in den Kampf . . .

Die Koalition: „So – und jetzt mach ihn fertig, Ludwig, den elenden Malefiz-Preisdrachen!"

(Entnommen mit freundlicher Genehmigung der Wochenzeitung „Die Zeit". Zeichnung: Prof. H. E. Köhler)

freiheitlichen Großraum gerade für Deutschland, dessen Wohlstand nicht zuletzt auf seiner Verbindung mit möglichst *allen Märkten* aufbaut, rational gesehen der beste wäre.

Europa – Insel der Desintegration?

Wenn wir unter politischem Aspekt gleichwohl den Weg der Integration der sechs Staaten, die an der Montanunion beteiligt sind, beschreiten, so ist um so mehr darauf zu achten, daß die Liberalisierung und die Freizügigkeit schlechthin in diesem kleineren Integrationsraum rascher voranschreiten als diejenigen im Gesamtbereich der westlichen Welt. Keinesfalls darf es sich ereignen, daß der Abbau all der vielfältigen Schranken, die die verschiedenen Volkswirtschaften noch trennen, im großen internationalen Rahmen des Westens schneller vonstatten geht als etwa in einem künftigen gemeinsamen Markt Westeuropa. Es müßte als eine Groteske besonderer Art bezeichnet werden, wenn diese Europäische Union dann zu einer Insel der Desintegration werden würde.

Diese europäische Integration erscheint in der zunächst angestrebten Ausprägung einer Zollunion, unter Beachtung dieser eben genannten Forderung eines vergleichsweise schnelleren Abbaus alles Trennenden, auch nur dann sittlich, ökonomisch und politisch gerechtfertigt, wenn diese Gemeinschaft nicht ihrerseits Kontraste und neue Spannungen auslöst. Das bedeutet, daß die Handelspolitik der Zollunion nach außen liberal gehandhabt werden muß und Diskriminierungen gegenüber dritten Ländern unterbleiben.

In diesem Zusammenhang ist auf den hochbedeutsamen britischen Vorstoß von Anfang Herbst 1956 zu verweisen, den gemeinsamen Markt der sechs Montanunions-Länder durch die Freihandelszone der OEEC-Staaten zu erweitern. Es ist mir nur zu verständlich, daß hierzu von *London* aus verlautete, eine Zollmauer, die den angestrebten kleineren europäischen gemeinsamen Markt von der übrigen Welt abschirmen würde, könnte nicht im gesamteuropäischen Interesse liegen. Hinter dieser Formulierung verbergen sich genau die *Gefahren*, denen ich vordem *Ausdruck geben wollte*.

Diese Postulate haben, auch wenn man sich das heiße Eisen anzupacken scheut, zur Konsequenz, der Devisenzwangswirtschaft abzuschwören und zu frei konvertierbaren Währungen zurückzufinden. Die nationale Politik, die sich auch heute noch hinter diesen *barbarischen Einrichtungen* verschanzt, verhindert jeden echten und großzügigen wirtschaftlichen und sozialen Fortschritt. Diese Hemmung ist von so ungeheurem Ausmaß, daß nur die Unkenntnis der tatsächlichen Zusammenhänge den *geistigen Aufstand aller freien Menschen* und aller freien Völker *verhindert*.

Wir dürfen auch nicht vergessen, daß wir mit dieser Beseitigung der Unfreiheiten, und wahrscheinlich nur auf diesem Wege, die Grundlagen einer echten gesellschaftlichen Ordnung im besten Sinne des Wortes zurückgewinnen.

Je mehr wir es dahin bringen, daß sich die *Menschen* als *Individuen fühlen* und sich gerade in der persönlichen Freiheit ihrer Kraft und Würde bewußt werden, um so besser und wohltätiger wird die gesamte gesellschaftliche Ordnung sein. Diese wird von viel höherer sittlicher Qualität sein als eine Gesellschaft, die immer neuer Organisationen und Institutionen bedarf, um das Chaos einer aus ihren inneren Zusammenhängen gerissenen Wirtschaft zu bändigen. Ich nehme gern die Unpopularität auf mich, einer der *lautesten Verkünder der Freiheit* zu sein – gerade aus der Sorge um die Gestaltung der freien Welt und um die Zusammenarbeit der freien Völker. Ich sehne auch im übernationalen Rahmen eine ehrliche Ordnung herbei. Dazu gehört in erster Linie die Wahrung der menschlichen Freiheit. Wir müssen überall die Ordnungsgrundsätze verwirklichen, die freiheitliche und echte menschliche Beziehungen sicherstellen – sowohl auf dem wirtschaftlichen Felde als auch im Bereich des politischen Lebens. [24]

Dabei muß Sorge getragen werden, daß wir nicht nur, wie etwa vor 1914, zwar in den Methoden und Techniken über brauchbare Instrumente verfügen, sondern daß wir darüber hinaus auch zu einer gemeinsamen *geistigen Zielrichtung* gelangen, die uns den nationalen Egoismus und den Protektionismus in neuen Formen echter Gemeinschaft überwinden läßt. Die echte Integration hebt uns im Geistigen, im Sittlichen und im Seelischen auf eine höhere Ebene der Zusammenarbeit empor.

Die Unterschiede liegen hier in der Qualität und nicht so sehr in der Quantität der Zusammenarbeit. Integration und Konvertierbarkeit sind nicht Gegenpole, wobei das eine Streben etwa das andere behindern oder überflüssig machen könnte, sondern sie ergänzen sich. Wenn wir z.B. von einem Leistungswettbewerb auf dem gemeinsamen Markt sprechen, dann verstehen wir darunter eine Form der Zusammenarbeit, die die Unzulänglichkeiten der engen Begrenzung im europäischen Raum aufsprengt. Immer wieder ist zu fragen, warum denn die europäischen Volkswirtschaften um so viel weniger ergiebig sind als die amerikanische Volkswirtschaft? [26]

Die hier erkennbaren gewaltigen Unterschiede resultieren doch nicht etwa daraus, daß die Menschen in den Vereinigten Staaten so sehr viel fleißiger und tüchtiger sind als die Europäer. Sie ergeben sich vielmehr aus der Weite des wirtschaftlichen Raumes, und zugleich sind sie das Ergebnis der größeren Freizügigkeit. Beides führt dazu, daß dort ein viel höheres Maß an Produktivität und an Ausnutzung der menschlichen und technischen Produktivkräfte entfaltet werden kann.

Dieser Vergleich sollte uns aber auch lehren, jene Gegebenheiten anzustreben und ihre Verwirklichung als ein europäisches Ziel zu setzen. Wir müssen uns neu formieren. Wir müssen daher vor allen Dingen uns eines neuen Geistes bedienen und die Solidarität begründen, die die europäischen Volkswirtschaften und Völker um dieses Zieles willen vereinen soll. [26]

Aus diesen Überlegungen ergibt sich der absolute *Vorrang der funktionellen Integration*, deren Wesensmerkmale wiederholt herausgestellt wurden. Wie bei allen meinen wirtschaftspolitischen Überlegungen gehe ich auch hierbei von dem Grundgedanken einer Unteilbarkeit der Freiheit aus.

Die Freiheit ist unteilbar

Für mich ist es eine Selbstverständlichkeit, daß derjenige, der für eine freie Wirtschaftsgesellschaft im Innern eintritt, auch zu den Vorkämpfern einer freien weltwirtschaftlichen Arbeitsteilung und einer engen zwischenstaatlichen Zusammenarbeit gehört. Die Bundesrepublik hat sich aus der Erkenntnis der Unteilbarkeit der wirtschaftlichen Freiheit in allen internationalen Gremien und Institutionen mit

Nachdruck für die Befreiung des internationalen Wirtschaftsverkehrs von allen kurzsichtigen Reglementierungen und kleinlichen Schikanen eingesetzt.

Lassen Sie mich in diesem Zusammenhang auch kurz eine grundsätzliche Frage streifen, die in der Diskussion vor allem im privaten Kreis, aber auch in der Öffentlichkeit, immer wieder auftaucht: Muß etwa der Wohlstand eines Landes in einer freien Welt für die Nachbarn Anlaß zu Sorge oder Angst sein?

Selbstverständlich ist das mit aller Entschiedenheit zu verneinen.

Es ist eine ökonomische Binsenweisheit, daß es dem einen Partner nur gut gehen kann, wenn auch seine Mitspieler wirtschaftlich gedeihen. Mit *Bettlern* kann man *keine Geschäfte machen.* [45]

Es ist sowohl meine Überzeugung als auch meine Erfahrung, daß all das, was im internationalen Raum gilt und für dort als richtig erkannt wurde, auch über die Grenzen hinaus gelten kann und soll. So wie wir in unseren Ländern vor der Notwendigkeit stehen, das Volk aus Armut und Not zu befreien, immer mehr Menschen an einem gehobenen Lebensstandard teilhaben zu lassen, dem Volke die Möglichkeit und die Sicherheit zu geben, sich frei entfalten zu können, unabhängig gegenüber den Gewalten des Staates zu werden und sich dennoch der Ordnung des Staates verpflichtet zu fühlen, so gilt es auch, diese gleichen Prinzipien in der weltwirtschaftlichen Zusammenarbeit der freien Welt anzuwenden. [27]

Wer den Ernst dieses Strebens erfühlt, wird mit mir in dem Wunsch und der Forderung einig sein, daß der jeweils erreichte Stand der Freizügigkeit nicht durch einseitige staatliche Maßnahmen wieder zurückgeschraubt werden darf. Solange eine solche Möglichkeit des Rückfalls offen bleibt, solange bleibt auch das Bekenntnis zur europäischen Integration nur eine Liebeserklärung sehr platonischer Art.

Damit ist uns heute nicht mehr geholfen.

Dieser Grundsatz muß naturgemäß auch für den gemeinsamen Markt und die Zollunion nach Art der Brüsseler Empfehlungen gelten. Es wäre gewiß *nicht sinnvoll*, den einzelnen Mitgliedsländern *freie Hand* für *Rückschritte* auf dem Integrationsweg zuzubilligen, so daß etwa bei Zahlungsbilanzschwierigkeiten kraft einer in diesem Falle wieder auflebenden eigenen Souveränität Schutzklauseln zur Anwendung gebracht werden dürfen. Es ist auch keine gute Lösung, wenn das betreffende Land – wie im Zuge der Brüsseler Verhandlungen einmal vorgeschlagen – nachträglich gezwungen werden kann, diese Schutzklauseln aufzuheben, sofern ein diesbezüglicher Beschluß von einer qualifizierten Mehrheit gefaßt wird. Es gehört wenig Phantasie dazu, um zu erkennen, daß ein solcher Beschluß als ein politisch unfreundlicher Akt praktisch kaum zustande kommen dürfte. Derartige Vorschriften würden auch nicht von dem lebendigen Bewußtsein einer schicksalhaften Gemeinschaft zeugen. Gerade dieses aber muß entzündet werden, denn solange es fehlt, werden wir nie das Ziel erreichen, nie die Kraft aufbringen, eine echte Gemeinschaft zu formen, die etwa mit dem nordamerikanischen Wirtschaftsraum vergleichbar wäre.

Wir brauchen auf diesem Felde endlich Taten. *Der Worte sind wirklich genug gewechselt.*

So viele weise Männer auch darüber sprechen mögen – ich bin fest davon überzeugt: Das Problem ist in kürzester Frist zu einem guten Ende zu führen, wenn wir es nur mit etwas mehr Mut und Zuversicht anpacken wollten. Ich habe in meinem Leben wieder und wieder die Erfahrung gemacht, daß sich die Freiheit und vor allem der *Mut zur Freiheit* immer gelohnt haben. Alles, was wir unter diesem Aspekt begonnen haben, hat sich hin zum Guten gewandelt – überall dort aber, wo uns der Mut zur Freiheit fehlte, sind die Dinge im Unheil steckengeblieben. [13]

Nach meinem Geschmack klingt es auch nicht gerade überzeugend, wenn man mit Pathos von einer europäischen

Integration spricht, aber gleichzeitig neben einem freien Waren- und Dienstleistungsverkehr nicht auch den Menschen die Möglichkeit eröffnet, sich überall *frei* zu *betätigen*. Es ist ein unmöglicher Zustand, wenn in einem europäischen Lande noch Millionen Arbeitslose vorhanden sind, während andere Staaten nicht wissen, woher sie die Hände und Köpfe zur Bewältigung aller anstehenden Aufgaben nehmen sollen.

Diese Feststellung treffe ich übrigens nicht erst seit heute oder gestern. Ich habe immer den Standpunkt vertreten, daß man von einem Europa erst dann sprechen könne, wenn jeder Bürger in jedem anderen Lande freie und gleiche Betätigungsmöglichkeiten findet. Solange dies nicht der Fall ist, ist unser Bekenntnis letztlich nicht ehrlich.

Solange wir nicht den *Mut* haben, an diese *neuralgischen Punkte heranzugehen*, scheint mir ein allgemeines Integrationsgerede oder ein perfektionistischer Mechanismus rein ökonomischer Verfahrensregeln wenig geeignet zu sein, das politische, ökonomische und soziale Ziel gleichermaßen zu erreichen. [57]

Soweit alle Bemühungen, zur Integration Europas zu gelangen, überhaupt auf einen Nenner gebracht werden können, so auf den: *Verwirklicht die Freiheit* in allen Lebensbereichen!

Liberalisierung die beste Arznei

Lassen Sie mich nur an einem Beispiel ganz kurz dartun, was die Freiheit selbst dann zu leisten vermag, wenn sie noch keineswegs vollkommen ist. Die Auswirkungen der Liberalisierung des Warenverkehrs auf unseren Außenhandel sind so überzeugend, daß sie nichts an Geltung verlieren, wenn ich darauf verweise, daß Deutschland auf diesem Wege um die Jahreswende 1950/51 eine der schwersten Krisen, vielleicht die schwerste der Nachkriegszeit überhaupt, durchzustehen hatte. Sie gab seinerzeit sogar vielen

Leuten Anlaß, meine Politik als endgültig gescheitert anzusehen. Als ich im Jahre 1948 mein Amt in der Bizone übernahm, bewegte sich der durchschnittliche Export monatlich um rund 200 Mill. DM und war zudem seinem Wesen nach vornehmlich Zwangsexport von Kohle, Holz und anderen in Deutschland selbst dringend benötigten Rohstoffen. Fertigwaren figurierten in unserer Außenhandelsbilanz nur als unbeachtliche Schnörkel. Anfang 1960 schwankt der monatliche Export zwischen 3,6 und 4,4 Mrd. DM – davon allein nach dem EZU-Raum zwischen 2,5 und 3 Mrd. DM. Diese überzeugenden Ergebnisse werden nicht zuletzt dank der konsequenten Liberalisierungspolitik Westdeutschlands erreicht. Die Gewährung der *Freiheit* auch in den internationalen Beziehungen macht sich eben, wie ich schon sagte, *bezahlt*; sie ist kein Geschenk, das nur einseitig gegeben wird, sondern löst Reaktionen und Konsequenzen aus, die befruchtend und heilend wirken.

Zur Erhärtung sei noch ein kurzer Blick auf unsere Exportstruktur gestattet. Der für die westdeutsche Wirtschaft entscheidende Fertigwarenanteil ist jetzt auf 84% angestiegen. Hier zeigt sich besonders deutlich, wie sehr schon die Befreiung, die in meinen Augen alles andere als bereits vollkommen ist, dennoch eine Exportstruktur herbeizuführen geeignet ist, die den *strukturellen Gegebenheiten* der einzelnen Volkswirtschaften *wesensgemäß* entspricht.

Die Entwicklung, die sich in den letzten Jahren vollzogen hat, wird am treffendsten durch folgende Zahlen beleuchtet, wobei ich das Gründungsjahr der EZU (am 19. September 1950) als Ausgangsbasis wähle und die ersten Nachkriegsjahre, in denen der Außenhandel allzusehr durch Zwangsauflagen belastet war, bewußt ausklammere.

Zeugt es denn nicht auch von einer geradezu *grotesken Entartung*, wenn wir die übelste Form der Unordnung, nämlich die Devisenzwangswirtschaft, in der Rubrik „Ordnung“

Ausfuhr in Mill. DM (Monatsdurchschnitt)

Monats-durchschnitt	Gesamt-export	Gewerbliche Wirtschaft Roh-stoffe	Halb-waren	Fertig-waren
1950	697	97	131	452
1952	1 409	107	212	1 058
1954	1 836	141	240	1 412
1956	2 572	143	318	2 034
1958	3 083	143	324	2 533
1960	3 996	182	417	3 292
1962	4 415	197	415	3 689

Quelle: Statistisches Bundesamt

führen. Endlich sollten wir uns auch freimachen von der Ansicht, daß ein Maximum von Ordnung dort herrscht, wo sich möglichst viele Menschen mit der Erzwingung der Ordnung und der Bändigung der Unordnung beschäftigen müssen.

Wenn niemand sichtbar wird, der die Ordnung wahrt, dann glauben noch allzu viele in einer merkwürdigen Verblendung, daß so überhaupt eine Ordnung nicht bestehen könne. Es liegt auf der gleichen Linie, wenn ich meine, daß bei allen *Europagesprächen* nicht nur das zu bedenken wäre, was wir zu *arrangieren* haben; wir sollten ebenso sehr daran denken, was wir *fallenlassen* können oder sogar müssen, um ein natürliches, organisches Werden Europas zu ermöglichen. Da z. B. die Konvertierbarkeit die echte und zugleich beste Lösung einer Vielzahl von Problemen bringen würde, dürfte zu erwarten sein, daß der Effekt dieser Ordnung auf fast alle Bereiche des gesellschaftlichen Lebens ausstrahlt. Die Wirtschaftspolitik würde in diesem Zeichen eine viel klarere Ausprägung gewinnen.

Dieses mein ständiges *Werben und Mahnen, Europa* unter Voran- und Sicherstellung der *„Funktion"* zu schaffen, soll aber nicht dahin mißverstanden werden, als ob ich nun völlig starr jede Institution auf europäischer Ebene ablehnen würde. Was ich *entschieden ablehne*, ist allerdings die Auffassung, es könnte durch die Schaffung von Institutionen gelingen, den eigentlichen Schwierigkeiten wirksam zu begegnen. Hierin gerade bestehen die eigentlichen Meinungsunterschiede.

Wer ist ein guter Europäer?

Jeder institutionelle Lösungsversuch bringt die Gefahr mit sich, in Scheinlösungen steckenzubleiben. Aber auch für mich gibt es bei diesem Fragenkomplex nicht ein Entweder-Oder, sondern ein Sowohl-Als-Auch, – wobei allerdings der *Akzent eindeutig auf der Priorität der funktionellen Integration liegt.*

Ich habe es selbst zu wiederholten Malen erfahren, wie fruchtbar es sein kann, wenn sich Menschen zusammensetzen müssen, um gemeinsam Lösungen zu finden. [27] Nur kommt es entscheidend darauf an, daß die institutionell begründete Arbeit das funktionale Wirken nicht verdrängen, ersetzen oder gar negieren will. Die *Institution muß* vielmehr *dienen* – und zwar ausschließlich –, um die Funktion des gemeinsamen Marktes zu unterstützen; sie muß *helfen, Freiheit zu eröffnen.* Wenn dagegen die Institution selbst „ordnen" will, ist sie fehl am Platze.

Der moderne Mensch ist tatsächlich so sehr daran gewöhnt, sich eine echte Ordnung nur dann vorstellen zu können, wenn diese in Organisationen oder in einem *Heer von Beamten* Ausdruck findet und womöglich noch der *Sand in der Maschine* hörbar wird. So kommt es denn auch, daß der von mir vorgeschlagene Weg der Freiheit immer wieder dem Angriff ausgesetzt ist, ich wäre ein *schlechter Europäer.* Diese Situation veranlaßte mich bereits sehr frühzeitig in der „Deutschen Korrespondenz", nämlich am 21. Juli 1955, ausführlich zu der Frage Stellung zu nehmen: Wer ist ein guter Europäer? Ich sagte dazu:

Ich jedenfalls bin nicht willens, mir meine europäische Gesinnung und auch nicht meine Gläubigkeit aberkennen zu lassen, weil ich die diesbezüglichen Fragen anders gestellt und allen Beteiligten zu prüfen anheim gegeben habe, ob es denn nur *einen* Weg und nur *eine* Methode hin zu Europa gäbe oder ob nicht andere Mittel vielleicht schneller und wirksamer zum Ziele führten. Ich möchte es ganz deutlich sagen und bekennen, daß ich nicht weniger, sondern mehr Europa wünsche, als es in den Vorschlägen nach weiteren Teilintegrationen zum Ausdruck kommt. Wenn man neuerdings dem Begriff „Teilintegration" eine andere Auslegung geben und dabei nicht mehr so sehr an branchenwirkliche Zusammenfassungen denn an die Abtretung von Teilfunktionen denken möchte, so kann das nur zu einer Verwirrung der Begriffe führen.

Jede echte Funktion ist unteilbar. Es ist darum nicht meine Flucht vor, sondern meine *Sorge um Europa*, wenn ich befürchte, daß durch eine solche Art von Additionen und Akkumulationen weder das ökonomische noch das politische Ziel erreicht werden wird. Des weiteren widerstrebe ich nicht europäischen Bindungen, sondern möchte umgekehrt die Voraussetzung hierfür schaffen, wenn ich mahne, daß zuvörderst die innere Ordnung der Volkswirtschaften in nationaler Verantwortung sicherzustellen sei, weil sonst die Integration zu einem übernationalen Dirigismus führen müßte.

Aus dieser meiner Schau wird aber auch deutlich, daß ich nicht geneigt bin, Europa als ein letztes und absolutes Ziel der ökonomischen Ordnung anzusehen. Hier mag sich der *Wirtschaftspolitiker* von dem *Außenpolitiker unterscheiden*. Für mich bedeutet die Integration nur eine erste Station, die uns sichtbar vor Augen liegt und in der es zunächst gilt, alle Schranken des internationalen Warenaustauschs abzubauen.

Ich erstrebe unter allen Umständen den Weg der freiheitlichen und freizügigen Verbindung mit allen Ländern der westlichen Welt, insbesondere natürlich mit unseren europäischen Partnern. Europa ist insoweit eine Integrationsform wirtschaftlicher oder politischer Art. Das *Ziel* geht jedoch darüber hinaus, und das eben heißt, daß wir die *westliche Welt nicht* noch einmal in *verschiedene Wirtschaftsräume aufsplittern dürfen*. [6]

15. Kapitel

DER PHÖNIX STEIGT AUS DER ASCHE

Wenn der monatliche Export der Bundesrepublik von etwa 300 Mill. DM zu Beginn des Jahres 1949 auf nunmehr über 4 Mrd. DM angestiegen ist, dann verlohnt es sich, den Grundlagen dieser so offensichtlich erfolgreichen Außenhandelspolitik einige Aufmerksamkeit zu schenken.

Diese Prinzipien können am Ende auf zwei Grundthesen reduziert werden, die in diesem Buche immer wieder anklingen: einmal auf das Postulat der absoluten *Überlegenheit der Freiheit gegenüber* allen Versuchen, das wirtschaftliche *Geschehen vom Staat her planen, lenken und gängeln* zu wollen, und zum zweiten auf das *Wissen um die Unteilbarkeit der Freiheit.*

Dieses Bewußtsein läßt kein Zögern und Zaudern aufkommen und kennt auch kein kleinliches Feilschen um Vorteile. Noch weniger ist mit solchem Geist die Vorstellung eines bilateralen Ausgleichs in den zwischenstaatlichen Wirtschaftsbeziehungen zu vereinbaren. Eine derartig ausgerichtete Außenhandelspolitik versucht die gleichen Ziele zu verwirklichen, um deren Formung sich auch die innere Wirtschaftspolitik bemühte. Es handelt sich darum, den Protektionismus in seinen verschiedensten Ausprägungen, wie der Devisenzwangswirtschaft, der mengenmäßigen Beschränkungen der Errichtung von unüberspringbaren Zollmauern und anderen administrativen Manipulationen, abzubauen und jenes engstirnige egoistische Denken zu überwinden, welches das Leben in Europa zu einer Qual werden ließ. Mit dieser *Schrebergarten-Ideologie* mußte schnell und gründlich aufgeräumt werden.

Als wir deshalb 1948 darangingen, die innere wirtschaftliche Freiheit in Deutschland wiederherzustellen, bedeutete es mir ein fast sittliches Anliegen, im frühestmöglichen Zeitpunkt die entscheidende Wendung zu *einer Politik der Liberalisierung* des Außenhandels zu vollziehen. Trotz des deutschen Leistungsrückstands und anderer unseliger Startbedingungen war bis zum Jahresende 1949 die Liberalisierung auf 58,2% der privaten Einfuhr des Zeitraums vom Oktober 1948 bis September 1949 aus dem OEEC-Raum gesteigert worden, und im Oktober 1950 erfolgte eine Erweiterung auf 63,7%. Wir haben diesen Übergang seinerzeit nicht aus Übermut oder gar aus imperialistischen Wahnvorstellungen vollzogen; – nein, es war die bittere Not, die uns dazu zwang, unsere Überzeugung von der Überlegenheit der Freiheit einer so harten Bewährungsprobe auszusetzen. Die verfallene deutsche Wirtschaft konnte dem deutschen Volk keine Lebensgrundlage bieten, wenn es ihr nicht in kürzester Frist gelang, den Anschluß an das Leistungsniveau der fortschrittlichsten Industriestaaten der Welt zu finden.

Die Weichenstellung zum Erfolg

Hier galt es, in einem gewissen Sinne mitleidlos und *unpathetisch die Alternative zu erkennen:* Wenn in der deutschen Wirtschaft und den wirtschaftenden Menschen noch genügend Kraft und Energie vorhanden waren, um das Experiment der Gesundung durch den Wettbewerb des Weltmarktes gelingen zu lassen, dann war der *Weg für den deutschen Wiederaufbau frei.* Dann war insbesondere auch die Chance gegeben, den vielen Millionen Flüchtlingen wieder eine angemessene Beschäftigung zu vermitteln und dem deutschen Volke den Weg zu einem der westlichen Zivilisation gemäßen Lebensstandard zu eröffnen. Sofern uns aber diese Kraft ermangelt hätte, wäre ein erfolgreicher Wiederaufbau nicht denkbar gewesen, d. h. ohne den Anschluß an den Weltmarkt und seine Spitzenleistungen hätte es keine glückliche deutsche Zukunft geben können.

Deutschland ist auf den Weltmarkt, sei es als Käufer von Rohstoffen, sei es als Verkäufer von Fertigwaren, schicksalhaft angewiesen.

In diesem Zusammenhang gebührt der *Marshallplan-Hilfe der besondere Dank* des deutschen Volkes. Diese großherzige Unterstützung verdient vor allem um ihrer moralischen Wirkung willen gewürdigt zu werden. Sie gab dem deutschen Menschen das Gefühl, nicht mehr von der Welt abgeschrieben zu sein, sondern auch wieder an dem Fortschritt einer freien Welt teilhaben zu dürfen. Ihre ökonomische und finanzielle Bedeutung war indessen nicht geringer. Die Bundesregierung hat aber gleichwohl nie vergessen, daß es vor allem ihrer Verantwortung obliegt, aus eigener Kraft die Voraussetzung dafür zu schaffen, unsere Ernährungsgüter und Rohstoffe durch deutsche Veredelungsprodukte selbst bezahlen zu können. Diese Politik ließ es als unabweisbar erscheinen, die Tore zu öffnen und den allenthalben wohl sogar als brutal empfundenen Versuch zu unternehmen, die deutsche Wirtschaft in ihrem Leistungsniveau nach oben zu zwingen. [51]

So war die deutsche Außenhandelspolitik von dem Zeitpunkt an, da sie der Zuständigkeit des Wirtschaftsministeriums unterlag, auf das Prinzip der Liberalisierung im weitesten Sinn des Wortes abgestellt. Dies wurde besonders während der deutschen EZU-Krise deutlich, als wir im Februar 1951 infolge einer bedrohlich gewordenen Schuldnerstellung innerhalb der im Herbst 1950 gegründeten EZU gezwungen waren, die Liberalisierung vorübergehend auszusetzen. Damals wurde mir allenthalben sogar empfohlen, das Prinzip der Freiheit zu verleugnen und endgültig darauf zu verzichten, künftig mit gutem Beispiel vorangehen zu wollen. Die Opposition sprach es aus, daß wir bei dem Versuch, den europäischen Handel aufzulockern, die Rolle eines bescheidenen Mitläufers übernehmen möchten (s. Kapitel „Marktwirtschaft überwindet Planwirtschaft“, S. 98).

Gegenüber derart kurzsichtigen Ratschlägen gebot es unser Interesse, die Bereitschaft jener Länder, die nicht unter gleich starkem Druck standen, *durch eine dynamische Kraft* wachzuhalten, die zuletzt darauf abzielte, die bestehenden Dämme zu zerbrechen. [6]

Schließlich betrug der deutsche Exportanteil am Weltmarkt auf der Ausfuhrseite seinerzeit nicht einmal mehr 3% und reichte in dieser Höhe auch nicht hin, eine erfolgreiche Wiederaufbauleistung zu vollbringen. Alle deutschen Maßnahmen während der besagten EZU-Krise 1950/51 waren von dem Willen und der Absicht getragen, das Prinzip der Liberalisierung nicht nur für uns, sondern überhaupt zu retten und darum die frühzeitigste Rückkehr zur Liberalisierung möglich zu machen.

Liberalisierung nach allen Seiten

Dieses Ziel wurde am 8. Januar 1952 mit der Wiederaufnahme der Liberalisierung im Umfange von 56,8% der privaten Einfuhren erreicht (Referenzjahr 1949). Ihre *Krönung* aber erfuhr *diese konsequente Politik* durch die Miteilung im Bundesanzeiger Nr. 233 vom 30. November 1956, durch welche die Liste der Waren, die ohne mengenmäßige Beschränkungen aus den Mitgliedsstaaten der OEEC eingeführt werden können, so stark erweitert wurde, daß damit die Bundesrepublik bis auf einige geringe Ausnahmen *die privaten Einfuhren aus dem OEEC-Raum praktisch zu 100% liberalisiert hat.* Diese Feststellung galt schon vorher gegenüber den privaten Einfuhren aus den Non Participating Countries (NPC-Ländern, d. h. denjenigen, die zwar über die EZU abrechnen, aber nicht zu den Mitgliedsländern der OEEC gehören, z. B. Australien, Neuseeland, Indien, Südafrikanische Union, Vietnam).

Hier wurde zu Beginn des Jahres 1952 mit der bilateralen Liberalisierung begonnen und seit März 1954 eine Angleichung an die Liberalisierung aus dem OEEC-Raum vorgenommen.

Deutschland hat damit einen international höchst bedeutsamen Beitrag zur Überwindung des Protektionismus geleistet. Diese Feststellung ist um so berechtigter, als die Bundesrepublik auch gegenüber den anderen Welthandelsräumen in dem Abbau der mengenmäßigen Beschränkungen eine gleich zielbewußte Politik befolgte. Dank der seit dem 17. Februar 1954 ergriffenen Maßnahmen und insbesondere der nochmaligen Ausweitung der Liberalisierung Mitte 1956 gelang es, den Bereich *der mengenmäßig unbeschränkten privaten Einfuhren aus dem Dollarraum auf 92,8% zu erhöhen.*

Am 16. Mai 1956 wurde gegenüber einer Reihe weiterer Länder – so Brasilien, Chile, Finnland, Japan und Uruguay – eine einheitliche Liberalisierungsliste in Kraft gesetzt. Diese freizügige Politik hat dahin geführt, daß *Anfang 1957 rund 90% der privaten Einfuhren* – auf Basis des Jahres 1953 berechnet – *und 80% der Gesamteinfuhr von mengenmäßigen Beschränkungen befreit waren.* Die hier in Erscheinung tretende Differenz erklärt sich daraus, daß neben den wenigen privaten Einfuhren, die noch mengenmäßigen Beschränkungen unterworfen sind, die Staatshandelsgüter – d. h. in Westdeutschland die Marktordnungsprodukte des Agrarsektors – außerhalb des liberalisierten Bereichs stehen. Der unsere Außenhandelspolitik eingangs kennzeichnende Grundsatz der Freiheit findet in diesem Abbau der mengenmäßigen Beschränkungen seinen markantesten Ausdruck.

Dieses Prinzip kommt aber auch in dem lebhaften Wunsch zum Ausdruck, das *System des Bilateralismus* zugunsten multilateraler gemeinverbindlicher Handelsregeln *zu überwinden.* Ihre Vollendung finden indessen diese Bemühungen darin, daß die westliche Welt endlich wieder einen einheitlichen Währungsraum schafft. Nach wie vor stellt deshalb die *Erreichung der Konvertibilität* das oberste Ziel der deutschen Außenhandelspolitik dar. In diesem Zusammenhang wäre eine Fülle von Maßnahmen zu nennen, die in den letzten Jahren ergriffen wurden und erreichen sollten, die D-Mark immer mehr einer De-facto-Konvertibilität anzunähern. Mit der Eröffnung der „beschränkt konvertierbaren DM-Konten“ ab 1. April 1954 durch den Runderlaß 24/54 wurde ein erheblicher Schritt vorwärts getan, der zu weiterer Überwindung des Bilateralismus führte. Während z. B. Anfang 1954 noch mit 17 Ländern außerhalb der EZU bilaterale Zahlungsabkommen bestanden, wird künftig eine bilaterale Verrechnung nur noch mit Argentinien vorgenommen, während auch der Zahlungsverkehr mit der Tschechoslowakei ab 1. April 1957 ebenfalls auf die beschränkt konvertierbare D-Mark umgestellt wird. (Von dem Sonderfall der Türkei innerhalb der OEEC sei hier abgesehen.) 1954 wurde ferner die liberalisierte Kapitalmark geschaffen (mit Wirkung vom 16. September 1954), womit die Sperrmark, die seit 1931 markantester Ausdruck der Devisenzwangswirtschaft war, zu Grabe getragen wurde.

Einheitliche Spielregeln

Die Überzeugung, daß der Bilateralismus eines der übelsten Rudimente einer tragischen Vergangenheit darstellt, hat uns veranlaßt, alle Pläne und Methoden, die darauf abzielten, *gemeinverbindliche Spielregeln über weite Räume* zu setzen, freudig zu unterstützen. Dies gilt vor allem für die deutsche Mitarbeit in der OEEC, im Verband der EZU, im GATT und im Internationalen Währungsfonds. Auf dieser überregionalen Ebene ist für individuelle und befristete Regelungen bilateraler Art, die notwendigerweise dem Grundsatz der Freiheit und Diskriminierung widersprechen, grundsätzlich kein Raum mehr. Mein Ideal von einer glücklichen Handelspolitik in einer freien Welt kann erst dann als erfüllt gelten, wenn die Handelspolitik zwischen den Ländern überhaupt nicht mehr gespalten ist, vielmehr sich *die gesamte freie Welt auf einheitliche Spielregeln und Prinzipien festgelegt hat.* Diese Gedankengänge habe ich im 13. Kapitel „Politik nicht vom grünen Tisch" näher dargelegt.

Der Abbau des Bilateralismus hat es zugleich bewirkt, daß die Notenbanken nicht mehr wie in jüngster Vergangenheit als Kreditgeber auftreten. Das ist auch nicht ihres Amtes. Mit der Überwindung des Bilateralismus wird dagegen die *internationale Kreditverflechtung* immer mehr Platz greifen, die das, was zum Ausgleich der Zahlungsbilanzen erforderlich ist, *zu einem kaufmännischen Geschäft* auf privatwirtschaftlicher Grundlage werden läßt.

Liberalisierung wie Multilateralisierung eröffnen den Weg für einen ökonomisch vernünftigen Lauf des Warenstromes. Wenn der Außenhandel einmal von allen Beengtheiten befreit sein wird, dann werden im internationalen Verkehr die Güter nach Maßgabe des jeweils höchsten volkswirtschaftlichen Nutzeffekts ausgetauscht werden.

Diese freiheitlichen Grundsätze dürfen auch bei der Anwendung der sonstigen Instrumente des Außenhandels nicht verleugnet werden. Darum habe ich seit langem den Abbau aller Exportvergünstigungen angestrebt. Subventionen dieser Art sind, in welcher Form sie auch immer auftreten mögen, zu mißbilligen, weil sie fast notwendig Zwietracht und Mißtrauen auslösen müssen. Soweit sie deutscherseits aus der Vergangenheit mitgeschleppt und gewährt wurden, mag als Entschuldigung dienen, daß wir eben *allzu lange der Freiheit im Außenhandel zu entsagen hatten.* Der 31. Dezember 1955, an dem das Exportförderungsgesetz außer Kraft trat, wurde aus dieser Sicht von mir als ein willkommenes Ereignis begrüßt. In dem sogenannten Butler-Erhard-Statement vom 8. Mai 1954 hatte ich mich bereits verpflichtet, einer Verlängerung dieses Gesetzes entgegenzuwirken.

Die beste Exportförderung

Den wenigen Vertretern der deutschen Wirtschaft, die gelegentlich noch Exportvergünstigungen wünschen, mag heute aus jüngster Erfahrung meine alte These entgegengehalten werden, daß die *beste Exporthilfe* darin besteht, das deutsche *Preisniveau stabil zu halten*, – mindestens stabiler als das anderer Länder. Die Richtigkeit dieser Politik schlägt sich augenblicklich in der so günstigen Gestaltung unserer Außenhandelssituation nieder; sie verspricht jedenfalls mehr und besseren Erfolg als die Anwendung fragwürdiger Exportförderungsmethoden. Um den jeden natürlichen Warenstrom störenden Exportsubventionismus zu überwinden, habe ich schon vor Jahren vorgeschlagen, daß alle Maßnahmen der Außenhandelsförderung in jedem Lande nur im Rahmen gesetzlicher und damit allgemein erkennbarer Festlegungen statthaft sein sollten. Überdies regte ich schon vor Jahren – so bei der Eröffnung der Frankfurter Messe am 22. Februar 1953 – an, einer europäischen Institution eine Liste aller wirtschaftlichen Förderungsmaßnahmen der Nationalstaaten auf handelspolitischem Gebiet zu übergeben. Diese Offenlegung sollte die Grundlage für internationale Verhandlungen zu einem Abbau dieser künstlichen Schutzmaßnahmen schaffen.

Das Verlangen nach *Beseitigung aller Handelshemmnisse* muß naturgemäß auch in der *Zollpolitik seinen Niederschlag* finden. Gerade in dieser Frage habe ich für Deutschland immer wieder den Grundsatz vertreten – übrigens ähnlich wie bei den Diskussionen um die Liberalisierung –, daß das, was prinzipiell richtig ist, nicht einer Gegenleistung der Handelspartner bedarf, um verwirklicht werden zu sollen. So habe ich seit 1955, als die innerwirtschaftliche Lage der Bundesrepublik es sinnvoll erscheinen ließ, den Wettbewerb zu verstärken, versucht, diesen über Zollsenkungen von jenseits der Grenzen nach Deutschland

„Feste, Erhard – gib ihm, reiß ihm die Beine aus!"

(Entnommen mit freundlicher Genehmigung der Wochenzeitung „Die Zeit". Zeichnung: Hicks)

hereinzutragen. Es wurden ja auch in mehreren Etappen autonome Zollsenkungen verwirklicht, obwohl man dabei nach meinem Geschmack hätte weitergehen können und sollen, als sich Regierung und Parlament entschließen konnten.

Als Stationen auf diesem Wege der autonomen Zollsenkungen sind zu nennen die erste individuelle Zollsenkung mit Wirkung vom 1. April 1955, die 700 Zollpositionen betraf; ihr folgte die sogenannte „konjunkturpolitische Zollsenkung", die am 1. Juli 1956 in umfassender Weise auf alle Erzeugnisse der gewerblichen Wirtschaft ausgedehnt wurde. Dabei wurde ein Höchstzollsatz von 21% des Wertes festgesetzt, im übrigen eine gestaffelte Senkung der Zölle vorgenommen. Gleichzeitig wurde für verschiedene Ernährungsgüter eine individuelle Zollsenkung verfügt, womit wenigstens die auf der GATT-Konferenz 1956 zugestandenen Zollsenkungen fast ausnahmslos vorzeitig in Kraft gesetzt wurden.

Die letzten Prozente entscheiden

Die hinsichtlich der Verwirklichung eines freien Außenhandels fortbestehenden Hemmnisse dürfen weder übersehen noch verkleinert werden. Je mehr wir uns jener *kritischen Grenze* nähern, von der an ernsthafte und fühlbare Einflüsse auf den nationalen Raum wirksam werden, um so stärker werden auch die Widerstände protektionistischer Art. Um es etwas vereinfachend, aber dafür um so deutlicher zu sagen: Von 0 auf 70 oder 80% zu liberalisieren ist verhältnismäßig einfach. Bis zu dieser Größenordnung liegt fast ein eigenes nationales Interesse vor, Freiheit zu gewähren. Bei einer Liberalisierung von 80 auf 90% wird indessen die Situation schon problematischer, aber wenn wir auf 90, 92 – 95% kommen, dann wird jedes Prozent mehr *Freiheit* zu einer fast *dramatischen Angelegenheit*. In diesem Bereich muß sich die wahre Gesinnung erweisen, denn dort erst führt die Liberalisierung zu der angestrebten heilsamen Wirkung. Zu viele Länder Europas straucheln vor dieser letzten Hürde, und nur wenige haben den Mut, sich über sie hinwegzusetzen.

Das Symbol des Bösen

Der Geist der Liberalisierung und der Ungeist der Devisenzwangswirtschaft vertragen sich wie Feuer und Wasser. Die Devisenzwangswirtschaft ist für mich *das Symbol alles Bösen*, in welchem Gewande sie auch auftreten mag; die Devisenzwangswirtschaft atmet den Fluch und den Geruch der Kriegsvorbereitung und des Krieges, aus deren zerstörerischer Unordnung sie erwachsen ist. Erst durch die so beschworene Mißwirtschaft konnten die einzelnen Nationalwirtschaften auf die geradezu selbstmörderische Idee kommen, den Leistungswettbewerb unterbinden zu müssen, um gedeihen zu können. Der Außenhandel wurde damit mehr und mehr zu einer Funktion staatlicher Machtpolitik und erfüllte immer weniger seine Aufgabe, dem ökonomischen Wohlstand aller Bürger einer freien Welt zu dienen.

Im Gegensatz zu der Zeit meiner Amtsübernahme ist die Außenhandelssituation heute nicht mehr durch die Sorge gekennzeichnet, wie der seinerzeit fast unermeßlich erscheinende Einfuhrbedarf durch Ausfuhrerlöse bezahlt werden kann. Heute gilt es umgekehrt mit den Störungen fertig zu werden, die aus einem Exportüberschuß erwachsen. 1956 stiegen die Importe um zirka 14,3%, während sich die Exporte von einem um fast 1½ Mrd. DM höheren Niveau um zirka 20% erhöhten. Die im Jahre 1955 allenthalben geäußerte Vermutung, daß sich für die Folgezeit die Ein- und Ausfuhren mehr und mehr ausgleichen würden, hat sich also als irrig erwiesen. Die Gold- und Devisenbestände der Deutschen Bundesbank betrugen Ende 1962 fast 28 Mrd. DM; die Entwicklung wird im einzelnen aus folgender Tabelle ersichtlich:

Gold- und Devisenbestände (Jahresende)

	Mrd. DM
1949	0,38
1952	4,64
1954	10,93
1956	17,80
1958	26,11
1960	31,63
1962	27,73

Quelle: Deutsche Bundesbank

Diese Überschüsse sind sicherlich Ausdruck einer echten und *anerkennenswerten Leistungskraft der deutschen Wirtschaft*. Gleichwohl aber wäre es jedoch trügerisch, diese Entwicklung ausschließlich auf diese Leistungsfähigkeit zurückzuführen. Zu einem erheblichen Teil ist der Aktivsaldo Ausdruck der Tatsache, daß Westdeutschland im Vergleich zu anderen Volkswirtschaften den *Versuchungen eines inflationistischen Weges relativ tapfer widerstanden hat*, oder besser gesagt, daß wir in dieser Hinsicht weniger gesündigt haben als manche unserer Handelspartner.

Unser Preistrend liegt im internationalen Vergleich noch relativ günstig. Er weist 1962 (Basis 1950 = 100) bei der Lebenshaltung einen Index-Stand von 128 aus, während wichtige europäische Handelspartner Preiserhöhungen bis zu 144 (Niederlande), ja 160 (Großbritannien) und sogar darüber hinaus zu verzeichnen haben (Frankreich 186). Aus diesen Gegebenheiten erwachsen naturgemäß große Exportchancen. Man kann in etwa eine Parallelität des Unterschieds der preislichen Entwicklung und der steigenden Ausfuhrchancen feststellen. Es wäre jedoch *abwegig und bedenklich, langfristige Überlegungen exportpolitischer Art* auf die Spekulation abzustellen, daß die anderen Länder schon fortfahren würden, eine so gefährliche Preispolitik beizubehalten.

Im Zeichen der Hochkonjunktur und Vollbeschäftigung in fast allen großen Welthandelsländern spüren wir mehr denn je, wie sehr uns allen ein über die Grenzen der eigenen Volkswirtschaft hinauswirkender Stabilisierungsfaktor fehlt. Ich muß immer wieder dieselbe Feststellung treffen: Es ist schon ein merkwürdiger, um nicht zu sagen *grotesker Zustand*, daß trotz der so unterschiedlichen Preisentwicklung in den einzelnen Volkswirtschaften die *Wechselkurse dieser Länder starr geblieben sind*, so als ob zwischen diesen beiden Größen überhaupt keine innere Beziehung bestünde. Aus einer derartigen widerspruchsvollen Politik müssen sich notwendigerweise erhebliche Verschiebungen der Exportchancen ergeben: Jedenfalls ist das ein wesentlicher Grund dafür, daß die Bundesrepublik immer größere Außenhandelsüberschüsse erzielt, die nach der negativen Seite hin die Bändigung der innerdeutschen Konjunktur erschweren. [67]

Der Verzicht auf die von mir immer und immer wieder geforderte Konvertibilität mußte fast naturnotwendig zu dieser Entwicklung führen. Nur durch die freie Konvertierbarkeit der Währungen kann meines Erachtens die gedeihliche Grundlage für einen wirklich funktionsfähigen freien Weltmarkt geschaffen werden. Nur auf solche Weise wird nach aller praktischen Erfahrung eine einheitliche und auf Stabilität ausgerichtete Wirtschafts- und Finanzpolitik in den Nationalwirtschaften erzwungen werden. Damit wäre aber auch den gegenwärtigen Verzerrungen wie den extremen Zahlungsbilanzpositionen der Boden entzogen.

Die umfassende Funktion konvertierbarer Währungen wird niemals in einer auch nur ähnlich vollendeten Weise durch andere Maßnahmen ersetzt werden können. Alle diesbezüglichen Versuche fahren sich meist schon in den Anfängen fest, immer bleiben sie Stückwerk. In dem Bemühen, die extreme deutsche Gläubigerposition abzubauen, werde ich mich aber bestimmt nicht des von mir stets gegeißelten falschen Mittels bedienen, die Währungspolitik als Instrument der Handelspolitik anzuwenden. Diese *Sünde* scheint mir *nicht weniger groß* zu sein als der unfruchtbare Versuch, mittels der Handelspolitik unrealistische Wechselkurse neutralisieren zu wollen. Fast wäre man bei Anwendung dieser Methoden geneigt zu fragen: Wer betrügt wen? Hier gibt es praktisch nur den einen Weg, jene Praxis, die zur Verfälschung der Wechselkurse geführt hat, endlich aufzugeben. Obwohl ich mir der politischen, taktischen und technischen Schwierigkeiten und Bedenken bewußt bin, halte ich es doch für unerläßlich, dieses geradezu nach einer Lösung schreiende Problem auf breitester *internationaler Front zu erörtern.*

Wir stehen heute vor der großen Gefahr, daß sich die Anstrengungen zur Befreiung des Welthandels festlaufen, wenn wir nicht ernsthaft darangehen, eine funktionsfähige internationale Geldordnung zu setzen und uns auf gemeinsame Spielregeln der Wirtschafts- und Handelspolitik zu einigen.

Nicht um Lösungen herumdrücken!

Sosehr ich davon überzeugt bin, daß nur auf solche Weise die Ungleichgewichte, die im konkreten deutschen Fall zu einer extremen Gläubigerposition im Rahmen der EZU geführt haben, aufgelöst werden können, so sehe ich doch auch ein, daß die gegenwärtige Situation eine eigenständige westdeutsche Aktivität verlangt. Es stünde uns schlecht an, in einem internationalen Gespräch alle Schuld weit von uns zu weisen oder gar den untauglichen und unrealistischen Versuch zu unternehmen, von unseren Partnern zu fordern, ihr (relativ) überhöhtes Preisniveau auf den niedrigeren deutschen Stand zurückzuführen. Man erwartet von uns vielmehr eine Handhabung unserer handelspolitischen Methoden dergestalt, daß insbesondere den Schuldnerländern trotz der geschilderten Preissituation bessere und zusätzliche Ausfuhrchancen nach Deutschland eröffnet werden oder daß auch auf andere Weise der *Abfluß ihrer Gold- und Devisenbestände* nach Westdeutschland zurückgedämmt wird. Von dem Umfang dieser Bewegungen vermittelt die folgende Aufstellung der monatlichen Zahlungssalden einen plastischen Eindruck.

Zahlungssaldo in Mill. DM
Monatsdurchschnitte

1950	– 47
1952	+ 230
1954	+ 232
1956	+ 418
1958	+ 266
1960	– 667

Quelle: Deutsche Bundesbank

Überragende Bedeutung des Außenhandels

Wenden wir uns nun kurz den *Erscheinungen der deutschen Außenhandelsentwicklung* in den letzten Jahren zu. Das gesamte deutsche Außenhandelsvolumen belief sich 1962 auf 102 Mrd. DM. Um die Bedeutung dieser Größenordnung ermessen zu können, ist zu bedenken, daß im Gründungsjahr der EZU 1950 der Wert von Import und Export mit 19,8 Mrd. DM gerade knapp ein Fünftel des jetzigen Wertes ausmachte, obwohl damals die nicht durch deutsche Leistungen bezahlten Marshallplan-Importe mit einbezogen waren. Der Anteil des Außenhandelsumsatzes am Bruttosozialprodukt ist jetzt auf 29% angewachsen (Einfuhr 14%, Ausfuhr 15% des Bruttosozialprodukts); der Anteil betrug 1950 auf der Importseite 12%, auf der Exportseite 9%, insgesamt mithin erst zwei Drittel der heutigen Quote bei einem jetzt um 263% größeren Sozialprodukt. Kennzeichnend für die Entwicklung der letzten Jahre ist also das Faktum, daß der Außenhandel im Rahmen der Gesamtwirtschaft ständig an Bedeutung gewinnt; sein Anteil ist heute wesentlich größer als in der Periode der letzten Vorkriegszeit. Er bezifferte sich 1936 auf nur 24% des Bruttosozialprodukts.

Sowohl die Einfuhr als die Ausfuhr stiegen in den letzten Jahren fortdauernd an, wobei sich der zügige Übergang von der totalen Devisenzwangswirtschaft und absoluten Bürokratisierung des Außenhandels zu ständig freieren Formen sehr deutlich und vorteilhaft auswirkte. Die Außenhandelsstatistik zeugt für die Richtigkeit dieser Aussage (siehe hierzu graphische Darstellung nach Seite 80).

Diese günstige Entwicklung ließ Deutschland in die zweite Position des Welthandels einrücken. Der Abstand zu den USA ist noch sehr beträchtlich.

Ausfuhr in % der Weltausfuhr

	USA	Bundes-republik	Groß-britannien	Frank-reich	Kanada
1950	18,3	3,6	11,0	5,6	5,3
1952	20,8	5,5	10,0	5,6	6,2
1954	19,3	6,8	9,7	5,6	5,1
1956	20,0	7,8	9,4	4,9	5,2
1958	18,5	9,2	9,2	5,3	5,4
1960	17,9	10,0	8,8	6,0	5,0
1962	17,2	10,7	8,6	6,0	4,9

Quelle: Statistisches Bundesamt

Die Entwicklung des westdeutschen Anteils am Weltmarkt spiegelt die folgende Tabelle sehr deutlich wider.

Der Anteil des Außenhandels der Bundesrepublik am Weltmarkt

	In % der Welteinfuhr	*In % der Weltausfuhr*
1913	12,9[1)]	13,1[1)]
1929	6,5[2)]	7,5[2)]
1937	5,7[2)]	7,1[2)]
1950	4,6	3,6
1952	4,8	5,5
1954	5,8	6,8
1956	6,7	7,8
1958	7,3	9,2
1960	8,5	10,0
1962	9,4	10,7

1) 1913 Deutsches Reich

2) Schätzung des BMWi für die Bundesrepublik

Quelle: Statistisches Bundesamt

„Ich glaube, einer von euch spielt nicht richtig!“

(Entnommen mit freundlicher Genehmigung der „Ruhr-Nachrichten“, Dortmund. Zeichnung: O. Brandes)

Das vermittelte Bild bliebe unvollständig, würde nicht auch ein kurzer Einblick in die *Struktur unseres Außenhandels* gegeben werden. Diese Kenntnis ist um so notwendiger, als ja der Außenhandel erst dann den Erfordernissen gerecht zu werden vermag, wenn er die Voraussetzungen für die volle Auslastung einer Volkswirtschaft schafft und in der besonderen deutschen Situation die Möglichkeit eröffnete, Millionen von Flüchtlingen Beschäftigung zu geben.

Für die Entwicklung der deutschen Ausfuhr ist kennzeichnend, daß der Anteil der *Fertigwaren ständig zugenommen* hat und heute 84% des Gesamtexports ausmacht.

Diese Entwicklung schlägt sich auch in einem ständig sinkenden Exportanteil der wenig arbeitsintensiven Rohstoffe nieder, der jetzt nur noch knapp 5% beträgt, während 1948 ein Viertel unseres Ausfuhrerlöses über die Hergabe von Rohstoffen erzielt wurde.

Ein- und Ausfuhr nach Warengruppen (Anteile in %)

	Einfuhr				Ausfuhr			
	Ern.-wirt-schaft	Roh-stoffe gewerbl. Wirtschaft	Halb-waren gewerbl. Wirtschaft	Fertig-waren gewerbl. Wirtschaft	Ern.-wirt-schaft	Roh-stoffe gewerbl. Wirtschaft	Halb-waren gewerbl. Wirtschaft	Fertig-waren gewerbl. Wirtschaft
1948	49,2	26,2	13,7	11,0	2,0	25,2	29,5	43,3
1950	44,1	29,6	13,7	12,6	2,3	14,4	18,9	64,8
1954	37,0	28,5	18,0	16,6	2,3	7,7	13,1	76,9
1956	32,8	29,4	18,7	18,6	2,7	5,6	12,4	79,1
1958	30,2	24,7	16,9	27,3	2,4	4,6	10,5	82,2
1960	26,3	21,7	18,9	32,2	2,3	4,6	10,4	82,4
1962	27,6	17,8	15,9	37,8	2,2	4,5	9,4	83,6

Quelle: Statistisches Bundesamt

Die günstige Entwicklung unseres Außenhandels findet in dem das Volumen wiedergebenden Index (auf Basis 1950 = 100) repräsentativen Ausdruck und erscheint besonders *im internationalen Vergleich* sehr eindrucksvoll. Zur Vermeidung von Fehlschlüssen sind in dem nachfolgenden Bild alle Preisbewegungen ausgeschaltet worden.

Index des Ausfuhrvolumens
1950 = 100

Zeit	Bundesrepublik Deutschland	Frankreich	Niederlande	Großbritannien	Schweden	Kanada	USA
1952	155	100	122	92	93	123	132
1954	209	122	156	98	111	117	133
1956	282	127	178	112	129	136	160
1958	337	146	201	109	140	139	147
1960	431	204	258	121	173	149	164
1962	473	218	284	126	202	167	164

Quelle: Statistisches Bundesamt und OECD

16. Kapitel

DIE GRUNDLAGEN DER NEUEN REGIERUNG

Im Vorwort wurde bereits gesagt, daß es dem Skeptiker als ein kühnes Unterfangen erscheinen mag, wenn ein die aktuelle Auseinandersetzung suchendes Buch eines Wirtschaftspolitikers sieben Jahre nach dem ersten Erscheinen eine Neuauflage erlebt und der Verfasser auf eine den Inhalt umgestaltende Überarbeitung verzichten bzw. sich bewußt auf die notwendige Aktualisierung des Zahlenwerks beschränken konnte. Diese Zurückhaltung soll dem Leser in besonderer Weise deutlich machen, daß der Wirtschaftspolitiker bei seinen Stellungnahmen sowie in der Auseinandersetzung auch mit Tagesproblemen und Alltagssorgen immer um den richtigen Ausgangspunkt all seines Tuns bemüht sein muß. Gelingt dies, dann besitzt das vor Jahren Gültige auch heute noch seine volle Aussagekraft, – ja es muß heute so überzeugend und beweiskräftig wie am Tage der ersten Formulierung sein. Niemand wird es mir indessen verübeln, wenn eingangs darauf hingewiesen wurde, daß eine solche Feststellung nicht formalistisch auf jedes Wort dieses Buches angewandt werden könne. Die seit der Niederschrift nun vergangenen reichlich sieben Jahre waren gewiß nicht frei von Auseinandersetzungen, von politischen und geistigen Kämpfen; sie haben manches damals noch Bedeutsame mittlerweile in den Hintergrund gedrängt, anderes hingegen, was seinerzeit erst in Umrissen erkennbar war, in den Vordergrund gerückt. In dieser Zeitspanne stellten sich auch neue Probleme, und neue Aufgaben harren der Lösung.

In dem Schlußkapitel der ersten Auflage konnte ich feststellen. „Hier spricht also der Wirtschaftsminister, der es täglich neu erfährt, daß sich seine Arbeit nicht im Raum der reinen Ökonomie, sondern im Bereich der politischen Ökonomie abspielt, und der darum immer wieder bestrebt sein muß, zwischen wirtschaftlicher Vernunft und wissenschaftlicher Erkenntnis einerseits und politischem, ja oft parteipolitischem Wollen andererseits eine immer noch glückliche Synthese, eine Versöhnung zu finden."

Diese Erkenntnis – damals gewiß ohne besonderen Bezug und ohne den Willen, Prophezeiungen auszusprechen, niedergeschrieben – kann rückschauend geradezu als Motto über der Arbeit der letzten Jahre stehen.

An diese Formulierung schloß sich eine Bemerkung an, die ich sehr gern auch heute noch einmal aufgreifen möchte: „Schon der Titel dieses Buches *Wohlstand für Alle* ist voller Problematik, denn es entspricht beileibe nicht meiner Überzeugung, daß selbst mit der Erreichung dieses Ziels dem deutschen Menschen auch schon Glück und Zufriedenheit beschert wären und Wohlstand für Alle ausreichen könnte, um die gesellschaftliche Harmonie zu verbürgen. ... Wir sind von einer Unsicherheit befallen, und nicht nur unsere Hirne, sondern auch unsere Seelen und Herzen sind in Verwirrung geraten. Vielleicht – oder ich meine sogar gewiß – hat viele von uns die notwendige Hinlenkung aller menschlichen Energien auf die Rückgewinnung und Sicherung unserer materiellen Lebensgrundlagen in die Irre laufen lassen, und dabei ist das rechte Gefühl für die Rangordnung der Werte verloren gegangen. Ob wir die uns unabweisbar gestellten Fragen glücklich zu lösen vermögen, wird unser Schicksal ausmachen."

Es würde den Rahmen dieses letzten Kapitels entschieden sprengen, die sieben Jahre nach dem ersten Erscheinen des Buches Revue passieren zu lassen. Sie waren – nimmt man nur einmal die äußeren Daten des Wirtschaftsablaufs – durch das Ausklingen einer Hochkonjunktur, durch eine Einbuchtung des Aufschwungs, durch einen Wiederanstieg zu einem von vielen für unmöglich gehaltenen, unter mancherlei Gesichtspunkten einmaligen Boom, dann schließlich durch die Erschlaffung der Auftriebskräfte und nunmehr durch neue Gegebenheiten, die auf einen erneuten Konjunkturanstieg hinweisen, gekennzeichnet. Diese so ungeheuer dynamische Entwicklung bliebe dabei – frei von jedem echten Rückschlag oder gar einer anhaltenden Rezession.

Die konjunkturell schwächeren Phasen haben nie zu einem Absinken der wirtschaftlichen Tätigkeit unter einen bereits früher erreichten Stand geführt. Die den Wirtschaftsablauf kennzeichnende Kurve oszilliert nicht um eine waagerechte Linie, sondern weist einen deutlich nach oben gerichteten Trend auf. In diesem wahrhaft erregenden ökonomischen Geschehen verdient eine kurze Spanne besondere Erwähnung, weil die dabei gewonnenen Erkenntnisse von bleibendem Wert sind. Als dieses Buch vor mehr als sieben Jahren niedergeschrieben wurde, befand sich die Wirtschaft in einer bis dahin fast beispiellosen Hochkonjunktur. Jetzt, da dieses Schlußkapitel neu verfaßt wurde, schauen wir bereits auf die noch ausgeprägtere Hochkonjunktur der Jahre 1959 bis 1961 zurück, und heute schicken wir uns an, einen neuen wirtschaftlichen Aufschwung fruchtbar zu gestalten. Schon ist jene Phase des Winters 1958/59 fast vergessen, in der wieder einmal allzu viele glaubten, daß die soziale Marktwirtschaft am Ende ihres Lateins – um eine damals vielzitierte Formel ins Gedächtnis zurückzurufen – angelangt sei. Ihre Gegner frohlockten; man konnte merkwürdige Betrachtungen lesen, etwa Artikel unter der Überschrift „Erhard politisch weggetreten“; echte und falsche Freunde sparten nicht mit Ermahnungen.

Manche gar flüchteten in mystische Bereiche, so etwa, wenn an mich offene Briefe unter der Überschrift „Was jeder sagt und keiner weiß“ gerichtet wurden. Es verlohnt sich kaum, diese Verirrungen heute noch zu erwähnen, wenn nicht eines als sehr beeindruckend angemerkt und im Gedächtnis behalten werden müßte. Alle in den letzten

Jahren erzielten frappierenden Erfolge, die letztlich immer nur auf der Befreiung des Menschen von der Gängelung durch den Staat basierten, hinderten gut und schlecht meinende Kritiker nicht daran, den Ausweg aus periodisch gewiß vorhandenen Schwierigkeiten – in Teilbereichen der Wirtschaft – immer nur im staatlichen Eingriff zu suchen. Gewiß hat nicht jeder, der damals beim Wirtschaftsminister anklopfte, die Konsequenzen seiner Wünsche klar erkannt – hat nicht begriffen, daß die kleine Staatsintervention die größere gebiert, daß dem vermeintlichen harmlosen Anfang aus innerer Gesetzmäßigkeit schwerwiegende Konsequenzen folgen müssen.

Die Erfahrungen dieser Wintermonate 1958/59 haben mich – ich will es nicht leugnen – doch recht nachdenklich gestimmt. Sie zeigten mir, wie leichtfertig es wäre anzunehmen, daß in Deutschland die soziale Marktwirtschaft bereits auf Dauer gesichert sei. Es erwies sich in jenen Tagen auf das eindringlichste, wie sehr die Freiheit auch im wirtschaftspolitischen Bereich täglich aufs neue verteidigt werden muß. In der Politik liegen das „Kreuzige ihn" und das „Hosiannah" nahe beieinander. Wir sollten darum auch nicht meinen, daß wir endgültig davor bewahrt seien, erneut in staatswirtschaftliche Formen abzugleiten. Die so lebhafte Diskussion über die Vor- und Nachteile einer langfristigen Planung, die die Wirtschaftspolitiker in den Jahren 1962 und 1963 bewegte, bestätigte diese Skepsis durchaus. Wie viele waren da bereit, falschen Propheten zu folgen und die Marktwirtschaft um des Traumas einer neuen Heilslehre willen zu verraten.

Nach dieser Richtung erwachsen uns Erziehungs- und Bildungsaufgaben größten Ausmaßes. Vielleicht fehlt uns noch immer eine genügend breite Schicht von einer freien Marktwirtschaft innerlich fest verbundenen Unternehmern, Politikern und auch Regierungsbeamten.

Wie merkwürdig berührt es uns heute in einer Situation, da wir seit Jahren eine extreme Vollbeschäftigung verzeichnen und auf die Hochkonjunktur der letzten Jahre zurückblicken, wenn ich wenige Worte zitiere, die ich bei der Eröffnung der Frankfurter Messe am 1. März 1959 aussprach. Ich sah mich damals genötigt, mich einem weit verbreiteten tiefen Pessimismus entgegenzustemmen. Mein Aufruf zum Optimismus wurde indessen fast mitleidig belächelt. Was sage ich? „Ich möchte erklären, daß die volkswirtschaftliche Konjunktur zu einem Pessimismus oder einer Negation, zu trüben Erwartungen keinen Anlaß bietet ... Es ist ja nicht so, wie man das heute so häufig hören kann, daß es unser Schicksal wäre, unsere Wirtschaft nicht mehr ausweiten zu können. Man tut so, als ob es irgendeiner festen Regel, einer inneren Gesetzmäßigkeit entsprechen würde, der zufolge die Zuwachsraten zwangsläufig kleiner werden müßten ... Niemand wird ja wohl ernsthaft behaupten wollen, daß wir hinsichtlich der Möglichkeiten einer weiteren Produktivitätssteigerung an einem Ende angelangt wären. Ja, ich behaupte, daß das Gegenteil der Fall ist. Lassen Sie mich noch deutlicher werden: Eine Wirtschaft – und eine Wirtschaftspolitik, wie ich glaube bescheidenerweise hinzufügen zu dürfen – die es innerhalb eines Jahrzehnts zuwege gebracht hat, zuerst einmal 13 Millionen aus der Zerstörung überkommene Arbeitsplätze wieder zu ergiebigen und gesicherten Arbeitsplätzen werden zu lassen und dazu noch über sechs Millionen neue Arbeitsplätze zu schaffen, und damit das Flüchtlingsproblem – wenigstens von dieser Seite aus gesehen – zu überwinden, steckt voll innerer Kraft und Stärke. Sie und die wirtschaftenden Menschen sollten genügend Standhaftigkeit zeigen, um über vereinzelt notwendig werdende Entlassungen von ein paar hundert oder tausend Leuten hinwegzukommen und solche Konjunkturabschwächungen bei gleichzeitiger Vollbeschäftigung nicht schon als Signal für einen ökonomischen Zusammenbruch zu werten. Ich bin gerne damit einverstanden, wenn die deutschen Unternehmer die dauernde Erhöhung der Belegschaft ihrer

Werke in den rückliegenden zehn Jahren als ihr eigenes Verdienst in Anspruch nehmen. Aber dann habe ich kein Verständnis dafür, wenn sie bei einem gelegentlichen Wechsel der Konjunktur in Teilbereichen der Wirtschaft alle Schuld der Wirtschaftspolitik bzw. dem bösen Wirtschaftsminister anlasten möchten. Das ist meine feste Überzeugung, daß unsere Zeit den deutschen Unternehmer – den freien deutschen Unternehmer – zu immer neuer Bewährung aufruft. In Zeiten, in denen nur die Sonne scheint, in denen es eine wahre Lust ist, Unternehmer zu sein, gehört zu dem Bekenntnis der Freiheit wenig Mut und wenig Gesinnung – aber sich auch in der Bedrängung zum Prinzip der Freiheit und Freizügigkeit zu bekennen, das macht erst die wahre unternehmerische Haltung, die unternehmerische Bewährung aus." Man sollte sich dieser 1959 gesprochenen Worte und vor allem der damaligen Situation erinnern, wenn man nur allzu leicht bereit sein wollte, vor auftretenden Schwierigkeiten zu kapitulieren und die nunmehr in so vielen Stürmen bewährte soziale Markwirtschaft aufzugeben.

Wenn ich von den Phasen des wirtschaftlichen Geschehens sprach, dann sollen hier – ohne mit Erfolgszahlen prunken zu wollen – nur kurz die Ergebnisse der wirtschaftlichen Entwicklung dieser sieben Jahre mit wenigen Daten verdeutlicht werden. Die Zahl der Beschäftigten stieg von 18,6 Mill. im Jahresdurchschnitt 1957 auf jetzt über 21 Mill. an. 1957 wurden – trotz guter wirtschaftlicher Situation – 662000 Arbeitslose registriert, während die Arbeitslosigkeit nunmehr völlig beseitigt ist. Gastarbeiter waren damals kaum bekannt, während jetzt in der Bundesrepublik über 820000 Ausländer beschäftigt werden. Die Bruttolohn- und -gehaltssumme je beschäftigten Arbeitnehmer stieg von monatlich 416 DM auf jetzt über 650 DM, das heißt um 57% an. Nur ein Teil dieser wesentlichen Erhöhung kam wegen Preissteigerungen dem Empfänger letztlich nicht zugute, denn die Lebenshaltungspreise erhöhten sich in diesem 7-Jahre-Zeitraum vergleichsweise um nur 15%. Hier wird allerdings auch die Problematik der Übersteigerung der Ansprüche, die an die Volkswirtschaft gestellt werden, deutlich. Der Produktionsindex der gesamten Industrie wies 1957 den Stand von 202 (1950 = 100) auf. Er erhöhte sich bis zum Jahresende 1963 auf 303. Damit beträgt die industrielle Produktion im Gesamtdurchschnitt das Dreifache des Jahres 1950. Unsere Einfuhr wuchs von 31,7 Mrd. DM auf 52,3 Mrd. DM, die Ausfuhr von 36 Mrd. auf nunmehr über 58 Mrd. DM an. Das Bruttosozialprodukt, das die Summe der gesamten ökonomischen Tätigkeiten in unserem Land widerspiegelt, erhöhte sich von 216 Mrd. DM auf über 376 Mrd. DM im Jahr 1963, also um rd. 75%.

Auf diese Erfolgsbilanz wird hier nicht verwiesen, um uns von ihrem statistischen Ausdruck blenden zu lassen. Diese Daten sollten vielmehr überzeugend verdeutlichen, wie sehr die deutsche Volkswirtschaft immer mehr die Basis dafür bietet, an die Lösung neuer großer Aufgaben heranzugehen. In der Tat ist die Zahl dieser neuen Aufgaben, die seit der ersten Vorlage dieses Buches erwachsen sind, beträchtlich. Zu ihrer Meisterung gehören neben den ökonomischen Voraussetzungen viel Mut und vor allem ein in der sozialen Marktwirtschaft fest verankerter Standpunkt. Derjenige wird vor den Problemen und Aufgaben nicht zurückzuschrecken brauchen, der, wie meine Freunde und ich, die soziale Marktwirtschaft als Teil und Ausdruck einer ganzheitlichen Politik versteht. Die Aufgaben sind in der am 18. Oktober von mir im Deutschen Bundestag abgegebenen Regierungserklärung umrissen. Hier ist gewiß nicht der Ort für emotionale Regungen; der geneigte Leser möge mir trotzdem nicht verübeln, wenn ich mit Befriedigung die Tatsache verzeichne, daß der Mann, dessen Lebensinhalt es während 1½ Jahrzehnten gewesen ist, die soziale Marktwirtschaft zu formen, nunmehr die volle Berechtigung hat, dieses Buch mit der Wiedergabe seiner Regierungserklärung abschließen zu dürfen.

REGIERUNGSERKLÄRUNG VOM 18. OKTOBER 1963

Herr Präsident, meine Damen und Herren!

Sie haben mir durch Ihre Entscheidung das höchste Regierungsamt übertragen. Ich danke dem Herrn Bundespräsidenten und dem Hohen Hause für das mir bezeugte Vertrauen. Dieser Dank gilt dem ganzen deutschen Volk.

Ich werde in christlicher Gesinnung und Verantwortung handeln. Ich fühle mich der Demokratie und der tragenden Kraft des Geistes verpflichtet. Meine Politik ist eine Politik der Mitte und der Verständigung. Unser Weg in die Zukunft wird uns weiter aufwärts führen, aber er bleibt voller Gefahren. Bezeugen wir Mut, Gewissen und Solidarität.

Nach einem so bedeutsamen Abschnitt in der Geschichte unseres Landes, der – durch Konrad Adenauer geprägt – den Weg des deutschen Volkes aus politischem, wirtschaftlichem und sozialem Chaos bis in unsere Gegenwart kennzeichnet, kann eine Regierungserklärung nicht auf die Forderung des Tages beschränkt sein. Ich bin mir nur zu bewußt, welches schwere, aber auch reiche Erbe ich mit dem Regierungswechsel übernehme, das zu wahren und zu mehren mir aufgegeben ist.

Eine Rückschau auf diese vierzehn Jahre läßt uns alle noch einmal nacherleben, welch unendliche Fülle schicksalhafter Aufgaben nicht nur für das deutsche Volk, sondern auch für Europa und den Zusammenhalt der freien Welt während der Regierungszeit Konrad Adenauers bewältigt werden mußte. Es gibt kaum einen Abschnitt der deutschen Geschichte, der, was Aufgabe und Leistung anbelangt, dem Werk Konrad Adenauers gleichkäme.

So richte ich denn in dieser Stunde mein Wort an Sie, den ersten Kanzler der Bundesrepublik Deutschland, der Sie durch vierzehn Jahre nicht nur Regierungschef, sondern weit darüber hinaus der mutige und entschlossene deutsche Staatsmann waren. Daß wir für den freien Teil unseres Vaterlandes einen beachteten Platz im Kreise der freien Völker erringen konnten, ist in erster Linie Ihr Verdienst, und daß unsere Brüder und Schwestern jenseits der Zonengrenze darauf hoffen dürfen, es werde und möge auch für sie einmal die Stunde der Freiheit schlagen, verdankt das deutsche Volk Ihrer nimmermüden Arbeit und Ihrer überzeugenden Haltung, die uns wieder Vertrauen und Freunde in der Welt finden ließen. Ich bitte Sie, mir als Ihrem Nachfolger auch in Zukunft Ihren Rat nicht zu versagen.

Diese Regierung ist eine Koalitionsregierung, die auf vertrauensvoller Partnerschaft beruht. Sie stützt sich auf gemeinsam erarbeitete Grundsätze, wie sie auch in dieser Erklärung ihren Ausdruck finden.

Wir haben die materiellen Kriegsfolgen weitgehend überwunden und konnten durch den Aufbau einer blühenden Wirtschaft vielen dringenden sozialen Aufgaben genügen. Die demokratische Ordnung unseres Landes ist festgefügt, und die Bundesrepublik hat im westlichen Bündnissystem Sicherheit gefunden. Aber unser Volk ist weiterhin geteilt. Der eine Teil darf sich der Freiheit erfreuen, der andere lebt in von außen aufgezwungener Unfreiheit. Das Einigungswerk Europas ist trotz ermutigender Anfänge keineswegs vollendet. Die freie Welt ermangelt noch jener festen Bindungen, die sie ihre politischen, wirtschaftlichen und sozialen Aufgaben glücklich bewältigen lassen.

Schon dieser kurze Überblick läßt erkennen, daß die Aufgaben, die vor uns liegen, von hohem Rang sind. Wir haben unseren Blick vorwärts zu richten. Nicht nur die Bundesrepublik, sondern die ganze Welt ist im Begriff, aus der Nachkriegszeit herauszutreten. Die Völker sind in

Bewegung geraten. Den Strom der Zeit können wir zwar nicht lenken, aber wir werden unser Schiff sicher steuern.

In dieser Zeit ist auch die deutsche Politik zum Handeln aufgerufen und hat ebenso überzeugend für die Einigkeit und Stärke des westlichen Bündnisses zu wirken wie auch für den Frieden und die Lösung unserer nationalen Fragen einzutreten.

Die Freiheit ist ein so hoher und absoluter Wert, daß sich ein Volk selbst preisgibt, wenn es auf sie verzichtet. Es muß das Ziel unserer Politik bleiben, den Kalten Krieg beenden zu helfen, den die Sowjets vor allem durch die Verweigerung des Selbstbestimmungsrechts für die Deutschen in der Zone seit eineinhalb Jahrzehnten führen. Die deutsche Politik wird deshalb nach innen wie nach außen immer weltweit orientiert und so freiheitlich gestaltet werden müssen wie nie zuvor in unserer Geschichte. Sie wird ihren Beitrag zur Stärkung der europäischen und atlantischen Zusammenarbeit leisten und sich dabei unverlierbar der schicksalhaften Bedeutung des engen Zusammengehens und Zusammenstehens mit allen unseren Verbündeten bewußt bleiben.

Den Gefahren, die die Bundesrepublik bedrohen, werden wir um so wirksamer begegnen können, je stärker wir unsere Kräfte sammeln und sie der Zukunft unseres Volkes nutzbar machen. Mehr denn je wird künftig die Zusammengehörigkeit unseres Volkes auf eine hohe Probe gestellt und zur Bewährung aufgerufen sein.

Die schöpferischen Energien des deutschen Volkes sind nach dem Kriege in erster Linie dem wirtschaftlichen Wiederaufbau zugute gekommen. Dank unserer freiheitlichen Politik verfügen alle Schichten unseres Volkes über einen weiten Spielraum zur eigenen Entfaltung. Der wirtschaftliche Wettbewerb hat die Kräfte gewogen und gestärkt. So ist die Bundesrepublik heute zu einer der größten Wirtschaftsmächte der Welt geworden. Dabei beruht diese Kraft nicht nur auf ihrer industriellen Potenz, der Leistung der Landwirtschaft, des Handels, des Handwerks, der freien Berufe sowie dem Einsatz und dem Können von Unternehmern, Arbeitern und Angestellten sowie allen Angehörigen des öffentlichen Dienstes – sondern auch auf der Befruchtung unserer Arbeit durch Wissenschaft und Forschung. Das Werk lobt alle seine Meister.

Aber welches Bild des öffentlichen Lebens stellt sich uns heute dar? Wir laufen Gefahr, daß der produktive Elan unserer Gesellschaft zunehmend dem Genuß des Erreichten weichen will. Eine oft ausschließlich materiell bestimmte Grundhaltung weiter Kreise der Bevölkerung charakterisiert die Lage – 18 Jahre nach Beendigung der größten Katastrophe deutscher Geschichte. Aus diesem Grunde bedeutet es eine wesentliche Aufgabe aller verantwortungsbewußten Kräfte im Lande, jenen Leistungswillen, der uns gerettet hat, für alle Zukunft wachzuhalten.

Wie noch deutlich zu machen sein wird, müssen wir damit aufhören, unsere Kräfte und Mittel jeweils nur an speziellen und individuellen Forderungen auszurichten, sondern wir müssen das Ganze bedenken und alles Handeln an gemeinsamen Zielen messen.

Ich bin gewiß, einer Sorge und zugleich einem Verlangen des deutschen Volkes Ausdruck zu geben, wenn ich Regierung und Parlament mahne, über Interessentenwünsche hinweg sich entschiedener den prinzipiellen Fragen der Politik zuzuwenden.

Vor allem junge Menschen wollen nach übergeordneten Werten und Maßstäben handeln. Sie erwarten, daß sich auch der Staat an diese Maxime hält. Unsere Jugend will vor Aufgaben gestellt werden! Je bewußter und wahrhaftiger wir sie darauf ansprechen, um so besser wird es uns gelingen, sie von dem falschen Weg des nur Geld-verdienen- und Versorgt-sein-Wollens abzubringen.

Bemühen wir uns darum auch, jedwede Forderung an den Staat nicht vorschnell mit dem Wort „sozial“ oder „gerecht“ zu versehen, wenn es in Wahrheit nur zu oft um partikulare Wünsche geht. Verschließen wir die Augen nicht vor der Tatsache, daß dem entwickelten Engagement für das Private und für das Gruppeninteresse zunehmend ein Defizit an Bürgersinn gegenübersteht. Das ist um so gravierender, als die Bundesrepublik ihren Bürgern ein ungewöhnliches Maß an Freizügigkeit in ihren privaten Tätigkeiten zugesteht und ihnen den großen Respekt vor dem Wert individueller Entfaltung bezeugt.

Es muß unser unablässiges Bemühen sein, die Werte, die unsere Verfassung setzt, ins Bewußtsein aller Bürger zu rücken und es immer wieder deutlich zu machen, daß Freiheit mit Verantwortung gepaart sein muß, wenn sie nicht chaotisch entarten soll. So haben wir uns denn auch immer wieder zu fragen, was im Einzelfall die Notwendigkeit eines weiteren Ausbaus unserer freiheitlichen Lebensordnung und das Erfordernis wirklicher sozialer Gerechtigkeit gebieten. Das Vertrauen in unseren Rechtsstaat ist nur so lange gesichert, wie die politisch Verantwortlichen durch ihr eigenes Verhalten das gute Beispiel vorleben.

Wenn es darum unverzichtbar ist, den Interessengruppen die Grenzen ihrer Ansprüche deutlich zu machen, so erscheint das nur glaubhaft, wenn auch der Staat die rechten Maße zu setzen weiß. Der Staat ist kein von der Gemeinschaft eines Volkes losgelöstes, abstraktes Gebilde. Gewiß ist er auch mehr als die Addition seiner Staatsbürger.

Wenn darum im politischen Leben dem Staat die Sorge um Verteidigung und Sicherheit aufgetragen ist, wenn er Bildung, Forschung und Gesundheit fördern soll, wenn er für Reinhaltung der Luft und des Wassers sorgen, die Verkehrsverhältnisse ordnen, den Wohnungsbau fortführen soll, wenn ihm zunehmend höhere soziale Leistungen abverlangt werden und der Ruf nach Subventionen und Beihilfen gewiß nicht schwächer wird – dann muß der Staatsbürger begreifen, daß er damit im letzten Grunde sich selbst anspricht. Aus solcher Sicht spiegelt die Anklage, der Staat bezeuge zu wenig Verständnis und leiste zu

Geringes, nur die mangelnde Einsicht des Staatsbürgers wider. Es gibt keine Leistungen des Staates, die sich nicht auf Verzichte des Volkes gründen.

In diesem Zusammenhang sind deshalb die Interessenorganisationen im weitesten Sinne anzusprechen. Wohl gliedern sie das Volk und verhindern auf solche Weise, daß die einzelnen zur beliebig manipulierbaren Masse werden. Auf der anderen Seite können diese Verbände auch zu wachsender Unmündigkeit der Menschen führen. Es ist einzusehen, daß die Gruppen dem Bedürfnis des einzelnen entstammen, durch solidarisches Handeln die private Ohnmacht zu überwinden und auch politisch handlungsfähig zu werden; aber es ist auch nicht zu verkennen, daß die so geschaffene Apparatur ständig der Versuchung unterliegt, die von ihr vertretenen Menschen nach ihrem Wissen zu lenken.

Aus solchem Widerstreit der Interessen erwächst kein organisches Ganzes, solange die Beteiligten bewußt oder unbewußt der Devise huldigen, daß gerade das und nur das recht sei, was ihnen nütze. Ich erkläre, daß sich die Bundesregierung aus ihrer besonderen Verantwortung keinem Zwang und auch keiner offenen oder versteckten Drohung zu beugen gewillt ist. Dagegen werde ich immer jedem guten Argument zugänglich sein. Um zu einer gedeihlichen Arbeit hinzufinden, appelliere ich an die Verantwortung der Organisationen gegenüber dem Ganzen.

Diese Bundesregierung sieht es auch als ihre Aufgabe an, den Kontakt zu den geistig und kulturell führenden Schichten unseres Landes zu suchen und zu vertiefen. In der Welt, in der wir leben, kann kein Bereich des menschlichen Handelns neben der Erfahrung der tieferen Erkenntnis entraten. So wie viele Sparten des öffentlichen Lebens schon längst mit der Wissenschaft zusammenarbeiten, um ihre Aufgaben besser meistern zu können, kann auch die Politik nicht darauf verzichten, ihre Probleme durch den menschlichen Geist durchleuchten zu lassen und für ihre Zwecke alle Kräfte zu mobilisieren.

Wenn wir die Wissenschaft fragen, wie sie uns in der Aufgabe, die Freiheit zu verteidigen und unsere innere Ordnung zu vervollkommnen, helfen kann, so sind wir dabei doch weit davon entfernt, Politik mit Wissenschaft zu verwechseln. Das Handeln entspringt anderen Gesetzen als das Denken; gleichwohl sind beide aufeinander angewiesen. So sollten die Politiker auch das Gespräch mit denen suchen, deren Beruf es ist, über die Geschäfte der Menschen nachzudenken. Vielleicht wird dann der Rahmen deutlicher, in dem sich unser Handeln vollzieht, und wie dieses sinnvoll angelegt sein sollte. Dieser Dialog scheint mir besser als eine einseitige Polemik gegen die Intellektuellen.

Wir brauchen eine verantwortungsbewußte öffentliche Kritik. Sie ist ein unveräußerlicher Bestandteil unserer Ordnung und geeignet, die innere Beteiligung des Bürgers am staatlichen Leben wachzuhalten. Ich bekenne mich ausdrücklich dazu, daß nicht jeder Tadel an einer Regierung den Staat erschüttert, wie umgekehrt nicht jede Kritik der Regierung an den Organen der öffentlichen Meinung schlechthin als Eingriff in demokratische Grundrechte aufgefaßt werden sollte.

Die Bundesregierung wird nach Kräften bemüht sein, den Trägern der öffentlichen Meinung ihre Arbeit zu erleichtern. Sie wird ihrem Informationsbedürfnis so weit Rechnung tragen, wie es die ordnungsgemäße Tätigkeit von Regierung und Verwaltung des Bundes gestattet.

Ich rufe die schöpferischen Menschen in der Bundesrepublik zur Mitarbeit an diesem Staate auf. Wir haben gemeinsam die Werte zu respektieren und zu verteidigen, die das Fundament eines freien Gemeinwesens sind.

Die Amtsübernahme der neuen Bundesregierung fällt in eine weltpolitische Phase, in der sich Veränderungen im West-Ost-Verhältnis abzeichnen. Langjährige Gespräche über Abrüstungsfragen haben im August dieses Jahres erstmals zu einer Übereinkunft zwischen den Vereinigten

Staaten, Großbritannien und der Sowjetunion über eine partielle Einstellung von Kernwaffenversuchen geführt. Die Bundesregierung hat nach den notwendigen politischen Klarstellungen dieses Abkommen unterzeichnet und wird dem Hohen Hause in Kürze das erforderliche Zustimmungsgesetz vorlegen. Dabei gibt sich die Bundesregierung in Übereinstimmung mit ihren Bundesgenossen nicht der trügerischen Hoffnung hin, daß sich durch dieses Abkommen die weltpolitische Lage entscheidend verändert hätte. Die Bedrohung bleibt bestehen; die Unterdrückung der Freiheit dauert auch auf deutschem Boden an.

Die deutsche Frage ist ungelöst, und das Freie Berlin leidet weiter unter der unnatürlichen Abschnürung gegenüber dem anderen Teil der Stadt und deutschen Gebieten, die in einer langen Geschichte mit ihm auf das engste zusammengewachsen sind. Die Bundesregierung ist dennoch der Auffassung, daß Kontakte und Gespräche zwischen den Vereinigten Staaten und der Sowjetunion nützlich sein können und daß sie mit dem Ziel fortgesetzt werden sollten, zu prüfen, ob es Möglichkeiten eines Abbaus der Spannungen gibt. Die Bundesregierung hat immer wieder mit Nachdruck die Forderung nach einer allgemeinen, kontrollierten Abrüstung erhoben und hält an dieser Forderung fest. Sie erscheint als der einzig sichere Weg, um den Ausbruch eines Krieges endgültig unmöglich zu machen. Aber da wir uns darüber im klaren sind, daß eine allgemeine und vollständige kontrollierte Abrüstung nur schrittweise verwirklicht werden kann, gebietet es unser Interesse, auch an weltweiten Teil-Maßnahmen mitzuwirken, sofern sichergestellt ist, daß sie das Kräfteverhältnis zwischen Ost und West nicht zu unserem Nachteil verschieben und uns nicht diskriminieren.

Es ist unsere Pflicht, immer erneut die Aufmerksamkeit der Welt auf die ungelöste deutsche Frage zu lenken. Die Bundesregierung erhebt auf Grund des Mandats, das das Grundgesetz und das deutsche Volk ihr erteilen, die Forderung, jede sich bietende Möglichkeit in den West-Ost-Gesprächen zu ergreifen, um hinsichtlich der Lösung des Deutschlandproblems Fortschritte zu erzielen. Denn darüber darf kein Zweifel sein: Die Deutschland-Frage ist eine der Hauptursachen für die Spannungen in der Welt, und man kann nicht hoffen, diese Spannungen zu beseitigen, wenn die Deutschlandfrage ungelöst bleibt.

In keinem Falle werden wir eine Maßnahme zu akzeptieren bereit sein, die den unbefriedigenden Stand, in dem sich das Deutschlandproblem befindet, statt zu verbessern, verschlechtern würde – sei es, daß durch sie die unnatürliche Teilung unseres Landes sanktioniert oder gefestigt würde, sei es, daß eine Anerkennung oder auch nur eine internationale Aufwertung des Regimes der sowjetisch besetzten Zone mit ihr verbunden wäre.

Dies bleibt ein allgemeiner Grundsatz unserer Politik, denn die Herrschaft, die in jenem Teil Deutschlands errichtet wurde, ist nichts anderes als eine Fremdherrschaft und ein Gewaltsystem, das gegen den Willen der überwältigenden Mehrheit des unterdrückten Teiles unseres Volkes die freie Verbindung zwischen ihm und uns zerschneidet und die Ausübung der elementarsten politischen und humanitären Rechte verhindert.

Man sagt uns, die Teilung unseres Landes sei eine „Realität", die hingenommen werden müsse. Sicher haben wir es hier mit einer Realität zu tun, aber mit einer unerträglichen. Auch eine Krankheit ist eine Realität, und doch wird es niemandem einfallen, den zu tadeln, der sich vor ihr zu schützen, sie zu heilen sucht. Auch Unrecht ist Realität, und doch wird man alles daransetzen müssen, es zu beseitigen. Vor allem aber ist, wenn schon die Teilung unseres Landes als eine Realität hingestellt wird, der Wille des deutschen Volkes zur Wiederherstellung seiner Einheit eine weit stärkere Realität, denn die Geschichte lehrt, daß der elementare Drang eines Volkes, um seine Einheit und Freiheit zu ringen, zu den mächtigsten Kräften überhaupt gehört.

Die Sowjetunion wäre deshalb gut beraten, dieser Realität Rechnung zu tragen und dem ehrlichen Friedenswillen des deutschen Volkes zu vertrauen.

Die sowjetische Haltung gegenüber der deutschen Frage beruht auf einem Irrtum, nämlich auf der Annahme, daß den sowjetischen Interessen besser durch die Teilung als durch die Wiederherstellung der Einheit Deutschlands gedient wäre. Hier dürfte das entscheidende Hemmnis für eine Normalisierung unserer Beziehungen zur UdSSR liegen. Wir wissen nicht, wieweit die sowjetische Regierung ihrer eigenen Propaganda Glauben schenkt, die von der Bundesrepublik Deutschland das Zerrbild eines Landes zeichnet, das nach Eroberungen strebt und in dem militärische Motive die Politik bestimmen. Wir werden nicht aufhören, diesen Propagandathesen die Wahrheit deutschen Lebens entgegenzustellen. Und es wird unser ständiges Bemühen sein, auch in unserem Verhältnis zur Sowjetunion eine auf gegenseitiger Achtung vor den Lebensrechten der beiden Völker beruhende Normalisierung herbeizuführen.

Die Bundesrepublik Deutschland ist ein freies Land. Jeder kann sich von den hier herrschenden Zuständen überzeugen. Jeder, dem es hier nicht gefällt, kann unser Land verlassen. Millionen von Besuchern aus allen Teilen der Welt sehen Jahr für Jahr die deutsche Wirklichkeit mit eigenen Augen. Auch die sowjetische Regierung und andere, die in ihre monotonen Anschuldigungen einfallen, sollten sich endlich davon überzeugen, daß das Mittel der Diffamierung gewiß am wenigsten geeignet ist, zu einer Entspannung beizutragen.

Die Vorstellungen der Bundesregierung von der Lösung der deutschen Frage gehen von der Überlegung aus, daß alle Schritte notwendig mit Maßnahmen auf dem Gebiet der Sicherheit verbunden sein müssen. Wir sind uns bewußt, daß dabei auch die Interessen anderer Völker und Länder berührt werden. Ebenso wie wir von unseren Nachbarn erwarten, daß sie Verständnis für unser Verlangen nach Freiheit und Wiederherstellung der Einheit unseres Volkes aufbringen, wollen und müssen wir bereit sein, ihren berechtigten Interessen Rechnung zu tragen.

Da die vier Mächte nach dem Kriege Verpflichtungen in Bezug auf Deutschland als Ganzes übernommen haben, fallen ihnen bei der Regelung der Deutschland- und Sicherheitsfrage besondere Aufgaben zu. Diese könnten durch Bildung eines Gremiums der vier Mächte wahrgenommen werden, das seine Funktionen bis zu dem Zeitpunkt einer endgültigen Friedensregelung ausüben würde. Mit diesem Gedanken würde zugleich dem Beschluß des Deutschen Bundestages vom 9. Oktober 1962 Rechnung getragen werden.

Wir sind uns alle darüber klar, daß auf dem Wege zur Wiederherstellung der deutschen Einheit große Schwierigkeiten zu überwinden sind. Der Weg mag lang und dornenvoll sein; er wird uns Entbehrungen, materielle und auch psychische Belastungen auferlegen. Wir wollen in unserem Willen, in unserer Zähigkeit nie erlahmen und – wenn es not tut – entschlossen sein, Opfer auf uns zu nehmen. Am Ende dieses Weges muß nach der Überzeugung der Bundesregierung ein Friedensvertrag stehen, der von einer in freien Wahlen gebildeten gesamtdeutschen Regierung frei verhandelt und geschlossen wird. In diesem Vertrag – und nur in ihm – können und müssen die endgültigen Grenzen Deutschlands, das nach gültiger Rechtsauffassung in seinen Grenzen vom 31. Dezember 1937 fortbesteht, festgelegt werden.

In der Zwischenzeit aber dürfen wir die Hände nicht in den Schoß legen. Unseren Brüdern und Schwestern in der Zone werden die Menschenrechte vorenthalten. Sie leben unter einem schweren Gewissenszwang und sind täglichen Verfolgungen ausgesetzt. Wir dürfen daher niemals in dem Bemühen nachlassen, für sie lebenswürdige Verhältnisse herstellen zu helfen.

Und ebensowenig dürfen wir in dem Eifer erlahmen, die persönlichen Verbindungen zwischen den Menschen, die in beiden Teilen unseres Landes wohnen, neu zu knüpfen, zu festigen und den Besucher- und Reiseverkehr zwischen ihnen zu ermöglichen. Dabei denken wir auch nicht zuletzt an das geteilte Berlin; die Mauer mahnt uns und die ganze Welt täglich an die Erfüllung dieser humanitären Verpflichtung. Wir werden alles in unseren Kräften Stehende tun, hier Erleichterungen und Verbesserungen herbeizuführen. Die Stellung der Bundesregierung zur Berlin-Frage ist eindeutig. Die unabdingbaren Grundsätze der deutschen Berlin-Politik lauten dahin:

1. Die Anwesenheit der Westmächte und ihre Zuständigkeiten für Berlin beruhen auf internationalem Recht, und deshalb muß jede neue Vereinbarung über Berlin auf diesen Rechten aufbauen.

2. Der freie Zugang nach Berlin muß ungeschmälert aufrechterhalten bleiben.

3. Berlin gehört zum freien Teil Deutschlands. Die mit Billigung der Schutzmächte in den vergangenen Jahren durchgeführte enge politische, rechtliche und wirtschaftliche Verflechtung Berlins mit der Bundesrepublik ist ein Grundpfeiler für die Lebensfähigkeit der Stadt. Pläne zur Bildung einer sogenannten „Freien Stadt West-Berlin" sind indiskutabel.

4. Jede Vereinbarung über Berlin hat den eindeutigen Willen der Berliner zu achten, die in den letzten achtzehn Jahren der Welt mutig und unverzagt gezeigt haben, daß sie zu Deutschland und zur freien Welt gehören.

Die Bundesregierung kann nicht aufhören zu fordern, daß die untragbaren, den Frieden der Welt gefährdenden Maßnahmen der Gewalthaber der Zone aufgehoben werden.

Die Bundesregierung wird der weiteren Verbesserung des Verhältnisses zwischen der Bundesrepublik Deutschland und den osteuropäischen Staaten ihre volle Aufmerksamkeit widmen. Sie ist bereit, mit jedem dieser Staaten Schritt für Schritt zu prüfen, wie man auf beiden Seiten Vorurteile abbauen und vorhandenen Sorgen und Befürchtungen den Boden entziehen kann. Im Zuge eines solchen Prozesses ist die Bundesregierung auch bereit, im Rahmen ihrer Möglichkeiten den Wirtschaftsaustausch mit diesen Ländern zu erweitern.

In gleicher Weise begrüßt sie die Verstärkung kultureller Kontakte, wie sie sich mit einigen Ostblockländern bereits angebahnt haben.

Für die Bundesregierung bleibt die Nordatlantikpakt-Organisation ein Grundpfeiler ihrer Politik. Sie ist sich bewußt, daß die Sicherheit Europas und der Bundesrepublik Deutschland nur durch die NATO im Zusammenwirken der europäischen und nordamerikanischen Partner auf politischem und militärischem Gebiet gewährleistet werden kann. Die Bundesregierung unterstützt daher nachdrücklich alle Bemühungen, welche geeignet sind, die politische Zusammenarbeit der NATO-Partner zu vertiefen und die Integration der Verteidigungsmittel der NATO zu stärken.

Eine multilaterale nukleare Streitmacht würde einen wesentlichen Beitrag zur Verwirklichung dieser Ziele leisten. Die Bundesregierung beteiligt sich aktiv an den Verhandlungen über diesen Plan. Wir sind der Ansicht, daß eine solche vollintegrierte Streitmacht, über die keine einzelne Nation ein autonomes Verfügungsrecht besitzt, neue Wege der politischen und militärischen Zusammenarbeit im Rahmen der NATO weisen wird. Die Bundesregierung würde es deshalb begrüßen, wenn sich möglichst viele NATO-Staaten an dieser integrierten Streitmacht beteiligten.

Im Rahmen der NATO wird die Bundesregierung ihre bisherige Verteidigungspolitik fortsetzen. Diese Politik hat dazu beigetragen, der Bundesrepublik Deutschland und den Ländern des freien Europas Frieden und Unabhängigkeit zu bewahren. Wir sind uns mit unseren Verbündeten darin einig, daß wir angesichts der weltpolitischen Situation in unseren gemeinsamen Anstrengungen auf dem Gebiet der Verteidigung nicht nachlassen dürfen. Die Erhaltung der wirksamen Abschreckung vor jeder Form einer Aggression und die Organisation einer Schutz gewährenden Verteidigung sind nur in langfristiger Planung und kontinuierlicher Durchführung möglich.

Die Verteidigung des Territoriums der NATO ist unteilbar. Die einzelnen Staaten des Bündnisses können sich angesichts der Größe und Art ihrer Bedrohung nicht allein schützen. Die starken Verbände amerikanischer Truppen in Deutschland und die auf unserem Gebiet stationierten Truppen unserer anderen Bundesgenossen führen uns täglich vor Augen, wieweit unsere Bündnisgemeinschaft über die militärische Verklammerung hinaus immer mehr als eine Lebensgemeinschaft der Völker empfunden wird.

Unser Beitrag zur NATO muß in nächster Zeit vor allem in der Konsolidierung unserer Streitkräfte bestehen. Es gilt, die Kampfkraft der Verbände der Bundeswehr zu erhöhen. Hierzu ist eine innere Festigung der militärischen Einheiten und eine ständige Modernisierung auf rüstungstechnischem Gebiet erforderlich. Gleichzeitig ist dem Aufbau der territorialen Verteidigung größte Sorgfalt zuzuwenden.

Die Bundeswehr ist sichtbarer Ausdruck unseres Verteidigungswillens. In acht Jahren ist hier eine beispielhafte Aufbauleistung vollbracht worden. Ich danke allen Soldaten, daß sie treu und unermüdlich ihren Dienst leisten für die Sicherheit unseres Volkes.

Das deutsche Volk ist sich bewußt, wieviel es den Vereinigten Staaten beim Wiederaufbau seines Landes nach dem Kriege zu verdanken hat, wie sehr die Freiheit und Sicherheit der Bundesrepublik einschließlich Berlins von der Macht und Entschlossenheit der Vereinigten Staaten abhängen und welche hervorragende Rolle den Vereinigten Staaten bei der Wiederherstellung der Einheit Deutschlands zukommt. Es ist darum nur zu verständlich, daß das deutsche Volk der engen Freundschaft und Verbundenheit mit den Vereinigten Staaten, wie sie bei dem Besuch von Präsident Kennedy im Juni dieses Jahres eindrucksvoll demonstriert wurde, einen besonders hohen Wert beimißt. Die Bundesregierung wird deshalb fortfahren, in allen Fragen gemeinsamen Interesses sich in enger und freundschaftlicher Konsultation mit der amerikanischen Regierung abzustimmen.

Durch unsere Außen- und Wirtschaftspolitik zog sich seit der Gründung der Bundesrepublik als Leitgedanke der Wille, unser nationales Schicksal trotz seines Wertes in sich selbst nicht mehr in der Isolierung, geschweige denn nach nationalistischen und protektionistischen Vorstellungen zu formen. Nach meiner festen Überzeugung ist angesichts der weltpolitischen Konstellation und der heutigen Lebensbedingungen der Völker kein Land mehr für sich allein befähigt, sein Schicksal glücklich zu meistern. Wenn die Völker der freien Welt selbst unter großen materiellen Opfern die Voraussetzungen dafür schaffen müssen, sich verteidigen zu können, und gleichwohl dem wirtschaftlichen Fortschritt, dem Wohlstand und der sozialen Sicherheit breiteren Raum geben wollen, dann wird ihnen das nur gelingen können, wenn sie sich in ihren politischen Zielen einigen und durch die Zusammenfügung ihrer Kräfte ein höchstes Maß an politischer und wirtschaftlicher Effizienz erreichen. Aus solcher Erkenntnis heraus und im Bewußtsein der Notwendigkeit einer Neuordnung Europas wurde – inspiriert durch Männer wie Robert Schuman, Alcide de Gasperi und Konrad Adenauer, und nicht zu vergessen Winston Churchill – ein europäisches Bewußtsein entzündet, das über Erfolge und Rückschläge zum Abschluß der Römischen Verträge führte.

An deren Beginn stand ein politisches Bekenntnis, das nicht verloren gehen und vergessen sein darf. Im gleichen Geiste bekennt sich die Bundesregierung mit dem Hohen Hause eindeutig und nachdrücklich zu der Verpflichtung, die europäische Integration fortzuführen. Aber wir bleiben auch dessen eingedenk, daß die Zusammenführung der „Sechs“ von Anbeginn an nicht als das letzte Ziel gelten sollte.

Die europäische Integration ist in ein kritisches Stadium geraten. Die Ursache hierfür ist wohl zum Teil in interessengebundenen Differenzierungen zu suchen, aber vom Grundsätzlichen her kommen die Zweifel aus der Überlegung, ob eine *nur* wirtschaftliche Integration ohne politische Bindungen dem praktischen Leben und den staatspolitischen Gegebenheiten der beteiligten Länder gerecht zu werden vermag. Aus dieser Sicht ist mit jeder weiteren Übertragung nationaler Souveränitätsrechte auf europäische Organe die Frage zu stellen, ob nicht der Abbau der nationalen Zuständigkeit und Verantwortung, so wie es die Römischen Verträge wollen, in dem Aufbau einer europäischen politischen Gestalt mit parlamentarisch demokratischer Verantwortung eine Entsprechung finden muß.

Die Bundesregierung wird deshalb ihr ganzes Bemühen darauf richten, durch neue Aktivität in der politischen Formierung Europas Fortschritte zu erreichen.

Dem gleichen Ziele soll auch der deutsch-französische Vertrag nutzbar gemacht werden. Er dokumentiert die Aussöhnung der beiden Völker und soll zu einer bewegenden Kraft für die Einigung Europas werden. Alle Fragen der europäischen Politik rücken die Beziehungen zwischen dem deutschen und dem französischen Volk in den Mittelpunkt. Der Vertrag über gegenseitige Konsultation und Zusammenarbeit vom 22. Januar 1963 wird in der Folge mit immer mehr Leben zu erfüllen sein. Die Zusammenarbeit zwischen den beiden Völkern gründet sich auf gegenseitiges Verständnis und Vertrauen. Es liegt mir am Herzen zu versichern, wie sehr ich bereit bin, in den Beziehungen der Bundesrepublik zu Frankreich diese Haltung und Gesinnung zu bezeugen.

Die Bundesregierung hofft, daß das deutsch-französische

Jugendwerk noch vor Ablauf dieses Jahres seine Tätigkeit aufnehmen wird, das den Austausch und die Begegnung einer großen Zahl von jungen Menschen beider Völker ermöglichen soll. Damit schaffen wir die beste Voraussetzung dafür, daß das Werk der Versöhnung und Freundschaft von den kommenden Generationen weitergetragen und zum Wohle unserer beiden Völker und Europas immer mehr gefestigt wird.

Mit der Pflege und dem Ausbau unserer Beziehungen zu Frankreich müssen einhergehen enge freundschaftliche Beziehungen zu den anderen europäischen Staaten, wie vor allem zu Großbritannien, das uns durch Bündnisverträge, durch die Anwesenheit seiner Truppen zum Schutze unseres Landes und durch eine gemeinsam mit uns vereinbarte Deutschland- und Berlin-Politik verbunden ist. Wir erachten die Bemühungen, die innereuropäischen Bande zu Großbritannien zu intensivieren, als einen wesentlichen Teil unserer europäischen Politik.

Wer eine europäische Aufgabe darin erkennt, in der weltweiten Auseinandersetzung unserem Kontinent den gebührenden Rang zu sichern und stärkeres Gewicht zu verleihen, wird auf die Dauer nicht darauf verzichten können, sowohl auf politischem als auch auf wirtschaftlichem Felde eine Politik zu bejahen, die sich die Einigung aller freien Völker Europas zum Ziele setzt. Dabei sind wir uns bewußt, daß jedwede Stärkung Europas zugleich der Festigung der freien Welt zu dienen hat.

Ohne in diesem Zusammenhang die Frage der räumlichen Ausweitung der Europäischen Wirtschaftsgemeinschaft eingehender erörtern zu wollen, möchte ich doch darauf hinweisen, daß unser aller Bestreben darauf gerichtet bleiben muß, durch die Pflege und Vertiefung der wirtschaftlichen Beziehungen gegenüber Drittländern aufkommende Spannungen oder gar ein Auseinanderleben der Völker zu verhindern. Wenn auch eine sofortige Wiederaufnahme der Verhandlungen über den Beitritt Großbritanniens zum Gemeinsamen Markt derzeit nicht möglich erscheint, so gibt die Bundesregierung dieses Ziel nicht preis. Sie wird auch nicht aufhören, nach Mitteln und Wegen zu suchen, die Beziehungen zu den außerhalb der EWG stehenden Ländern zu intensivieren. Wir entsprechen damit Vorstellungen und Wünschen unserer europäischen Freunde. Die Bundesregierung begrüßt es deshalb auch, daß mit Griechenland und der Türkei und auch mit 18 Staaten Afrikas und Madagaskar Assoziierungsabkommen abgeschlossen werden konnten.

Eine enge Verflechtung mit der Weltwirtschaft bedeutet für die Europäische Wirtschaftsgemeinschaft nicht nur eine Lebensnotwendigkeit, sondern eine internationale Verpflichtung.

Dies gilt besonders für Deutschland, dessen Wirtschaft in starkem Maße exportorientiert, aber auch einfuhrabhängig ist. Der EWG-Vertrag fordert in Artikel 110, daß die Mitgliedsstaaten „zu einer harmonischen Entwicklung des Welthandels, zur schrittweisen Beseitigung der Hemmnisse im internationalen Handelsverkehr und zum Abbau der Zollschranken beizutragen haben". Ein „gemeinsamer Markt" darf nicht zu einem sich selbst genügenden Markt entarten. Eine solche Vorstellung entspräche auch nicht dem Geist der Römischen Verträge. Die „Kennedy-Runde" wird für die freie Welt zum Prüfstein ihrer Prinzipien. Ich brauche kaum zu versichern, daß sich die Bundesregierung mit Nachdruck für einen Erfolg dieser GATT-Verhandlungen einsetzen wird. Dabei ist sich die Bundesregierung zu ihrem Teil dessen bewußt, daß es sich bei Verhandlungen dieser Art immer um ein Geben und Nehmen handelt. Mit der Bezeugung unseres guten Willens erwarten wir auch bei unseren Partnern Verständnis dafür, daß die Wahrung unserer Lebensinteressen nicht auf allen Gebieten beliebige Konzessionen zuläßt.

Die Bundesrepublik, die wegen der fortdauernden Spaltung Deutschlands nicht Mitglied der Vereinten

Nationen ist, bekennt sich indessen zu deren Grundsätzen und Zielen. Das kommt in allen UN-Organisationen und Gremien, denen sie angehört, zum Ausdruck.

Unsere politischen und wirtschaftlichen Beziehungen zu den befreundeten Völkern des Nahen und Fernen Ostens, Afrikas und Südamerikas haben sich auf dem Fundament gegenseitiger Achtung und Gleichberechtigung in den vergangenen Jahren erfreulich fortentwickelt. Unsere Außenpolitik gegenüber diesen Ländern hat sich als richtig erwiesen; wir werden sie fortführen.

Das geteilte deutsche Volk hat stets besonderes Verständnis für das Verlangen anderer Völker nach Freiheit und Unabhängigkeit bewiesen. Es hofft und vertraut darauf, daß die Länder, die in Anwendung des Selbstbestimmungsrechts der Völker ihre nationale Selbständigkeit erlangt haben, auch für die deutsche Forderung, nämlich die Gewährung eben dieses Selbstbestimmungsrechts für unser Volk, Verständnis aufbringen.

Die Bereitschaft zur Mitgestaltung einer über die nationalen Interessen hinausgreifenden Politik schließt für uns auch die Verpflichtung ein, einen Beitrag zur Entwicklungshilfe zu leisten. Wir folgen dabei dem in der innerdeutschen Politik verwirklichten Grundsatz, daß eine auf die Dauer wirksame und fruchtbare Hilfe zuerst beim Menschen und bei der Entwicklung seiner Fähigkeiten anzusetzen hat. Das aber bedeutet auch, daß wir uns in jenen Ländern allein mit der Veränderung der technologisch-ökonomischen Faktoren nicht zufriedengeben sollten. Wie in unserem eigenen Staat kommt auch dort dem Aufbau einer gesunden wirtschaftlichen Ordnung als dem Fundament demokratischer Staatswesen hohe Bedeutung zu.

Der Erfolg unseres Bemühens ist daran abzulesen, daß es uns in steigendem Maße gelungen ist, durch unsere multilateralen Leistungen, aber auch durch unsere bilateralen Maßnahmen Ansatzpunkte für eine wirksame Aufbauförderung in Entwicklungsländern zu geben und unsere Freunde unter den großen Geberländern davon zu überzeugen, daß wir mit ihnen einen wesentlichen Teil dessen leisten, was von den Industrienationen im Sinne einer weltweiten Verantwortung gemeinsam besorgt werden muß.

Diese Aussage soll nicht darüber hinwegtäuschen, daß, wie bei der Vorlage des Haushaltsplanes 1964 ersichtlich werden wird, unserer Aufgeschlossenheit für die Entwicklungshilfe finanzielle Grenzen gesetzt sind. Sie überschreiten zu wollen wäre nicht zu verantworten. Der Zwang zur Beschränkung auf das Mögliche soll umgekehrt vor der Weltöffentlichkeit die Ernsthaftigkeit unseres Willens bekunden, die Entwicklungshilfe als eine Daueraufgabe von hohem Rang zu akzeptieren.

Neben den heutigen Hilfsmaßnahmen werden andere Möglichkeiten der Förderung an Bedeutung gewinnen. Zu erwähnen sind in diesem Zusammenhang handelspolitische Maßnahmen und z.B. das in diesen Tagen dem Bundestag zugeleitete Entwicklungshilfe-Steuer-Gesetz. Mit diesem Gesetz sollen private Initiativen für den Aufbau der Entwicklungsländer mobilisiert werden, die bei vernünftiger Anwendung gleichzeitig die Bildung eines staatstragenden Mittelstandes in diesen Ländern wirksam fördern sollen. Hier verdient auch der von dem Herrn Bundespräsidenten geförderte Entwicklungsdienst dankbare Würdigung.

Unsere Eingliederung in die Weltpolitik und in übernationale politisch-ökonomische Systeme zwingt uns zu einer fortdauernden Überprüfung und Zusammenschau unserer inneren Lebensordnung. Nach Herkommen und Gewöhnung und gewiß auch aus verwaltungstechnischen Notwendigkeiten ist es fast zur Selbstverständlichkeit geworden, die verschiedenen Lebensbereiche eines Volkes nach ressortmäßiger Aufgliederung zu behandeln. Zwar versucht die Regierung, einer einseitigen Betrachtung durch die Bildung von interministeriellen Ausschüssen zu begegnen, aber gleichwohl bleibt von der Sache und vom Effekt der Entscheidung her ein unbefriedigender Rest. Ich halte es für eine besonders wichtige Aufgabe, die Verwaltungstechnik und -praxis so zu reformieren, daß sie den Anforderungen eines modernen Staatswesens gerecht werden und aufgeschlossenem Bürgersinn entsprechen. Dem neu zu bestellenden Bundesbeauftragten für Wirtschaftlichkeit eröffnet sich hier ein weites Betätigungsfeld.

Alle meine Kabinettskollegen stimmen mit mir darin überein, daß sie sich nicht nur als Ressortminister, sondern nicht minder als Mitglied des Gesamtkabinetts verantwortlich fühlen. Seien wir – ob Regierung oder Parlament – uns immer dessen bewußt, daß jede vermeidbare Reibung und unnütze Spannung in unserer Zusammenarbeit im deutschen Volke Unbehagen auslösen und dazu beitragen, das notwendige Vertrauen zwischen Volk, Parlament und Regierung zu erschüttern.

Gerade weil wir uns redlich um eine Neuordnung des demokratischen Lebens in Deutschland bemüht haben, sollten wir trotz der Spaltung unseres Vaterlandes den Mut haben, uns als Volk geschlossen zur Bundesrepublik, d. h. zu unserem Staat, zu bekennen. Ein wenig entwickeltes Staatsbewußtsein nährt die gesellschaftlichen Spannungen und schwächt die Kraft, die wir benötigen, um der Sehnsucht aller Deutschen nach einem Zusammenleben in einer freiheitlichen und friedlichen Ordnung Aussicht auf Erfüllung zu bieten.

Gewiß gehört es zum Wesen der parlamentarischen Demokratie, daß sich der Bundeskanzler auf eine Fraktion oder Koalition stützt, die im Parlament über die Mehrheit verfügt. Mit seiner Wahl aber hat er sich über alle Parteiungen hinweg als Sachwalter des ganzen deutschen Volkes zu fühlen und aus dieser Verantwortung heraus zu handeln. Zur Wahrung dieses Grundsatzes bekenne ich mich vor dem Hohen Hause ausdrücklich. So erblicke ich denn auch in der Opposition einen notwendigen und vollwertigen Bestandteil des parlamentarisch-demokratischen Systems und erwarte, daß unsere gewiß unvermeidlichen Auseinandersetzungen von diesem Geist getragen sein werden.

Dabei darf die Bundesregierung voraussetzen, daß über wichtige Ziele unserer Politik – auch der Innenpolitik – vor allem hinsichtlich der gemeinsamen Verpflichtung, die Stabilität unserer Wirtschaft und Währung zu wahren, Übereinstimmung besteht. Die Anerkennung des Vorrangs dieser Forderung bedeutet nicht – wie oft gesagt und verwechselt – einen Verzicht auf wirtschaftliches Wachstum und die daraus fließenden materiellen Verbesserungen, aber sie zeigt nicht minder deutlich die Grenzen des Begehrens und die Möglichkeiten des Erfüllens auf.

Wenn die Bundesregierung dem Hohen Haus den Haushaltsplan für 1964 vorlegen wird, kann über die Bedeutung und den Ernst dieser Aussage kein Zweifel bestehen. Es erscheint mir in Übereinstimmung mit dem Bundesfinanzminister zwingend geboten, daß sich Regierung und Parlament hinsichtlich der materiellen Anforderungen an den Haushalt über eine Rangordnung der Werte verständigen und in gerechter Abwägung der Notwendigkeiten und Dringlichkeiten in gegenseitiger Rücksichtnahme auch Teillösungen zu akzeptieren bereit sind. Die seitherige Entwicklung der wirtschaftlichen und sozialen Verhältnisse in der Bundesrepublik läßt die glaubhafte Aussage zu, daß ein noch nicht oder nicht voll erfüllbares Begehren nicht schlechthin abgeschrieben werden müßte. Die kommenden Haushaltsberatungen werden den Rahmen für die möglichen Ausgaben und Leistungsverbesserungen zu setzen haben.

Ich hoffe, daß dieses harte Muß als ein zwingendes Gebot beachtet werden wird. Würde sich diese meine Erwartung nicht erfüllen, dann erwächst mir aus meinem Diensteid die Verpflichtung, um das deutsche Volk vor Schaden zu bewahren, den Artikel 113 des Grundgesetzes anzuwenden. Vor seiner Anwendung werde ich gewiß nichts unversucht lassen, die Fraktionen zu einer maßvollen, die Stabilität gewährleistenden Ausgabenwirtschaft zu bewegen, aber ich würde mich auch nicht scheuen, den zunächst vielleicht unpopulär anmutenden Weg des Einspruchs zu beschreiten. Schließlich hat die Bundesregierung die Verantwortung gegenüber jedem Bürger und damit auch gegenüber jedem Sparer. Dies wird für jedermann erkennbar, wenn ich auf die Höhe der Spareinlagen von über 70 Mrd. DM verweise.

In solchem Zusammenhang hängt viel von dem verantwortungsbewußten Verhalten der Tarifpartner ab. Das Geschehen in vielen Ländern sollte uns mahnen, besonnen zu bleiben und uns in den Grenzen des Möglichen zu bewegen. Ich erkenne an, daß die letzten Vereinbarungen der Sozialpartner über Lohnhöhe und Vertragsdauer einen Fortschritt bedeuten. Unter diesen Bedingungen und in der Erwartung, daß auch in Zukunft selbst harte Auseinandersetzungen nicht zu reinen Machtkämpfen entarten, zögert die Bundesregierung nicht, sich zur Wahrung der Tarifautonomie zu bekennen. Die Bundesregierung hat das betonte Ja der Gewerkschaften zur staatsbürgerlichen Verantwortung dankbar begrüßt. Sie erwartet, daß diese auch in ihrem Bereich den demokratischen Grundfreiheiten der von ihnen betreuten Menschen uneingeschränkt Raum geben.

Es wird immer einen Widerstreit der Interessen geben. Auch das Verhältnis von Bund und Ländern ist davon nicht frei. Mag die derzeitige Situation auch unbefriedigend sein, so hat es doch keinen Sinn – ja, es ist Unsinn –, sich in gegenseitigen Vorwürfen zu ergehen und nach Schuldigen zu fragen. Ich jedenfalls werde in voller Unvoreingenommenheit bemüht sein, zu gesunden und gedeihlichen Grundlagen einer für das Wohl des Staates – und das heißt gewiß auch zum Nutzen der Länder – fruchtbaren und freundschaftlichen Zusammenarbeit zu gelangen.

Ein Bundesstaat wie die Bundesrepublik verträgt nicht ein nebengeordnetes Staatenbund-ähnliches System. Wir müssen uns vielmehr in jedem Augenblick der inneren Geschlossenheit und der Geltung unseres Staates als einer Einheit in der Vielfalt bewußt bleiben. Damit werden wir auch den Vorstellungen des ganzen deutschen Volkes und den Notwendigkeiten europäischer und atlantischer Bindungen gerecht.

Der Bund hat ein elementares Interesse an einem guten Verhältnis zu den Ländern, wie umgekehrt den Ländern an einer guten Zusammenarbeit mit dem Bund gelegen sein muß. Es hat gewiß auch keinen Sinn, den tatsächlich oder vermeintlich zu engen Raum, den das Grundgesetz dem Bunde gibt, zu kritisieren. Laut ausgesprochene Wunschträume oder Überlegungen der Art etwa, welche Verfassung wir uns geben würden, wenn wir noch einmal von vorn beginnen könnten, scheinen mir für den Augenblick keinen Schritt vorwärts zu führen. Sie schaden vielmehr, weil sie immer aufs neue Mißtrauen zwischen Bund und Ländern zu nähren geeignet sind.

Es ist uns gemeinsam aufgegeben, das Bund-Länder-Verhältnis, von dem alles durchdringenden Gedanken des Gemeinwohles ausgehend, zum Besseren zu wenden. Die in der Vergangenheit aufgebaute Hypothek des Mißtrauens muß abgetragen werden. Deshalb beabsichtige ich, die Herren Ministerpräsidenten der Länder ehestens zu einer grundlegenden Besprechung einzuladen und diese Verbindung zu pflegen. Ich zolle der Aufgabe und der Leistung der Länder vollen Respekt und bin gewiß, daß diese auch volles Verständnis für die der Verantwortung des Bundes obliegende deutsche Innen- und Außenpolitik bezeugen werden. Der Bundesminister für Angelegenheiten des Bundesrates und der Länder wird die Kontaktpflege mit den Ländern weiter intensivieren.

Ein neuer Geist und Stil der Beziehungen zwischen Bund und Ländern wird sich in der Auseinandersetzung über die Höhe des Bundesanteils an der Einkommen- und Körperschaftsteuer zu bewähren haben. Eine klare Abgrenzung der Finanzverantwortlichkeit zwischen Bund, Ländern und

Gemeinden sowie eine angemessenere Verteilung der Steuereinnahmen auf alle Gebietskörperschaften ist dringlich geworden. Die Vorarbeiten für eine Finanzreform, die eine allzu lange Verzögerung erfahren haben, werden deshalb unverzüglich aufgenommen. Ich bin mit dem Bundesfinanzminister über die Bedeutung dieser Aufgabe einig, denn das Ziel, einen gerechten Ausgleich von Einnahmen und Ausgaben von Bund, Ländern und Gemeinden zu erreichen, bietet dem Steuerzahler den besten Schutz gegen eine überhöhte Belastung. Sosehr ich um die Eilbedürftigkeit dieser Arbeiten weiß, ist doch die Finanzreform mit Erfolg nur Schritt für Schritt zu verwirklichen.

Gleichwohl muß diese schwierige Aufgabe sofort in Angriff genommen werden. Der deutsche Staatsbürger ist es leid, dauernd mit der Bereinigung des Bund-Länder-Verhältnisses befaßt zu werden. Er hat, wenn es um das Wohl des Ganzen geht, für Prestige- und Zuständigkeitsfragen kein Verständnis.

Auch das gehört zu einem wachen Staatsbewußtsein, daß wir bei aller Verbundenheit und Liebe zu unserer engeren Heimat nur um *ein* Vaterland wissen, das Deutschland heißt. Aus solcher Sicht mutet ein Anti-Bund- oder ein Anti-Länder-Komplex als eine fast mittelalterliche Reminiszenz an.

Das Bund-Länder-Verhältnis wird zu einer Lebensfrage, wenn es sich um Zuständigkeit und Verantwortung für das Schul- und Bildungswesen oder um das weite Gebiet der Forschung handelt. So gewiß die Bundesregierung bereit ist, die Zuständigkeit der Länder in der Kulturpolitik zu respektieren, so gewiß hat doch die Bundesregierung die Pflicht, vorausblickend die Lebensbedingungen eines modernen Staates zu garantieren. Das aber bedeutet, den Menschen auf allen Bildungsstufen das geistige Rüstzeug an die Hand zu geben, ihnen die technischen Kenntnisse und Fertigkeiten zu vermitteln, deren sie und wir alle nicht entraten können, wenn wir in einer dynamischen Welt unseren Rang behaupten und unsere Zukunft gesichert wissen wollen. Ohne dieses Thema hier eingehender behandeln zu können, möchte ich doch ganz deutlich machen, daß sich hier ein weites Feld der Heran- und Fortbildung unserer Jugend eröffnet, das das allgemeine Schul- und Fachschulwesen wie auch Hochschulen und Universitäten bis zur Forschung und Lehre hin einschließt. Dieser kritische Situationsüberblick darf uns nicht übersehen lassen, daß es auch vorbildliche Leistungen gibt. Ich erinnere nur an unser Berufsausbildungssystem, das als mustergültig bezeichnet werden kann.

Ohne Verstärkung der geistigen Investitionen müßte Deutschland gegenüber anderen Kultur- und Industrieländern zurückfallen. Das aber hieße, nicht nur den wirtschaftlichen Fortschritt und Wohlstand, sondern auch die soziale Sicherheit aufs Spiel zu setzen. Bund und Länder müssen zusammenwirken, um eine große, gemeinsame Aufgabe mit Tatkraft anzupacken. Es muß dem deutschen Volk bewußt sein, daß die Aufgaben der Bildung und Forschung für unser Geschlecht den gleichen Rang besitzen wie die soziale Frage für das 19. Jahrhundert.

Vergessen wir auch nicht, daß der Pflege der kulturellen Beziehungen zu anderen Ländern eine immer stärkere außenpolitische Bedeutung zukommt. In friedlichem Wettkampf messen die Nationen ihre Kräfte auf dem Gebiet der Wissenschaft, der Kultur, der Kunst und des Sports. Das Bild des Deutschland von heute spiegelt sich nicht nur in wirtschaftlichen Leistungen wider, sondern wird in der Wertung anderer Völker wesentlich von dem Beitrag Deutschlands zur geistigen Neugestaltung der Welt geprägt.

Gewiß ist das Wort vom „Volk der Dichter und Denker" abgegriffen. Dennoch sollten wir nicht vergessen – und es auch vor der Welt deutlich machen –, daß deutsche Geschichte nicht nur Schande barg, sondern daß wir durch die Jahrhunderte Väter hatten, die uns der geistigen Welt verpflichten.

Mögen die Früchte dieser Arbeit auch langsam reifen, so werden es doch wertvolle Früchte sein, die nicht nur uns zugute kommen sollen.

Wenn wir von Wirtschafts-, Agrar-, Sozial-, Steuer- oder Verkehrspolitik sprechen und in der ressortmäßigen Behandlung dieser Fragen Fortschritte zu erzielen suchen, so wird diese Arbeit vom Ganzen her gesehen doch erst sinnvoll und fruchtbar, wenn sie sich an einem gesellschaftlichen Leitbild orientiert. Es geht schlechthin um die Fortgestaltung unserer Lebensordnung, aus deren Bejahung einem Volke ein waches Lebensgefühl und ein starker Lebensmut zufließen. Wir sind vielleicht auf diesem Wege zu sehr im Technischen steckengeblieben. Das findet seinen Ausdruck z. B. darin, daß gegenüber jedem Gesetzgebungswerk nur noch vorgefaßte und vorgeformte Kollektivmeinungen vertreten werden – fast möchte ich sagen: Man sieht vor lauter Bäumen den Wald nicht mehr.

Dazu ist ein Weiteres festzustellen! Obwohl wir aus dem Geschehen der letzten 15 Jahre angesichts auch des Fortschritts in der individuellen Lebensführung von Zuversicht und Vertrauen in unsere Kraft getragen sein müssen und sein können, will dennoch eine Stimmung des Sich-selbst-Bemitleidens und eines selbstquälerischen Pessimismus um sich greifen.

Auch scheint es mir ein Zeichen unserer Zeit zu sein, die Beziehung zwischen Leistung und Ertrag – vom Einzelnen und vom Ganzen her gesehen – allzu leicht zu vergessen. Nüchternheit in der Sache und innere Wahrhaftigkeit sind unerläßliche Voraussetzungen, um wichtige gesellschaftspolitische Aufgaben erfolgreich in Angriff zu nehmen und sich nicht in romantischen Vorstellungen zu verlieren.

In diesem Geiste haben wir uns auch mit der Frage der Eigentumspolitik zu befassen. Ohne die oft gebrauchten Thesen „Wohlstand für alle“, „Eigentum für jeden“ u. a. m. an dieser Stelle noch einmal interpretieren zu wollen, kann und soll niemand an der Ernsthaftigkeit des

Willens der Bundesregierung zweifeln, daß sie auf dem Wege über immer breiter gestreutes privates Eigentum das Selbstbewußtsein zu wecken und den Bürgersinn zu stärken wie auch das soziale Ansehen und die wirtschaftliche Sicherheit zu mehren bestrebt ist.

Es ist nicht nur in nationalökonomischen Lehrbüchern nachzulesen, sondern es ist lebendige, praktische Erfahrung, daß dieses Ziel – soll nicht Schaden für die Gesamtheit daraus erwachsen – nicht auf dem Wege der Umverteilung bestehender Vermögen erreicht werden kann. Jede Bildung von Eigentum setzt Sparen und Konsumverzicht voraus. Der Ansatz für eine erfolgreiche Eigentumspolitik wird jedermann sichtbar, wenn ich darauf verweise, daß das durchschnittliche Brutto-Einkommen aus Lohn und Gehalt je beschäftigten Arbeitnehmer seit 1950 von rd. 2900,– DM auf nunmehr über 7700,– DM angestiegen ist. Damit wird aber auch der unlösbare Zusammenhang zwischen Produktivität und Leistungsgrad einer Volkswirtschaft und der Chance individueller Vermögensbildung aufgezeigt.

Die bisher von der Bundesregierung eingeleiteten Sparförderungsmaßnahmen sind von vielen Erwerbstätigen wahrgenommen worden. Die Eigentumsbildung soll in Zukunft nachdrücklicher zugunsten der einkommensschwachen Bevölkerungskreise gefördert werden. Bei höheren und hohen Einkommen kann und soll auf solche Impulse verzichtet werden – unbeschadet der Aufrechterhaltung des Grundsatzes, daß die private Alterssicherung allgemein steuerliche Begünstigung verdient. Daß im Rahmen dieser Überlegungen fiskalische Grenzen berücksichtigt werden müssen, versteht sich von selbst.

Als eigentumsfördernde Maßnahmen, die noch in dieser Legislaturperiode entwickelt bzw. umgeformt werden sollen, strebt die Bundesregierung die Harmonisierung der verschiedenen Sparförderungen an. Des weiteren soll das Gesetz zur Förderung der Vermögensbildung der Arbeitnehmer praktikabler gestaltet und die soziale Privatisierung fortgesetzt werden. Mir liegt insbesondere auch daran, bei einer Überprüfung der Wohnungsbaugesetze dem Hohen Hause wirkungsvolle Maßnahmen zur Privatisierung des öffentlich geförderten Wohnungseigentums vorzuschlagen.

Vergessen wir nicht, daß eine moderne und freiheitliche Gesellschaftspolitik den Menschen in dem Bewußtsein des Wertes und der Würde seiner Persönlichkeit stärken will. Dieses Bild hat unserer Sozialpolitik als Richtschnur zu dienen. Es bedeutet keinen gedanklichen Widerspruch, wenn die Bundesregierung nach wie vor auch die kollektiven Formen der Lebenssicherung bejaht. Immerhin aber kann nicht übersehen werden, daß die Fähigkeit und die Bereitschaft zur eigenverantwortlichen Vorsorge in enger Beziehung und Abhängigkeit von Art und Umfang der kollektiven Sicherheit stehen.

Es war natürlich und notwendig, nach dem Zusammenbruch eine neue Sozialordnung aufzubauen, wie sie sich in unserer Gesetzgebung widerspiegelt. Mit dem Blick nach vorwärts aber und angesichts der Hebung der materiellen Lebensverhältnisse der in abhängiger Arbeit stehenden Menschen wird es nützlich sein, innerhalb unserer Sozialordnung der individuellen Verantwortung breiteren Raum zu geben. In dieser sich bewegenden Welt dürfen wir nicht in den Vorstellungen von gestern erstarren.

Die Bundesregierung wird ihre Raumordnungspolitik zielstrebig aktivieren. Eine wirksame Raumordnung ist ein notwendiger Bestandteil einer verantwortungsbewußten Gesellschaftspolitik und unerläßliche Voraussetzung für die Erneuerung unserer Städte und Dörfer sowie die Fortführung des Wohnungsbaus.

Die Bundesregierung erhofft die baldige Verabschiedung des dem Parlament vorliegenden Bundesraumordnungsgesetzes. Sie sieht in diesem Gesetz ein unerläßliches Mittel für eine wirksame Raumordnungspolitik in Bund und Ländern.

Außerdem arbeitet die Bundesregierung an einem Gesetz zur Förderung städtebaulicher Maßnahmen in Stadt und Land. Hier geht es vor allem darum, die Städte und Dörfer entsprechend unseren gesellschaftspolitischen Vorstellungen so zu gestalten, daß sie in Anlage und Gliederung den neuzeitlichen Bedürfnissen der Bevölkerung entsprechen.

In der Bundesrepublik ist unverkennbar ein Prozeß im Gange, der die Daten unseres wirtschaftlichen und gesellschaftlichen Lebens grundlegend gewandelt hat. Wir sind nach Überwindung des Klassenkampfes über wachsenden Wohlstand auf dem besten Wege, immer mehr Bürger zu einem bewußteren Lebensstil und Lebensgefühl zu verhelfen. Immer ausgeprägter kommt der Fortschritt allen Schichten unseres Volkes zugute.

Der Sozialpolitik sind sowohl kurzfristig zu lösende Aufgaben gestellt, wie sie sich auch mit zukunftsweisenden Problemen zu befassen hat. Eine gründliche Durchleuchtung der heutigen Sozialgesetzgebung ist unabdingbar geworden. Darum wird die Bundesregierung unverzüglich die Durchführung einer Sozial-Enquête veranlassen, die die Grundlage dafür bilden soll, die sozialen Leistungen und Maßnahmen in ihrer Ganzheit und in ihren gegenseitigen Beziehungen überschaubar zu machen. Sie soll die Voraussetzung für eine Sozialgesetzgebung in einem Guß schaffen.

Vordringlich erscheint in der Fortführung unserer Sozialpolitik der Ausbau des Familien-Lastenausgleichs. Der Familie muß der ihr zukommende Platz in Gesellschaft und Staat gesichert werden. Sie hat einen Anspruch darauf, an dem wirtschaftlichen Aufstieg unseres Volkes teilzuhaben. Darum gilt der kinderreichen Familie die besondere Sorge der Bundesregierung. Neben materiellen Hilfen aber sollen auch andere Maßnahmen dem Schutze der Familie dienen. Durch gleiche Bildungsmöglichkeiten auf den verschiedenen Stufen, je nach Neigung und Begabung, unserer Jugend – ohne Rücksicht auf Einkommen und Vermögen der Eltern – gleiche Lebens- und Fortkommenschancen einzuräumen ist wesentlicher Bestandteil einer positiven Familienpolitik.

Wache Aufmerksamkeit auch seitens des Staates muß die Erhaltung der Gesundheit unseres Volkes beanspruchen. Dabei ist die körperliche Ertüchtigung, um die sich die deutsche Turn- und Sportbewegung große Verdienste erworben hat, von besonderem Wert. Der Schutz der Bevölkerung vor Umweltschäden macht es notwendig, daß die Wirtschaft ihre soziale Verpflichtung bei der Entwicklung der Technik durch Maßnahmen zur Abwehr von Schäden für die Menschen erkennt und verwirklicht.

Dem Deutschen Bundestag sind von der früheren Bundesregierung eine Reihe wichtiger sozialer Gesetze vorgelegt worden. Da auch die von mir gebildete Regierung die Verbesserung sozialer Leistungen für unverzichtbar hält, möchte ich sehr wünschen, daß die Beratungen über diese Gesetze bald zu einem befriedigenden Abschluß gelangen. Die Bundesregierung teilt die einmütige Auffassung des Parlaments, daß der Arbeiter im Krankheitsfalle in gleicher Weise wie der Angestellte wirtschaftlich gesichert werden soll. Wir sind uns alle bewußt, daß die Neuregelung der gesetzlichen Krankenversicherung schwierige Probleme aufwirft. Es ist die Absicht der Bundesregierung, die Sozialversicherten vor einer immer weitergreifenden Kollektivierung zu bewahren.

Die Tatsache, daß die in Arbeit Stehenden in weitem Umfang die Verpflichtung übernehmen, für die nicht mehr Erwerbstätigen Sorge zu tragen, und die Rentenversicherung sie auch noch an der steigenden Produktivität der Volkswirtschaft teilhaben läßt, kennzeichnet die Aufgeschlossenheit unserer Sozialpolitik und deren Fundierung auf dem Grundsatz einer die Generationen verbindenden Solidarität. Die Veränderungen im Altersaufbau der Bevölkerung, die längere Ausbildungszeit unserer Jugend, ihr späteres Eintreten in das Erwerbsleben, die Verbesserung des Gesundheitswesens, der Fortschritt der medizinischen Wissenschaft und die dadurch erreichte höhere Lebenserwartung – das alles muß bei der Fortentwicklung unserer Sozialpolitik vorausschauend bedacht werden.

In der kommenden Zeit wird eine stagnierende oder vielleicht sogar absinkende Zahl von Voll-Erwerbstätigen für eine immer größere Zahl aus dem Arbeitsprozeß Ausgeschiedener die erforderlichen Mittel aufzubringen haben. Der Anteil der über Fünfundsechzigjährigen wird sich in wenigen Jahren gegenüber der Vorkriegszeit verdoppeln. Um nicht mißverstanden zu werden, erkläre ich ausdrücklich, daß es nicht in unserer Absicht liegt, das Pensionsalter der Beamten und die Altersgrenze der Arbeiter und Angestellten nach oben zu rücken. Aber wenn uns die Vor- und Fürsorge für ältere und alte Menschen am Herzen liegt, dann sollten wir ihnen im allgemeinen Interesse die Chance geben, auch später ihr Können und ihr Wissen nicht ungenutzt zu lassen und aus solcher Arbeit natürlich auch persönlich Nutzen zu ziehen. Soweit alte Menschen nicht in der Geborgenheit der Familie leben können, wird die Errichtung von Altersheimen gewiß zum Segen vieler Menschen. Aber auf vielen, die aus ihrer Berufstätigkeit ausschieden, lastet doch auch die Bedrückung, die Verbindung zum Leben zu verlieren. Ich habe den sicheren Eindruck, daß hier ein menschliches Problem vorliegt, dessen wir uns anzunehmen haben.

Die Bundesregierung hat den Vorstellungen über Verbesserungen der Kriegsopferversorgung durch den dem Hohen Haus vorgelegten Entwurf eines 2. Gesetzes zur Änderung und Ergänzung des Kriegsopferrechts Rechnung getragen. Mir ist an einer baldigen Verabschiedung dieses Gesetzes gelegen; aber auch für diesen Bereich hat der wiederholt herausgestellte Grundsatz zu gelten, die finanziellen Grenzen des Haushalts nicht zu überschreiten.

Die Bundesregierung akzeptiert die rechtliche und moralische Verpflichtung des Staates, Einbußen an Leben und Gesundheit, die im Dienst für die Allgemeinheit erlitten wurden, zu entschädigen. Sie hält es aus diesen Gründen für ihre Pflicht, alles zu tun, die Kriegsopferversorgung angemessen und würdig zu gestalten.

Meine besondere Sorge werde ich der Fortsetzung der sozialen und wirtschaftlichen Eingliederung der Vertriebenen, Flüchtlinge, Kriegssachgeschädigten, der ehemaligen Kriegsgefangenen und der politischen Häftlinge zuwenden. Dabei geht es nicht nur um ein Gebot der sozialen Gerechtigkeit. Der rasche Wiederaufbau Deutschlands nach dem Kriege wäre ohne die großen Leistungen der Vertriebenen und Flüchtlinge nicht denkbar gewesen. Dafür gebührt ihnen Dank und Anerkennung. Wir werden alle Möglichkeiten der Eingliederung ausschöpfen, das bereits Geschaffene sichern und das vollenden, was noch vollendet werden kann.

Wenn ich den Raum, den die Haushaltslage der kommenden Jahre für soziale Leistungsverbesserungen offen läßt, in Beziehung zu den Vorstellungen setze, die in dieser Richtung gehegt werden, zwingt das Gebot der Stabilität zu der Feststellung, daß wir, wie schon gesagt, nach Wertigkeit, Dringlichkeit und Nützlichkeit im Rahmen der gegebenen Möglichkeiten ein Bezugssystem und einen längerfristigen Zeitplan aufstellen müssen. Lassen Sie mich ein offenes Wort sprechen: Wir müssen uns entweder bescheiden oder mehr arbeiten. Die Arbeit ist und bleibt die Grundlage des Wohlstandes. Es muß uns ferner daran gelegen sein, die mit dem wachsenden Wohlstand sichtbar gewordenen Mißstände auf ein Mindestmaß zu beschränken. So mancher Begüterte scheint in seiner persönlichen äußeren Lebensführung nur allzu leicht zu vergessen, daß der Wohlstand wohl eine Grundlage, nicht aber das Leitbild unserer Lebensgestaltung schlechthin ist. Sicher handelt es sich dabei um solche Leute, denen es leichter war, den Wohlstand zu erringen als ihn zu bewältigen. Wenn deren Haltung oft sogar zum öffentlichen

Ärgernis wird, dann bin ich mir wohl bewußt, daß solche Entartungserscheinungen nicht durch Gesetze eingefangen werden können, sondern daß die Kreise, die es angeht, das Ihre tun müssen, um ein Standesbewußtsein zu entwickeln, das unserem sozialen Leben und unserer Stellung in der Welt gemäß ist.

Die Bundesregierung will ihrerseits bei allen relevanten Gesetzen und Verordnungen prüfen, mit welchen geeigneten Maßnahmen sie derartigen Mißständen begegnen könnte.

Wenn ich Grundfragen des Rechts und der Rechtspolitik in den Vordergrund rücke, so nicht zuletzt deshalb, weil nicht übersehen werden kann, daß in der deutschen Öffentlichkeit ein echtes Bedürfnis nach Klarheit und Übersichtlichkeit des Rechts lebendig ist. Ich habe den Eindruck, daß unser Rechtssystem unter einer allzu großen Aufsplitterung leidet.

Unser Recht birgt in manchen Teilen keine volle Harmonie in sich und steht mit dem Gerechtigkeitssinn der Bürger nicht immer in Einklang. Wir dürfen es in der Erinnerung an die vergangene Zeit des Unrechtsstaates als einen großen Gewinn verbuchen, daß das deutsche Volk für Fragen des Rechts in hohem Maße aufgeschlossen ist.

Der Blick auf die Willkürregime jenseits der Zonengrenze macht uns bewußt, wie zwingend die Rechtsordnung zu unserer Lebensordnung gehört. Als Regierungschef bekenne ich mich zu der hohen, allerdings auch selbstverständlichen Verpflichtung, die rechtsstaatlichen Prinzipien in unserem Lande zu wahren. Manche Rechtsbereiche sind nach Auffassung des Justizministers, der ich mich anschließe, in einer Weise geregelt, die sich unnötig von vergleichbaren Regelungen in anderen Rechtsbereichen entfernt. Die Zahl der geschriebenen Normen mit ihren vielen Einzelbestimmungen erschwert die Übersicht über das geltende Recht und seine Verwirklichung, zumal die Vorschriften vielfach zu verschiedenen Zeiten mit unterschiedlichen politischen und sozialen Zuständen, also nicht aus dem gleichen Geist heraus, entstanden sind. Das heißt, daß wir uns für die Zukunft noch mehr um ein von allgemeiner Rechtsüberzeugung getragenes, von klaren und zeitnahen rechtspolitischen Grundsätzen übersichtlich und verständlich gestaltetes Gesetzesrecht zu bemühen haben. Es kommt darauf an, das Vertrauen des Bürgers zum Recht zu vertiefen und zu stärken.

Deshalb bittet die Bundesregierung das Hohe Haus, die vorgelegten Reformwerke wie die Reform des Strafrechts des Aktienrechts und des Urheberrechts zügig weiter zu beraten.

Die Bundesregierung empfindet es weiterhin als ihre Aufgabe, der Rechtszersplitterung zu begegnen und dem Hohen Haus entsprechende Vorschläge auf dem Gebiet des Verfahrensrechts zu unterbreiten. Auch soll gemeinsam mit den Ländern nach Möglichkeit noch in dieser Legislaturperiode ein einheitliches Recht für das Verwaltungsverfahren und damit erstmalig eine einheitliche kodifizierte Ordnung der Verwaltungstätigkeit gesetzt werden.

Ich fasse zusammen: Das Recht sollte uns allen und jedem Bürger zu heilig sein, als daß es manchmal in recht einseitiger Darstellung zum Spielball demagogischer Auseinandersetzungen herabgewürdigt wird. Wenn in einer freien demokratischen Ordnung jeder Staatsbürger an der Wahrung des Rechts lebendigen Anteil nehmen soll, so obliegt uns allen die gewiß noch höhere Verpflichtung, zu jeder Zeit und ohne Ansehen der Person für Recht und Gesetz einzutreten.

Zur Mehrung der Rechtsklarheit und Rechtssicherheit gehört es auch, jene Gesetze zu verabschieden, die – wenn auch unter unterschiedlichen Aspekten – dem Schutze der Person und der Gesellschaft zu dienen haben. Es liegt dem Hohen Hause bereits ein umfassendes Gesetzgebungswerk unserer Notstandsverfassung vor. Es kommt darauf an, dem Staat und seinen Organen eine gesetzliche, von rechtsstaatlichen Vorstellungen geformte Grundlage für das Handeln im Notfalle zu geben. Gerade die Diskussionen der letzten Wochen haben deutlich gemacht, wie dringend erwünscht es ist, in diesem Bereich das alliierte Recht durch deutsche Vorschriften zu ersetzen, um so die Lücken zu schließen, die bis heute durch alliierte Verordnungen provisorisch und auch noch unzulänglich ausgefüllt wurden.

Dabei bin ich mir der Schwierigkeiten, die bei der Behandlung der Ihnen vorliegenden Entwürfe zur Ergänzung des Grundgesetzes zu meistern sein werden, voll bewußt. Von dem gleichen Grundgedanken ausgehend, ist die Bundesregierung entschlossen, dem Parlament den Entwurf eines Gesetzes vorzulegen, das im Einklang mit Art. 10 des Grundgesetzes die für jedermann erkennbaren Ausnahmen festlegt, in denen aus Gründen der Sicherheit der Staates und seiner Bürger wie auch der bei uns stationierten alliierten Truppen gewisse Einschränkungen des Post- und Briefgeheimnisses geboten sind.

Wenn ich von solchen wichtigen Fragen des öffentlichen Lebens spreche, dann bedarf es eines weiteren Hinweises. Die Bundesregierung weiß um die große Bedeutung des öffentlichen Dienstes für die innere und äußere Ordnung unseres Staates. Sie wird sich in Anerkennung der auch in diesem Bereich erbrachten großen Leistungen den weiteren Ausbau des Rechts der im öffentlichen Dienst Tätigen angelegen sein lassen.

Bei der Ausgestaltung unseres Besoldungsrechts geht es darum, die innere Gerechtigkeit in unserem Besoldungssystem, die durch viele Änderungen der letzten Jahre Schaden gelitten hat, wieder herzustellen. Darüber hinaus wird sich die Bundesregierung bemühen, den Verbund der Besoldung in Bund, Ländern und Gemeinden als Voraussetzung für eine große Besoldungsreform rechtlich zu fundieren. Eine gute, in sich abgewogene Ordnung im Besoldungssystem aller Bereiche des öffentlichen Dienstes ist und wirkt als ein stabilisierender Faktor im Gesamtgefüge der Lohn-, Gehalts- und Arbeitszeitvereinbarungen.

Wenn ich erst spät auf die Wirtschaftspolitik zu sprechen komme, für die ich über fünfzehn Jahre lang die unmittelbare Verantwortung trug – ja, sie von ihren Anfängen her gestaltete –, dann kann ich darauf verzichten, an dieser Stelle neue, grundlegende Erklärungen abzugeben. Das gilt um so mehr, als sich heute offenkundig alle Fraktionen dieses Hohen Hauses zur „Sozialen Marktwirtschaft" bekennen wollen. Nach allem aber, was ich in meinem früheren Amt an wirtschaftspolitischen Debatten erlebt habe, kann mir niemand die Genugtuung verargen, die ich heute ob einer so weitgehenden Übereinstimmung empfinde.

Auch als Bundeskanzler verbürge ich mich dem Hohen Haus und der deutschen Öffentlichkeit gegenüber, die Politik der „Sozialen Marktwirtschaft" konsequent fortzuführen. Die wesentlichen Elemente dieser Politik sind Ihnen bekannt.

Das Bemühen um ein stabiles Preisniveau steht an der Spitze der wirtschaftlichen Rangordnung. Wir alle sollten uns bei jeder Entscheidung dieser schweren Verantwortung bewußt sein – handelt es sich dabei doch um eine Aufgabe, die keine Regierung zu keinem Zeitpunkt als endgültig gelöst ansehen kann. Wenn ich sage „wir alle", dann möchte ich damit zum Ausdruck bringen, daß die Wahrung der Stabilität nicht nur von Entscheidungen der Regierung abhängt, sondern daß es des Zusammenwirkens aller bedarf, um diesem Grundsatz Geltung zu verschaffen. Gerade eine freiheitliche Gesellschaftsordnung, die der Entfaltung der Persönlichkeit und der privaten Betätigung der Bürger weitesten Spielraum geben will, setzt eine festgefügte staatliche Ordnung und eine stabile Währung voraus.

Zu jenem Ordnungsrahmen gehört das Prinzip des Wettbewerbs. Er ist nicht lediglich als ein ökonomisch-technisches Organisationsprinzip des Marktgeschehens zu begreifen; Wettbewerbspolitik im weitesten Sinne dient der

Durchsetzung gerechter Entscheidungen und verhindert die Erstarrung des Lebens in vorgefaßten ideologischen Normen oder gesellschaftlichen Zuständen. Eine so verstandene Politik wird darum auch am besten dem gesellschaftspolitischen Wunsch und Willen gerecht, das Bewußtsein der Selbstverantwortung des Staatsbürgers zu stärken, aus der die Kraft fließt, sich durch Leistung bewähren zu wollen. Das Wettbewerbsprinzip ist die Wurzel des sozialen, wirtschaftlichen und gesellschaftlichen Aufstiegs überhaupt und besitzt darum Gültigkeit nicht etwa nur für die Schicht der Unternehmer, sondern für die Angehörigen aller Berufe.

Hieran anknüpfend möchte ich nur auf wenige spezielle Maßnahmen und Überlegungen hinweisen. So erwähne ich den Kartellbericht, den die Bundesregierung dem Parlament am 22. August 1962 zugeleitet hat. Eine baldige Beratung wäre um so wünschenswerter, als sich in diesem Zusammenhang die Möglichkeit bieten wird, das Problem der Zusammenarbeit der mittleren und kleineren Unternehmungen im Vorfeld des Marktes zu behandeln. Zu diesem Fragenkreis gehören auch Kooperationsrichtlinien, die das Bundesministerium für Wirtschaft in den nächsten Tagen der Öffentlichkeit übergeben wird. Bei der Beratung des Kartellberichts wird sich das Hohe Haus ferner mit der Behandlung marktbeherrschender Unternehme sowie der Preisbindung der zweiten Hand zu befassen haben. Die Bundesregierung sieht keine Veranlassung, in der Beurteilung dieser beiden Probleme von dem durch das frühere Kabinett gebilligten „Kartellbericht" abzuweichen.

Die Bedeutung des Mittelstandes und die Notwendigkeit seiner Erhaltung und Festigung wird von mir erneut bekräftigt.

Bei dem betonten Willen zur Erhaltung der Stabilität von Währung und Wirtschaft ist auch die Wichtigkeit der Arbeit des Sachverständigenrates, der auf Grund des von Ihnen einstimmig beschlossenen Gesetzes zu bilden ist, deutlich gekennzeichnet. Der Bundeswirtschaftsminister wird dem Kabinett unverzüglich seine Vorschläge für die Besetzung dieses Gremiums unterbreiten. Ich hoffe, daß sich hervorragende Persönlichkeiten für diese so wichtige Aufgabe zur Verfügung stellen.

Eine gesunde wirtschaftliche Entwicklung kann sich nicht allein am Wachstum, sondern muß sich, wie gesagt, nicht minder auch am Ziel der Stabilität der Währung orientieren. Eine so verstandene erfolgreiche Wirtschaftspolitik dient zugleich der Erhaltung der politischen Ordnung. Gerade die Geschichte der Weimarer Republik zeigt die enge Beziehung zwischen Politik und Wirtschaft auf.

In diesem Zusammenhang kommt der Fortentwicklung des konjunkturpolitischen Instrumentariums zunehmende Bedeutung zu. Zwischen autonomen nationalen Entscheidungen und der internationalen Kooperation im Rahmen der EWG und der OECD besteht eine enge Wechselwirkung.

Die Bundesregierung ist sich bewußt, daß ihr der hohe Anteil der öffentlichen Ausgaben an der gesamten Nachfrage nicht nur eine Handhabe bietet, sondern sogar die Verpflichtung auferlegt, durch eine sinnvolle Beeinflussung der öffentlichen Ausgaben vor allem im Investitionsbereich die Wirtschaftstätigkeit anzuregen oder gegebenenfalls auch zurückzudämmen. Dem gleichen Ziel würde ein Einwirken auf die private Nachfrage durch eine beweglichere Steuer- und Abschreibungspolitik dienen. Gewiß ist es leichter, diese Erkenntnis auszusprechen, als sie praktisch zu verwirklichen. Die Schwierigkeiten sollten uns aber nicht hindern, an der Lösung dieses Problems zu arbeiten.

Die Erfahrung lehrt, daß die Praxis der einjährigen Haushaltsansätze modernen konjunkturpolitischen Bedürfnissen nicht mehr gerecht wird. Es erweist sich vielmehr als notwendig, die üblichen Jahreshaushalte in längerfristige, etwa vier Jahre währende Haushaltsüberlegungen einzubetten, um auf solche Weise sichere Maßstäbe für

Wert und Rangordnung der einzelnen Ausgaben zu gewinnen.

Die Bundesregierung kann erfreulicherweise bei diesen Überlegungen an weit gediehene Vorarbeiten anknüpfen. Ich werde das Bundeswirtschafts- und das Bundesfinanzministerium sogleich beauftragen, in enger Zusammenarbeit mit den beteiligten Ressorts und den Ländern, dem Bundeskabinett zweckentsprechende konkrete Vorschläge zur Verwirklichung dieser Ideen zu unterbreiten.

Wenn ich im öffentlichen Sektor für eine planvolle Vorausschau eintrete, dann gerate ich wohl nicht in den Verdacht, der nationalökonomischen Modeerscheinung, wie sie in dem fast schon zum Schlagwort gewordenen Begriff der „Planifikation" Ausdruck findet, zu frönen. Wer allerorts Rückschläge und Mißerfolge des Dirigismus in anderen Ländern beobachtet, begreift schwer, daß ausgerechnet die Bundesrepublik nach einer langen Reihe von Jahren, die durch anerkannte Erfolge ihrer Wettbewerbspolitik gekennzeichnet sind, zu einer planifizierten Wirtschaft übergehen soll. Niemand wird von mir erwarten, daß ich meine Haltung gegenüber solchen Ideen ändern könnte.

Auch die Umsatzsteuerreform mit der Abkehr vom derzeitigen System und dem Übergang zu der Mehrwertsteuer steht unter dem Leitgedanken der Förderung des Wettbewerbs. Die Behandlung dieser Materie in den kommenden Ausschußberatungen wird Zeit und Gelegenheit zur gedanklichen Vertiefung und Verbesserung bieten. Aber wenn das Hohe Haus sich darin einig ist, daß von der Umsatzsteuer keine konzentrationsfördernden Anreize ausgehen dürfen und die Verzerrungen im Außenhandel beseitigt werden sollen, dann wird die Reform geradezu zu einem zwingenden Gebot. Dabei ist es gewiß nicht Sinn und Absicht der Systemänderung, etwa die freien Berufe zu benachteiligen oder dem Mittelstand höhere Lasten aufzubürden.

Dies mag auch daraus ersichtlich werden, daß die Bundesregierung im Zusammenwirken mit den Ländern noch in dieser Legislaturperiode den geltenden Einkommensteuertarif überprüfen wird, um in einem finanziell vertretbaren Rahmen steuerliche Unausgeglichenheiten im Bereich vor allem der mittleren Einkommen zu bereinigen.

Zu den die deutsche Öffentlichkeit mehr und mehr erregenden Fragen zählen zweifellos der Verkehr, die Parkraumnot, der Straßenbau und die Verkehrssicherheit. Weil das Automobil in unserer heutigen Gesellschaft zu mehr als einem nur technischen Hilfsmittel geworden ist, muß jedes Kalkül über die künftigen Aufgaben im Verkehrswesen von einer weiterhin rasch und stark zunehmenden Zahl von Personenkraftwagen ausgehen.

Der Bund hat bis heute im Straßenbau große Anstrengungen unternommen und gewaltige Investitionen getätigt. Dennoch werden ihm Versäumnisse und unzulängliches Handeln vorgeworfen. Gerade weil dieses Urteil in solcher Vereinseitigung nicht gerechtfertigt ist, scheint es mir dringend geboten, daß von der Bundesregierung eine Initiative ausgeht, ihre eigenen Bemühungen mit denen der Länder und Gemeinden besser aufeinander abzustimmen. Ein gemeinsam erarbeitetes Rahmenprogramm würde der gemeinsamen Aufgabe nur dienlich sein. Ich hoffe auf die bereitwillige Mitwirkung der Länder und Gemeinden.

Auch die Wettbewerbsverhältnisse zwischen den Verkehrsträgern müssen neu überdacht werden, vor allem im Hinblick darauf, daß jedem von ihnen diejenigen Leistungen zufallen, zu deren Bewältigung sie auf Grund ihrer technischen und kostenwirtschaftlichen Eigenart besonders geeignet sind.

Das heißt, daß die Verkehrspolitik nicht nur den von der Öffentlichkeit in erster Linie darunter verstandenen Straßenbau im Auge zu haben hat. Die Tarifpolitik ist ein nicht minder wichtiges Instrument der Verkehrspolitik.

Mit den Verkehrsänderungsgesetzen von 1961 ist zwar in dieser Hinsicht ein neuer Weg erschlossen worden, der aber von den Verkehrsträgern bis heute nur unzulänglich begangen wird. Ich kann diese nur ermuntern, von den Chancen einer freien Tarifgestaltung reicher, als es seit dem Inkrafttreten der Verkehrsnovelle geschehen ist, Gebrauch zu machen.

Daß bei der Bevölkerungsdichte in der Bundesrepublik den strukturellen Fragen der Raumgliederung, der Ansiedlung von Gewerbebetrieben sowie der Städtebauplanung nicht nur unter verkehrspolitischem Aspekt, sondern z. B. auch im Zusammenhang mit der Agrarpolitik große Bedeutung zukommt, wird aus meinen Ausführungen noch deutlich werden.

Ich möchte diesen Teil meiner Erklärung nicht abschließen ohne ein Wort der Anerkennung für die Leistungen von Bundesbahn und Bundespost, die nur durch den hingebungsvollen Einsatz aller Mitarbeiter dieser großen Organisationen möglich sind.

Eine erfolgreiche Lösung der agrarpolitischen Fragen liegt mir besonders am Herzen, denn wir alle verkennen nicht die Bedeutung, die der Agrarpolitik und ihrer Fortentwicklung unter veränderten Umweltbedingungen zukommt. Niemand soll an meinem guten Willen und an dem festen Entschluß zweifeln dürfen, alles Zweckmäßige zu unternehmen, um ein lebenskräftiges deutsches Bauerntum zu erhalten und die in ihm tätigen Menschen von der Unruhe und Unsicherheit zu befreien, daß es für sie keine gesicherte und glückliche Zukunft geben könne.

Die nach dem Kriege von der deutschen Landwirtschaft erbrachten Leistungen können sich auch im internationalen Vergleich sehen lassen. Sie berechtigen zur Zuversicht und sollen auch die Landwirtschaft in dem Glauben an die eigene Kraft stärken.

Es wird und muß durch eine positive Agrarpolitik auch in einer enger zusammenrückenden Welt gelingen, die Agrarwirtschaft immer organischer in die deutsche Volkswirtschaft einzufügen. Wenn auch die Landwirtschaft ihre eigenen Gesetze kennt, so muß doch die Agrarpolitik als Teil der allgemeinen Wirtschaftspolitik verstanden werden.

Damit bringe ich zum Ausdruck, daß an einer Erhaltung und Festigung der Landwirtschaft nicht allein die bäuerliche Bevölkerung interessiert ist, sondern daß auch alle anderen Volksschichten und Berufsgruppen Verständnis für die Landwirtschaft bezeugen sollten.

Die europäische Agrarpolitik stellt uns zweifellos vor schwierige Fragen der Anpassung und Umstellung. Wir alle sind uns dabei einig, daß es *die* deutsche Landwirtschaft als Ansatzpunkt einer allgemein gültigen Agrarpolitik nicht gibt, daß vielmehr aus unterschiedlichsten Ursachen differenzierte Mittel und Methoden Platz greifen müssen.

Die Aufgabenstellung ist aber im großen dennoch zu umreißen:

Die moderne Wirtschaft mit ihrem hohen Mechanisierungs- und Technisierungsgrad, vor allem auch mit dem hohen Preis, den sie für die menschliche Arbeitskraft zu zahlen gewillt und in der Lage ist, verlangt von der ursprünglich nahezu ausschließlich arbeitsintensiven Landwirtschaft eine tiefgreifende Umstellung.

Der Umstand, daß die Verbraucher sich von dem Verzehr von Grundnahrungsmitteln, wie z.B. Getreideerzeugnissen, zunehmend höherwertigen Nahrungsmitteln zuwenden, zwingt die deutsche Landwirtschaft, wenn sie für die Zukunft ihr Einkommen verbessern will, der Veredlungswirtschaft noch höhere Bedeutung beizumessen.

Eine moderne Agrarpolitik wird sich aus den vorerwähnten Gründen um eine immer stärkere Differenzierung und Variierung des Angebots wie auch um eine organische Verbindung von Produktion und Markt zu bekümmern haben.

Die bäuerliche Bevölkerung weiß sehr wohl, daß die Absatzmöglichkeiten für Veredlungsprodukte und hochwertige landwirtschaftliche Erzeugnisse wesentlich von der Mehrung des allgemeinen Wohlstandes abhängen, der seinerseits wieder die enge Verflechtung mit der Weltwirtschaft zur Voraussetzung hat.

Damit wird sich für die kommende Zeit die Agrarpolitik mit Spezialfragen zu befassen haben, deren Bedeutung offen zutage liegt. Wenn ich in Verbindung mit der europäischen Agrarpolitik das Problem des deutschen Getreidepreises berühre, so möchte ich dazu erklären, daß der derzeitige Preis nach Maßgabe der nicht zuletzt durch die Struktur der Betriebe bedingten Kostenverhältnisse und der Ertragslage der Landwirtschaft im allgemeinen zu Beanstandungen keinen Anlaß gibt und deshalb mit gutem Gewissen vertreten werden kann. Gleichwohl ist bekannt genug, daß diese Frage innerhalb der Europäischen Gemeinschaft noch vor Beginn der Kennedy-Runde zur Erörterung ansteht. Die deutsche Landwirtschaft kann davon überzeugt sein, daß ich bei diesen Verhandlungen ein fairer Sachwalter auch der Interessen der deutschen Landwirtschaft sein werde.

Bei der Bewältigung der von mir skizzierten Aufgaben und Probleme wird die Bundesregierung der Landwirtschaft entschlossen zur Seite stehen. Sie wird die Mittel des Grünen Plans konsequent für eine Gesundung der Landwirtschaft wie für die Stärkung ihrer Wettbewerbsfähigkeit einsetzen. Die Steigerung der Arbeitsproduktivität im Betrieb selbst und seine rationelle Verbindung zum Markt bleiben eine ständige Aufgabe.

Die Bundesregierung wird nicht nur die von Bundespräsident Lübke seinerzeit so erfolgreich begonnenen Agrarstrukturmaßnahmen fortsetzen. Darüber hinaus wird sie die Möglichkeiten für technisch, betriebs- und marktwirtschaftlich sinnvolle Investitionen in den einzelnen Betrieben verbessern und beim Ausbau geeigneter Produktions- und Verarbeitungsmaßnahmen Hilfen gewähren.

Die Verwirklichung solcher Vorstellungen erfordert, wie sich die Bundesregierung bewußt ist, einen großen Kapitalaufwand. Sie wird dieses Problem sorgfältig prüfen und dabei auch die Frage der Zinsbelastung nicht außer acht lassen.

Soweit Betriebe nicht existenzfähig sind, sollen sie zu Voll-Erwerbsbetrieben aufgestockt werden oder sollten zu ihrem eigenen Vorteil ihre Flächen zur Aufstockung anderer Betriebe zur Verfügung stellen. Dabei sind finanzielle Anreize mannigfacher Art zu entwickeln.

Hierzu gehört auch die Intensivierung der regionalen Wirtschaftspolitik, die der Existenzsicherung der von dem Strukturwandel berührten bäuerlichen Bevölkerung dienen soll. Nicht minder wichtig ist, den Bildungs- und Erziehungseinrichtungen auf dem Lande größeres Augenmerk zuzuwenden. Auf diesem Gebiet scheinen mir Reformen dringend geboten zu sein.

Aus soziologischen Gründen ist es ferner bedeutsam, daß die Erhaltung des ländlichen Wohneigentums einer weiteren Abwanderung aus manchen ohnedies dünnbesiedelten Gebieten vorzubeugen hat.

Eine phantasievolle und aufgeschlossene Agrarpolitik hat den bäuerlichen Familienbetrieb in den Mittelpunkt zu stellen. Sie soll dem Bauern für die Gegenwart und die Zukunft wieder Mut und Sicherheit geben.

Wir Deutsche bedürfen nach den Brüchen in unserer jüngeren Geschichte neuer Ausdrucksformen in allen Äußerungen unseres gemeinsamen Lebens. Wir sind zu bewußter Solidarität aufgerufen.

Gerade die Industriegesellschaft braucht einen starken Staat. Je größer der Druck der Verbände und Gruppen auf den Gang der Politik, je ungehemmter der Egoismus von Teilgewalten sich entfesselt, um so entschiedener ist es allen verantwortlichen Kräften – und in besonderem Maße der Bundesregierung – aufgegeben, für die Respektierung des Gemeinwohls Sorge zu tragen.

Wir werden die großen Zukunftsaufgaben der deutschen Politik nur meistern können, wenn die gesellschaftliche Kraft der Verbände nicht ausschließlich den eigenen Interessen nutzbar gemacht wird. Es würde einen gewaltigen Fortschritt in den öffentlichen Dingen unseres Staates bedeuten, wenn die große Macht und der Sachverstand der Interessengruppen und die Fülle der Talente auch für die allgemeinen Aufgaben des Gemeinwesens zur Verfügung stünden.

Die Zielstrebigkeit unserer Politik und ihre Vitalität bedeuten keine Machtpolitik; sie ist, wie eingangs gesagt, eine Politik der Mitte, die um die Notwendigkeit der Verständigung und des Ausgleichs weiß.

In einer Welt, die immer mehr in die Weite strebt, bedarf ein freies Volk eines gesunden nationalen Selbstbewußtseins. Nur wer sicher in sich selbst ruht und um seine Wurzel weiß, wird diesen Weg gehen können, ohne sich zu verlieren.

Wir haben die Schuld, die während jener tragischen zwölf Jahre der Gewaltherrschaft im Namen Deutschlands allen Deutschen aufgebürdet wurde, schonungslos offenbart. Wir werden diese Schuld vollends abtragen, soweit Menschen dazu in der Lage sind. Darum betrachten wir die Wiedergutmachung als eine bindende Verpflichtung. Wir wissen es zu würdigen, wenn Menschen aus ihrem eigenen Erleben heraus noch nicht bereit sind, sich mit dem neuen Deutschland zu versöhnen. Aber wir haben keinen Sinn für jene Bestrebungen, die aus vergangener Barbarei für alle Zeit eine deutsche Erbsünde herleiten und als politisches Mittel konservieren möchten.

Unser Tun dient nicht nur der Stunde, dem Tag oder diesem Jahr. Wir haben die Pflicht, in Generationen zu denken und unseren Kindern und Kindeskindern ein festes Fundament für eine glückliche Zukunft zu bauen.

Ich lege vor jedem Bürger unseres Volkes das Versprechen ab, all' meine Kraft, mein Wissen und meine ganze Erfahrung für die Sicherung unserer inneren und äußeren Freiheit, für die Festigung des demokratischen Lebens und für das Wohlergehen des deutschen Volkes einzusetzen. In einer sich bewegenden Welt werden wir nicht erstarren dürfen, aber wir haben die Pflicht, in der Verfolgung der Ziele unserer Politik fest zu bleiben.

> „Denn der Mensch, der zur schwankenden Zeit auch schwankend gesinnt ist,
> Der vermehret das Übel und breitet es weiter und weiter;
> Aber wer fest auf dem Sinne beharrt, der bildet die Welt sich.“

DIE NACHWIRKUNGSMACHT VON *WOHLSTAND FÜR ALLE*

von Ulrich Blum und Roland Koch

Vor 73 Jahren, im Juni 1948, führte Ludwig Erhard die Soziale Marktwirtschaft im westlichen Teil Deutschlands ein. Mit dieser Ordnung für Wirtschaft und Gesellschaft – verpflichtet auf die Werte von Freiheit und Verantwortung und mit dem Wettbewerbsprinzip als Kern – wurde den Bürgern ermöglicht, sich ein materiell sicheres Leben zu erarbeiten und ihre individuellen Lebenspläne zu verwirklichen. Angesichts großer technologischer und geopolitischer Umwälzungen meinen manche Beobachter, das Modell der Sozialen Marktwirtschaft würde im Nebel der Geschichte verschwinden. Während diese Aussage noch als provokanter Weckruf verstanden werden kann, wollen andere Kräfte einen Wechsel hin zu einem System mit sozialistischer Steuerung erreichen, weil sie der Marktwirtschaft die Tauglichkeit bei der Bewältigung aktueller Probleme und Herausforderungen absprechen. In diesem Kampf der Ideen hat das Werk „*Wohlstand für Alle*" immer noch eine zentrale Rolle.

Um die Nachwirkungen von *Wohlstand für Alle* zu betrachten, ist es zweckmäßig, den zentralen Gedanken von Ludwig Erhard zu erfassen, nämlich den der Ordnungsökonomik. Das Schaffen eines wirtschaftlichen Rahmens, der explizite, aber auch implizite Regeln beinhaltet, der Wettbewerbsfreiheit gewährleistet und damit individuellen und gesellschaftlichen Fortschritt ermöglicht, fordert auch Verantwortung und Haftung ein. Das Soziale liegt darin, dass Wagemutige, die Neues versuchen, im Falle ihres Scheiterns sozial abgefedert werden.

Ein mit ökonomischen Inhalten belegter Begriff der Ordnung lässt sich kaum in andere Sprachen übersetzen, weil in ihnen, wie beispielsweise im Französischen und im Englischen, immer auch die Bedeutung des Befehls mitschwingt – *Good Governance* drückt dies nur ungefähr aus. Weiterhin ist Ordnung übergreifender als Regeln: Sie enthält einen mentalen Vorgang, der sich realisiert in kodifizierten Vorgaben, beispielsweise einem Kartellrecht als dem „Grundgesetz der Marktwirtschaft", aber auch in konkreten Verhaltensweisen, die ihren Ursprung durchaus in philosophischen Konzeptionen haben, beispielsweise einer Sittlichkeit entlang der Ethik von Immanuel Kant.

Die Frage nach Ludwig Erhards Wirkungsmacht, vor allem außerhalb Deutschlands, ist auch nicht zu beantworten ohne die Betrachtung seiner Biografie, die in dieser Neuauflage seines Buchs ebenfalls enthalten ist. Nur sie erlaubt es, die Spezifität seiner Wirkung in Raum und Zeit – also auch der Rezeption im Ausland bis heute, aber auch in der weiteren Zukunft – auszuweisen. Als wichtige Einflüsse sind hier zu nennen

- das evangelische Elternhaus, insbesondere das protestantische Ethos, also das, was bereits als Sittlichkeit eingeordnet wurde, aber auch das, was im Sinne von Thorstein Veblen als *„workmanship"* bezeichnet wird;
- die im eigenen Haus gelebten Kaufmannstugenden ergänzen dies, wobei mit der Katastrophe der Weltwirtschaftskrise ab dem Jahr 1929 ein Weltbild zerbrach;
- die Übernahme der menschenverachtenden und totalitären Herrschaft durch die Nationalsozialisten ergänzte die mikroökonomische durch eine makroökonomische Zerstörung von Ordnung; diese Zerstörung des Staatswesens war für Erhard durchaus auch Folge ökonomischer Fehlentscheidungen, insbesondere der Kartellierung der Wirtschaft.

In *Wohlstand für Alle* synthetisiert Erhard diese historischen Entwicklungen und nimmt weitere Erklärungsstränge auf. Insbesondere zu nennen sind die christliche Soziallehre, vor allen Dingen das Konzept der Subsidiarität, und damit auch der Dezentralität und der Machtbegrenzung, die kantianischen Elemente der Freiburger Schule, insbesondere die Bedeutung negativ formulierter Regeln, um Freiheitsräume zu ermöglichen, die Erkenntnisse der Historischen Schule, vor allem im Sinne des Lernens aus historischen Entwicklungen, womit der Vorbote des deutschen Totalitarismus in der Vermachtung von Märkten zu verorten ist.

Die Rezeption des Buches war im Ausland vor allem deshalb ein Erfolg, weil Deutschland mit dieser Wirtschaftsordnung der Sozialen Marktwirtschaft einen überragenden Aufschwung nahm – Erhard gab dem sogenannten Wirtschaftswunder ein Gesicht. Zugleich stimmten seine Überzeugungen mit den wirtschaftspolitischen Vorstellungen wichtiger Entscheidungsträger der amerikanischen Ordnungsmacht überein, welche Deutschland nach dem Krieg eine moderne institutionelle Ordnung gab bzw. schaffen ließ und ein „Vorpreschen" Erhards, beispielsweise bei der Preisfreigabe, tolerierte. Insbesondere dem Wettbewerb wurde eine freiheitsschaffende und die Macht dezentralisierende Funktion zugewiesen – ganz im Sinne der Interdependenz der Ordnungen, die bereits im Sherman Act des Jahres 1890 als Kern des amerikanischen Anti-Trust-Rechts aufschien, dass nämlich demokratische Gesellschaften keine totalitäre, monopolistische Wirtschaftsordnung haben dürften.

Haben die Leser im Ausland seinen Ordnungsentwurf verstanden? Aus dem oben Gesagten ist eine entsprechende Bewertung stets mit Einschränkungen zu versehen, da die Idee der Sozialen Marktwirtschaft schon aus dem Grundgedanken der Ordnung heraus extrem deutsch ist. Sie löst die Dialektik zwischen dem Sozialen und dem Markt auf, indem sie fast eine daoistische Bedingtheit postuliert: Ohne das Soziale ist der Wettbewerb nicht möglich, weil keiner risikobereit wäre; ohne den Wettbewerb kann das Soziale nicht finanziert werden, weil nur im Wettbewerb die Leistungskraft und Innovationskompetenz einer Wirtschaft liegen.

In diesem philosophischen Sinn gewinnt die Soziale Marktwirtschaft an sittlicher Qualität, und sie ist nicht im Sinne der Gegenphilosophie des Staatsmonopolistischen Kapitalismus (StamoKap) ein Reparaturbetrieb für die Schäden, die kapitalistische Ordnung verursacht: Erhard'sche Ordnungsökonomik soll gewährleisten, dass diese Schäden gar nicht erst eintreten. Die Vielzahl der unterschiedlichen Übersetzungen jeweils zu verstehen* ist folglich nicht ohne eine Exegese möglich, die sich die Ludwig-Erhard-Stiftung auch im Ausland zum Ziel gemacht hat, weshalb sie beispielsweise in den vergangenen Jahren eine Neuübersetzung ins Chinesische begleitete und dabei auch Erläuterungen vom philosophischen Hintergrund bis hin zur Interpretation der das Buch charakteristisch ausschmückenden Karikaturen beilegte.**

In den USA wurde die Rezeption der Sozialen Marktwirtschaft als theoretisches und philosophisches Gebäude, um praktische Ordnung zu gestalten, dadurch erschwert, dass das Gedankengut der Alten Institutionenökonomik, in die man die Soziale Marktwirtschaft als Lehre durchaus einbeziehen kann, von dem der Neuen Institutionenökonomik und der Theorie des Public Choice „überholt" wurde; vor allem deren formale Gestaltungsmacht öffnete diesen im deutschen Lehrbetrieb einen überragenden Geltungsraum. Allerdings lässt sich mit partiellen Ableitungen kaum eine

* Italien, England/GB, Frankreich, Portugal, Spanien, Niederlande, Dänemark, Schweden, Norwegen, Finnland, Japan, USA, Arabische Übersetzung in Damaskus, Russisch (1960 und 1990), Persien/Iran, China (Erst- und Neuübersetzungen 1978, 2017), Estland (1998), Georgien (2011), Polen (2012).

** Interessanterweise waren diese Karikaturen in der ersten englischen Übersetzung nicht vorhanden, da sie für Außenstehende einer Erklärung bedürfen. Die Erklärung der Karikaturen, die für heutige Leser kaum nachvollziehbar sind, liegt hier ebenfalls bei.

globale oder nationale Wirtschaftskrise meistern, weshalb die Gedanken über eine gute Ordnung in den vergangenen Jahren eine neue Bedeutung bekommen haben. Interessant ist jedoch, dass der bedeutende Vertreter der Chicago-Schule, dem mit Sicherheit keine große Liebe zu staatlichen Regulierungen nachgesagt werden kann, nämlich William Baumol, bereits 1990* auf das Problem der Ausgestaltung einer guten Ordnung hingewiesen hat. Ganz anders als bei Schumpeter beschrieben, seien Unternehmer zunächst einmal Profitsucher; es sei Aufgabe eines intelligenten Ordnungsrahmens, sie auf den Pfad der Innovation zu lenken, sonst könnten sie nämlich zu destruktiven Wirtschaftskriegern oder zu rentseekern werden. Es ist bemerkenswert, dass diese naheliegenden Gedanken in der modernen Industrieökonomik, insbesondere auch in Deutschland, kaum aufgenommen wurden.

Die Wirkungsmacht von Wohlstand für Alle ist aber heute nicht beendet – vielmehr besitzt sie stets auch eine „Nachvorn-Wirkungsmacht".

Die Soziale Marktwirtschaft ist kein starres Konstrukt. Über 70 Jahre Erfahrungen mit der Sozialen Marktwirtschaft bedeuten auch das permanente Ringen um die Erhaltung und die Gestaltung der Wirtschaftsordnung, wobei das Wettbewerbsprinzip bisher im Kern unangetastet blieb. Immer wieder zeigte sich jedoch, dass dem Staat die Tendenz innewohnt, sich auszudehnen und in den Privatsektor überzugreifen. Und immer wieder bestätigte sich, dass dies mit steigender Abgabenbelastung der Bürger, erhöhter Staatsverschuldung und einem Abfallen der wirtschaftlichen Dynamik einherging. Es trat ein, was Ludwig Erhard vorausgesagt und wovor er immer gewarnt hat, so auch im Jahr 1958: „Es herrscht die individuelle Freiheit, und dies umso mehr, je weniger sich der Staat anmaßt, den einzelnen Staatsbürger zu gängeln oder sich gar zu seinem Schutz-

---

* Baumol, W.J., 1990, „Entrepreneurship: Productive, Unproductive, and Destructive", Journal of Political Economy 98/5/1: S. 893-921.

herrn aufspielen zu wollen. Solche ‚Wohltat' muss das Volk immer teuer bezahlen, weil kein Staat den Bürgern mehr geben kann, als er ihnen vorher abgenommen hat."

Die Welt steht vor großen Herausforderungen. Drei davon sind der Klimaschutz, die Digitalisierung von Wirtschaft und Gesellschaft sowie das globale Wirtschaftsgeschehen. In vielen Medien wird laut artikuliert, dass diesen Herausforderungen nur mit vermehrtem Interventionismus und staatlicher Organisation begegnet werden könne.

Auch gegen den wirtschaftspolitischen Wind oder ideologische Großwetterlagen wurde Ludwig Erhard zeit seines Wirkens nicht müde, sich ordnungspolitisch zu positionieren, dabei für seine Grundsätze einzustehen und letztlich – man muss das deutlich sagen – den Menschen Freiheit abzuverlangen, und zu fordern, dass diese Freiheit von jedem Einzelnen gelebt wird. Der Staat tut das Seinige und schafft eine Rahmenordnung, in der das möglich ist.

Der vorliegende Text hat auch gut 70 Jahre nach seinem ersten Erscheinen die Wirkmacht, für eine Ordnung von Wirtschaft und Gesellschaft in dem Sinne zu werben, dass Freiheit und Verantwortung zwei Seiten einer Medaille sind und private Initiative Vorrang vor staatlichem Paternalismus hat. Dies umzusetzen, obliegt niemand anderem als den Mitgliedern unseres demokratischen Gemeinwesens.

Ludwig Erhard war ein mutiger und weitsichtiger Mann. Demokratie erfordert ein kleines Stück dieses Mutes und dieser Weitsicht von jedem von uns. Dieses Buch provoziert bis heute, aber es steht auf dem Boden einer Erfolgsgeschichte. Diese auf Freiheit und Mut gebaute Vision bleibt aktuell.

Roland Koch ist Vorsitzender der Ludwig-Erhard-Stiftung, Ulrich Blum ist stellvertretender Vorsitzender der Ludwig-Erhard-Stiftung.

Ludwig Erhard – Biographische Eckdaten

4. Februar 1897	geboren in Fürth (Bayern)
1913-1916	kaufmännische Lehre
1916-1918	Soldat im Ersten Weltkrieg (Verwundung)
1919-1925	Studium der Wirtschaftswissenschaften und der Soziologie an der Handelshochschule Nürnberg (Diplom-Kaufmann) und an der Universität Frankfurt am Main (Promotion zum Dr. rer. pol.)
1928-1942	wissenschaftlicher Assistent, später stellvertretender Leiter des Instituts für Wirtschaftsbeobachtung in Nürnberg
1942-1944	Leiter des Instituts für Industrieforschung in Nürnberg
1945/1946	Wirtschaftsminister in Bayern
1947	Honorarprofessor der Rechts- und Staatswissenschaftlichen Fakultät der Universität München
1947/1948	Vorsitzender der „Sonderstelle Geld und Kredit" in Bad Homburg (Vorbereitung der Wirtschafts- und Währungsreform)
1948	Direktor der „Verwaltung für Wirtschaft des Vereinigten Wirtschaftsgebietes" in Frankfurt am Main
1949-1977	Mitglied des Deutschen Bundestags (CDU, Wahlkreis Ulm)
1949-1963	Bundesminister für Wirtschaft
1950	Honorarprofessor der Rechts- und Staatswissenschaftlichen Fakultät der Universität Bonn
1957-1963	Stellvertreter des Bundeskanzlers (Konrad Adenauer)
1963-1966	Bundeskanzler der Bundesrepublik Deutschland
1967	Gründung der Ludwig-Erhard-Stiftung e.V. in Bonn
5. Mai 1977	gestorben in Bonn, beigesetzt auf dem Bergfriedhof in Gmund am Tegernsee

Schriften Ludwig Erhards

Deutschlands Rückkehr zum Weltmarkt, Düsseldorf 1953

Wohlstand für Alle, Düsseldorf 1957

Deutsche Wirtschaftspolitik. Der Weg zur Sozialen Marktwirtschaft, Düsseldorf, Wien, Frankfurt/Main 1962

Wirken und Reden, Ludwigsburg 1966

Kriegsfinanzierung und Schuldenkonsolidierung, Faksimiledruck der Denkschrift von 1943/44, Frankfurt, Berlin, Wien 1972

Erläuterungen zu den Karikaturen

Seite 27 Der wohlgenährte Ludwig Erhard in seiner Rundlichkeit war Ausdruck des erfolgreichen Wirtschaftsaufschwungs in Deutschland nach dem Zweiten Weltkrieg. Mit Seitenscheitel und Zigarre strahlte er gleichermaßen bübische Verschmitztheit und bürgerliche Ruhe aus. Die D-Mark trug als stabile Währung maßgeblich zum wirtschaftlichen Erfolg bei. Ludwig Erhard galt und gilt als „Vater des Wirtschaftswunders“ und als „Vater der D-Mark“.

Seite 57 Was mittlerweile in vielen Ländern als normal angesehen wird – vor allem dann, wenn man sich wirtschaftlich stark entwickelt –, wurde Anfang der 1950er-Jahre zu einem großen Problem stilisiert, nämlich ein Importüberschuss, der die Gold- und Devisenreserven des Landes unter Druck setzt. Hintergrund dafür war einerseits der immense Aufschwung in Folge des Korea-Kriegs, andererseits waren es die teilweise noch kriegsbedingten Engpässe, vor allem im Bereich Kohle und Stahl. Daher kamen viele auf die Idee, ebendort eine Zwangsbewirtschaftung zu organisieren, der sich Ludwig Erhard vehement widersetzte.

Seite 95 Die Bühlerhöhe bei Baden-Baden war regelmäßiger Urlaubssitz des damaligen Bundeskanzlers Konrad Adenauer. Dort trafen sich auch Vertreter des Deutschen Gewerkschaftsbundes (DGB) mit ihm und sprachen über die Schaffung eines Bundeswirtschaftsrates – ein Projekt, mit dem die Gewerkschaften, aber auch der Kanzler (sehr zum Missfallen Ludwig Erhards) schon seit Jahren liebäugelten – und über eine Reduzierung der Wochenarbeitszeit auf 40 Stunden. Diese Forderungen mussten dem sich im Erfolg des „Wirtschaftswunders“ sonnenden Ludwig Erhard in seiner Sommerfrische in den bayerischen Bergen als dunkle Wolken erscheinen.

Seite 112 Auf dem Bild sieht man den ersten Bundeskanzler der Bunderepublik Deutschland, Konrad Adenauer, als strenge Erzieherin. Landwirtschaftsminister Heinrich Lübke (links), Finanzminister Fritz Schäffer daneben, hinter Adenauer sich versteckend, und – rechts, mit ausgestrecktem Arm – Carlo Schmid, der als einer der Väter des späteren Godesberger Programms (1959) die SPD auf marktwirtschaftliche Pfade führte, „verpetzen“ den frechen Ludwig, der ihnen die Zunge herausstreckt. Die Szene verdeutlicht die Auseinandersetzung um die Marktwirtschaft, bei der Konrad Adenauer eher mit den restaurativen Kräften paktierte als mit den Vorstellungen der freiheitlichen Wirtschaftsordnung Ludwig Erhards.

Seite 130 Die Abneigung gegen eine freiheitliche Wirtschaftsordnung war nach dem Zweiten Weltkrieg in allen deutschen Parteien weitverbreitet: Nicht nur Kommunisten und Sozialdemokraten standen der Planwirtschaft nahe, auch die Christdemokraten hatten noch in ihrem Ahlener Programm von 1947 die Verstaatlichung von Schlüsselindustrien gefordert. Darüber hinaus war durch die Währungsreform vom Juni 1948 faktisch eine wirtschaftliche Trennung in Deutschland vollzogen worden, weshalb die weitere ordnungspolitische Entfernung von der sowjetischen Besatzungszone als Vertiefung und Zementierung der Spaltung angesehen wurde. Ludwig Erhard vertrat hingegen die Meinung, dass das Ziel, „Wohlstand für alle" und damit die Soziale Marktwirtschaft, das Äquivalent für das sei, was sich Karl Marx 100 Jahre zuvor für die Arbeitnehmer vorgestellt hatte. Mit der Wandlung der SPD zu einer marktwirtschaftlich orientierten Partei durch das Godesberger Programm (1959) gewann auch die wirtschaftspolitische Position von Ludwig Erhard ein stärkeres Interesse, weshalb hier der SPD-Vorsitzende Erich Ollenhauer den Maler anweist, Marx mehr mit Gesichtszügen von Ludwig Erhard zu versehen. Im Hintergrund grübelt Carlo Schmid über das Geschehen.

Seite 136 Die grundlegende Idee der Sozialen Marktwirtschaft besteht darin, durch Wettbewerb niedrige Preise zu erzielen, weshalb ausbeuterische Kartelle zu beseitigen sind und das existenzielle Risiko derer, die als Arbeitnehmer oder als Unternehmer tätig sind, abzufedern ist. In diesem Sinne ist die Soziale Marktwirtschaft keine liberale Marktwirtschaft plus Sozialversicherung, sondern eine die Persönlichkeit und ihre Entfaltungsmöglichkeiten als Produzent und als Konsument in den Mittelpunkt stellende Wirtschaftsordnung. In den 1950er-Jahren stand die deutsche Industrie der Liberalisierung, insbesondere der Freigabe der Preise und der Erhöhung der Wettbewerbsintensität, sehr skeptisch gegenüber und bezeichnete die Soziale Marktwirtschaft deshalb als „Konsumentensozialismus". Die Karikatur zeigt Erhard auf einer Kirchenkanzel, der seine „Bibel der Sozialen Marktwirtschaft" hochhält und mit dem Flammenschwert die Vorstellungen der Unternehmer von einem ruhigen Leben im gemütlichen Ohrensessel der Kartelle samt reichlicher Belohnung zunichtemacht. Der Begriff „Kapuzinerpredigt" bezeichnet eine Strafpredigt, weil im Orden der Kapuziner eine derbe und klare Sprache üblich war.

Seite 160 Die Kartellfrage beschäftigte Ludwig Erhard seit 1948. Zu einer schweren Auseinandersetzung kam es am 22. April 1955 bei der Tagung des Deutschen Industrie- und Handelstages in Bad Neuenahr bei Bonn, als er, scheinbar auf verlorenem Posten, die Dekartellisierung der deutschen Wirtschaft verteidigte. Man sieht ihn als Steuermann der Marktwirtschaft in stürmischen Gewässern, der den ihn umtosenden

Winden und Wellen trotzt, umringt von vier als Engel dargestellten Funktionären aus Politik, Wirtschaft und Verbänden, die Sturm aus allen vier Himmelsrichtungen blasen.

Seite 189 Erneut steht das Kartellrecht im Zentrum, weil Ludwig Erhard die Marktmacht der Unternehmen beschränken und insbesondere auch ein Fusionsverbot für Großunternehmen durchsetzen wollte. Diesmal tritt Ludwig Erhard als Troubadour auf, der mit sanften Tönen bei der westdeutschen Wirtschaft für eine liberale Wirtschaftsordnung und ein Kartellgesetz wirbt. Doch dem „Minnesänger" droht Arges: Das umworbene Fräulein – die westdeutsche Wirtschaft – erwägt einen Wasserguss auf den Sänger, beobachtet von Bundeskanzler Konrad Adenauer, der den Wirtschaftsverbänden und ihren Ideen nahestand.

Seite 210 Ludwig Erhard setzte sich stark für die Tarifautonomie ein: Gewerkschaften und Arbeitgeber sollten sich auf die Arbeits- und Entlohnungsbedingungen einigen – und diese dann auch gegenüber der Öffentlichkeit verantworten. Dass diese Kooperation auch ein hartes Ringen bedeuten konnte, war selbstverständlich. Ludwig Erhard achtete allerdings darauf, dass es fair dabei zuging.

Seite 219 Die Bedeutung der Lohnhöhe für das Preisniveau war für Ludwig Erhard ein stetes Thema. Er rief deshalb zum „Maßhalten" auf. Die Tarifpartner sollten es bei Lohnerhöhungen nicht übertreiben. Schließlich würde die Produktivitätsentwicklung in einer Wettbewerbswirtschaft über sinkende Preise auch bei den Konsumenten ankommen. Er war zeitlebens skeptisch, ob Lohnsteigerungen automatisch zu Wohlstandssteigerungen führen.

Seite 240 Der Preisauftrieb infolge der Anpassungskrise nach dem Korea-Krieg beschäftigte Ludwig Erhard stark, auch weil es massiven Druck gab, staatliche Preiskontrollen einzuführen. Hier sieht man ihn als entspannten Dirigenten, der nach den überschäumenden Preisen eine Phase der Preisberuhigung verspricht.

Seite 260 Psychologie war für Ludwig Erhard ein zentrales Element der Wirtschaftspolitik – und das Beherrschen der psychologischen Kommunikation wichtig für den wirtschaftspolitischen Erfolg. Ludwig Erhard hat als Landwirt auf seinem Acker stabile Preise ausgesät. Krähen warten allerdings darauf, dass er den Acker verlässt, damit sie sich auf die Saat stürzen und fressen können. Die Vogelscheuche in Erhard-Gestalt sorgt dafür, dass die Krähen auch weiterhin nicht die Saat der stabilen Preise anrühren und vernichten.

Seite 271 Ludwig Erhard war ein perfekter Handelsreisender in Sachen deutsche Exportwirtschaft, vor allem vertrat er dabei die ordnungsökonomische Konzeption, die er im eigenen Land durchgesetzt hatte. Deshalb war er bei internationalen Wirtschaftsgesprächen ein stets geachteter Botschafter seines Landes, auch in seinem Bemühen, der Bundesrepublik Deutschland neue Exportmärkte zu erschließen, die ihr durch den Krieg verloren gegangen waren.

Seite 299 Man sieht Ludwig Erhard als Krieger, der gegen den „bösen Preis-Drachen" antreten soll. In den Kampf wird er von „seiner" Regierungskoalition geschickt – dargestellt als sich sorgendes Mütterchen –, die allerdings Erhards Schwertspitze durch einen Überzug stumpf macht.

Seite 319 Finanzminister Fritz Schäffer gehörte in der CDU zu den Dauerkontrahenten Ludwig Erhards. Schäffer hatte es Erhard besonders übel genommen, die Zuständigkeit für das Geld- und Kreditwesen vom Finanz- ins Wirtschaftsministerium überführt zu haben, und versuchte deshalb häufig, wirtschaftspolitische Vorstöße Erhards zu torpedieren. Das gilt insbesondere für die Mitte der 1950er-Jahre erforderlichen Maßnahmen zur Verhinderung einer Überhitzung der bundesdeutschen Konjunktur. Erhard hatte – ganz im ordnungsökonomischen Sinne – die Aufwertung der D-Mark, den Abbau von Zöllen und schließlich die Erhöhung der Zinsen der Bundesbank vorgeschlagen. Umgesetzt wurde nichts davon. Die Zinsen wurden sogar gesenkt, was zu einem ersten Inflationsschub führte.

Seite 327 Die Landwirtschaft wurde stets von den Wettbewerbsregeln einer freien Wirtschaftsordnung ausgenommen; in Deutschland organisierte sie sich unter dem Stichwort „Grüne Front". Durch den Schutz vor Importen und umfangreiche Hilfen wurden in diesem Sektor die Wettbewerbsintensität niedrig gehalten und oft auch unwirtschaftliche Strukturen gefestigt. Dadurch konnte der Wettbewerbsmechanismus nicht – wie in anderen Bereichen – zu Preissenkungen führen, vielmehr war oft das Gegenteil der Fall. Lebensmittelpreise waren lange Zeit „politische Preise", durch die die Regierenden unter Druck gerieten. Man sieht den deutschen Michel, der einem Duett aus Ludwig Erhards Klavierspiel der Marktwirtschaft und der Tuba der „Grünen Front" lauscht – und die Misstöne zwischen den beiden „Musikern" deutlich heraushört.

ANHANG

TAB. 1
z. S. 78

Indexziffern der industriellen Produktion

1950 = 100; arbeitstäglich

Zeit	Gesamte Industrie	Grundstoff- und Produktions- güter- industrie	Investitions- güter- industrie	Verbrauchs- güter- industrie
1948	56,3	52,7	50,0	45,7
1949	80,0	78,7	76,0	75,5
1950	100,0	100,0	100,0	100,0
1951	118,3	117,8	130,5	113,6
1952	125,9	122,5	145,6	114,8
1953	138,8	132,5	153,6	134,0
1954	155,0	151,0	181,3	146,1
1955	178,2	174,7	223,2	162,4
1956	192,2	187,1	242,9	175,8
1957	203,1	197,5	252,9	186,4
1958	209,5	202,6	271,0	184,4
1959	224,9	228,4	292,8	195,4
1960	248,6	260,3	337,3	210,7
1961	263,3	274,6	364,7	219,9
1962	275,6	291,6	375,6	231,6

Quelle: Statistisches Bundesamt

TAB. 2 zu S. 87 *Der Neuaufbau des Kapitalmarktes* (in Mill. DM)

Zeit		Absatz Festverzinslicher Wertpapiere jährlich	seit der Währungsreform	von Aktien jährlich	seit der Währungsreform	Festverzinslicher Wertpapiere und Aktien seit der Währungsreform
1948	21.6. – 31. 12.	18,6	18,6	0,5	0,5	19,1
1949		770,1	788,7	41,3	41,8	830,5
1950		676,5	1 465,2	51,2	93,0	1 558,2
1951		747,4	2 212,6	164,7	257,7	2 470,3
1952		1 557,7	3 770,3	259,3	517,0	4 287,3
1953		2 901,9	6 672,2	268,7	785,7	7 457,9
1954		4 691,0	11 363,2	453,0	1 238,7	12 601,9
1955		3 680,7	15 043,9	1 554,8	2 793,5	17 837,4
1956		2 564,2	17 608,1	1 837,5	4,631,0	22 239,1
1957		4 204,5	21 812,6	1 631,7	6 262,7	28 075,3
1958		8 127,1	29 939,7	1 139,5	7 404,2	37 341,9
1959		10 048,1	39 987,8	1 383,0	8 785,2	48 773,0
1960		5 372,3	45 360,1	1 904,5	10 689,7	56 049,8
1961		9 620,8	54 980,9	2 192,4	12 882,1	67 863,0
1962		11 944,5	66 925,4	1 506,7	14 388,8	81 314,2

Quelle: Deutsche Bundesbank

TAB. 3 zu S. 88/89 *Die drei wichtigsten Preisindices*

Zeit	Preisindex für die Lebenshaltung (mittlere Arbeitnehmerhaushalte) 1950 = 100	Erzeugerpreise industrieller Produkte 1950 = 100	Erzeugerpreise landwirtschaftlicher Produkte 1950/51 = 100
1949	107	103	108
1950	100	100	100
1952	110	121	113
1954	108	116	116
1956	113	121	127
1957	115	124	132
1958	118	125	130
1959	119	124	137
1960	121	126	125
1961	124	124	133
1962	128	126	136

Quelle: Statistisches Bundesamt

QUELLENHINWEISE

Die folgende Aufstellung enthält Reden, Aufsätze und Schriften, auf die im Text durch [ ] verwiesen wurde. Dabei sind die geäußerten Gedankengänge entweder wörtlich oder sinngemäß übernommen worden.

	Datum	Anlaß
[1]	28./29. 8. 1948	2. Parteitag der CDU, Britische Zone, Recklinghausen
[2]	Oktober 1948	in „Wirtschaftsverwaltung“, herausgegeben von der VfW, S. 13
[3]	27. 12. 1949	Bayer. Rundfunk, München
[4]	9. 8. 1950	Bayer. Rundfunk, München
[5]	22. 10. 1950	Bundesparteitag der CDU/CSU, Goslar
[6]	11. 3. 1951	Internationale Frankfurter Messe
[7]	12. 6. 1951	Versicherungs-Schutzverband, Bonn
[8]	–	in „Deutschland im Wiederaufbau“, 1952, S. 97, herausgegeben von der Bundesregierung
[9]	–	Walter Eucken, „Grundsätze der Wirtschaftspolitik“ (1952)
[10]	6. 2. 1952	Universität Zürich
[11]	10. 7. 1952	Brief an den Präsidenten des Bundesverbandes der Deutschen Industrie, Berg, in „Wirtschaft und Wettbewerb“ 1952, S. 733
[12]	10. 10. 1952	Verein Deutscher Zeitungsverleger e.V., Wiesbaden
[13]	22. 2. 1953	Internationale Frankfurter Messe
[14]	12. 9. 1953	Mont-Pelerin-Konferenz, Seelisberg (Schweiz)
[15]	25. 9. 1953	Victoria-Versicherung, Berlin
[16]	19. 11. 1953	Aktionsgemeinschaft Soziale Marktwirtschaft e.V., Bad Godesberg
[17]	23. 12. 1953	in „Handelsblatt“
[18]	5. 1. 1954	Bayer. Rundfunk, München
[19]	7. 1. 1954	Volkswirtschaftliche Gesellschaft e.V., Essen
[20]	26. 1. 1954	Bonner Haushaltsberatungsstelle, Bonn
[21]	8. 2. 1954	Groß- und Außenhandel, Hamburg
[22]	9. 2. 1954	Amerika-Gesellschaft, Hamburg
[23]	14. 2. 1954	„Haus der Wirtschaft“, Kassel
[24]	7. 3. 1954	Internationale Frankfurter Messe

	Datum	Anlaß
[25]	12. 5. 1954	6. Deutsche Handwerksmesse, München
[26]	29. 5. 1954	CDU-Parteitag, Köln
[27]	31. 5. 1954	Deutsch-Belgisch-Luxemburgische Handelskammer, Antwerpen
[28]	20. 6. 1954	Handwerkertag, Kiel
[29]	21. 6. 1054	Industrie- und Handelskammer, Aachen
[30]	28. 6. 1954	Industrie- und Handelskammer, Stuttgart
[31]	9. 7. 1954	in „Der Stand der Kartelldebatte", Bundeswirtschaftsministerium
[32]	29. 10. 1954	Bankhaus von der Heydt, Kersten und Söhne, Wuppertal-Elberfeld
[33]	7. 12. 1954	Club „Les Echos", Paris
[34]	11. 12. 1954	Vereinigung der Arbeitgeberverbände Bayern, München
[35]	4. 1. 1955	Bayer. Rundfunk, München
[36]	22. 1. 1955	Entwurf eines Gesetzes gegen Wettbewerbsbeschränkung, Bundestagsdrucksache 1158
[37]	15. 2. 1955	Arbeitskreise II und IV der CDU, Bonn
[38]	6. 3. 1955	Internationale Frankfurter Messe
[39]	15. 4. 1955	Diskussion im NWDR, Köln
[40]	22. 4. 1955	Deutscher Industrie- und Handelstag, Bad Neuenahr
[41]	25. 4. 1955	Werkfeier der Fa. Gebr. Irle, Deuz, Krs. Siegen
[42]	2. 5. 1955	Bundesarbeitsgemeinschaft der Mittel- und Großbetriebe des Einzelhandels e.V., Köln
[43]	14. 5. 1955	in „Stuttgarter Zeitung"
[44]	16. 5. 1955	Bundesverband der Deutschen Industrie, Stuttgart
[45]	16. 6. 1955	Tagung der Internationalen Wollvereinigung, München
[46]	18. 6. 1955	Industrie- und Handelskammer, Berlin
[47]	23. 6. 1955	Bundesverband d. dtsch. Textil-Einzelhandels, Düsseldorf
[48]	15. 6. 1955	Dtsch. Handwerkskammertag, Augsburg
[49]	19. 7. 1955	in „Frankfurter Allgemeine Zeitung"
[50]	21. 7. 1955	in „Deutsche Korrespondenz"
[51]	5. 9. 1955	Bad Ischl, Tagung d. wirtschaftswissenschaftlichen Gesellschaft für Oberösterreich
[52]	7. 9. 1955	Bayer. Rundfunk, München
[53]	8. 9. 1955	in „Die Zeit"
[54]	10. 9. 1955	Kölner Hausrat- und Eisenwarenmesse, Köln
[55]	11. 9. 1955	Werkzeugmaschinenausstellung, Hannover
[56]	13. 9. 1955	Jahresversammlung der Weltbank, Istanbul

	Datum	Anlaß
[57]	25. 9. 1955	9. Deutscher Betriebswirtschaftertag, Berlin
[58]	7. 10. 1955	Zentralausschuß der Werbewirtschaft, Essen
[59]	12. 10. 1955	Ibero-Tag, Hamburg
[60]	24. 10. 1955	Arbeitsgemeinschaft der Verbraucherverbände
[61]	3. 11. 1955	Industrie- und Handelskammer, Augsburg
[62]	12. 11. 1955	in „Süddeutsche Zeitung“
[63]	23. 12. 1955	in „Handelsblatt“
[64]	14. 12. 1955	in „Der Volkswirt“
[65]	Januar 1956	in „Versicherungswirtschaft“ Nr. 1, 11. Jhrg.
[66]	29. 1. 1956	in „Sonntagsblatt“
[67]	4. 6. 1956	Industrie- und Handelskammer, Augsburg
[68]	2. 9. 1956	Internationale Herbstmesse, Frankfurt/M.

Weitere Quellen

Datum	Anlaß
Juni 1949	in „Wirtschaftsverwaltung“, Heft 12, S. 322
16. 9. 1950	Rundfunkansprache
9. 3. 1952	Internationale Frankfurter Messe
21. 9. 1952	6. Deutscher Betriebswirtschaftertag, Berlin
19. 3. 1953	36. Internationale Automobilausstellung, Frankfurt/M.
27. 10. 1954	Hauptgemeinschaft des deutschen Einzelhandels, Hamburg
	„Deutschland im Wiederaufbau 1955“, S. 187ff.
17. 2. 1955	Hessischer Rundfunk, Frankfurt/M.
18. 1. 1956	Hessischer Rundfunk, Frankfurt/M.
4. 3. 1956	in „Mitteilungsblatt der Industrie- und Handelskammer“, Frankfurt/M.
17. 5. 1956	Zehnjähriges Bestehen des „Handelsblatts“, Düsseldorf
8. 9. 1956	in „Die Zeit“
24. 4. 1960	Eröffnung der Messe in Hannover
28. 4. 1960	CDU-Parteitag in Karlsruhe

Literatur zum Vorwort von Lars P. Feld

Berndt, Arnold und Nils Goldschmidt (2000), „Wettbewerb als Aufgabe – Leonard Mikschs Beitrag zur Ordnungstheorie und -politik“, *ORDO* 51, S. 33–73.

Feld, Lars P. (2013), „Zur Bedeutung des ‚Manifests der Marktwirtschaft‘, oder: das Lambsdorff-Papier im 31.Jahr“, *Zeitschrift für Wirtschaftspolitik* 62, S. 227–243.

Feld, Lars P. (2020), „Soziale Marktwirtschaft, Ordnungsökonomik und Freiburger Schule: Wie modern ist ordnungspolitisches Denken?“, in: Norbert Lammert (Hrsg.), *Christlich-Demokratische Union: Beiträge und Positionen zur Geschichte der CDU*, München: Siedler, S.136–162.

Feld, Lars P. und Ekkehard A. Köhler (Hrsg.) (2015), *Wettbewerbsordnung und Monopolbekämpfung*, Tübingen: Mohr Siebeck.

Feld, Lars P., Jan L. Fries, Malte Preuß und Christoph M. Schmidt (2020), „Verteilungsfragen in Deutschland: Herausforderungen der Messung und der zielgerichteten Umverteilung“, *Wirtschaftsdienst* 100, S. 233–237.

Giersch, Herbert, Karl-Heinz Paqué und Holger Schmieding (1992), *The Fading Miracle: Four Decades of Market Economy in Germany*, Cambridge: Cambridge University Press.

Goldschmidt, Nils (2015), „Leonhard Mikschs Beitrag zur Ordnungstheorie und -politik: Einsichten in sein Tagebuch nach 1945“, in: Lars P.Feld und Ekkehard A.Köhler (Hrsg.), *Wettbewerbsordnung und Monopolbekämpfung*, Tübingen: Mohr Siebeck, S. 1–16.

Herrmann, Ulrike (2019), *Deutschland, ein Wirtschaftsmärchen*, Frankfurt: Westend Verlag.

Issing, Otmar und Daniel Koerfer (2019), „Zielscheibe Ludwig Erhard“, *Frankfurter Allgemeine Zeitung* Nr.254 vom 1.November 2019, S.16.

Ritschl, Albrecht (2005), „Der späte Fluch des Dritten Reichs: Pfadabhängigkeiten in der Entstehung der bundesdeutschen Wirtschaftsordnung“, *Perspektiven der Wirtschaftspolitik* 6, S.151–170.

Sachverständigenrat zur Begutachtung der gesamtwirtschaftlichen Entwicklung (SVR) (2020), *Konjunkturprognose für 2020 und 2021*, Statistisches Bundesamt, Wiesbaden.

Sigler, Sebastian (2016), „Ludwig Erhards Coup“, *The European* vom 8. Januar 2016, https://www.theeuropean.de/sebastian-sigler/10639-wie-1948-die-soziale-marktwirtschaft-siegte.

Spoerer, Mark (2019), „Das kurze Dritte Reich: Zur Frage der Kontinuität sozioökonomischer Strukturen zwischen der Weimarer Republik, dem Dritten Reich und der Bundesrepublik“, *Perspektiven der Wirtschaftspolitik* 20, S. 383–392.